Nomos Universitätsschriften

Recht

Band 816

Christian Osthus

Die energetische Gebäudemodernisierung im Mietwohnungsbestand

Duldungspflicht und Modernisierungsumlage nach dem Mietrechtsänderungsgesetz 2013

Nomos

Die Deutsche Nationalbibliothek verzeichnet diese Publikation in der Deutschen Nationalbibliografie; detaillierte bibliografische Daten sind im Internet über http://dnb.d-nb.de abrufbar.

Zugl.: Bremen, Univ., Diss., 2013

ISBN 978-3-8487-0718-8

1. Auflage 2013

Vorwort

Kaum ein Gesetzesvorhaben war in der 17. Legislaturperiode des Deutschen Bundestages so umstritten wie das auf das Regierungsprogramm der schwarz-gelben Koalition zurückgehende Mietrechtsänderungsgesetz. Ziel war, die Hürden für eine energetische Sanierung zum gemeinsamen Vorteil von Eigentümern und Mietern zu senken. Insgesamt kam es zu einem unerwartet langen Gesetzgebungsverfahren mit mehreren Entwürfen, einem „Initiatorentwurf" vom Oktober 2010, einem Referentenentwurf vom 12. Mai 2011 und schließlich einem Kabinettsentwurf vom 23. Mai 2012, der wiederum im Rechtsausschuss des Bundestages modifiziert wurde. Am 1. Februar 2013 wurde das Gesetz durch den Bundesrat gebilligt. Entgegen der Empfehung des Rechtsausschusses der Länderkammer wurde der Vermittlungsausschuss nicht angerufen, da es an der erforderlichen Mehrheit von 35 Stimmen fehlte. Wäre das Wahlergebnis in Niedersachsen noch rechtzeitig umgesetzt worden, hätte die Opposition das Gesetz noch aufhalten können. Schließlich ist das Gesetz in wesentlichen Teilen am 1. Mai 2013 in Kraft getreten. Ohne das neue Recht hätte es die vorliegende Arbeit, die bereits Mitte 2010 berufsbegleitend begonnen wurde, nicht gegeben.

Insgesamt führte das lange Gesetzgebungsverfahren zu bedeutsamen Lernprozessen auf allen Seiten, sodass das Kernstück der Reform, die energetische Modernisierung, relativ gut durchdacht werden konnte. Auch wenn bei der Sachverständigenanhörung der Eindruck entstand, es bedürfe überhaupt keiner Mietrechtsänderung, kann dies nicht für die Umsetzung der energiepolitischen Ziele im Mietrecht gelten. Durch die Verschränkung sozialer und ökologischer Gesichtspunkte, die im Zivilrecht als öffentliche Belange nur eine untergeordnete Rolle spielen sollten, ist eine systematische rechtliche Durchdringung gleichsam erforderlich. Die Untersuchungen zu den Neuregelungen zur Duldungspflicht und Modernisierungsumlage stellen das Herzstück der Arbeit dar. Aufgrund der rechtspolitischen und -dogmatischen Brisanz wird zudem der Mietminderungsausschluss erörtert. Die Schwierigkeit, ohne Gerichtsurteile bei nur wenig publizierter Literatur, geschweige denn von Kommentierungen eine ausgewogene Interpretation zu besorgen, stellte dabei die größte Herausforderung dar. Gleichzeitig hat diese auch den großen Reiz in sich getragen. Mein herzlicher Dank gilt Prof. Dr. Peter Derleder, der diese Dissertation ermöglicht hat und mir mit seinen wertvollen Anregungen stets zur Seite stand.

Die Arbeit wurde am 15. Mai 2013 dem Promotionsausschuss der Universität Bremen vorgelegt. Literatur konnte bis Mitte April 2013 berücksichtigt werden.

Berlin, im Mai 2013

Inhaltsverzeichnis

Abkürzungsverzeichnis

a. A.	Andere Auffassung
AG	Amtsgericht
AG	Aktiengesellschaft
Anh.	Anhang
BB	Betriebs-Berater (Zeitschrift)
BetrKV	Betriebskostenverordnung
BFH	Bundesfinanzhof
BGBl.	Bundesgesetzblatt
BGH	Bundesgerichtshof
BMF	Bundesministerium der Finanzen
BMJ	Bundesministerium der Justiz
BMU	Bundesministerium für Umwelt Naturschutz und Reaktorsicherheit
BMWi	Bundesministerium für Wirtschaft und Technologie
BR-Drs.	Bundesrat Drucksache
BStBl.	Bundessteuerblatt
BT-Drs.	Deutscher Bundestag Drucksache
BVerfG	Bundesverfassungsgericht
CO_2	Kohlenstoffdioxid
dena	Deutsche Energie Agentur
DGNB	Deutschen Gesellschaft für nachhaltiges Bauen e. V.
DIN	Deutsches Institut für Normung
DPG	Deutsche Physikalische Gesellschaft
DWW	Deutsche Wohnungswirtschaft (DWW)
e. V.	Eingetragener Verein
Ebd.	Ebenda
EEG	Gesetz für den Vorrang Erneuerbarer Energien (Erneuerbare-Energien-Gesetz)
EEWärmeG	Erneuerbare-Energien-Wärmegesetz
EnEG	Energieeinspargesetz
EnEV	Energieeinsparverordnung
EStDV	Einkommensteuer-Durchführungsverordnung
EStG	Einkommensteuergesetz
EWG	Europäische Wirtschaftsgemeinschaft
g	Gramm
GdW	Bundesverband deutscher Wohnungs- und Immobilienunternehmen e. V.
GE	Das Grundeigentum (Zeitschrift)

geea	Allianz für Gebäude-Energie-Effizienz
GEEG	Gesamtenergieeffizienz von Gebäude
GG	Grundgesetz
GVSt	Gesamtverband Steinkohle e. V.
HeizAnlV	Heizanlagenverordnung
Hrsg.	Herausgeber
IEKP	Integriertes Energie- und Klimaschutzprogramm
kg	Kilogramm
KJ	Kritische Justiz (Zeitschrift)
kWh	Kilowattstunde
KWK	Kraftwärmekopplung
LEED	Leadership in Environmental & Energy Design
LG	Landgericht
m. w. N.	Mit weiteren Nachweisen
MHG	Miethöhegesetz
MM	Mietrechtliche Mitteilungen. Beilage zum Mieter Magazin
NJW	Neue Juristische Wochenschrift
Nr.	Nummer
NZM	Neue Zeitschrift für Miet- und Wohnungsrecht
OLG	Oberlandesgericht
PiG	Partner im Gespräch
RE	Rechtsentscheid
RefE	Referentenentwurf
RegE	Regierungsentwurf
UNCED	United Nations Conference on Environment and Development
UNO	United Nations Organisation
USA	Vereinigte Staaten von Amerika (United States of America)
vgl.	Vergleiche
WuM	Wohnungswirtschaft und Mietrecht (Zeitschrift)
ZIA	Zentraler Immobilen Ausschuss e. V.
ZMR	Zeitschrift für Miet- und Raumrecht
ZPO	Zivilprozessordnung
ZS	Zeitschrift
ZUR	Zeitschrift für Umweltrecht
ZWE	Zeitschrift für Wohnungseigentumsrecht

Im Übrigen gelten die Regeln allgemeiner Abkürzungen.

1. Kapitel – Einleitung

Energieeffizienz, Nachhaltigkeit, Ressourcenschonung, Primärenergie, Endenergie, erneuerbare Energie oder Treibhauseffekt sind Begrifflichkeiten, die im Sprachgebrauch der Gesellschaft eine zunehmende Bedeutung erlangt haben. Im Kern geht es dabei um die Ressourcenschonung und den Klimaschutz, der eine der größten Aufgaben des 21. Jahrhunderts darstellt. Beispielsweise wird der Einsatz erneuerbarer Energie hierzu konsequent gefördert, um den Energieverbrauch mit fossilen Brennstoffen zur Reduzierung von schädlichen Treibhausgasen zu senken und gleichzeitig Ressourcen zu schonen. Zurzeit entfallen etwa 40 % des gesamtdeutschen Energieverbrauchs und mindestens ein Fünftel der CO_2-Emissionen auf den Betrieb von Gebäuden.[1] Vor diesem Hintergrund ist es unbestritten, dass im Gebäudesektor erhebliche Einsparpotenziale bestehen. Dies gilt vor allem für den Wohngebäudebestand. Von den rund 19,5 Millionen Gebäuden in Deutschland sind etwa 18 Millionen Wohngebäude.[2] Rund 70 % des Wohngebäudebestandes wurde vor 1979 errichtet, also ein Großteil vor Inkrafttreten der 1. Wärmeschutzverordnung.[3] Mit dieser Verordnung wurden zur Verringerung des Energieverbrauchs erstmals energetische Mindestanforderungen an Bauteile gestellt.

Knapp 24 Millionen von etwas mehr als 40 Millionen Wohnungen in Deutschland sind Mietwohnungen,[4] in denen rund 50 Millionen Nutzer leben. Der überwiegende Teil der Bevölkerung befriedigt seinen Wohnbedarf somit nicht als selbstnutzender Eigentümer, sondern als Mieter. Diese Zahlen zeigen nicht nur, dass die Einsparpotenziale im Mietwohnungsbestand erheblich sind, sondern auch, dass ein Großteil der Bevölkerung betroffen ist. Da es sich beim Klimaschutz um eine gesamtgesellschaftliche Aufgabe handelt, müssen Vermieter und Mieter einen Beitrag zum Klimaschutz leisten, um die Energieeffizienz im Mietwohnungsbestand zu erhöhen. Einen Anknüpfungspunkt stellt dabei das Wohnraummietrecht dar, da eine Änderung der energetischen Beschaffenheit der Mietsache Auswirkungen auf das Mietverhältnis hat. Dabei ist selbstverständlich, dass das Mietrecht zur Steigerung der Energieeffizienz lediglich unterstützend wirken kann, das Energierecht und direkte Förderinstrumente aber nicht zu

1 BT-Drs. 17/10485, S. 13; diese Werte sind als Richtgrößen zu verstehen. Exakte Werte gibt es derzeit nicht. Verschiedenen Quellen lassen sich andere Angaben entnehmen.

2 Deutsche Energie-Agentur: 18,2 Mio.; Bundesregierung: 17,3 Mio.

3 BGBl. I. 1977, S. 1554 (In Kraft getreten am 1. November 1977).

4 BT-Drs. 17/10485, S. 1.

ersetzen vermag. Um sämtliche Möglichkeiten zur energetischen Verbesserung des Mietwohnungsbestandes auszuschöpfen, hat der Gesetzgeber das Mietrecht gezielt in Bezug auf die energetische Modernisierung überarbeitet und das Gesetz über die energetische Modernisierung von vermietetem Wohnraum und über die vereinfachte Durchsetzung von Räumungstiteln (Mietrechtsänderungsgesetz)[5] am 13. Dezember 2012 vom Deutschen Bundestag verabschiedet.[6] Das Mietrechtsänderungsgesetz, welches am 1. Mai 2013 in wesentlichen Teilen in Kraft getreten ist, soll nach seinem Zweck zu einer nachhaltigen Entwicklung beitragen, dass Investitionen in den vermieteten Wohnungsbestand in Form von energetischen Modernisierungen erleichtert werden. Die berechtigten Interessen von Mietern sollten dabei unter anderem durch einen Härteeinwand gewahrt werden, weil sie vor nicht tragbaren persönlichen oder finanziellen Härten bei der energetischen Modernisierung der von ihnen gemieteten Wohnungen geschützt werden sollten, da diese ihren Lebensmittelpunkt darstellen und weil i. d. R. ein erheblicher Teil des Einkommens des Mieters für die Warmmiete aufgebracht werden muss.[7] Auch die gewerbliche Wärmelieferung wurde im vermieteten Bestand durch gesetzliche Rahmenbedingungen durch eine eigene Vorschrift geregelt. Alles zusammen wurde im Wesentlichen in einem eigenen Kapitel im BGB geregelt, wodurch diesem Bereich mehr Gewicht zukommt. Inhaltlich knüpft er zwar an die vorherige Rechtslage an, verwendet dabei aber erstmals die Begrifflichkeiten, die den Klimaschutz und die Ressourcenschonung ausdrücklich umschreiben. Neben den Elementen zum energieeffizienten Sanieren und Betreiben von Mietwohnungen enthält das Gesetz weitere Regelungen, die außerhalb des Bereiches liegen. Das Gesetz geht zurück auf den Koalitionsvertrag der Regierungsparteien, die sich darauf geeinigt hatten, die „Hürden im Mietrecht für eine energetische Sanierung von Gebäuden zum gemeinsamen Vorteil von Eigentümern und Mietern zu senken".[8]

Die besondere Problematik beim Mietrecht besteht darin, dass jede Neuregelung wie in kaum einem anderen Rechtsgebiet aufgrund des sozialen Charakters und der großen Breitenwirkung für kontroverse Diskussionen sorgt. Es geht daher nicht nur darum, die teils gleichgerichteten, teils widerstreitenden Interessen im Sinne einer nachhaltigen Entwicklung des Gebäudebestands in ein Gleichgewicht zu bringen, sondern zugleich mussten bei dem Mietrechtsänderungsgesetz die wirtschaftlichen Interessen der Wohnungswirtschaft in ihren höchst unter-

5 BGBl. I. 2013, S. 434.

6 Plenarprotokoll der 214. Sitzung des Deutschen Bundestages (17/214), S. 26299.

7 BT-Drs. 17/11894, S. 31 = BT-Ausschussdrucksache (Rechtsausschuss) Nr. 17(6)223, S. 19.

8 Koalitionsvertrag zwischen Union und FDP vom 26. Oktober 2009, http://www.cdu.de/doc/pdfc/091026-koalitionsvertrag-cducsu-fdp.pdf, Abrufdatum: 14. Februar 2013.

schiedlichen Ausprägungen für Privatvermieter und die gewerbliche Wohnungswirtschaft, die einen Anspruch auf die Möglichkeit zu einer angemessenen Verwertung und Weiterentwicklung des vermieteten Immobilienbestands haben, berücksichtigt werden. Mittelbar betroffene Wirtschaftszweige, wie etwa das Handwerk oder die Baustoffindustrie, mussten dabei ebenfalls Berücksichtigung finden.[9] Die Interessen von Klimaschutz und Energieeffizienz hiermit in Einklang zu bringen, ist keine leichte Aufgabe, zumal hierbei kein Interesse einen absoluten Vorrang beanspruchen kann.

Das BGB enthielt bereits vor Inkrafttreten des Mietrechtsänderungsgesetzes im Wohnraummietrecht einige Vorschriften, die in diesem Spannungsfeld standen. Ohne das bisherige Recht grundlegend neuzuordnen, knüpft die Gesetzesänderung an die alte Rechtslage an. Dies gilt vor allem für die Pflicht zur Duldung energetischer Modernisierungsmaßnahmen und die Modernisierungsmieterhöhung. Diese beiden wichtigen Säulen der Energieeffizienzsteigerung im Mietwohnungsbestand, die mit dem Mietrechtsänderungsgesetz modifiziert wurden, hat der Gesetzgeber mit einer grundlegend neuen Regelung flankiert, dem sog. Mietminderungsausschluss. Nach § 536 a Abs. 1a BGB bleibt eine Minderung der Tauglichkeit und damit eine Mietminderung außer Betracht, wenn die Beeinträchtigung auf eine energetische Modernisierung zurückzuführen ist. Nicht nur, dass diese Regelung einen Verstoß gegen das dem Schuldrecht immanente Äquivalenzprinzip darstellt, sondern sie sorgt auch in der Praxis für erhebliche Abgrenzungsschwierigkeiten, da zwischen unterschiedlichen Modernisierungstypen und Erhaltungsmaßnahmen abzugrenzen ist. Komplexer als der sog. Mietminderungsausschluss ist das Zusammenspiel von Duldungspflicht und Sondermieterhöhung, da diese beiden Regelungen zwar getrennte Anspruchsgrundlagen darstellen, inhaltlich aber zahlreiche tatbestandliche Überschneidungen aufweisen, sodass bisher von einem Gleichlauf der beiden Vorschriften ausgegangen wurde. Insoweit herrschte in Rechtsprechung und Literatur Einigkeit. Es stellt sich damit die Frage, ob dieser Gleichlauf weiterhin besteht und in welchen Bereichen des Zusammenspiels es zu einer Entkopplung gekommen ist. Dabei sind in Bezug auf die alte Rechtslage und das Mietrechtsänderungsgesetz verschiedene Problembereiche auszumachen.

A. Ausgewählte Problembereiche – Entkopplung der Duldungspflicht von der Modernisierungsumlage

§ 554 Abs. 2 Satz 1 BGB a. F. setzte eine Modernisierung bei Maßnahmen zur Verbesserung der Mietsache, zur Einsparung von Energie oder Wasser sowie zur

9 BT-Drs. 17/11894, S. 31 = BT-Ausschussdrucksache (Rechtsausschuss) Nr. 17(6)223, S. 20.

Schaffung neuen Wohnraumes voraus. Im Gegensatz hierzu verlangte die in § 559 Abs. 1 BGB a. F. enthaltene Legaldefinition einer Modernisierungsmaßnahme, dass durch die Maßnahme der Gebrauchswert der Mietsache *nachhaltig* erhöht wird, die allgemeinen Wohnverhältnisse auf Dauer verbessert werden oder eine *nachhaltige* Einsparung von Energie oder Wasser bewirkt wird. Trotz des unterschiedlichen Wortlauts deckte sich der Modernisierungsbegriff der Normen in wesentlichen Teilen. Auch wenn in § 554 Abs. 2 BGB a. F. auf das in § 559 Abs. 1 BGB a. F. allen übereinstimmenden Tatbestandsalternativen[10] gemeinsame Merkmal der Nachhaltigkeit verzichtet wurde, wurde hinsichtlich der Bestimmung des Modernisierungsbegriffs von einem grundsätzlichen Gleichlauf zwischen Duldungspflicht und Mieterhöhungsrecht ausgegangen,[11] was auch auf die Gesetzesmaterialien zurückging.[12] Auch der BGH, der das Verhältnis als „korrespondierend" bezeichnete, hatte sich diesem angeschlossen.[13]

Mit dem Mietrechtsänderungsgesetz hat der Gesetzgeber den Gleichlauf aufgegeben, da der Duldungspflicht und der Sondermieterhöhung unterschiedliche (energetische) Modernisierungsbegriffe zugewiesen wurden. So ist eine Modernisierungsumlage unter grundsätzlich engeren Voraussetzungen möglich als die Begründung einer Duldungspflicht. Nach dem offenbar weiten Modernisierungsbegriff, der als Auffangtatbestand zu verstehen ist, sind sämtliche baulichen Veränderungen zu dulden, durch die nicht erneuerbare Primärenergie nachhaltig eingespart oder das Klima nachhaltig geschützt wird (vgl. §§ 555 d, 555 b Nr. 2 BGB).[14] Aus rechtspolitischer Sicht war der Gleichlauf nicht mehr aufrechtzuerhalten, da einerseits mehr Modernisierungen vorgenommen werden sollten, andererseits der Mieter finanziell aber nicht zu stark belastet werden sollte. Insofern ist die Entkopplung nur konsequent. Es wäre nämlich nicht ganz unproblematisch, wenn jedwede Modernisierungsmaßnahme zwar eine Duldung zu rechtfertigen mag, gleichzeitig aber auch zu einer Sondermieterhöhung führt. Zu erörtern ist damit, wie sich die Entkopplung insgesamt auf das Verhältnis von Duldungspflicht und Sondermieterhöhung auswirkt. Anzumerken ist dabei, dass es bereits nach der alten Rechtslage bereits zahlreiche Durchbrechungen gegeben hat, die einem Gleichlauf entgegenstanden. So war bereits nach der alten Rechtslage eine Sondermieterhöhung möglich, ohne dass zuvor ein Duldungsanspruch

10 § 559 BGB enthält im Gegensatz zu § 554 Abs. 2 BGB die Tatbestandsalternative der Unvertretbarkeit der Maßnahme.

11 MünchKomm/*Artz*, § 559 Rn. 8; Soergel/*Heintzmann*, § 559 Rn. 1; Beyer, GE 2009, 944, 950.

12 BT-Drs. 14/4553 – Begriff „Gleichlauf" wird erstmalig verwendet.

13 BGH, Urteil vom 24. September 2008 – VIII ZR 275/07 = NJW 2008, 3630 = MietPrax-AK § 554 BGB Nr. 3.

14 BT-Drs. 17/10485, S. 20.

begründet wurde. Diese Durchbrechung zeigt, dass eine vollständige Entkopplung auch Schattenseiten mit sich bringt.

I. Der Begriff der Energieeinsparung als zentrales Tatbestandsmerkmal

Der Mieter musste nach der alten Rechtslage nach §§ 554 Abs. 2, 559 BGB a. F. alle Maßnahmen, die eine Energieeinsparung bewirkten, dulden und sich an den Kosten der Modernisierung beteiligen. Aufgrund der zentralen Bedeutung war der Begriff der Energieeinsparung bisher umstritten.

So wurde in Ansehung der energie- und klimapolitischen Diskussionen die Auffassung vertreten, dass im Mietrecht die Gesichtspunkte des Umweltschutzes bei der Modernisierung durch Energieeinsparung noch stärker in den Vordergrund gerückt werden müssten als bisher, um umweltfreundliche Maßnahmen zu fördern und für den Vermieter interessant zu machen.[15] Nach dieser Auffassung sollte es nicht ausschließlich auf die Energieeinsparung ankommen. Damit sollte unter energieeinsparenden Maßnahmen nicht nur die Reduzierung des Energieverbrauchs an sich einzuordnen sein, sondern auch die Verringerung des Verbrauchs fossiler und umweltschädlicher Rohstoffe zur Energieerzeugung.[16]

Eine derart weitgehende Auslegung war nach anderer Auffassung grundsätzlich von den alten Vorschriften zur Duldung und Mieterhöhung nicht gedeckt, da es tatbestandlich ausschließlich auf die Energieeinsparung ankam.[17] Mit dem 4. Mietrechtsänderungsgesetz wurde § 541 b BGB a. F., die Vorgängervorschrift zu § 554 BGB a. F. und § 555 d BGB, dahingehend geändert und bestimmt, dass der Mieter auch Maßnahmen zur Wassereinsparung zu dulden hatte. Mit dem Mietrechtsreformgesetz zum 1. September 2001[18] war die Pflicht zur Duldung von Maßnahmen zur Einsparung von Heizenergie auf alle Maßnahmen zur Energieeinsparung erweitert worden. Damit hatte der Gesetzgeber zweimal einen Aspekt des Umweltschutzes aufgegriffen, aber auf weitere Duldungspflichten hinsichtlich umweltschonender Maßnahmen in diesem Bereich verzichtet.[19] Bei der Gesetzesänderung 2001 hatte der Gesetzgeber vor allem an Strom sparende Maßnahmen gedacht, wie z. B. an den Einbau drehzahlabhängiger Umwälzpum-

15 Wilcken, NZM 2006, 521, 523; Bamberger/Roth/*Ehlert*, § 554 Rn. 10; vgl. LG Berlin MM 2000, 278; Schläger, ZMR 1994, 189, 191.

16 Horst, GE Nr. 11/2010, 739.

17 Schmidt-Futterer/*Eisenschmid*, § 559 Rn. 77; ders., WuM 2006, 119; OLG Bamberg, Beschluss vom 30. Juli 2009 – 3 U 23/09; Horst, GE Nr. 11/2010, 739.

18 Gesetz zur Neugliederung ,Vereinfachung und Reform des Mietrechts – Mietrechtsreformgesetz – vom 19. Juni 2001, BGBl I, S. 1149.

19 Blank/Börstinghaus/*Blank*, § 554 Rn. 27.

pen, Ventilatoren, Aufzugsmotoren sowie an Energiesparlampen.[20] Demnach waren nur solche Maßnahmen begünstigt sein, die zu einer Energieeinsparung führten.

Der BGH hatte sich mit dieser Frage nicht im Detail auseinandergesetzt. Es gibt allerdings eine Entscheidung des BGH, wonach die Einsparung von Primärenergie[21] eine Energieeinsparung i. S. der §§ 554 Abs. 2, 559 BGB a. F. darstellte.[22] Im konkreten Fall ging es um die Umrüstung einer Wohnung von Gasetagenheizung auf Fernwärme, die aus Anlagen der Kraft-Wärme-Kopplung (KWK) erzeugt wurde. Bei einer Gasetagenheizung wird die für die Beheizung benötigte Energie ausschließlich durch den fossilen Brennstoff Gas erzeugt, es wird also zu 100 % nicht erneuerbare Primärenergie verwendet. Bei der Fernwärme-heizung hingegen wird der Großteil der Heizenergie aus der Verwertung der Rest- und Abfallwärme anderer technischer Prozesse gewonnen (z. B. durch Müllverbrennung oder Abfallwärme aus der Stromerzeugung aus KWK-Anlagen).[23] Hierdurch kommt es nicht nur zu einer Einsparung von Primärenergie, sondern durch die Einsparung fossiler Brennstoffe auch zu einer Verringerung von CO_2-Emissionen. Die BGH-Entscheidung, die sich indirekt auch mit der CO_2-Einsparung auseinandersetzte, entsprach damit den umwelt- und klimapolitischen Zielen. Indes gab es aber auch Kritik an der Entscheidung, die vor allem damit begründet wird, dass die (Primär-) Energieeinsparung lediglich beim Energieerzeuger eintrat, der Verbraucher aber den üblichen Marktpreis bezahlen musste.[24]

Weitgehende Einigkeit bestand nur darin, dass, soweit es zu einer Energieeinsparung kam, diese im Fall einer duldungspflichtigen Maßnahme nicht zu einer finanziellen Entlastung des Mieters führen musste.[25] Hierfür sprach auch die Formulierung der Gesetzesbegründung: „da sich dadurch die Nebenkosten verringern, kommt eine solche Maßnahme auch dem Mieter zugute".[26] Daraus ergab sich, dass der Mieterschutz nicht bewusster Regelungsinhalt der §§ 554 Abs. 2 S. 1 Alt. 2, 559 Abs. 1 BGB a. F. werden sollte. Die Einsparung von Energie und Wasser verfolgte in erster Linie ökologische Ziele und sollte daher den Mieter

20 Gesetzesbegründung, BT-Drs. 14/4553 zu § 554.

21 Als Primärenergie bezeichnet man in der Energiewirtschaft die Energie, die mit den natürlich vorkommenden Energieformen oder Energiequellen zur Verfügung steht, etwa als Kohle, Gas oder Wind.

22 BGH, Urteil vom 24. September 2008 – VIII ZR 275/07 = WuM 2008, 667 = NJW 2008, 883; Eisenschmid, WuM 2008, 40; Wilcken, NZM 2006, 521, 521.

23 Wilcken, NZM 2006, 521, 522.

24 Derleder, WuM 2010, 331, 333.

25 Schmidt-Futterer/*Börstinghaus*, § 559 Rn. 66; Staudinger/*Emmerich*, § 554 Rn. 20; Ringel, WuM 2009, 71, 75; Wilcken, NZM 2006, 521, 524; differenzierend mit Reformvorschlägen Derleder, WuM 2010, 331, 335.

26 BT Drs. 14/4553, S. 36.

nur mittelbar kostenmäßig entlasten. Keinesfalls sollte dies aber eine Voraussetzung für die Duldungspflicht oder Modernisierungsmieterhöhung sein. Möglich war sogar eine finanzielle Mehrbelastung des Mieters.[27]

Von der Duldungspflicht nach § 554 BGB a. F. nicht erfasst war der Wechsel von einem Energieträger auf einen anderen, der weniger CO_2-intensiv war (Wechsel von Öl- auf Gasheizung), da dies terminologisch nicht zu einer Einsparung von Energie führte. Da ein Energieträgerwechsel allerdings ein erhebliches Potenzial zur Verminderung von Treibhausgasemissionen hatte, konnte sich hier bereits eine Duldungspflicht rechtfertigen, da die Einsparung von CO_2 als übergeordnetes Ziel bei der Energieeinsparung zu verstehen war.[28] Losgelöst von einem Erfordernis eines wirtschaftlichen Vorteils des Mieters war die Energieeinsparung bereits unter Berücksichtigung der alten Rechtslage als gesamtgesellschaftliche Aufgabe zu verstehen, sodass auch die reine CO_2-Reduktion dieses Ziel erreichte.

Das Mietrechtsänderungsgesetz hat den Streit um den Begriff der Energieeinsparung im Wesentlichen beendet, da mithilfe unterschiedlicher Modernisierungsbegriffe klargestellt wurde, welche Energieeinsparung maßgeblich ist. So ist beispielsweise eine Sondermieterhöhung nach § 559 BGB nur möglich, wenn es zu einer Einsparung von Endenergie kommt, wobei vereinfacht gesagt Endenergie die Energie ist, welche von dem Konsumenten benötigt wird.[29] Eine Pflicht zur Duldung kann darüber hinaus dagegen bereits dann begründet werden, wenn durch eine bauliche Veränderung nicht erneuerbare Primärenergie nachhaltig eingespart wird oder das Klima nachhaltig geschützt wird. Ob der Gesetzgeber einen derart weiten Modernisierungsbegriff, der lediglich an den Klimaschutz anknüpft, einführen konnte, ist nicht nur im Hinblick auf das verfassungsrechtliche Bestimmtheitsgebot prekär. Problematisch dürfte vor allem die Frage sein, welche baulichen Veränderungen zu der jeweiligen Energieeinsparung führen oder welche baulichen Maßnahmen das Klima schützen.

II. Die Ankündigung einer Modernisierungsmaßnahme

Der Anspruch auf Duldung einer Modernisierung setzte bereits nach der alten Rechtslage voraus, dass der Vermieter die Maßnahme vor der Durchführung ankündigt (vgl. § 554 Abs. 3 S. 1 BGB a. F.). Die Ankündigung diente dazu, dass sich der Mieter auf etwa bevorstehende Beeinträchtigungen einstellen konnte. So musste nicht nur in Bezug auf Umfang und Dauer der baulichen Veränderungen

27 Schmidt-Futterer/*Börstinghaus*, § 559 Rn. 66.
28 Derleder, WuM 2010, 331, 334.
29 Zum Begriff der Endenergie, siehe Kapitel 5, B, I.

und zusätzlich im Fall einer energetischen Maßnahme auf die Energieeinsparung hingewiesen werden, sondern auch auf die zu erwartende Mieterhöhung. In der Praxis wurden die Anforderungen an die Modernisierungsankündigung als zu hoch erachtet, sodass das formale Ankündigungsverfahren als Investitionshemmnis wahrgenommen wurde.

Zwar setzt der Duldungsanspruch allgemein grundsätzlich nur ein passives Verhalten in Form des Duldens voraus, im Einzelfall kann eine Mitwirkung des Mieters aber erforderlich sein. Dem Bedürfnis des Mieters, sich auf Duldung und eine eventuelle Mitwirkung einzustellen, steht das Interesse des Vermieters gegenüber, Planungssicherheit zu haben. Bisher war dieses Verhältnis möglicherweise nicht ausgeglichen, da der Mieter vor oder während der Maßnahme aufgrund eines Härtegrundes die Modernisierung behindern konnte, da ein Härtefall nach erfolgter Härtefallabwägung einen Duldungsanspruch entfallen lies. Zwar hält der Gesetzgeber an diesem Grundsatz fest, der Mieter ist aber gehalten, seinen Härtefall grundsätzlich innerhalb einer bestimmten Ausschlussfrist vorzutragen.[30] Dies gilt für wirtschaftliche Härten gleichermaßen, obwohl diese erst im Zahlungsverfahren zu prüfen, sind. Im Unterschied zum Einwand gegen die Duldungspflicht, gibt es im Zahlungsverfahren aber eine absolute Ausschlussfrist, die spätestens mit Beginn der Modernisierung endet. Absolute Ausschlussfristen, die der Mieter zu beachten hat, sind dem Mietrecht fremd. Es gilt damit zu klären, wie sich diese neuen Fristen im Mietrecht einfügen können.

III. Die Abwägung mit öffentlichen Interessen

Einen weiteren Themenkreis bildet der Einfluss öffentlicher Interessen wie des Klimaschutzes auf das Mietrecht. Bislang bestand Uneinigkeit darüber, ob nicht auch öffentliche Interessen bei der Härtefallprüfung mit einzubeziehen sind,[31] da es dem Gesetzgeber bei dieser Vorschrift um Energieeinsparung geht, also um ein Gemeinwohlinteresse. Mit dem Mietrechtsänderungsgesetz hat der Gesetzgeber diesen Streit beendet, da klargestellt wurde, dass – jedenfalls soweit es um die Begründung eines Duldungsanspruches geht – auch die Belange des Klimaschutzes zu berücksichtigen sind.

30 § 555 d Abs. 3 und 4 BGB.

31 Staudinger/*Emmerich*, § 554 Rn. 28; Schmid, § 554 Rn. 24.

IV. Mieterhöhung infolge unterlassener Modernisierungsankündigung

Das Mietrechtsänderungsgesetz sieht in § 559 b Abs. 2 S. 2 Nr. 2 BGB vor, dass eine Mieterhöhung nach Modernisierung auch ohne eine Ankündigung der Maßnahmen verlangt werden kann. Demzufolge erscheint es möglich, dass der Vermieter künftig auf das Ankündigungsverfahren verzichtet, um Härteeinwänden des Mieters aus dem Weg zu gehen. Obschon die Mieterhöhung in diesem Fall sechs Monate später fällig wird, stellt diese Möglichkeit eine erhebliche Beeinträchtigung von Mieterrechten dar.

Neben den Problemstellungen der unterschiedlichen Modernisierungsbegriffe, der Berücksichtigung öffentlicher Interessen und der Modernisierungsankündigung gibt es weitere neue Fragestellungen, die sich um die Duldungspflicht und die Sondermieterhöhung ranken. Zudem gibt es zahlreiche ungeklärte Probleme, die teils in neuen Gewändern auftauchen.

B. Fragestellung und Aufbau

Bevor auf die einzelnen Probleme eingegangen werden kann, wird eine Auseinandersetzung mit den geltenden Rahmenbedingungen und der Geschichte der energetischen Gebäudemodernisierung in Deutschland vorangestellt. Hinsichtlich der Rahmenbedingungen wird insbesondere auf die klimapolitischen nationalen und internationalen Zielsetzungen eingegangen, da diese, neben dem tatsächlichen aus ökonomischen Gesichtspunkten erforderlichen Bedürfnis nach Energieeinsparung, die Grundlage für sämtliche Klimaschutzaktivitäten darstellen. Die Darstellung der nationalen und internationalen klimapolitischen Entwicklungen erfolgt in Kapitel 2. In einem weiteren Schritt (Kapitel 3) wird der Gebäude- und Wohnungsbestand in Deutschland untersucht und in Bezug auf seine energetische Qualität analysiert. Ausgehend hiervon lassen sich die Energieeinsparungspotenziale und damit auch die Erforderlichkeit zur Änderung des Mietrechts als Bestandteil einer modernen Energie- und Klimapolitik ermitteln. In den vergangenen Jahrzehnten mündete diese Politik in verschiedene EU-Richtlinien und Gesetze sowie Verordnungen auf nationaler Ebene.[32] Diese oftmals öffentlich rechtlichen Rahmenbedingungen werden dabei ebenfalls gewürdigt und darauf geprüft, wie sie sich auf den Mietwohnungsbestand auswirken. Darüber hinaus kann beispielsweise die Energieeinsparverordnung (EnEV)[33] Auswirkungen auf das Mietrecht entfalten, da es Maßnahmen vorsieht, die gleichzeitig eine Änderung des Vertragsgegenstands zur Folge haben. Zudem

32 Siehe Kapitel 2, B; 4, C.
33 Siehe Kapitel 4, C, I, 3.

wird auf sozialpolitische Aspekte eingegangen, da das Wohnraummietrecht sehr sozial geprägt ist und gleichzeitig in der Bevölkerung die Aspekte des Klimaschutzes eine zunehmende Bedeutung erlangt haben, die sich auch auf das Verhalten des Mieters auswirken könnten, Modernisierungen zu dulden oder sich an den Kosten zu beteiligen. Die Darstellung der Geschichte der energetischen Modernisierung unter Berücksichtigung technischer, sozialpolitischer und rechtlicher Einflussgrößen erfolgt in Kapitel 4. Bevor auf die mietrechtlichen Erörterungen, die insgesamt den Schwerpunkt der Arbeit darstellen, vorgenommen werden, erfolgt eine Darstellung der aktuellen Fördermöglichkeiten, die eine energetische Gebäudesanierung begünstigen. Im Vordergrund des Kapitels 5 stehen die Förderprogramme der Kreditanstalt für Wiederaufbau (KfW) sowie weitere öffentliche Förderungen, die auch bei der Sondermieterhöhung zu berücksichtigen sind. Zudem widmet sich das Kapitel dem Steuerrecht, welches zwar keine unmittelbaren Auswirkungen auf das Mietrecht entfaltet, dem aber bei der Entscheidung des Vermieters über die Durchführung einer energetischen Sanierung eine Rolle zukommen kann. Diesem liegt die These zugrunde, dass steuerliche Vorteile zur Sanierung motivieren, weil die Notwendigkeit einer Umlage der Kosten auf den Mieter aufgrund der steuerlichen Förderung reduziert wird. Hiervon unbenommen bleiben die modernisierungsbedingte Änderung des Vertragsgegenstandes und die daraus resultierende Pflicht des Mieters zur Duldung der Maßnahme. Im Anschluss an den beschreibenden Teil wird auf die Strukturen der Duldungspflicht (Kapitel 6) und das Verhältnis der Duldungspflicht zur Sondermietererhöhung (Kapitel 7) nach der alten Rechtslage eingegangen. Die Darstellung erfolgt gleichzeitig im Hinblick auf die Erforderlichkeit für eine Anpassung des Mietrechts. Die Untersuchung orientiert sich dabei an der bis zum Inkrafttreten der neuen Rechtslage vorhandenen Literatur und Rechtsprechung.

Erst im Anschluss an diesen rechtlichen Teil wird die neue Rechtslage dargestellt und erörtert, ob diese den Zweck des Gesetzgebers, also die Erleichterung der energetischen Sanierung, erreicht, ohne dabei den sozialen Charakter des Mietrechts aus den Augen zu verlieren. Im Detail wird unter Berücksichtigung der genannten Problemfelder insbesondere die Koordination von Duldungspflicht und Sondermieterhöhung diskutiert. Die Darstellung und Erörterung der neuen Rechtslage erfolgt in den Kapiteln 8 und 9. Anschließend werden die prozessualen Auswirkungen (Kapitel 10) der Neuregelungen erörtert. Das Kapitel 11 befasst sich mit weiteren gesetzlichen Neuregelungen zur Begünstigung der energetischen Sanierung im Mietwohnungsbestand. Zu erwähnen sind dabei der Mietminderungsausschluss nach § 536 Abs. 1 a BGB und die gewerbliche Wärmelieferung (§ 556 c BGB). Beide Regelungen werfen zahlreiche Rechtsfragen auf, vor allem in Bezug auf die Abgrenzung zu den Erhaltungs- und Modernisierungsvorschriften. Im nächsten Kapitel wird auf einen etwaigen

Anspruch des Mieters auf eine verbesserte energetische Beschaffenheit unter Berücksichtigung Erfüllungs- und Gewährleistungsansprüche eingegangen (Kapitel 12). Eine Zusammenfassung der Ergebnisse folgt im letzten Kapitel (Kapitel 13).

2. Kapitel – Klimapolitische Entwicklungen in Deutschland der letzten Jahrzehnte

Das Bewusstsein für den Klimaschutz und Energieeinsparung ist in den vergangenen Jahrzehnten deutlich gewachsen. Dies basiert zum einen auf der Endlichkeit fossiler Energiequellen und zum anderen auf dem Klimawandel, der sich weithin bemerkbar macht.

Ursächlich für den Klimawandel ist die stetige Erwärmung der Atmosphäre, welche eben mit an Sicherheit grenzender Wahrscheinlichkeit auf den Ausstoß von Treibhausgasemissionen des Menschen zurückzuführen ist.[34] Bei den Gasen, die den sog. anthropogenen Treibhausgaseffekt herbeiführen, handelt es sich vor allem um Kohlenstoffdioxid, welcher bei der Verbrennung fossiler Energieträger freigesetzt wird. In dem vergangenen Jahrhundert stieg die durchschnittliche Temperatur bereits um 0,7 °C, wobei der größte Anstieg innerhalb der letzten 30 Jahre verzeichnet wurde. Modellrechnungen gehen von einer weiteren Erwärmung um 1,4 bis 5,8 °C bis zum Jahr 2100 aus, wenn der Treibhausgasausstoß nicht stark reduziert wird.[35]

Durch höhere Temperaturen verdunstet mehr Wasser und es kommt zu heftigeren Niederschlägen. Die Wahrscheinlichkeit von Überschwemmungen und Flutkatastrophen steigt. Auch kommt es durch Ausgleichseffekte zu heftigeren Winden, mit einer zunehmenden Zahl an Stürmen und Orkanen. Nach Untersuchungen der Münchener Rückversicherungs-Gesellschaft AG hat die Zahl der großen Naturkatastrophen in den letzten Jahrzehnten deutlich zugenommen.[36] Um fundierte wissenschaftliche Aussagen über den exakten Zusammenhang von Treibhauseffekt und der Zahl der Naturkatastrophen treffen zu können, ist hingegen die Datenlage noch zu gering. Zumindest der Trend zu einer Zunahme von Naturkatastrophen ist evident und damit extrem besorgniserregend. So hat der Hurrikan Katrina in den USA im Jahr 2005 Schäden in Höhe von 500 Milliarden Euro verursacht,[37] schätzungsweise 1.800 Menschen verloren allein in den USA

34 Collins, ZS Spektrum Dossier, 4/2009, S. 7 ff.

35 Bericht des Weltklimarates von 2007: PCC Fourth Assessment Report - Working Group I Report on "The Physical Science Basis", 2007.

36 Pressemitteilung der Münchener Rückversicherung vom 17. Oktober 2012.

37 Deutsches Institut für Wirtschaftsforschung (DIW), 2005. Die ökonomischen Schäden durch Hurrikane in den USA haben seit Beginn des 20. Jahrhunderts um ein Vielfaches zugenommen. In erster Linie ist das jedoch auf das Bevölkerungswachstum und die zunehmende Ansammlung von Werten in den betroffenen Küstenzonen zurückzuführen.

ihr Leben.[38] In Europa gab es in den letzten Jahren ebenfalls folgenschwere Stürme. 2007 kamen 47 Menschen (elf in Deutschland) durch das Sturmtief Kyrill um, welches Schäden in Milliarden-Höhe verursachte.[39] Sicherer ist der Zusammenhang zwischen Erderwärmung und Gletscherschwund in den Alpen, dem Rückgang der oberen Schneegrenze im Sommer sowie dem Auftauen des Permafrostes an vielen Orten oder dem Abschmelzen der Nordpoleiskappe[40], was einen Anstieg des Meeresspiegels und damit eine Gefährdung der Insel- und Küstenregionen zur Folge haben wird. Dies sind weitere Belege für eine globale Erwärmung.[41] Für subtropische Gebiete bedeutet die Erderwärmung eine Ausweitung der Trockenzonen und Wüsten. Weite, heute fruchtbare Gebiete würden versteppen.[42] Folglich käme es nicht nur durch den Anstieg heftiger Regenfälle, sondern auch durch die Verödung zu unkalkulierbaren Schwankungen bei der Lebensmittelproduktion, was in Ansehung der unaufhaltsamen Zunahme der Weltbevölkerung negative Auswirkungen auf die Versorgung mit Nahrungsmitteln hat. Zurzeit bevölkern über sieben Milliarden Menschen die Erde.[43] Die UNO rechnet im Zeitraum bis 2015 mit einer weiteren Zunahme von jährlich 78 Millionen Menschen.[44]

Die zweite Entwicklung einer Neuausrichtung der Klimapolitik resultiert aus der Begrenzung der fossilen Energiequellen Braunkohle, Steinkohle, aber vor allem Erdgas und Erdöl. Der Anteil der Öl- und Erdgasheizungen in Deutschland ist heute am größten. Im Jahr 2009 betrug der Anteil dieser Anlagen rund 16,6 Millionen von den 17,8 Millionen messpflichtigen Wärmeerzeugern im Bestand.[45] Als unmittelbare Folge des steigenden Bedarfs wird der Abbau der fossilen Energieträger immer kostenintensiver, da leicht zugängliche Quellen bereits erschöpft sind und der Abbau von schwer erreichbaren Quellen höhere Kosten verursacht. Zudem steigt der Energiebedarf aufgrund des allgemeinen

38 "Time" Special, Top 10 Historic U. S. Floods, http://www.time.com/time/specials/packages/article/0,28804,2070796_2070798_2070785,00.html, 2011.

39 Eine genaue Schadenbilanz liegt nicht vor. Die Münchener Rück-Versicherung geht von Schäden für Versicherungswirtschaft in Höhe von 4,5 Milliarden € aus (Geschäftsbericht der Münchener Rück-Gruppe 2007). Nach neueren Gesamtschätzungen werden Schäden von insgesamt 7,7 Milliarden € angenommen.

40 Bei fortschreitender Erwärmung ist mit einem eisfreien Nordpolregion in den Sommermonaten zu rechnen, Holland, Marika; Bitz, Cecilia und Tremblay, Bruno (2006): Future abrupt reductions in the Summer Arctic sea ice, in: Geophysical Research Letters.

41 Däpp, Walter: Die Hitze zehrt am Gletschereis, in Der Bund, 18. August 2003, S. 2.

42 Pistohl, Handbuch der Gebäudetechnik, I 6.

43 UNFPA-Weltbevölkerungsbericht 2011.

44 Population Division of the Department of Economic and Social Affairs of the United Nations Secretariat (Hrsg.): World Population Prospects. The 2010 Revision. World Population change per year (thousands) Medium variant 1950–2050, 2012.

45 Shell Hauswärme-Studie, S. 13.

Weltbevölkerungswachstums und der vor allem in den Schwellenländern, insbesondere im Nahen Osten und im asiatisch-pazifischen Raum verstärkten Industrialisierung weiter an, sodass die erhöhte Nachfrage zusätzlich zu steigenden Preisen führen kann.[46] Seit 1950 hat der Energieverbrauch in der Welt um das Vierfache zugenommen und wird sich voraussichtlich in den nächsten 30 Jahren voraussichtlich nochmals verdoppeln. Ein derartiges Wachstum hat es in der Geschichte der Menschheit bislang nicht gegeben. Diesen Schätzungen zufolge hat die heute lebende Generation somit mehr Energie verbraucht, als sämtliche Generationen, die vorher auf der Erde gelebt haben.[47] Mit Blick auf die absolute Verfügbarkeit geht der Gesamtverband Steinkohle (GVSt) davon aus, dass die Vorräte in ca. 60 Jahren (für Gas) und ca. 150 Jahren (für Kohle) erschöpft sein könnten. Nach Berechnungen von Exxon/Mobil betrug die sog. Ölreichweite, also das zeitliche Limit, bis wann Erdöl zur Verfügung steht, rund 46 Jahre. Die Ölreichweite ändert sich allerdings immer wieder und ist daher unter dem Vorbehalt neuer Funde und Technologien, wie dem sog. Fracking[48], zu betrachten. Dies zeigt ein Blick in die Vergangenheit. Wenn die Prognosen von 1940 gestimmt hätten, dann wäre das Öl bereits 1961 erschöpft gewesen. Damals betrug die Ölreichweite nur noch 21 Jahre.[49]

Obschon Prognosen zur Endlichkeit fossiler Brennstoffe einem ständigen Wandel unterworfen sind, ist das Bewusstsein einer endlichen Ressourcenverfügbarkeit in der Öffentlichkeit in den letzten Jahrzehnten erheblich geschärft worden. Schon längst wurde erkannt, dass diesen Gefahren neue Konzepte entgegenzusetzen sind.

Sowohl auf internationaler wie auch nationaler Ebene wurde verstanden, dass aktiver Klimaschutz notwendig ist, um den Folgen des Klimawandels zu begegnen und eine größere Unabhängigkeit von fossilen Energieträgern zu erlangen. Fortan war der Klimawandel Gegenstand der internationalen wie nationalen Politik. Selbst auf kommunalpolitischer Ebene gibt es Aktivitäten, die dem Klimaschutz Rechnung tragen sollen. So gibt es neben den Schlaglichtern, wie der Agenda 21, die 1992 in Rio de Janeiro beschlossen wurde, dem Kyoto-Protokoll oder der Energiewende der Bundesregierung nach dem atomaren Unfall in Fukushima, mittlerweile eine ganze Reihe von Abkommen, aus denen ordnungsrechtliche wie förderrechtliche Maßnahmen resultieren, die dem Klimawandel und einer Verschwendung begrenzter Ressourcen begegnen sollen.

46 BP Weltenergiestatistik, "Statistical Review of World Energy", Juni 2009, www.bp.com/statisticalreview, Abrufdatum: 14. Februar 2013.

47 Pistohl, Handbuch der Gebäudetechnik, I 4.

48 Durch das sog. Fracking werden Erdöl und -gas mit Horizontalbohrungen unter Einsatz von hohem Druck und Chemikalien aus Schiefergestein gelöst.

49 Exxon Mobil „Öldorado 2009“, ExxonMobil Central Europe Holding, Hamburg, 2009.

Der erste völkerrechtliche Vertrag war die Klimarahmenkonvention, mit der sich die Staatengemeinschaft verpflichtet hat, den anthropogenen Treibhauseffekt zu mildern und den Energieverbrauch drastisch zu reduzieren. Die Klimarahmenkonvention wurde am 9. Mai 1992 in New York City verabschiedet und im gleichen Jahr auf der Konferenz der Vereinten Nationen über Umwelt und Entwicklung (UNCED) in Rio de Janeiro von 154 Staaten und der Europäischen Gemeinschaft angenommen. Sie trat zwei Jahre darauf, am 21. März 1994, dem 90. Tag nach Hinterlegung der 50. Ratifizierungsurkunde in Kraft. Bisher ist sie von 189 Staaten ratifiziert worden.[50]

Die Klimakonvention sieht vor, dass die Vertragsstaaten einmal jährlich zu einer Klimakonferenz zusammenkommen. Auf der Konferenz 1997 wurde in Kyoto das Protokoll zum Rahmenübereinkommen über Klimaänderungen verabschiedet (Kyoto-Protokoll).[51] Wesentlicher Bestandteil des Übereinkommens ist Art. 3 der Vereinbarung, wonach die Treibhausgasemissionen in bestimmten Industrieländern in der Periode 2008 bis 2012 um insgesamt 5 % gegenüber 1990 zu senken sind. Für Schwellenländer wurden keine verbindlichen Ziele definiert. Weitere Reduktionsziele für eine zweite Verpflichtungsperiode nach 2012 wurden nicht festgelegt.

Das Kyoto-Protokoll wurde am 31. Mai 2002 von der Bundesrepublik Deutschland und den übrigen EU-Mitgliedern ratifiziert. Am 16. Februar 2005 ist es in Kraft getreten.[52] Eine Ratifizierung des Kyoto-Protokolls war deshalb erforderlich, weil die Klimarahmenkonvention und das Kyoto-Protokoll als internationale Verträge als Teil des Völkerrechts keine unmittelbaren Rechte und Pflichten des Bürgers beinhalten. Hierfür ist eine innerstaatliche Geltungsanordnung durch ein Ratifikationsgesetz („Transformationsgesetz") erforderlich.[53] Bevor das Kyoto-Protokoll in Deutschland ratifiziert wurde, hatten es zuvor 55 andere Vertragsstaaten unterzeichnet. Bis zur UN-Klimakonferenz in Durban Anfang Dezember 2011 ratifizierten 193 Staaten sowie die Europäische Union das Kyoto-Protokoll. Die USA sind dem Protokoll nicht beigetreten, und Kanada hat im Anschluss an die Konferenz in Südafrika am 13. Dezember 2011 seinen

50 Deutscher Text Rahmenübereinkommen der Vereinten Nationen über Klimaänderungen: http://unfccc.int/resource/docs/convkp/convger.pdf, Abrufdatum: 14. Februar 2013.

51 Kyoto-Protokoll to the United Nations Framework Convention on Climate Change FCCC/CP/1997/L7/Add. 1, 10. Dezember 1997; vgl. Anlage zum Gesetz vom 27. April 2002, BGBl, II, S. 966.

52 Europa – Zusammenfassungen der EU-Gesetzgebung – Kyoto-Protokoll, http://europa.eu/legislation_summaries/environment/tackling_climate_change/l28060_de.htm, Abrufdatum: 12. März 2013.

53 Vgl. auch Art. 59 Abs. 2 GG.

Ausstieg aus dem Abkommen bekannt gegeben.[54] Auf den Klimakonferenzen in Durban im Dezember 2011 und Katar im Dezember 2012 wurde neben der Konkretisierung einer zweiten Verpflichtungsperiode auch beraten, wie die USA und China in die internationalen Klimaschutzbemühungen einbezogen werden können, da immerhin rund 45 % (2011) der jährlichen Treibhausgase auf diese beiden Staaten entfallen.[55]

B. Europäische Rahmenbedingungen

Anders als die Weltgemeinschaft, die bei ihren Zielen vor allem auf die betragsmäßige Reduzierung von Treibhausgasemissionen setzt, rückt die EU als weiteren Ansatz die sog. 2-Grad-Grenze in den Mittelpunkt ihrer Klimaschutzpolitik. Demnach soll der Anstieg der globalen Durchschnittstemperatur nicht über 2 Grad Celsius hinausgehen.

Hierzu hat der Europäische Rat der Staats- und Regierungschefs am 8./9. März 2007 in Brüssel unter deutscher Präsidentschaft Ziele für eine integrierte europäische Klima- und Energiepolitik formuliert, die sich aber wiederum auch an den Emissionen orientieren.[56] Demnach verpflichtet sich die EU in ihrer „2020-20“-Initiative, die Treibhausgasemissionen bis zum Jahr 2020 um mindestens 20 % gegenüber 1990 zu senken. Um dieses Ziel zu erreichen, sollen bis 2020 die Energieeffizienz um 20 % gesteigert und der Anteil der erneuerbaren Energiequellen an der Energieversorgung auf 20 % erhöht werden. Unter Energieeffizienz versteht man das Verhältnis zwischen Energieerzeugungsleistung und Energieeinsatzmenge, also eine möglichst große Erzeugungsleistung bei möglichst geringer Energieeinsatzmenge. Bis zum Jahre 2050 sollen die Treibhausgasemissionen der Industrieländer um 60 % bis 80 % unter das Niveau von 1990 sinken.

Um diese energie- und klimapolitischen Ziele zu erreichen, hat die EU zahlreiche weitere Beschlüsse gefasst und in verschiedenen Richtlinien konkrete Vorgaben formuliert, die von den Mitgliedsstaaten in nationales Recht umgesetzt werden müssen. Für den Gebäudesektor und damit auch für den Mietwohnungsbestand ist vor allem die Richtlinie 2002/91/EG des Europäischen Parlaments und des Rates vom 16. Dezember 2002 über die Gesamtenergieeffizienz von

54 Frankfurter Allgemeine Zeitung vom 14. Dezember 2011.

55 BT-Drs. 17/11514.

56 Vgl. Rat der Europäischen Union: Europäischer Rat (Brüssel), 8./9. März 2007. Schlussfolgerungen des Vorsitzes, Dok. 7224/1/07 REV 1.

Gebäuden (GEEG – Gesamtenergieeffizienz von Gebäude) relevant.[57] Am 19. Mai 2010 wurde eine Neufassung vom Europäischen Parlament verabschiedet, die am 8. Juli 2010 in Kraft getreten ist.[58] Die Neufassung wurde erforderlich, um die oben genannten klimapolitischen Ziele zu erreichen. Zudem wurde dem Gebäudesektor eine gegenüber der Richtlinie von 2002 gestiegene Bedeutung beigemessen. Ziele der Novelle sind die weitere Steigerung der Energieeffizienz von Gebäuden und die Verbesserung der Information der Nutzer durch Energieausweise. Hinsichtlich der Energieeffizienz bei Bestandsgebäuden wurden beispielsweise die Vorgaben für Mindestanforderungen an die energetische Beschaffenheit weiter detailliert. Zudem sieht die Richtlinie vor, dass alternative Energiesysteme bei allen Gebäuden zu berücksichtigen sind und nicht wie bisher nur bei Gebäuden über 1.000 m^2. Darüber hinaus sollten bestimmte Mindestanforderungen eingeführt werden, die bislang ebenfalls nur bei Modernisierungen von Gebäuden über 1.000 m^2 einzuhalten waren. Neu eingeführt wurde zudem eine Mindestanforderung an gebäudetechnische Systeme.

Die einzelnen Staaten waren verpflichtet, die Richtlinie bis zum 9. Juli 2012 in nationales Recht umzusetzen. In Deutschland sollte dies zunächst mit der Novelle der Energieeinsparungsverordnung (EnEV 2012) erfolgen. Die Bundesrepublik hat diesen Termin nicht eingehalten. Nach Auffassung der Bundesregierung ist eine Beachtung des Termins nicht erforderlich gewesen, da bereits im bis dahin geltenden Recht zahlreiche Vorgaben der EU-Richtlinie 2010/31/EU umgesetzt worden seien.[59]

C. Nationale Rahmenbedingungen

Insbesondere das übergeordnete Ziel, die Treibhausgasemissionen in Deutschland deutlich zu senken, stößt auf breite Akzeptanz in Politik, Wirtschaft und Gesellschaft. Die öffentliche Diskussion eines bevorstehenden Klimawandels hat in Deutschland bereits Mitte der 1980er Jahre eingesetzt. So hat beispielsweise die Deutsche Physikalische Gesellschaft (DPG) schon 1985 in ihrer Stellung-

57 Richtlinie 2002/91/EG des Europäischen Parlaments und des Rates vom 16. Dezember 2002 über die Gesamtenergieeffizienz von Gebäuden gestützt auf den Vertrag zur Gründung der Europäischen Gemeinschaft, insbesondere auf Artikel 175 Absatz 1, auf Vorschlag der Kommission (ABl. C 213 E vom 31. Juli 2001, S. 266, und ABl. C 203 E vom 27. August 2002, S. 69.).

58 Richtlinie 2010/31/EU des Europäischen Parlaments und des Rates vom 19. Mai 2010 über die Gesamtenergieeffizienz von Gebäuden, L 153/13.

59 BT- Drs. 17/9834 – Antwort der Bundesregierung vom 30. Mai 2012 auf eine kleine Anfrage (BT-Drs. 17/9656).

nahme „vor einer drohenden Klimakatastrophe“ gewarnt.[60] Der zuständige Arbeitskreis Energie hat hierin die Politik aufgerufen, „die künftige Energieversorgung und die drohende Klimakatastrophe zu beraten“, die Wirtschaft und Wissenschaft, „die benötigten Verfahren und Anlagen für rationellere Energienutzung und umfangreichere Nutzung nicht fossiler Energieträger verfügbar zu machen“ und jeden einzelnen Bürger „durch sein eigenes Verhalten zu sparsamerer Nutzung von Energie und zur Verminderung der Emission von Schadstoffen beizutragen“.[61] Möglicherweise kann diese Stellungnahme, welche die schädlichen Folgen des Klimawandels für den Menschen wissenschaftlich darstellt, als Anstoß für die Diskussion und das Tätigwerden der nationalen Politik bezeichnet werden. Die damalige schwarz-gelbe Regierung unter Bundeskanzler Helmut Kohl griff die Befürchtungen der DPG auf und setzte 1987 eine Enquete-Kommission ein, die sich der Frage vom Menschen verursachter Klimaveränderungen widmete.[62] Rund drei Jahre später beschloss die Bundesregierung, auch in Ansehung der Ergebnisse der Enquete-Kommission, erstmals Klimaziele. Nach den Kabinettsbeschlüssen sollten die CO_2-Emissionen bis zum Jahr 2005 im Vergleich zu 1987 reduziert werden.[63] In späteren Beschlüssen, die 1991 und 1994 gefasst wurden, wurde das Einsparziel grundsätzlich bekräftigt. Allerdings wurde das Referenzjahr auf 1990 geändert und nur noch eine Reduktion um 25 % und nicht mehr um 25 % bis 30 % angestrebt.[64] Die 1998 angetretene rot-grüne Bundesregierung bekräftigte diese Ziele.[65] Zur Erreichung dieser Ziele hat Deutschland Fortschritte gemacht. Die Emissionen haben sich grundsätzlich reduziert. Dies ist vor allem auch auf den Zusammenbruch der Wirtschaft in der ehemaligen DDR zurückzuführen, in der bis dahin der Energiebedarf durch die mit erheblichen CO_2-Emissionen verbundene Braunkohle-Nutzung gedeckt worden war. Die Emissionen der privaten Haushalte, wozu auch der Wohnungsbestand gehört, sind dagegen zunächst weitgehend konstant geblieben. Die Klimaziele, die bis 2005 erreicht werden sollten (Reduzierung um

60 Deutsch Physikalische Gesellschaft e. V. – Stellungnahme Arbeitskreis Energie „Warnung vor einer drohenden Klimakatastrophe“, Bad Honnef, Dezember 1985; vorgestellt auf einer Pressekonferenz am 22. Januar 1986 in Bonn.

61 Ebd. „Warnung vor einer drohenden Klimakatastrophe“, S. 2.

62 Der Klimaschutz, der durch die geringere Verwendung fossiler Brennstoffe erreicht werden sollte, könnte sich zugunsten der Kernenergie ausgewirkt haben, die wegen des atomaren Zwischenfalls in Tschernobyl am 26. April 1986 in die öffentliche Kritik geraten ist, gleichzeitig aber von der Regierung Kohl befürwortet wurde.

63 Kabinettsbeschlüssen vom 13. Juni 1990 und 7.November1990, vgl. Deutscher Bundesrat (Hrg.): Unterrichtung durch die Bundesregierung. Bonn: BR-Drs. 905/97, 1997.

64 Beschlüsse der Bundesregierung vom 11. Dezember 1991 und 29. September 1994.

65 Koalitionsvereinbarung zwischen der Sozialdemokratischen Partei Deutschlands und BÜNDNIS 90/DIE GRÜNEN vom 20. Oktober 1998, S. 17.

25 %), wurden aber dennoch verfehlt, da die Treibhausgasemissionen bis zum Jahr 2003 nur um 18,5 % gegenüber 1990 reduziert werden konnten.[66]

Das Nationale Klimaschutzprogramm der Bundesrepublik Deutschland vom 18. Oktober 2000 sollte sicherstellen, dass das von Deutschland auf europäischer und internationaler Ebene zugesagte Ziel einer Reduzierung der Treibhausgasemissionen im Zeitraum 2008–2012 um 21 % gegenüber dem Basisjahr 1990 erreicht wird. Mit dem Beschluss der Bundesregierung vom 13. Juli 2005 wurde das Nationale Klimaschutzprogramm fortgeschrieben. Gleichzeitig sollte damit der Grundstein für eine anspruchsvolle Klimapolitik über 2012 hinaus gelegt werden.[67]

2007 wurden die Ziele der Bundesregierung bis 2020 nochmals verschärft. Ihr Ziel ist es, Energieeffizienz, Klimaschutz und die Nutzung erneuerbarer Energien weiter voranzubringen sowie Ökonomie und Ökologie dabei zusammenzuführen. Bis 2020 soll der Ausstoß von Treibhausgasen um 30 % und im Falle einer Verpflichtung anderer großer Industriestaaten auf ein 30-%-Ziel um 40 % gegenüber 1990 verringert werden. Das für den Gebäudebereich relevante Ziel für 2020 ist insbesondere die angestrebte Erhöhung des Anteils erneuerbarer Energien auf 14 % im Wärmesektor. Neben der Wärme aus erneuerbaren Energien soll die Wärmeeinsparung durch Gebäudesanierung den größten Beitrag zur Erreichung dieses Ziels leisten. Der Gebäudebereich soll außerdem seinen Teil zur Verdoppelung der Energieproduktivität gegenüber 1990 beitragen. Zur Umsetzung hat die Bundesregierung im Jahr 2007 das Integrierte Energie- und Klimaschutzprogramm (IEKP) beschlossen.[68] Das Programm, welches auch unter dem Namen Meseberger Beschlüsse bekannt wurde, sollte dabei auch die im Frühjahr 2007 gefassten EU-Entscheidungen bezüglich Klimaschutz, Ausbau der erneuerbaren Energien und Energieeffizienz umsetzen. Das zur Umsetzung beschlossene Maßnahmenpaket sah in den Sektoren Verkehr, Gebäude und Infrastruktur insgesamt 29 Punkte vor, um die Klimaschutzziele zu erreichen. Hierzu zählten beispielsweise konkrete Gesetzesvorhaben, wie das Kraft-Wärme-Kopplungsgesetz[69] oder das Erneuerbare-Energien-Wärmegesetz[70]. Zudem sah

66 Nationales Klimaschutzprogramm 2005 – Beschluss der Bundesregierung vom 13. Juli 2005 – Sechster Bericht der Interministeriellen Arbeitsgruppe „CO2-Reduktion", S. 8.

67 Ebd., S. 4; BT-Drs. 15/5931.

68 Bericht zur Umsetzung der in der Kabinettsklausur am 23./24. August 2007 in Meseberg beschlossenen Eckpunkte für ein Integriertes Energie- und Klimaprogramm vom 5. Dezember 2007 des BMWi und des BMU.

69 Kraft-Wärme-Kopplungsgesetz vom 19. März 2002 (BGBl. I S. 1092), zuletzt geändert durch Art. 1 des Gesetzes vom 12. Juli 2012 (BGBl. I S. 1494).

70 Erneuerbare-Energien-Wärmegesetz vom 7. August 2008 (BGBl. I S. 1658), zuletzt geändert durch Art. 2 Abs. 68 des Gesetzes vom 22. Dezember 2011 (BGBl. I S. 3044).

das Paket Förderprogramme beispielsweise zur energetischen Sanierung von Bundesgebäuden vor.

Im Herbst 2010 beschloss die Bundesregierung ein neues Energiekonzept, wonach die Einsparziele nochmals neu gesetzt wurden.[71] Für den Gebäudebestand formuliert das Konzept, bis 2050 einen klimaneutralen Gebäudebestand zu erreichen. Gleichzeitig soll bis 2050 der Primärenergiebedarf um 50 % gegenüber 2008 reduziert werden. Insgesamt sieht das Energiekonzept rund 60 konkrete Maßnahmen vor, die insbesondere an der Verwendung erneuerbarer Energien anknüpfen. Hervorzuheben sind für den Gebäudebestand dabei vor allem Anpassungen des CO_2-Gebäudesanierungsprogramms, des Marktanreizprogramms, der EnEV und des EEWärmeG. Zudem führt die Bundesregierung das Mietrechtsänderungsgesetz als Teil des Energiekonzepts an.

Im Sommer 2011 wurde von der Bundesregierung ein weiteres Paket auf den Weg gebracht.[72] Die Erforderlichkeit für den Beschluss weiterer Schritte wurde als Reaktion auf den Unfall in dem japanischen Atomkraftwerk in Fukushima als notwendig erachtet. Neben dem Ausstieg aus der Kernkraft, der bis 2022 vollzogen sein soll, wurden durch die sog. Energiewende auch Maßnahmen zur Energieeinsparung im Gebäudebereich beschlossen. So sah ein Beschluss der Bundesregierung beispielsweise eine steuerliche Förderung von energetischen Sanierungsmaßnahmen an Wohngebäuden vor.[73] Das entsprechende Gesetz wurde zwar vom Bundestag verabschiedet, der Bundesrat hatte aber seine Zustimmung nicht gegeben. Ein von der Bundesregierung eingeleitetes Vermittlungsverfahren scheiterte nach mehrmonatigen Verhandlungen.[74]

Derzeit arbeitet die Bundesregierung an einem sog. Sanierungsfahrplan, der auf das Energiekonzept aus 2010 zurückgeht. Das Konzept soll eine Leitlinie zur Erreichung der klima- und energiepolitischen Ziele im Gebäudebereich darstellen und aufzeigen, wie sich der Gebäudebestand im Hinblick auf die Ziele des Energiekonzepts entwickeln soll.[75] Bis Mitte 2013 lag kein entsprechender Sanierungsfahrplan vor. Es ist aber zu erwarten, dass unabhängig von einem konkreten Sanierungsfahrplan an weiteren Konzepten gearbeitet wird, welche die energetische Verbesserung des Wohnungsbestands zum Gegenstand haben.

71 Energiekonzept der Bundesregierung "für eine umweltschonende, zuverlässige und bezahlbare Energieversorgung", 28. September 2010, http://www.bundesregierung.de/Content/DE/_Anlagen/2012/02/energiekonzept-final.pdf?__blob=publicationFile, Abrufdatum: 12. März 2013.

72 Eckpunktepapier der Bundesregierung zur Energiewende "Der Weg zur Energie der Zukunft - sicher, bezahlbar und umweltfreundlich", Juni 2011, http://www.bmu.de/uebrige-seiten/der-weg-zur-energie-der-zukunft-sicher-bezahlbar-und-umweltfreundlich/, Abrufdatum: 12. März 2012.

73 Siehe Kapitel 5, B, II.

74 Pressemitteilung Bundesrat 194/2012 vom 13. Dezember 2012.

75 BT-Drs. 17/9834, S. 6.

Parteiübergreifend stellen diese auf unabsehbare Zeit einen wesentlichen Schwerpunkt der politischen Bestrebungen dar. In Ansehung der ausufernden Fülle von verschiedenen Konzepte und stetigen Überarbeitungen besteht die Gefahr der Unübersichtlichkeit, die dem Erreichen der Ziele nicht dienlich ist. Ein entsprechender Sanierungsfahrplan ist dabei geeignet, einen roten Faden zu bieten.

3. Kapitel – Der Gebäudebestand in Deutschland

A. Einsparpotenziale im Gebäudebereich

Zur Bestimmung der Erforderlichkeit von Modernisierungsmaßnahmen, die über das Mietrecht ermöglicht werden können, ist ein Blick auf den Umfang des CO_2-Einsparpotenzials im Gebäude- und Mietwohnungsbestand zu werfen. Insbesondere bei Bestandsimmobilien sind die Einsparpotenziale enorm. Häuser, die mit marktgängigen Techniken energetisch modernisiert werden, können ihren Energiebedarf und damit auch die Energiekosten um bis zu 85 % senken. Die Tatsache, dass zur Heizung, Warmwasserversorgung und elektrischen Versorgung von Gebäuden rund 38 % des Gesamtendenergiebedarfs, wobei rund zwei Drittel im Wohngebäudebereich und etwa ein Drittel im Nicht-Wohngebäudebereich benötigt werden,[76] auf diesen Sektor entfallen, zeigt, wie hoch die Einsparpotenziale sind, die durch Maßnahmen zur Steigerung der Energieeffizienz zu realisieren sind. Dabei kommt vor allem auf Maßnahmen zur Einsparung von Energie zur Versorgung mit Raumwärme und Warmwasser an. Bezieht man den Energieverbrauch nur auf diesen Teil, so verbleibt ein Anteil in Höhe von 31 % des gesamten Endenergiebedarfs für den gesamten Gebäudesektor.[77] Blickt man nur auf den Wohngebäudebestand, so verbleibt ein enormer Anteil in Höhe von rund 25 % des gesamten Endenergiebedarfs. Ebenfalls beträchtlich sind die Einsparpotenziale der schädlichen Treibhausgasemissionen, die mit der Energieeinsparung einhergehen. Immerhin entfallen rund 37 % der CO_2-Emissionen auf den gesamten Gebäudebestand. Auf den für diese Untersuchung maßgeblichen Wohngebäudebestand entfallen 23 %, davon 17 % auf die Wärmeversorgung und 6 % auf Haushaltsstrom.[78]

Als energetische Modernisierungsmaßnahmen zur Hebung der aufgezeigten Einsparpotenziale kommen insbesondere die Ertüchtigung der Gebäudeaußenhülle und eine effizientere Nutzung von Heizenergie in Betracht. Alleine durch die nachträgliche Wärmedämmung und Verbesserung der Fenster könnte der Energieverbrauch in den nächsten 20 bis 30 Jahren um etwa 40 % reduziert werden. Unter Berücksichtigung des Potenzials durch Sanierungen der Heizungs-

76 Der dena-Gebäudereport 2012, S. 15.

77 Ebd.

78 Institut für Städtebau, Wohnungswirtschaft und Bausparwesen (ifs), Hausbauinformationen Folge 3/2012; Die Bundesregierung geht von rund 20 % aus, BT-Drs. 17/10485, S. 13.

technik und Solarenergie könnte die CO_2-Reduktion bei über 50 % liegen.[79] Vor allem der Solarenergie, aber auch anderen erneuerbaren Energien ist eine zentrale Bedeutung beizumessen, da der Gebäudesektor aufgrund der Zunahme der Erdbevölkerung weiter wächst. Aber auch die Steigerung des Komfortanspruchs und damit das Bedürfnis nach mehr Wohnfläche, die ebenfalls kausal für eine Expansion des Sektors sind, erfordern alternative Energiekonzepte.[80] Diesen Konzepten darf sich letztlich auch nicht das sozial geprägte Mietrecht verschließen.

I. Die Sanierungsquote als Leitlinie in der politischen Diskussion

In der politischen Diskussion werden Ziele und Erfolge der Klimapolitik im Gebäudebereich an der sog. Sanierungsquote gemessen. Sie drückt aus, wie viele Gebäude oder Wohneinheiten innerhalb eines Jahres energetisch saniert wurden oder werden müssten, um die Klimaschutzziele zu erreichen. Deutschland hat sich verpflichtet, bis 2050 die Treibhausgasemissionen um 80 % zu senken. Nach dem Energiekonzept der Bundesregierung müssten hierzu doppelt so viele Gebäude saniert werden wie bisher.[81] Geht man von einer Zielquote von 2 % aus, so wird der gesamte Gebäudebestand in den nächsten 50 Jahren einmal neu saniert. Dies wäre nach dieser Zielvorgabe auch erforderlich, da die Gebäude, die 2012 einen annehmbaren Zustand aufweisen, in 20 Jahren, also im Jahr 2032 wieder sanierungsfähig oder sogar sanierungsbedürftig sind. Eine Sanierungsquote kann immer nur als Leitlinie verwendet werden. Dies liegt auch daran, dass die Genauigkeit der Quote recht zweifelhaft ist, da zu ihrer Bestimmung zum einen geklärt werden muss, wie viele Gebäude in Deutschland vorhanden und wie viele hiervon sanierungsfähig sind und zum anderen, was unter Sanierung zu verstehen ist. Die in der aktuellen Diskussion verwendete Quote von rund 1 % fußt auf einer Auswertung von 7.510 Gebäuden.[82] Zur Bestimmung der Einsparpotenziale und des -bedarfs ist ein Blick auf die Datenlage, die zugegebenermaßen besser sein könnte, unverzichtbar.

79 IWU, Akzeptanz energetischer Maßnahmen im Rahmen der nachhaltigen Modernisierung, 2006, S. 1.

80 "Energetische Sanierung von Ein- und Zweifamilienhäusern", empirica, S.6.

81 Energiekonzept der Bundesregierung "für eine umweltschonende, zuverlässige und bezahlbare Energieversorgung", 28. September 2010, http://www.bundesregierung.de/Content/DE/_Anlagen/2012/02/energiekonzept-final.pdf?__blob=publicationFile, Abrufdatum: 12. März 2013.

82 „Datenbasis Gebäudebestand", Institut Wohnen und Umwelt (IWU) und Bremer Energieinstitut, 2010.

II. Der Wohngebäudebestand

Der Gebäudebestand lässt sich aufgrund der noch unbefriedigenden Datenlage nur schwer in Zahlen fassen. Bislang gibt es keine Datensammlung, die eine zuverlässige Bestandsaufnahme des deutschen Gebäudebestandes gestattet. Es gibt allerdings eine Reihe von Studien und Statistiken, die versuchen, den Gebäudebestand in Zahlen zu fassen. Allen voran können hier insbesondere das Statistische Bundesamt, welches über seine Volkszählungen und die Baustatistiken Daten sammelt, die halbstaatliche Deutsche Energie Agentur (dena) und das Institut Wohnen und Umwelt (IWU) in Darmstadt genannt werden. In Zukunft dürfte sich die Datenlage allerdings verbessern. Verschiedene Akteure aus dem Bereich der öffentlichen Verwaltung, der Wirtschaft und der Wissenschaft arbeiten kontinuierlich daran, das Zahlenmaterial zu verbessern. Dies liegt daran, dass der Gebäudesektor sowohl von EU-Kommission als auch von Bundesregierung als Schlüsselbereich zur Steigerung der Gesamtenergieeffizienz erachtet wird. Gleichzeitig hat auch die Industrie ein Interesse an einer verlässlichen Datenlage, da in der Effizienzsteigerung erhebliche Marktpotenziale gesehen werden.[83] Nach den aktuellen Statistiken und Auswertungen lässt sich der Gebäudebestand in folgenden Zahlen ausdrücken:

Einer Schätzung der Bundesregierung zufolge gibt es in Deutschland knapp 19 Millionen Gebäude. Davon sind ungefähr 1,5 Millionen Nichtwohngebäude und rund 17,3 Millionen Wohngebäude.[84] Die dena geht dagegen nach einer neueren Studie davon aus, dass es 18,2 Millionen Gebäude zur Wohnnutzung gibt.[85]

Der größte Anteil der Wohngebäude entfällt mit rund 14,9 Millionen Gebäuden auf überwiegend von Eigentümern selbst genutzte Ein- und Zweifamilienhäuser. Dies entspricht einer Quote von 83 %. Nur etwa 3 Millionen Wohngebäude bzw. 17 % sind Mehrfamilienhäuser, also Gebäude mit mehr als zwei Wohneinheiten. Die Mehrfamilienhäuser lassen sich wiederum nach der Anzahl ihrer Wohneinheiten unterteilen. Insgesamt sind in diesem Gebäudetyp rund 21 Millionen Wohnungen. Die Mehrzahl der bewohnten Wohnungen, die mit rund 40 Millionen angegeben wird, befindet sich damit in den sogenannten Mehrfamilienhäusern, also in Gebäuden mit mehr als zwei Wohneinheiten. Rund drei

83 Verschiedene Initiativen namhafter Anbieter von Anlagentechnik und Dämmstoffen engagieren sich für mehr Energieeffizienz im Gebäudebereich ein (beispielsweise „Energieeffiziente Gebäude“ des Bundesverbandes der Deutschen Industrie (BDI) oder die Allianz für Gebäude-Energie-Effizienz (geea).

84 Monatsbericht des Bundesministeriums für Wirtschaft und Technologie, „Schlaglichter der Wirtschaftspolitik“ Monatsbericht Februar 2009, http://www.bmwi.de, Abrufdatum: 14. Februar 2013.

85 Der Dena-Gebäudereport 2012, S. 23.

Millionen Wohneinheiten sind davon unbewohnt, was einer Quote von rund 8 % entspricht. Hinsichtlich des Energieverbrauchs und der CO_2-Emissionen stellt sich ein abweichendes Bild dar. Einfamilien- und Zweifamilienhäuser emittieren doppelt so viel CO_2 wie die drei Millionen Mehrfamilienhäuser.[86] Dies liegt daran, dass das freistehende Einfamilienhaus die energetisch aufwendigste Gebäudeform ist. In dieser Gebäudeart gibt es mit sieben Außenflächen pro Wohneinheit die meisten Außenflächen, über die Wärmeverluste stattfinden (Kellerdecke/Bodenplatte, vier Außenwände und zwei Dachflächen). Energetisch günstiger ist das Mehrfamilienhaus in geschlossener Bauweise mit regelmäßig nur zwei Außenwänden pro Wohneinheit.[87] Dementsprechend ist der Wärmeenergieverbrauch pro Quadratmeter beheizter Wohnfläche in einem freistehenden Einfamilienhaus auch deutlich höher. Schätzungen zufolge liegt dieser bei um etwa 20 % höher als bei einem Mehrfamilienhaus.[88] Aus diesem Grund ist es nicht verwunderlich, dass lediglich 37 % des Endenergiebedarfs für Heizung und Warmwasser im Wohnungsbestand auf den Sektor der Mehrfamilienhäuser entfällt. 63 % der Endenergie werden in Ein- oder Zweifamilienhäusern benötigt. Differenziert man zwischen selbst genutztem Eigentum und vermietetem Wohnraum entfallen 19 % des Endenergiebedarfs im Bereich der Ein- und Zweifamilienhäuser und 32 % in Mehrfamilienhäusern auf vermieteten Wohnraum. Damit entfallen auf den vermieteten Wohnraum 41 % und auf den selbstgenutzten Wohnraum 59 % des gesamten Endenergiebedarfs für Warmwasser und Heizung innerhalb des Wohnungssektors.[89]

Für die Frage der energetischen Modernisierung ist daher nicht nur die Anzahl der Wohneinheiten interessant, sondern auch die beheizbare Fläche, da diese maßgeblich für den Energiebedarf und damit auch für das Einsparpotenzial ist. Berechnungen zufolge beträgt die gesamte beheizbare Wohnfläche 3,4 Milliarden Quadratmeter. Das Verhältnis von Mehrfamilienhäusern, in denen überwiegend Mietwohnungen belegen sind, und regelmäßig selbstgenutzten Ein- bzw. Zweifamilienhäusern sieht hier im Gegensatz zu der Verteilung der Wohneinheiten anders aus. Dies liegt an der durchschnittlichen Größe der einzelnen Wohneinheitentypen.

Wohnungen in Mehrfamilienhäusern mit drei und mehr Wohnungen haben nach der Mikrozensus-Zusatzerhebung im Jahr 2006 in Deutschland eine durchschnittliche Fläche von 68,8 m^2, Einfamilienhäuser eine durchschnittliche Fläche

86 Der Dena-Gebäudereport 2012, S. 23.

87 Institut für Städtebau, Wohnungswirtschaft und Bausparwesen – ifs, Thesen zur Energieeffizienzpolitik für den Wohngebäudebereich, März 2012.

88 Ebd.

89 Der dena Gebäudereport 2012, S. 8.

von 127,2 m^2.[90] Zweifamilienhäuser haben dagegen durchschnittlich 178 m^2. Damit sind in Deutschland die beheizbaren Wohnflächen in Ein- und Zweifamilienhäusern größer als in Mehrfamilienhäusern.[91] Da auch diese Werte einer Veränderung unterliegen, die vor allem auf den wachsenden Wohlstand, sog. Schrumpfungsprozesse vor allem in ländlichen Regionen in den neuen Bundesländern und den demographischen Wandel zurückzuführen sind, können diese Aussagen nur als Momentaufnahmen dienen. So ist ohne weiteren Rückbau im Jahr 2020 mit 1,42 Millionen leerstehenden Wohnungen zu rechnen.[92] Zurzeit werden die Wohnungen immer größer. Die durchschnittliche Wohnfläche pro Kopf ist in den letzten Jahren kontinuierlich gestiegen. Für die Sanierung des Gebäudebestands spielt diese Tatsache zurzeit noch eine untergeordnete Rolle, da sich der Zuwachs nur durch den Neubau auswirkt. Diese Zahlen zeigen aber, dass der Wohnungsbestand in Deutschland bereits quantitativ den größten Anteil des gesamten Gebäudebestandes und der gesamten beheizbaren Fläche ausmacht.

Eine genauere Bestandsaufnahme des Wohngebäudebestands, also eine Unterteilung in verschiedene Baualtersklassen oder verschiedene Größenklassen, ist schon schwieriger, da der Gebäudebestand in Deutschland über die Jahrhunderte stetig verändert wurde. Zudem unterliegt der Bestand laufenden Veränderungen durch Abriss und Neubautätigkeit. Letztere lässt sich recht sicher über die Anzahl der Baugenehmigungen bestimmen. So wurden beispielsweise im Jahr 2010 für Nichtwohngebäude 31.058 Baugenehmigungen und für Wohngebäude 94.596 Baugenehmigungen erteilt.[93] Dies entspricht etwa rund 170.000 Wohneinheiten (0,45 % des gesamten Bestandes) in neu errichteten Gebäuden. Im Jahr 2011 hat die Bautätigkeit mit rund 228.000 genehmigten Wohneinheiten um rund 22 % gegenüber dem Vorjahr zugenommen. Fertiggestellt wurden dabei rund 183.000 Wohnungen, was einer Zunahme von 15 % entspricht.[94] Nach Be-

90 Ergebnisse der Mikrozensus-Zusatzerhebung, 2008, S. 116. Das ifs Institut für Städtebau, Wohnungswirtschaft und Bausparwesen, Berlin, kommt zu einem ähnlichen Ergebnis, hiernach betrug 2008 die durchschnittliche Wohnfläche einer Mietwohnung in Westdeutschland 73 m2 und in Ostdeutschland 64 m2. Dies ergibt einen Mittelwert von 68,5 m2.

91 Statistisches Bundesamt DESTATIS – Pressemitteilung Nr. 084 vom 9. März 2009.

92 Vgl. Bundesministerium für Verkehr, Bau und Stadtentwicklung/Bundesamt für Bauwesen und Raumordnung (Hrsg.): Evaluierung des Bund-Länder-Programms Stadtumbau Ost. Berlin 2008, S. IV. Diese Zahlen werden auch durch die aktuelle Haushaltsprognose des BBSR bestätigt, die von einem zu erwarteten Leerstandsanstieg von 30.000 Wohnungen jährlich ausgeht, vgl. Bevölkerungs- und Haushaltsprognose des BBSR bis zum Jahr 2025.

93 Statistische Ämter des Bundes und der Länder, Baugenehmigungsstatistik, 2011.

94 Zweiter Bericht der Bundesregierung zur Wohnungs- und Immobilienwirtschaft in Deutschland, 2012.

rechnungen des Bundesinstituts für Bau-, Stadt- und Raumforschung (BBSR) liegen diese Zahlen unterhalb des Bedarfes, der mit 193.000 Wohneinheiten pro Jahr beziffert wird.[95] Dabei nimmt die Bautätigkeit vor allem in den Regionen mit starker Wohnungsnachfrage zu. In einigen Ballungszentren, wie etwa in München oder den Kernstädten des Rhein-Main-Gebiets, betrug die Zunahme bei den Genehmigungen sogar bis zu zwei Drittel. Für 2012 dürfte ein weiteres Wachstum zu erwarten sein. Bereits im ersten Halbjahr 2012 genehmigten die Behörden den Bau von 114.000 Wohnungen. Das waren 4,9 % mehr als im Vorjahreszeitraum.[96] Insgesamt befinden sich die Neubautätigkeit und damit die Schaffung energetisch gut beschaffenen Wohnraums auf einem hohen Niveau, welcher aber quantitativ nicht an den Bauboom in der ersten Hälfte der 1990er Jahre heranreicht.[97] Anfang der 1990er Jahre wurden jährlich noch bis 700.000 Wohneinheiten pro Jahr errichtet (1,75 % des gesamten Bestandes), 2001 waren es immerhin noch rund 300.000 Wohneinheiten pro Jahr (0,75 % des gesamten Bestandes). Die Zahl der Gebäudeabrisse, die der Bautätigkeit einschränkend gegenübersteht, ist hingegen nicht bekannt. Statistiken zufolge betrug die Anzahl rückgebauter Wohneinheiten im Jahr 2010 rund 40.000 (etwa 0,1 % des gesamten Bestandes). In den neuen Bundesländern und in Berlin wurden im Jahr 2010 etwa so viele Wohnungen zurückgebaut wie errichtet.[98]

Eine Aufspaltung des Wohngebäudebestandes in verschiedene Baualtersklassen ist zur Bestimmung des Einsparpotenzials deshalb erforderlich, da in den Jahren der Errichtung unterschiedliche Anforderungen an die Energieeffizienz galten. In der fachlichen Diskussion wird davon ausgegangen, dass Gebäude, die vor 1979 errichtet und noch nicht umfassend saniert wurden, einen schlechteren energetischen Zustand aufweisen. Dies liegt daran, dass 1977 die 1. Wärmeschutzverordnung (WSchV) in Kraft getreten ist.[99] Nach Recherchen der dena wurden etwa 71 % vor Erlass der ersten WSchV errichtet.[100] Gebäude, die später

95 Welche Wohnungen sind künftig gefragt? Entwicklung der Neubaunachfrage bis 2025, BBSR, 2013.

96 Statistisches Bundesamt DESTATIS – Pressemitteilung Nr. 283 vom 17. August 2012.

97 Vgl. ausführlich Bericht der Bundesregierung über die Wohnungs- und Immobilienwirtschaft in Deutschland, 2012, BT-Drs. 17/11200.

98 Der dena-Gebäudereport 2012.

99 Die „Verordnung über energiesparenden Wärmeschutz bei Gebäuden (Wärmeschutzverordnung – WärmeschutzV)“ wurde am 11. August 1977 (BGBl. I S. 1554) als erste Verordnung auf der Grundlage des Energieeinsparungsgesetzes vom 22. Juli 1976 erlassen und trat am 1. November 1977 in Kraft. Bis zu diesem Zeitpunkt gab es in Deutschland (wie in den meisten anderen Ländern) keine öffentlich-rechtlichen Vorschriften für den energiesparenden Wärmeschutz von Gebäuden, sondern lediglich ein diesbezügliches technisches Regelwerk (DIN 4108), siehe Kapitel 4, C.

100 Nach dem IWU wurden rund 66 % der Wohngebäude vor 1979 errichtet (IWU, Basisdaten für Hochrechnungen mit der Deutschen Gebäudetypologie des IWU: Neufassung August 2011.

errichtet wurden, erhielten aufgrund sich verschärfender Bauvorschriften mit der Zeit einen besseren Wärmeschutz. Ursächlich für den heute sehr hohen Standard der Energieeffizienz sind nicht nur die hohen rechtlichen Anforderungen, sondern auch die zahlreichen Förderprogramme, die eine über den Anforderungen liegende Energieeffizienz stärker berücksichtigen. Der Primärenergiebedarf neu errichteter Wohngebäude liegt aktuell im Schnitt 30 % unter den Anforderungen der EnEV 2009.[101]

Um einen Überblick, gerade bei den älteren Wohngebäuden hinsichtlich ihres Standards zu erhalten, hat das IWU im Jahre 2007 eine Hochrechnung des gesamten deutschen Wohnungsbestandes durchgeführt, die 2009 angepasst wurde, und dabei den Bestand in unterschiedliche Gebäudeklassen und Baualtersklassen unterteilt.[102] Eine Unterteilung in verschiedene Baualtersklassen ist sinnvoll, da hierdurch dem Fortschritt der Industriealisierung und den Baumethoden Rechnung getragen werden kann. Zudem können auf diese Weise geschichtliche Ereignisse, wie der Erste und Zweite Weltkrieg, welche erhebliche Auswirkungen auf das Bauen in Bezug auf Material und Wohnraumbedarf hatten, Berücksichtigung finden.[103] Die Auswertung, welche auf älteren Projekten des IWU[104], dem Mikrozensus[105] und Auswertungen des Statistischen Bundesamtes[106] basiert, enthält für eine Abschätzung des energetischen Zustandes des Bestandes Größen, wie Wohnfläche und Wohneinheiten. Hierbei wurde der Wohnungsbestand in vier Gebäudeklassen und zehn Baualtersklassen unterteilt: Einfamilien-, Reihen-, Mehrfamilien- und große Mehrfamilienhäuser. Bei den Baualtersklassen werden Zeiträume von vor 1860 bis 2009 unterschieden. Insgesamt weichen die Daten von einigen der genannten Zahlen ab. Dies gilt allerdings nur für die sehr detaillierten Auswertungen, die allgemeinen Kennzahlen, wie Anzahl der Wohneinheiten und der beheizbaren Wohnflächen, sind ähnlich. Der Grund für die Abweichung ist darin zu sehen, dass zunächst einmal jede statistische Auswertung mit Fehlern behaftet ist. Diese Fehler sind (prozentual auf den jeweiligen Ausgangswert bezogen) in ihrer Tendenz umso größer, je geringer der Anteil der Anzahl der Gebäude des jeweiligen Typs an der Gesamtzahl der Wohngebäude ist.[107] Dies gilt in der Auswertung des IWU vor allem für die großen Mehrfamili-

101 Ausführlich zur EnEV siehe Kapitel 4, C, I, 3.

102 „Datenbasis Gebäudebestand“, Institut Wohnen und Umwelt (IWU) und Bremer Energieinstituts, 2010.

103 Vgl. Kapitel 4, A, I.

104 W. Ebel, W. Eicke-Hennig, W. Feist, H.-M. Groscurth, Der zukünftige Heizwärmebedarf der Haushalte, Institut Wohnen und Umwelt, Darmstadt 1996.

105 Mikrozensus 1998.

106 Statistisches Bundesamt 2006, 2007.

107 „Datenbasis Gebäudebestand“, Institut Wohnen und Umwelt (IWU) und Bremer Energieinstitut, 2010.

enhäuser, von denen es im Vergleich zu anderen Gebäudetypen am wenigsten gibt. Dennoch gibt die Auswertung aufgrund ihres Anspruchs, möglichst detailliert zu sein, einen interessanten Überblick über die unterschiedlichen Baualtersklassen. Auch nach den Zahlen des IWU wird deutlich, dass der Wohngebäudebestand, der vor 1979 errichtet wurde, mit 66 % (dena: 71 %) am größten ist. Betrachtet man die Anzahl der Wohneinheiten, so sind 69 % vor 1979 errichtet. Dies entspricht einer gesamten Wohnfläche von 2,25 Milliarden m^2, also 65 % der Gesamtwohnfläche.

III. Bisherige Sanierungen im Bestand

Ein nicht unerheblicher Teil des oben dargestellten Wohnungsbestandes wurde bereits energetisch verbessert, sodass nicht davon ausgegangen werden kann, dass der gesamte Wohngebäudebestand sanierungsbedürftig ist. Nach Schätzungen der Bundesregierung im Jahr 2007 stieg die energetische Sanierungsquote von 1,6 % im Jahr 1994 auf 2,2 % des Wohngebäudebestands im Jahr 2006. Dies entspräche einer energetischen Sanierung von rund 290.000 Wohngebäuden pro Jahr.[108] Andere gehen zurzeit von einer Sanierungsquote von nur 0,8 % aus.[109] Dieser Widerspruch ist der Tatsache geschuldet, dass die Bestimmung einer Sanierungsquote aufgrund unterschiedlicher Annahmen nur schwer möglich ist. Dies liegt vor allem daran, dass nicht einheitlich festgelegt ist, wann man von einer energetischen Sanierung sprechen kann. Hier werden unterschiedliche Maßstäbe zugrunde gelegt, zumal eine energetische Sanierung unterschiedlich definiert werden kann. Die dena geht in ihrer Untersuchung davon aus, dass bei den Gebäuden, die vor 1978 errichtet wurden, bei 28 % die Außenwände nachträglich gedämmt wurden. Bei 62 % der älteren Gebäude wurde das Dach oder die oberste Geschossdecke gedämmt. Die Kellerdecke oder der Boden wurde bei 20 % der älteren Gebäude gedämmt. Legt man allerdings als Sanierungsziel einen Neubaustandard nach der EnEV 2009 zugrunde, so ist in Bezug auf den Primärenergiebedarf gerade einmal 5 % des Wohngebäudebestandes saniert.[110]

Im Ergebnis kann zunächst festgehalten werden, dass der Gebäudebestand zwar ständig modernisiert wird, die Sanierungsrate aber noch etwas höher sein könnte, wobei der Neubaustandard aber nicht als Maßgabe dienen sollte. Gleichzeitig muss beachtet werden, dass ein heute annehmbarer Zustand in Kürze bereits wieder veraltet sein kann, nicht zuletzt auch wegen weiterer Verschärfungen

108 Bericht der Bundesregierung über die Wohnungs- und Immobilienwirtschaft, BT-Drs. 16/13325, S. 40.

109 Der dena Gebäudereport 2012, S. 81.

110 Ebd., S. 38.

im Energierecht. Lediglich die Tatsache, dass aufgrund hoher Förderungen im Neubau ein sehr hoher Energieeffizienzstandard erreicht wird, lässt hoffen, dass der Sanierungszyklus eines Gebäudes nicht zu kurz wird.

IV. Modernisierungstrend

Noch schwieriger als die Bestimmung des Gebäudebestandes selbst und der bisherigen Modernisierungsquoten ist, wie bereits erläutert, das Stellen einer Prognose hinsichtlich eines Modernisierungstrends. Dieser ist von verschiedenen Faktoren abhängig. Hierzu zählen vor allem die im Vergleich zu den Energiekosteneinsparungen höheren Modernisierungskosten, die nicht von allen aufgebracht werden können oder gewollt sind. Weiterhin für die Entwicklung der Modernisierungsquote entscheidend ist der Abbau von Fehlanreizen. Geeignete Förderprogramme, Instrumente im Steuerrecht, aber eben auch Änderungen im Mietrecht können den Trend beeinflussen. Ebenfalls entscheidend für eine Prognose ist die Entwicklung der rechtlichen Rahmenbedingungen. Ein umfassender Sanierungszwang ist einerseits geeignet, die Sanierungsquote zu erhöhen, andererseits muss die durchzuführende Sanierung aber auch bezahlt werden. Hier ist die Leistungsfähigkeit der Eigentümer und der Mieter im Auge zu behalten. Neuere empirische Studien zum Reformbedarf und zum Einfluss des Mietrechts auf den energetischen Sanierungstrend sind kaum vorhanden.[111] Dennoch kann nicht ausgeschlossen werden, dass das Mietrecht einen Beitrag zum Klimaschutz leisten kann, wenn formale Hürden für den sanierungswilligen Vermieter gesenkt werden.[112] So geht zumindest eine Studie davon aus, dass das Mietrecht den Sanierungstrend „punktuell" beeinflussen kann.[113]

B. Zusammenfassung der Ergebnisse für den Mietwohnungsbestand

Das Wohnraummietrecht kann die Sanierungsaktivität nur dort beeinflussen, wo es auch anwendbar ist. Die Tatsache, dass von den rund 19,5 Millionen Gebäuden in Deutschland rund 18 Millionen Wohngebäude sind, zeigt,[114] dass die Einsparpotenziale im Wohnungsbestand am größten sind. Rund 70 % des Wohngebäudebestandes wurde vor 1979 errichtet, also ein Großteil vor Inkrafttreten der

111 Börstinghaus, NZM 2012, 697, 698.
112 Herlitz, ZMR 2012, 762, 763.
113 InWIS „Wege aus dem Vermieter-Mieter-Dilemma", 2011, S. 23.
114 dena: 18,2 Mio.; Bundesregierung: 17,3 Mio.

1. Wärmeschutzverordnung[115] vom 11. August 1977, die am 1. November 1977 in Kraft getreten ist.[116] Mit der 1. Wärmeschutzverordnung wurden zur Verringerung des Energieverbrauchs erstmals energetische Mindestanforderungen an Bauteile gestellt. Zuvor gab es grundsätzlich keine gesetzlichen Anforderungen an den Wärmeschutz.[117] Heute entsprechen lediglich 5 % des Wohngebäudebestandes, der vor Inkrafttreten der EnEV 2009 errichtet wurde, dem aktuellen Neubauniveau.[118]

Unterteilt man den Bestand in selbstgenutzte und vermietete Wohnungen, ergibt sich aufgrund der Anzahl der Wohneinheiten ein besonderes großes Einsparpotenzial im Mietwohnungsbestand. Von rund 40 Millionen Wohneinheiten insgesamt sind rund 24 Millionen Mietwohnungen, was einer Quote von rund 60 % entspricht.[119] In Bezug auf die Wohnfläche ist eine Differenzierung schon schwieriger, da es keinesfalls zutreffend wäre, den Bestand vermieteter Wohneinheiten ausschließlich in Mehrfamilienhäusern, die pro Wohneinheit weniger Fläche bieten, zu verorten. Immerhin sind 6,4 Millionen Wohneinheiten selbstgenutzte Eigentumswohnungen, die sowohl in Mehrfamilien- als auch in Zweifamilien- und Reihenhäusern belegt sein können.[120] Das Statistische Bundesamt geht davon aus, dass Eigentümerhaushalte mit durchschnittlich 121 m^2 Wohnfläche im Mittel 52 m^2 mehr zur Verfügung haben als Mieterhaushalte mit 69 m^2.[121] Multipliziert man die durchschnittliche Wohnfläche eines Mieterhaushaltes mit der Anzahl der vermieteten Wohneinheiten von 23 Millionen, so ergibt sich ein Wert von rund 1,6 Milliarden m^2 beheizbare Wohnfläche im Mietwohnungsbestand. Dies entspricht etwa der Hälfte der gesamten beheizbaren Wohnfläche von 3,4 Milliarden m^2 in Deutschland. Auch in Bezug auf den Endenergiebedarf für Heizung und Warmwasser ergibt sich ein ähnliches Bild, da etwa 41 % des Endenergiebedarfs auf vermieteten Wohnraum entfällt.[122] Insgesamt ergibt sich damit für den Mietwohnungsbestand ein erhebliches Einsparpotenzial.

Zur weiteren Konkretisierung der Potenziale ist nicht nur die physikalische Beschaffenheit dieses Sektors von Interesse, sondern auch seine Eigentümerstruktur. Aufgrund unterschiedlicher Professionalität in der Bewirtschaftung von Wohnraum und Kapitalausstattung lassen sich auch Aussagen zur Sanierungsmotivation und -bereitschaft der unterschiedlichen Gruppen treffen. Es liegt auf

115 BGBl. I. S. 1554.
116 Zur Wärmeschutzverordnung, vgl. Kapitel 4, C, I, 1.
117 Wärmeschutz-„Empfehlungen“ ergaben sich lediglich aus der DIN 4108.
118 Der dena Gebäudereport 2012, S. 38.
119 BT-Drs. 17/10485, S. 1.
120 Wohnen im Eigentum e. V. (Hrsg.), 60 Jahre Wohnungseigentum – unbekannt und unbeachtet, 2011.
121 DESTATIS, Pressemitteilung Nr. 084 vom 9. März.2009.
122 Der Dena-Gebäudereport 2012, S. 8.

der Hand, dass ein großes Wohnungsbauunternehmen i. d. R. andere finanzielle Möglichkeiten hat als ein privater Kleinvermieter, dem der Wohnraum zur Verbesserung der Altersvorsorge dient. Zudem dürfte der professionelle Vermieter mehr Erfahrungen mit energetischen Sanierungen haben, da diese feste Bestandteile seiner wirtschaftlichen Tätigkeit sind. Aufgrund der hohen technischen, rechtlichen und finanziellen Anforderungen ist die Sanierung für den Kleinvermieter dagegen mit mehr Hürden verbunden, die sich als Hemmnis bemerkbar machen. Ein weiterer Aspekt, der Einfluss auf die Sanierungsbereitschaft hat, ist die unterschiedliche Strategie, die mit der Verwaltung der Wohnungen verfolgt wird. Trotz der Tatsache, dass es keine Erhebungen darüber gibt, welche Eigentümergruppe sanierungsbereiter ist, kann vermutet werden, dass diese mit abnehmender Professionalität abnimmt.

Rund 14 Millionen der etwa 23 bis 24 Millionen vermieteten Wohnungen werden von privaten Kleinanbietern und Amateurvermietern angeboten. Diese Gruppe ist gewöhnlich mit einem oder zwei Miethäusern, die teilweise selbstständig ohne professionelle Hilfe bewirtschaftet werden, am Wohnungsmarkt tätig. Professionell-gewerbliche Anbieter verwalten in Deutschland rund 9,2 Millionen Wohnungen. In diesem Bereich dominieren kleinere bis mittlere Unternehmen mit einem Wohnungsbestand von bis zu 2.000 Einheiten. Dazu gehören Genossenschaften, öffentliche Wohnungsunternehmen mit kommunalen Mehrheitsbeteiligungen, privatwirtschaftliche und kirchlich gebundene Wohnungsunternehmen sowie Banken und Fonds als kleinere Anbieter. Sie bewirtschaften etwa 80 % der Wohnungsbestände der professionellen Bestandshalter. Etwa 16 % der von professionell-gewerblichen Eigentümern bewirtschafteten Wohnungen gehören Unternehmen unterschiedlicher Rechtsformen, für die das Bestandsmanagement von Wohnimmobilien ein eher nachrangiger Geschäftsbereich ist.[123]

Im Ergebnis zeigt sich, dass aufgrund der verbesserten Datenlage eine quantitative und qualitative Darstellung des Mietwohnungsbestands in Bezug auf seine energetische Beschaffenheit durchaus in einer Detailschärfe möglich ist, wie sie bisher nur wünschenswert war. Das so gewonnene Bild macht es möglich, die rechtlichen Rahmenbedingungen auch im Hinblick auf den heterogenen Mietwohnungsbestand und seine Eigentümerstruktur anzupassen, letztlich also auch Korrekturen im Mietrecht zu rechtfertigen. Gleichzeitig wird deutlich, dass es noch erhebliche Einsparpotenziale gibt, sich der Wohnungsbestand aber stetig durch Sanierungen und den Neubau auch aufgrund des gestiegenen Komfortanspruchs des Nutzers verbessert. Durch die langen Sanierungszyklen wird dieser Prozess gebremst.

123 On Point/JonesLangLaSalle, Wohnungsmarktbericht Deutschland, 2011.

4. Kapitel – Die Geschichte der energetischen Modernisierung im Wohnungsbestand

Die Geschichte der energetischen Modernisierung begann mit der Ölkrise von 1973. Erst diese Ölkrise mit ihren folgenschweren wirtschaftlichen Auswirkungen zeigte der Gesellschaft sehr deutlich ihre Abhängigkeit vom Öl und die Notwendigkeit, sparsam mit diesen Ressourcen umzugehen. Gleichwohl hat es bereits in den Jahrzehnten zuvor Ereignisse gegeben, die diese Gefahr erkennbar machten, so wie beispielsweise die Exportbeschränkungen für Kohle im Jahre 1955, welche die die sog. Kohleangst auslösten. Aber auch bei der Ölversorgung kam es 1956 zu ersten Engpässen, da der Suez-Kanal nach einer militärischen Intervention der Briten und Franzosen wegen der Verstaatlichung durch Ägyptens Präsidenten Nasser unter anderem aufgrund versenkter Schiffe für Monate nicht passierbar war. Seitens des Staates wurden erst nach der Ölkrise von 1973 weitreichende Maßnahmen ergriffen, die auf eine größere Unabhängigkeit von fossilen Brennstoffen ausgerichtet waren und den Umgang mit diesen regulierten. Während zunächst ökonomische Aspekte und die Versorgungssicherheit im Vordergrund standen, waren es später auch ökologische Fragen des Klima- und Umweltschutzes, die zu einem Umdenken geführt haben.[124] Das Handeln des Gesetzgebers und die wachsende Akzeptenz in der Bevölkerung gaben der energetischen Gebäudesanierung auch in technologischer Hinsicht einen gewaltigen Schub. Ein Ende der Entwicklung ist in technischer, rechtlicher und sozialpolitischer Hinsicht insbesondere im Hinblick auf die stetig neu formulierten Klimaschutzziele nicht erkennbar.

A. Technische Entwicklung der energetischen Modernisierung

Eine energetische Verbesserung des Wohnbestands ergibt sich daraus, dass zum einen alte Gebäude abgerissen und neue mit höheren energetischen Standards gebaut werden (Ersatzneubau). Zum anderen werden bereits bestehende modernisiert, sodass sie weniger Energie benötigen oder diese effizienter nutzen können. Im mietrechtlichen Zusammenhang sind grundsätzlich nur Maßnahmen an bereits bestehenden Gebäuden relevant. Der Abriss und anschließende Neubau geht über den Regelungsbereich der duldungspflichtigen und umlagefähigen

124 Pistohl, Handbuch der Gebäudetechnik, I 3.

Modernisierungen hinaus. Im Fall eines Abrisses kommt zunächst nur eine Beendigung des Mietverhältnisses aus wirtschaftlichen Gründen in Betracht (§ 573 Abs. 2 Nr. 3 BGB). Im Folgenden soll daher auf die Sanierung bestehender Gebäude eingegangen werden. Da sich die technische Entwicklung der Sanierungsmaßnahmen allerdings nicht isoliert betrachten lässt, muss auf die Geschichte des Bauens geblickt werden, die der technischen Entwicklung der Modernisierung bestehender Gebäude zugrunde liegt.

Hinter dem Begriff der energetischen Modernisierung an einem bestehenden Gebäude verbirgt sich eine Vielzahl von technischen Maßnahmen, die die bauphysikalische Beschaffenheit des Gebäudes oder seine Energieversorgung verändern. Die energetische Sanierung, auch als thermische Sanierung bezeichnet, dient der Minimierung des Energieverbrauchs für Heizung, Warmwasser und Lüftung. Bei der energetischen Modernisierung sind die Teilbereiche Modernisierung der Heizsysteme und Wärmeschutz der Gebäudehülle zu unterscheiden. Als thermische Gebäudehülle bezeichnet man die Grenzfläche zwischen der beheizten inneren Gebäudefläche und den unbeheizten Gebäudeteilen sowie der äußeren Umgebung. Hierzu zählen u. a. die Außenwände, die Bodenplatte, das Dach sowie Fenster und Türen. Ziel des Wärmeschutzes ist die Reduzierung der Wärmeverluste, wobei es durch Solarstrahlung sogar zu Wärmegewinnen kommen kann.[125]

Als mögliche Maßnahmen, um Wärmeverluste und den Energiebedarf zu minimieren, sind zu nennen: die Außenwanddämmung, die Dachdämmung, die Kellerdeckendämmung und die Fenstersanierung. Mit der Ertüchtigung der Gebäudehülle gehen i. d. R. eine Reihe zusätzlicher Verbesserungen bauphysikalischer Eigenschaften (z. B. Schallschutz) einher. Die Modernisierung der Heizung erfolgt durch die Verwendung von Niedertemperaturkesseln, Brennwertkesseln, Mikro-Kraft-Wärme-Kopplung (KWK), Wärmepumpen und Solarthermie zur Warmwasser- und/oder Heizungsunterstützung.[126] Welche Maßnahmen ergriffen werden, hängt gewöhnlich von deren Kosten-Nutzen-Verhältnis ab. Oftmals werden heute Energieberater hinzugezogen, um für das jeweilige Gebäude ein optimales Maßnahmenbündel zu finden.

Der hier beschriebenen Praxis geht allerdings eine sehr lange Entwicklungsgeschichte voraus, da das Bedürfnis nach einer nachträglichen Verbesserung des energetischen Zustands einer Immobilie über einen langen Zeitraum gewachsen ist.

125 Shell Hauswärme-Studie, S. 36.
126 Ebd., S. 13.

I. Wärmeschutz durch Dämmung der Gebäudehülle

Der Mensch hat ursprünglich seine Behausungen geschaffen, um sich vor der Witterung zu schützen.[127] Archäologische Funde in den letzten Jahren, z. B. in Hessen, sind ein Beleg dafür, dass vor über 4.000 Jahren bereits bei der Auswahl ihrer Baumaterialien und ihrer Bauweise auf eine optimale Wärmedämmung geachtet wurde, da verstanden wurde, dass die Gebäudehülle die Schnittstelle zur Umwelt ist. Zwar mögen die verwendeten Materialen, wie Holz, Lehm, Gras, Stroh und Heu, aus heutiger Sicht überholt erscheinen. Die energetische Beschaffenheit der damaligen Hütten war aber auch im Vergleich zu aktuellen Dämmstoffen kaum schlechter.[128] In der Nähe der hessischen Stadt Langenselbold wurde eine alte Siedlung ausgegraben, deren Wände bereits vor 3.400 Jahren eine energetische Beschaffenheit aufwiesen, deren Qualität erst 1995 mit der damaligen Wärmeschutzverordnung wieder erreicht wurde.[129] Die Wände der bronzezeitlichen Hütten bestanden aus zwei mit Abstand voneinander aufgesetzten, mit Lehm beworfenen Flechtwänden. Dazwischen hatte man auf einer Stärke von etwa zehn Zentimeter trockenes Gras hineingestopft.[130] Die Bedachung erfolgte, so wie es bis in die erste Hälfte des 20. Jahrhunderts üblich war, mit Stroh. Aus Gründen der Brandgefahr wurde das Stroh- oder Reetdach erst im Mittelalter in den eng bebauten Städten durch harte Deckungen wie das feuerfeste Ziegeldach verdrängt.[131] In den ländlichen Regionen überwog aber die Anzahl der Holzbauten mit dem kostengünstigeren und leichter zu verarbeitenden Strohdach. Bedingt durch die wachsende Bevölkerungszahl, die Städtegründungen ab 1100 und den ansteigenden wirtschaftlichen Tätigkeiten, wie beispielsweise den Bergbau oder die Salinen, wuchs die Holznot aber weiter, sodass vermehrt auch Häuser aus Steinen errichtet wurden. Der bis dahin überwiegend verwendete Baustoff Holz musste fortan sparsamer eingesetzt werden. Aufgrund der Knappheit des Holzes kam das Fachwerkhaus verstärkt zum Einsatz. Beim Fachwerkhaus handelt es sich um einen aus Holz gezimmerten Rahmen, dessen Fächer mit Lehm gefüllt werden. Die thermische Beschaffenheit des Fachwerks[132] ist im Vergleich zu der Holzblockwand[133], die ihrerseits die bronzezeitliche Flechtwand abgelöst hat, deutlich schlechter. Zur Erhöhung der

127 Sautter, Wärmeschutz- und Feuchtigkeitsschutz im Hochbau, S. 9.

128 Eicke-Hennig, wksb 65/2011, S. 6.

129 Energiespar-Aktion Hessen – Pressemitteilung 17 a/2011 vom 26. April 2011.

130 U-Wert 0,5 und 1,0 W/(m²K).

131 Sautter, Wärmeschutz- und Feuchtigkeitsschutz im Hochbau, S. 9.

132 U-Werte: 16 cm Fachwerkwand mit Lehmgefachfüllung 1,6 W/(m²K), 12 cm Fachwerkwand mit Lehmgefachfüllung 1, 9 W/(m²K); noch schlechter war eine mit Steinen oder Ziegeln ausgefachte Wand, U-Werte von 3,2 bis 2,5 W/(m²K) .

133 U-Werte von 0,5 bis 0,8 W/(m²K).

Behaglichkeit und damit auch zur Verbesserung der thermischen Beschaffenheit wurden damals von denjenigen, die es sich leisten konnten, Holzpaneele an der Innenwand angebracht.[134] Die Decken bestanden zunächst aus aneinandergereihten Balken. Als Reaktion auf die weiterhin wachsende Holznot wurden die Balkenabstände vergrößert und die Zwischenräume mit Strohlehmwickeln verfüllt, die neben dem Wärmeschutz auch Schall- und Brandschutzeigenschaften hatten. Über Kellergewölben wurde Sand und später auch Schlacke eingesetzt, die einen mäßigen Wärmeschutz boten. Fußböden bestanden aus auf gestampften Lehmböden aufgebrachten Dielen, deren Zwischenräume mit Sand oder Schlacke verfüllt wurden. An eine Steigerung der Wohnhygiene wurde zu diesem Zeitpunkt noch nicht gedacht. Erst später erkannte man den mangelnden Wärmeschutz als ernstes gesundheitliches Problem.[135]

Bis zum 11. Jahrhundert lebten die Menschen hierzulande ohne Fenster. Diese kamen erst im 14./15. Jahrhundert verstärkt auf und verschlechterten die thermische Beschaffenheit der Gebäudehülle zusätzlich. Vor der Einführung der sehr einfachen Einscheibenverglasung[136] dienten das „zugige Windauge", die Außentür und ein offenes Feuer als Lichtquelle. Die thermische Beschaffenheit der damaligen Gebäude war so schlecht, dass neben dem offenen Feuer nur Maßnahmen wie entsprechende Kleidung für eine gewisse Behaglichkeit sorgen konnten.

Als vor allem im frühen Mittelalter in den Städten wegen der oftmals verheerenden Brände und des Wandels der Architektur[137] zunehmend Steinhäuser aufkamen, wurde nicht beachtet, dass Stein einen viel schlechteren Wärmeschutz gewährte als das bis dahin verwendete Holz.[138] Zunächst blieb diese Tatsache auch unbemerkt, da man aufgrund fehlender Fachkenntnisse der Gebäudestatik die Wände sehr dick baute und damit einen ähnlich guten Wärmeschutz wie mit Holz erreichte. Mit dem weiteren Anstieg der Bevölkerung wurden nicht nur das Holz, sondern auch für den Hausbau geeignete Steine knapper. Aus Sparsamkeit wurde nur auf die Standsicherheit geblickt, der Wärmeschutz spielte zu dieser Zeit beim Bauen keine Rolle. Es gab aufgrund des fehlenden Wissens über die Zusammenhänge zwischen Energieeinsatz und Wärmeschutz keine Vorschriften, nach denen ein Mindestmaß an Wärmeschutz zu gewährleisten war. Wer keinen Begriff von Wärme hat, kann auch den Stellenwert der Wärmeverluste durch Bauteile seines Hauses nicht verstehen.[139] Das fehlende Wissen wurde auch dadurch begünstigt, dass Brennstoffe wie Kohle zunächst in ausreichender Menge

134 Eicke-Hennig, wksb 65/2011, S. 7.
135 Ebd., S. 7.
136 U-Wert 4,8 $W/(m^2K)$.
137 In der von Italien geprägten Renaissance-Zeit wurde der Steinbau als vornehmer erachtet.
138 Sautter, Wärmeschutz- und Feuchtigkeitsschutz im Hochbau, S. 9.
139 Eicke-Hennig, wksb 65/2011, S. 8.

zur Verfügung standen.[140] Die Erkenntnisse aus der Bronzezeit, die immerhin ein energetisch sinnvolles Bauen zur Folge hatten, waren oftmals durch die Völkerwanderung verschwunden.

Als Wendepunkt des energetischen Bauens kann der Beginn des Industriezeitalters erachtet werden, da mit dem Beginn dieser Zeit Dämmstoffe entwickelt wurden, die nicht wie Holz, Stroh oder andere Naturfaser nur zufällig eine Wärmeschutzeigenschaft hatten. Die Dampfmaschinen und andere industrielle Wärmeanwendungen erzeugten einen Bedarf nach speziellen Dämmstoffen, um hohe Wärmeverluste der Maschinen zu vermeiden und damit Produktionskosten zu senken. Naturfasern reichten hierzu aufgrund der hohen Temperaturen bei den Produktionsprozessen nicht mehr aus. Gefragt waren hitzeunempfindliche Dämmstoffe für Rohrleitungen und Kessel, beispielsweise von Dampfmaschinen, die einen möglichst hohen Wärmeschutz aufwiesen. Mit der Erfindung dieser Motoren und der hierdurch eingeleiteten Industrialisierung entstand ein thermodynamisches Fachwissen, welches fortan auch für andere Bereiche verwendet werden konnte. So gab es beispielsweise einen Bedarf an Dämmstoffen zur Gewährleistung einer Kühlkette. Gleichzeitig sollte diese Isolation auch unempfindlich gegen Feuchtigkeit sein.[141] Mit den unterschiedlichen industriellen Anforderungen entstand eine Dämmstoffindustrie.[142] Im Hochbau kamen die neu entwickelten Materialien zunächst nicht zum Einsatz. Mit dem durch die Industrialisierung einsetzenden Massivbau wurde die traditionelle Holzbauweise verdrängt. Massivbaustoffe waren nicht nur billiger, sondern in der Regel auch feuchtigkeitsunempfindlicher und damit beständiger. Zudem waren sie meist unbrennbar und statisch besser belastbar als Holz, welches ohnehin nicht ausgereicht hatte, um den hohen Bedarf an Baumaterial zu decken. Deutschland wurde innerhalb recht kurzer Zeit massiv um- und ausgebaut. Der wichtigste Baustoff war fortan der Vollziegel, der sich zu Beginn des 19. Jahrhunderts durchsetzte. „Deutschland wurde ab 1850 Ziegelland."[143] Der Anteil von Vollziegeln war so groß, dass die damals vorherrschend eingesetzte 38 cm dicke Ziegelwand im Bauwesen als Normalwand verstanden wurde.[144] Die hierzu benötigten Ziegel konnten industriell gefertigt und aufgrund des stetig erweiterten Eisenbahnnetzes nun im ganzen Land problemlos transportiert werden.

140 Sautter, Wärmeschutz und Feuchtigkeitsschutz im Hochbau, S. 9.
141 Der Feuchtigkeitsschutz wurde schon früher beachtet, da das Eindringen von Feuchtigkeit erkennbare Schäden verursacht hat.
142 Eicke-Hennig, wksb 65/2011, S. 8.
143 Ebd., S. 9.
144 Sautter, Wärmeschutz- und Feuchtigkeitsschutz im Hochbau, S. 16.

Wenn man von Energieeinsparung durch (nachträgliche) Dämmung zu dieser Zeit sprechen mag, so fußt diese nicht auf einem Klimaschutz- oder Wirtschaftlichkeitsgedanken, sondern schlicht auf dem Streben nach Wohnbehaglichkeit, obwohl die mit der Industrialisierung entwickelten Materialien bereits einsatzfähig waren. Erst nach dem Ersten Weltkrieg versuchte man wegen der großen Kohlenot den Brennstoffaufwand für die Herstellung von Gebäuden und ihren Betrieb zu verringern. Um zu Energieeinsparungen zu kommen, versuchte man verschiedentlich, den Wärmeschutz gegenüber der einfachen Ziegelwand zu steigern. Dass damals der Wärmeschutz und nicht mehr die Standsicherheit die Bemessung der Mauerdicke beeinflusste, zeigt das Anwachsen der Stärke von Ost nach West, was auf den in gleicher Richtung sinkenden mittleren Jahres-Wärmestand zurückzuführen ist. Während man beispielsweise in Holland über alle Geschosse für die Außenwand eine 22 cm dicke Ziegelwand für ausreichend erachtete, so dimensionierte man Richtung Osten bei gleicher Belastung die Wände deutlich dicker.[145] Um die Energieeffizienz zu steigern, hat man beispielsweise im Rheinland weniger Ziegel verwendet und stattdessen auf den in dieser Region vorkommenden „Schwemmstein" gesetzt. Dieser gewährte durch seine Eigenporigkeit einen doppelt so hohen Wärmeschutz wie Ziegel. Da der „Schwemmstein" nicht überall verfügbar war, glich man den Ziegel dem Naturstein an, indem man ihn mit Löchern versah. Zudem setzte man wieder auf eine Verbundbauweise. Die Verbundwand brauchte nur so dick zu sein, wie die Statik des gesamten Gebäudes es erforderte. Oftmals reichte hierzu ein Gerippe mit wärmedämmender Ausfachung aus Kork oder ersten Schäumen. Zudem verwendete man eine statt der 38 cm-Wand eine 25 cm oder 30 cm dicke Wand aus Lochziegeln oder Lichtbetonsteinen. Oder man brachte auf die Innenseite der Ziegelwand, soweit erforderlich, eine Schicht von Dämmstoffen auf. Dies waren beispielsweise Gips-Dielen mit Schilfrohreinlage, Holzwolle-, Holzfaser-, Kork-, Torfplatten oder Platten aus Glas-, Schlacken oder Stein-Wolle. Die Außenwand dämmte man beispielsweise mit einer Holzverschalung mit Pappe.[146] Diese Materialien wurden dann nicht nur ausschließlich für den Neubau, sondern auch für die energetische Optimierung von bereits bestehenden Gebäuden verwendet.

Bald wurde auch die Holzdecke durch Hohlsteindecken ersetzt. Nach 1945 wurden auch diese durch Betonplatten ersetzt, die in den Folgejahren auch bei den Wänden immer mehr zum Einsatz kamen. Die stärkere Verwendung von Betonplatten war nur ein Ausdruck einer veränderten Bauweise, die erforderlich wurde, um die nach dem Zweiten Weltkrieg bestehende Wohnungsnot, die durch die Zerstörungen und Vertreibung von mehr als 12 Millionen Deutschen und

145 Z. B. 64 bis 77cm in Leningrad, Rußland, vgl. Sautter, S. 170 m. w. Beispielen.
146 Sautter, Wärmeschutz- und Feuchtigkeitsschutz im Hochbau, S. 170 m. w. Beispielen.

Deutschstämmigen aus den Ostgebieten[147] verursacht wurde, zu kompensieren. Die zügigen Wiederaufbauprogramme mündeten in einer durchaus schnellen Versorgung mit Hunderttausenden von Wohnungen, die allerdings insbesondere aufgrund der Rationalisierung und Baustoffknappheit von minderwertiger Qualität waren. Dies galt vor allem für den Geschosswohnungsbau, der in Bezug auf die vergleichsweise schlechte Wärmedämmung erhebliche Defizite aufwies. Vor allem die in der DDR üblichen Plattenbauten wiesen gar keine Wärmedämmung auf.[148] Einfamilienhäuser waren dagegen von Beginn an von besserer Qualität,[149] obwohl die kompakte Bauweise von Geschosswohnungsbau aufgrund weniger Außenflächen grundsätzlich energetisch besser ist.

Auch im weiteren Verlauf der Jahre hat man – je nach wirtschaftlichen Möglichkeiten – auf das Konzept der Verbundbauweise gesetzt. Allerdings wurde neben der Glaswolle oder dem Asbest nun verstärkt auf Kunststoffe gesetzt, wie sie heute bei nachträglich aufgebrachten Wärmeverbundsystemen sehr häufig vorkommen. Der Wechsel von Asbest (faserförmige Silikat-Minerale), welches grundsätzlich hervorragende energetische Eigenschaften besitzt, zum Kunststoff resultierte aus den mit diesem natürlich vorkommenden Werkstoff verbundenen gesundheitlichen Gefahren. Die Entdeckung der tatsächlichen gesundheitlichen Gefahren, die vom Asbest oder anderen Werkstoffen wie Formaldehyd ausgehen, hatte einen erneuten Sanierungsbedarf zur Folge. Obschon die spezifischen gesundheitlichen Risiken beseitigt wurden, ergaben sich in der Folgezeit neue Gesundheitsgefahren. Durch die stärkere Verwendung von Kunststoffen zur Dämmung nahm die Qualität der Innenraumluft ab, was wiederum neue Belastungen beispielsweise durch Schimmel mit sich brachte. Die Verwendung neuer Fenstertechnologie verstärkte diesen Effekt. Bei den Fenstern wandte man sich von der Einfachverglasung ab, die noch bis in die 1960er dominierte, und setzte fortan auf eine Mehrfachverglasung. Diese besteht aus mindestens zwei Scheiben, die in einem bestimmten Abstand angeordnet sind. Die Scheibenzwischenräume werden mit Edelgasen wie Argon, Krypton oder Xenon gefüllt, da diese eine besonders geringe Wärmeleitfähigkeit aufweisen.[150] Später setzte man auch beschichtete Scheiben ein.

147 Faulenbach, Die Vertreibung der Deutschen aus den Gebieten jenseits von Oder und Neiße, 2002.

148 Baunetz Wissen Altbaumodernisierung, „Industrialisierter Wohnungsbau der 70er Jahre/Plattenbauten“, http://www.baunetzwissen.de/standardartikel/Altbaumodernisierung_Industrialisierter-Wohnungsbau-der-70er-Jahre_Plattenbauten_148206.html, Abrufdatum: 12. März 2013.

149 Deleder, NZM 2012, 487, 488.

150 Shell Hauswärme-Studie, S. 40.

Heute sind die technischen Möglichkeiten zum energetischen Bauen und Sanieren sehr ausgereift. Es gibt zahlreiche Konzepte zur Außen- und Innendämmung, die auch im Denkmalschutz zum Einsatz kommen, ohne dabei die historische Fassade zu verändern. Intelligente Lüftungstechnik mindert die Gefahren von gesundheitsgefährlichen Schimmelbildungen, die heute aber mehr aufgrund der fehlenden Kenntnisse des Nutzes in puncto Heizen und Lüften immer noch ein großes Problem darstellen. Abgesehen von den gesundheitlichen Gefahren gibt es heutzutage zahlreiche Technologien, die eine gute energetische Beschaffenheit der Gebäudehülle des Wohnungsbestandes gewährleisten. Der energetischen Modernisierung steht damit nicht mehr die fehlende Fachkenntnis im Weg, sondern die von Wirtschaftlichkeitserwägungen getragene Entscheidung des Eigentümers. Entscheidet sich der Eigentümer für eine thermische Verbesserung, ist auch das Verhalten des Nutzers für den Erfolg maßgeblich.

II. Heizungs- und Anlagentechnik

Neben der energetischen Beschaffenheit der Gebäudehülle ist die Heizung die maßgebliche Komponente für einen energieeffizienten Betrieb eines von Menschen genutzten Hauses, da der Großteil des Wärmebedarfs hierdurch gedeckt wird.

In den Anfängen des Bauens erfolgte die Beheizung von Gebäuden über Jahrtausende durch offenes Feuer. Als Brennstoff wurde vor allem Holz eingesetzt. Erst im 18. Jahrhundert wurde das offene Feuer in Gebäuden abgeschafft, wobei dies in vielen Häusern sogar noch bis in das 20. Jahrhundert als Wärmequelle diente. Der Rauch des Feuers wurde damals oftmals direkt in das Haus entlassen. Nur vereinzelt gab es ab dem Mittelalter Rauchabzüge durch Schornsteine. Freistehende Schornsteine setzten sich sogar erst ab dem 19. Jahrhundert mit der Industrialisierung vollends durch. Mit dem Beginn des Industriezeitalters wurden auch vermehrt sog. Allesbrenner-Öfen eingesetzt, welche ebenfalls mit Festbrennstoffen betrieben wurden. Zum Einsatz kamen hierbei vor allem Kohle und Holz. Gleichzeitig wurde auch die Warmwasserheizung verwendet, bei der Wasser durch einen Brenner oder Ofen erhitzt und in Heizkörper geleitet wird. Diese Art der Heizung war in ihren Anfängen allerdings nur bei nur bei einigen Adeligen und wohlhabenden Bürgern gebräuchlich. Im privaten Wohnungsbau verbreitete sich die Warmwasserheizung erst ab etwa 1900. Die Einsparung von Energie, also das Auffinden von effizienteren Prozessen, welche einen geringeren Einsatz von Energie für denselben Zweck benötigen, spielte in den Anfängen des Heizens noch eine untergeordnete Rolle. Erst mit dem Voranschreiten der Industrialisierung und der damit verbundenen Suche nach Effizienzsteigerung und Wirtschaftlichkeit wurde auch an das Energiesparen gedacht, wobei dies zunächst nur für die Industrie und nicht den Gebäudesektor galt. Die Kohlennot nach dem Ersten Weltkrieg zwang aber auch in Bezug auf die Effizienz von Heizungen zu Energieeinsparungsmaßnahmen. Erwägungen hinsichtlich des Klimaschutzes wurden aufgrund des fehlenden Fachwissens dabei noch nicht getroffen.

In der Zeit nach dem Zweiten Weltkrieg herrschten in den alten Bundesländern und bis zur Wiedervereinigung in den neuen Bundesländern mit Braun-, Steinkohle oder Koks befeuerte Heizungen zusammen mit Holzheizungen vor.[151] Die Verwendung von Heizöl wurde erst später gebräuchlich, wobei auch diese insbesondere nach der Ölkrise 1973 immer weiter eingeschränkt wurde. Seit den 1980ern nahm der Anteil der Gasheizungen zu, während sich die Anzahl der Ölheizungen reduzierte. Unter den 17,8 Millionen messpflichtigen Wärmeerzeugern im Bestand dominierten im Jahr 2009 mit einer Anzahl von 10,6 Millionen erdgasbefeuerte Heizkessel gefolgt von sechs Millionen heizölbefeuerten Heizkesseln.[152]

Nicht nur der Einsatz des Brennstoffes änderte sich, sondern auch die Heizkesseltechnologie selbst. Bis Ende der 1970er Jahre dominierte bei den mit Öl und Erdgas befeuerten Heizkesseln der Standard- oder Konstanttemperaturkessel. Hierbei handelt es sich um einen aus Gusseisen oder Stahlgliedern zusammengesetzten Kessel, der mit gleichbleibend hohen Kessel- und damit verbunden hohen Abgastemperaturen betrieben werden muss. Diese Kessel haben einen sehr schlechten (feuerungstechnischen) Wirkungsgrad und sind aus Altbauten nach § 10 Abs. 1 EnEV grundsätzlich außer Betrieb zu nehmen. Heutzutage sind nur noch etwa 6 % der Ölheizungen mit einem Konstanttemperaturkessel ausgestattet.

Ab Anfang der 1980er Jahre wurde der Standardkessel mehr und mehr durch den sog. Niedertemperaturkessel verdrängt. Dies ist ein Heizkessel, der gleich bleibend mit einer Eintrittstemperatur von 35 bis 40°C betrieben werden kann. Die Kesseltemperatur von Niedertemperaturkesseln liegt zwischen 35 und 75°C und wird in Abhängigkeit von der Außentemperatur der jeweiligen Heizlast angepasst. Je niedriger die Außentemperatur, desto höher ist die Kesseltemperatur. Aufgrund der der Heizlast angepassten Betriebsweise und der gegenüber Standardkesseln deutlich verbesserten Wärmedämmung liegen die Verluste von Niedertemperaturkesseln deutlich unter denjenigen von Standardkesseln. Dafür ist es erforderlich, dass die Heizungsanlage mit einer geeigneten Regelung ausgestattet ist. Im Wohnungsbestand dominiert dieser Kesseltyp.[153]

151 Shell Hauswärme-Studie, S. 17.
152 Ebd., S. 13.
153 Ebd.

Eine Weiterentwicklung des Niedertemperaturkessels ist der Brennwertkessel, der für die Kondensation eines Großteils des in den Abgasen enthaltenen Wasserdampfes konstruiert ist. Durch die Nutzung der Kondensationswärme tritt eine Verbesserung des verbrennungstechnischen Wirkungsgrades ein. Seit Mitte der 1990er Jahre ist dieser Kesseltyp mit stetig steigendem Anteil im Wohnungsbestand zu finden. Durch die zusätzliche Nutzung der Verdampfungswärme müssen Heizkessel und Abgassystem aufgrund der Kondensatbildung aus korrosionsbeständigen Materialien, wie z. B. Edelstahl, konstruiert werden. Brennwertkessel leiten das entstehende Kondensat ohne Vorbehandlung in die Abwasserleitung. Die Brennstoffausnutzung ist bei Brennwertkesseln nahezu optimal.

Der technische Fortschritt setzte sich nicht nur in der Öl- und Gasheizungstechnik fort, sondern brachte auch neue Technologien hervor, bei der erstmals auch erneuerbare Energien zum Einsatz kamen. Dabei wird vielfach auf die Strahlungsenergie der Sonne, die Erdwärme oder auf biogene Energieträger wie Holz gesetzt. Heute gibt es damit wie bei der Optimierung der energetischen Beschaffenheit der Gebäudehülle auch im Bereich der Anlagentechnik zahlreiche Konzepte zur optimalen Wärmeversorgung. Zur weiteren Effizienzsteigerung kommen dabei neben der Solarthermie beispielsweise moderne Lüftungsanlagen, Controlling- oder Monitoring-Maßnahmen und vom Wetterbericht abhängige Regeltechnik zum Einsatz. Insgesamt kommt der gesamten Regeltechnik eine zunehmende Bedeutung zu. So werden in deutschen Haushalten bis zu 20 % des gesamten Energieverbrauchs ohne jeden individuellen Nutzen innerhalb beheizter Räume verbraucht, da das Gesamtpaket aus Raumwärme und Warmwasser nicht an den individuellen Bedarf angepasst ist.[154] Energieverbrauch und Emissionsausstoß sind damit abhängig vom Nutzerverhalten, das durch moderne Regelungstechnik unterstützt werden kann. Es ist daher bei der weiteren technischen Entwicklung nicht nur auf die Anlagentechnik selbst zu achten, sondern auch auf den Nutzer, da dieser letztlich seinen Bedürfnissen folgt.

III. Einsatz erneuerbarer Energien im Gebäudebereich

Um sowohl den Anforderungen des Klimaschutzes gerecht zu werden als auch eine Alternative zu den endlichen fossilen Energieträgern zu bieten, sind neue Konzepte erforderlich. Ein großes Potenzial wird den erneuerbaren Energien eingeräumt. Während im Jahr 1997 der Anteil der erneuerbaren Energien in Deutschland, hauptsächlich bestehend aus Windkraft und Wasserkraft, etwa 5 % der Bruttostromerzeugung ausgemacht hat, ist dieser Anteil im Jahr 2007 auf

154 Schwintowski, WuM 2006, 115, 116; Meyer, Ökologische Zielsetzungen des Mietrechts, S. 101.

ca. 14 % angestiegen. Neben der Zunahme der Einspeisung durch Windenergieanlagen leisten vermehrt Biomassekraftwerke, Wasserkraft- und Fotovoltaikanlagen einen Beitrag zu der Energiebereitstellung. Im Gebäudebereich wird mittlerweile verstärkt auf erneuerbare Energien oder auf Energieträger mit erneuerbaren Komponenten gesetzt. In den letzten Jahren ist der Anteil zur Wärmeversorgung im Gebäudebereich stark gestiegen. Im Jahre 2010 betrug der Anteil erneuerbarer Energie an der gesamten Wärmeversorgung knapp 10 %.[155] Nach dem Erneuerbare-Energie-Wärmegesetz muss dieser Anteil bis 2020 auf 14 % erhöht werden.[156] Bei den Energieträgern kommt heute vor allem das Holz als biogener Festbrennstoff, beispielsweise in Holzpelletheizungen, zum Einsatz. Die Solarthermie, bei der die Strahlungsenergie der Sonne zur Erhitzung von Wasser oder eines anderen Wärmeträgers in einem Sonnenkollektor verwendet wird, kann in unseren Breiten nur zur Unterstützung eines bestehenden Heizungssystems verwendet werden, da die vorhandene Energie in den Wintermonaten nicht ausreicht, um den Heizwärmebedarf zu decken.[157] Der Anteil der Solarthermie beträgt auch aufgrund der hohen Investitionskosten für eine Solarthermieanlage gerade einmal 3,8 %.[158] Eine weitere Komponente stellt die Geothermie dar. Bei ihr wird entweder aus der Tiefe oder aus der Oberflächennähe vorhandene Erdwärme mithilfe einer elektrisch betriebenen Wärmepumpe genutzt, um Wasser zu erwärmen. Ähnlich wie die Solarthermie hat die Geothermie mit 4,1 % an der gesamten Wärmebereitstellung aus erneuerbaren Energien eine untergeordnete Rolle. Anders verhält es sich mit biogenen Brennstoffen, die in bestehenden Heizungssystemen zur Anwendung kommen. So wird beispielsweise zunehmend Bio-Erdgas in das Gasnetz eingespeist oder Bio-Heizöl dem herkömmlichen Heizöl beigemischt. Hier beträgt der Anteil rund 10 %.[159] Die Verwendung von biogenen Energieträgern, wie Bio-Erdgas oder Bio-Heizöl, erfolgt allerdings nicht im Rahmen einer Modernisierung, da die bestehende Heizungsanlage grundsätzlich nicht durch eine bauliche Maßnahme geändert werden muss. Hierfür ist nicht einmal eine Umstellung der Anlage nötig. Im Verkehrssektor kommt die Methode der Verwendung oder Beimischung von Biobrennstoffen ebenfalls zum Einsatz. So enthält das als E10 bekannte Benzin 10 % Bio-Ethanol.

Im Ergebnis gibt es mittlerweile eine ganze Reihe von verschiedenen erneuerbaren Energien, die im Gebäudebereich unterstützend zur Anwendung kommen.

155 Vgl. Bundesministerium für Umwelt (BMU), Erneuerbare Energien in Zahlen, Berlin/Bonn 2011, S. 15, 20 f.

156 Vgl. § 1 Erneuerbare-Energien-Wärmegesetz vom 7. August 2008 (letzte Änderung durch Art. 7 des Gesetzes vom 28. Juli 2011 geändert wurde.

157 Shell Hauswärme-Studie, S. 34.

158 BMU, Erneuerbare Energien in Zahlen, a. a. O.

159 Ebd.

Welche Energie letztlich gewählt wird, unterliegt der Wirtschaftlichkeit oder der energierechtlichen Einflussnahme. Aber auch die Steuerung unterliegt dem Gebot der Wirtschaftlichkeit unterliegt, da Maßnahmen sich für den Eigentümer auch rechnen müssen.[160] Soweit es um biogene Energieträger geht, spricht gegen eine grenzenlose Verwendung erneuerbarer Energien auch der Gedanke, dass Biogas aus Bioethanol aus landwirtschaftlichen Erzeugnissen hergestellt werden muss und die zu bewirtschaftenden Flächen damit nicht mehr für die Produktion von Lebensmitteln verwendet werden können. Diese Problematik wird in der Öffentlichkeit unter dem Stichworten „Teller statt Tank" diskutiert.[161] Der Einsatz von erneuerbaren Energien bedarf damit ausgewogener Konzepte, die weit über die Frage der Energieeffizienz hinausgehen.

B. Sozialpolitisch

In der gesellschaftlichen Entwicklung hat die energetische Beschaffenheit von Gebäuden und Energieeinsparung bis Anfang der 1970er Jahre keine bedeutende Rolle gespielt. Zusammenhänge zwischen Energieeinsparung und Klimaschutz waren nicht bekannt. Die Energieeinsparung und damit das energieeffiziente Bauen und Sanieren waren lediglich Ausdruck des menschlichen Wunsches nach Behaglichkeit und des Zieles, hierfür möglichst wenig Heizmaterial zu verwenden, da dies oftmals nicht in unbeschränkter Menge verfügbar war und zudem auch stetig kostspieliger wurde. Somit war der Klimaschutz lediglich mittelbare Folge des Bauens. Oftmals wurde in der Baukultur aber auch Bauästhetik über den menschlichen Wunsch nach Behaglichkeit gestellt. Unannehmlichkeiten, wie die schlechte energetische Beschaffenheit der Gebäude, wurden als gegeben hingenommen. Selbst während der Energiekrise wurde die ursprüngliche Argumentation für die Steigerung der Energieeffizienz auf das Motiv des ökonomischen Sparens gestützt, da die Gesellschaft in bis dahin ungeahnter Weise erstmals ihre Abhängigkeit von fossilen Energieträgern erkannt hat.

Die ökologischen Folgen der Verwendung von nicht erneuerbaren Brennstoffen als Argument für energieeffiziente Bauweisen sind spätere Beweggründe, die mit den alternativen politischen Bewegungen der 1970er Jahre korrelieren.[162] Erst ab diesem Zeitpunkt hatte die Energieeffizienz über den ökonomischen Aspekt hinaus eine Chance erhalten, sich in der Gesellschaft zu etablieren. Die Gesellschaft verlangte fortan nach Konzepten der Politik, die dem neuen Umweltschutzgedanken Rechnung tragen sollten. Als Folge der neuen grünen

160 Vgl. § 5 Energieeinspargesetz (EnEG).
161 BT-Drs. 17/10683.
162 Lorbek, Konstruktiv, Nr. 265, 2008.

Bewegung gründete sich 1980 beispielsweise die Partei „Die Grünen“, die bereits 1983 in den Deutschen Bundestag einzog. Mittlerweile haben sich ökologische Aspekte, die insbesondere auch den Klimaschutz berücksichtigen, über das Parteiprogramm der Grünen hinaus vollends durchgesetzt. Der „Green New Deal“ wurde eingeleitet.[163] Zurückzuführen ist die gestiegene Akzeptanz und Erkenntnis nach alternativen Lösungskonzepten auch auf die bereits erwähnte Stellungnahme der Deutschen Physikalischen Gesellschaft vom 22. Januar 1986. In diesem Gutachten wurde vor den treibhausgasbedingten Veränderungen des Klimas gewarnt.[164] Die mittlerweile akzeptierte Trennung von Müll, die Nutzung von Produkten des täglichen Bedarfs aus der eigenen Region, der gestiegenen Akzeptanz von Elektromobilität und nicht zuletzt Maßnahmen zur Einsparung von Energie im Haushaltsbereich wie etwa durch Energiesparlampen sind Ausdruck des neuen ökologischen Bewusstseins. Auch die gestiegene Akzeptanz von erneuerbaren Energien ist Ausdruck dessen. Bisherige energetische Sanierungen des Immobilieneigentümers zählen ebenfalls dazu, obschon die Motive sich wahrscheinlich nicht nur am Klimaschutz orientieren, sondern oftmals eher ökonomischer Natur sind. Das gesellschaftliche Verlangen, auch unterstützt durch den atomaren Zwischenfall im japanischen Kernkraftwerk Fukushima, nach weiteren Maßnahmen zur Erhaltung der vorhandenen Lebensgrundlage ist damit nach wie vor ungebrochen. Nach einer Umfrage des Bundesministeriums für Umwelt, Naturschutz und Reaktorsicherheit von 2012 haben 35 % der Bundesbürger Aspekte des Umwelt- und Klimaschutzes bei der Frage zum wichtigsten Problem der Gegenwart genannt. Gegenüber der letzten Umfrage von 2010 ist das ein Anstieg um 15 %. Insgesamt forderten 64 % der Befragten, dass die Bundesregierung mehr unternehmen müsse.[165]

Ob und inwieweit das Mietrecht tatsächlich einen Beitrag zum Klimaschutz und zur Verbesserung der Energieeffizienz leisten kann, ist nur schwer zu sagen.[166] Empirische Untersuchungen zum Einfluss des Mietrechts auf das Sanierungsverhalten des Vermieters gibt es grundsätzlich nicht. Nach der Zweckrichtung des Mietrechts soll dies zunächst einen interessengerechten Ausgleich zwischen Vermieter und Mieter herstellen, öffentliche Belange wie die Energie-

163 Der Begriff Green New Deal bezeichnet Konzepte für eine ökologische Wende des Kapitalismus. Dabei werden insbesondere arbeits- und wirtschaftspolitische Maßnahmen mit einem ökologischen Umbau der Industriegesellschaft kombiniert. Durch die seit 2007 eingetretene Wirtschafts- und Finanzkrise haben diese Konzepte an Bedeutung gewonnen.

164 Siehe Kapitel 2.

165 Repräsentativumfrage zu Umweltbewusstsein und Umweltverhalten im Jahr 2012, Umweltforschungsplan des Bundesministeriums für Umwelt, Naturschutz und Reaktorsicherheit, 1. Auflage, 2013, S. 10.

166 Vgl. Ekardt/Schenderlein. WuM 2008, 179, 181.

effizienz und der Klimaschutz oder die Problematik der Wohnraumversorgung einkommensschwacher Haushalte können nur Randerscheinungen sein. Mit den Aspekten der Energieeffizienzpolitik in Bezug auf das Mietrecht hat sich das Bochumer Forschungsinstitut InWIS in einer Studie befasst. Die Ergebnisse relativieren die Bedeutung des Mietrechts als Maßnahme zur Erhöhung der Sanierungsquote von Gebäuden. So heißt es in der Studie: „Unter den derzeitigen Rahmenbedingungen für die Umsetzung wohnungswirtschaftlicher Strategien ergeben sich durch eine Anpassung des Mietrechts punktuell höhere Anreize. Es ist aber nicht zu erwarten, dass Wohnungsbestände in erheblich größerem Umfang als bisher energetisch modernisiert werden können.“[167] Wirksame Anreize ließen sich nach der Studie nur durch den Einsatz zusätzlicher Fördermittel erzielen. Dies soll vor allem in Konstellationen gelten, in denen die Investitionsaufwendungen einkommensbedingt nicht durch Mieterhaushalte in Form höherer zukünftiger Mietzahlungen nach Abzug der Energiekostenersparnis refinanziert werden können.

Unterstellt man, dass Mieter mit geringerem Einkommen aufgrund der geringeren Mietbelastung in wahrscheinlich schlechter energetisch beschaffenen Gebäuden leben, das Potenzial für eine Verbesserung dieser Beschaffenheit aber besonders hoch ist und damit im Fall der Ausschöpfung auch die Mietbelastung steigt, so wird deutlich, dass die Bereitschaft aufgrund der zu erwartenden Heizkostenentlastung wahrscheinlich nur ausreicht, um die nötigsten Maßnahmen anzustoßen. Ähnliches soll nach der InWIS-Studie auch für Mieterhaushalte mit höherem Einkommen gelten, die nicht die Bereitschaft besitzen, über die Energiekostenersparnis hinaus eine deutlich höhere Miete zu zahlen. Im Ergebnis ist nach dieser Studie die Bereitschaft, Mehrkosten in Form einer Mieterhöhung für eine energetische Sanierung zu tragen, recht gering. Vor dem Hintergrund, dass in Deutschland im Durchschnitt 22,5 % des Einkommens auf die Bruttokaltmiete entfallen[168] und die Energiekosten nach Angaben des Deutschen Mieterbundes von 2005 bis 2010 um rund 30 % gestiegen sind, ist das Verhalten der Mieter nachvollziehbar. Die Bereitschaft, eine Modernisierung zu dulden, ist dagegen deutlich größer. Eine Untersuchung des IWU ergab eine hohe Identifikation der Mieterschaft mit den energetischen Zielen einer Modernisierung.[169] Dabei waren die Senkung der Heizkosten und die Energieeinsparung die wichtigsten Ziele mit der höchsten Zustimmung, gefolgt von Bestrebungen zur Minderung der CO_2-

167 InWIS „Wege aus dem Vermieter-Mieter-Dilemma“, 2011, S. 23.

168 Statistisches Bundesamt: Bauen und Wohnen, Mikrozensus – Zusatzerhebung 2010 Bestand und Struktur der Wohneinheiten Wohnsituation der Haushalte, 2010, S. 344. Die Belastung von Rentnerhaushalten oder Alleinerziehenden ist deutlich höher.

169 IWU, Akzeptanz energetischer Maßnahmen im Rahmen der nachhaltigen Modernisierung, 2006, S. 86.

Emissionen. Die Mehrheit der damals befragten Haushalte empfand den Aspekt, dass es sich um eine energetische Sanierung handelte, wichtiger als eine Sanierung allgemein. Der Zustimmung entgegen stand insbesondere die oftmals verbesserungsfähige Kommunikation. Die mit der Sanierung verbundenen Begleitumstände wie Baulärm und Schmutzanfall sowie die ständige Anwesenheit von Handwerkern sind für die Mieterschaft leichter zu ertragen, wenn die Maßnahmen zufriedenstellend gegenüber dem Mieter kommuniziert werden. Zu den Aufgaben der Wohnungsbaugesellschaften zählt auch die Einweisung in die technischen Besonderheiten – wie die Bedienung der Lüftungsanlage sowie das Fensteröffnungs- und Heizverhalten – im Anschluss an eine energetische Sanierung. Das Wissen der Mieterinnen und Mieter um den richtigen Umgang mit dem Energiesparhaus und ein entsprechendes Nutzungsverhalten stellen demnach die Grundlage für das optimale Einsparen von Energie dar. Mit besonderem Nachdruck ist daher nach dem IWU auf eine umfängliche und in der Einschätzung der Mieterinnen und Mieter gute Information hinzuwirken.

Ein weiterer Aspekt, der die Akzeptanz einer energetischen Modernisierung steigert, ist die mangelnde Bereitschaft, aus der alten Wohnung auszuziehen und sich etwas Neues zu suchen. Die Auswertung des IWU ergab hierbei, dass die Bindung der Befragten an ihr jeweiliges Wohnquartier sehr hoch war. Die physische und soziale Wohnumwelt – also Lage, Umgebung und Nachbarschaften – haben dabei mehr als die Wohnung selbst einen großen Einfluss auf das Verbundenheitsgefühl. Hieraus hat das IWU den Schluss gezogen, dass die Verwurzelung im Viertel eine der Hauptursachen dafür war, die Sanierung der Wohnung mit den dazugehörigen Begleitumständen zu „ertragen" und dort wohnen zu bleiben. Dies war umso ausgeprägter, je länger die Befragten bereits in ihren Wohnungen lebten. Im Ergebnis führten die Sanierungsmaßnahmen in den Augen der Mieterinnen und Mieter zu einem Imagegewinn des Viertels, was wiederum mehr Wohnzufriedenheit erzeugte und die Ortsbindung festigte. Auch die durch die gemeinsam erlebte Sanierung intensivierten Nachbarschaftskontakte wirken sich demnach förderlich auf die Zufriedenheit aus.[170]

Damit wird deutlich, dass das Interesse in der Gesellschaft an dem Erreichen der Zielsetzungen von mehr Versorgungssicherheit, mehr Ressourcenschonung und Klimaschutz zwar vorhanden, die Bereitschaft, sich auch an den Kosten im Rahmen einer Mieterhöhung zu beteiligen, aber deutlich geringer ist. Ob sich an dieser Bereitschaft in Zukunft etwas ändert, ist völlig offen. Dadurch, dass das ökologische Bewusstsein in der Gesellschaft voraussichtlich zunehmen wird, nicht zuletzt auch durch eine öffentliche Kommunikation, ist von einer gesteigerten Akzeptanz für Sanierungsmaßnahmen und auch von der Bereitschaft, sich an

170 IWU, Akzeptanz energetischer Maßnahmen im Rahmen der nachhaltigen Modernisierung, 2006, S. 79.

den Kosten – soweit es die Einkommensverhältnisse zulassen – stärker zu beteiligen, auszugehen. Es ist aber durchaus wünschenswert, dass das Zivilrecht diesen Trend aufgreift und einen Rahmen bietet, der dem Klimaschutz und einer nachhaltigen Ressourcenschonung nicht im Wege steht und damit Ausdruck eines zeitgemäßen gesellschaftlichen Wunsches ist.

C. Die rechtlichen Einflussgrößen

Das deutsche Baurecht enthielt bis zur Ölkrise im Jahre 1973 kaum Regelungen, die auf eine Energieeinsparung oder auf ein energieeffizientes Bauen oder Sanieren ausgerichtet waren. Auch gab es keine Regelungen, die auf das Nutzerverhalten, welches ebenfalls für den Energieverbrauch maßgeblich ist, eingewirkt haben.[171] Zwar wurde in Deutschland das Kriterium Wärmedurchgangskoeffizient bereits 1938 in eine DIN 4110 eingeführt und 1952 auch eine erste Wärmeschutznorm erlassen. Die darin geforderten Mindestwerte richteten sich aber nach den damals gebräuchlichen Wanddicken der Vollziegelwände.[172] „Die damals geforderten Mindestdämmwerte waren somit nicht wissenschaftlich begründet, sondern durch die früheren Baugepflogenheiten bedingt".[173] Im Ergebnis ist damit die Rechtssetzung, auch wenn sie die energetische Beschaffenheit im Fokus hatte, bis Anfang der 1970er Jahre zu vernachlässigen. Einen regelrechten Boom des energetischen Bauens, begleitet und vorangetrieben durch eine Regulierungsvielfalt im sog. Baunebenrecht, gab es erst in den Folgejahren. Die Bewertung des Wärmeschutzes hat sich rechtlich wie technisch innerhalb überschaubarer dreier Generationen von einem in das andere Extrem gewandelt: Aus einer untergeordneten Eigenschaft ist eine geradezu magische Zahl (Wärmdurchgangskoeffizient) geworden. Früher wurde der Wärmeschutz nach Dezimeter Wanddicke bewertet, heute wird beim Wärmedurchgangskoeffizienten über die „zweite Stelle hinter dem Komma gestritten".[174]

Die Resultate der mit der Ölkrise gewonnenen Erkenntnis, dass die Energieressourcen endlich sind, waren zunächst das Energieeinsparungsgesetz von 1976, auf dessen Grundlage dann die 1. Wärmeschutzverordnung 1977[175] und die Heizungsanlageverordnung 1978 erlassen worden sind. 2001 kam die Energieeinsparungsverordnung (EnEV)[176], welche die 2. Wärmeschutzverordnung 1995

171 Lammel, in HeizkV, Einleitung, Rn. 2.
172 Lorbek, Konstruktiv, Nr. 265, 2008.
173 Künzel, Bauphysik.
174 Ebd.
175 Zweite Wärmeschutzverordnung tritt am 1. Januar 1984 in Kraft. Die novellierte Wärmeschutzverordnung folgt zum 1. Januar 1995, BGBl. I 1994 S. 2121.
176 Energieeinsparverordnung vom 21. November 2001, BGBl, I S. 3085.

und die Heizungsanlagenverordnung mit Wirkung zum 1. Februar 2002 ablöste. Dadurch wurden die bisher unverbunden nebeneinanderstehenden Regelungsbereiche des baulichen Wärmeschutzes und der heizungs- und warmwassertechnischen Hausanlagen zusammengeführt.[177] Die EnEV berücksichtigt damit die beiden wichtigsten Möglichkeiten zur Optimierung des Bedarfs von Energie in Gebäuden in einem Regelwerk: Verbesserung des baulichen Wärmeschutzes (Gebäudehülle) und die anlagentechnische Effizienz (Heizung).[178] Ebenfalls auf das Energieeinsparungsgesetz ist die Heizkostenverordnung zurückzuführen, die 1981 in Kraft getreten ist.[179] Mit ihr sollte in Ergänzung zur Wärmschutz- und zur Heizanlagenverordnung das Nutzverhalten zugunsten einer Ressourcenschonung geregelt werden. In den nächsten Jahrzehnten kam mit der Verabschiedung neuer und der Überarbeitung bestehender Gesetze auch der Umweltschutz ergänzend als Zweckbestimmung hinzu.[180]

Obschon diese Vorschriften dem öffentlichen Recht zuzuordnen sind, können sich diese unmittelbar auf das Verhältnis der Vertragsparteien auswirken, so wie beispielsweise die HeizkV.[181] Darüber hinaus ergibt sich dies bereits aus § 134 BGB und § 823 Abs. 2 BGB, die als zivilrechtliche Vorschriften auf andere Gesetze verweisen. Ungeachtet dessen, welchem Rechtsgebiet diese zuzuordnen sind, sind hierunter nicht nur Gesetze im formellen Sinn, sondern auch Rechtsverordnungen zu verstehen. Neben der eindeutigen Bezugnahme können damit auch Gesetze anderer Rechtsordnungen, also auch die des Baurechts, zur systematischen Auslegung herangezogen werden. Die systematische Auslegung einer Norm geht dabei von der Annahme aus, dass grundsätzlich jede Vorschrift im Gesamtzusammenhang einer Rechtsordnung zu beurteilen ist. Maßgeblich ist das Auslegungsergebnis, welches möglichst ohne Widerspruch für alle Rechtsnormen ist, die den gleichen Sachverhalt erfassen. Die verfassungskonforme Auslegung ist dabei der wichtigste Unterfall. Insbesondere bei der Auslegung von unbestimmten Rechtsbegriffen spielen Staatsziele und Grundrechte eine wichtige Rolle zur verfassungskonformen Auslegung.[182]

Im Ergebnis können grundsätzlich sämtliche öffentlich-rechtlichen Normen des Baurechts auf das Privatrecht Auswirkungen haben. Im Folgenden sollen vor

177 Söfker, in EnEV, Einleitung. S. XVI.
178 Pistohl, Handbuch der Gebäudetechnik, 46.
179 Heizkosten-Verordnung vom 23. Februar 1981 (BGBl. I S. 261, ber. 296), Inkrafttreten am: 1. Juli 1981; Neubekanntmachung vom: 5. Oktober 2009 (BGBl. S. 3250).
180 Oerzen, Die energetische Gebäudesanierung, S. 11.
181 Blank, PiG 92 (2012), 1, 3.
182 Flatow, NZM 2008, 785, 785; zivilrechtliche Auswirkungen des Umweltschutz als Staatsziel, vgl. Schwintowski, WuM 2006, 115, 117 m.w. Nachweisen; vgl. zu den Grundrechten BAG, NJW 1986, 85, 86; NJW 1990, 203, 204.

allem die Gesetze und Rechtsverordnungen dargestellt werden, die Einfluss auf bestehende Mietverhältnisse haben können.

I. Energieeinsparungsgesetz (EnEG)

Das erste Gesetz in Deutschland, welches die energetische Beschaffenheit von Gebäude aufgegriffen hat, war das „Gesetz zur Einsparung von Energie in Gebäuden“ oder kurz Energieeinsparungsgesetz[183] von 1976. Das Gesetz stellte Anforderungen an den baulichen Wärmeschutz (§ 1 EnEG) und die technischen Anlagen zum Heizen und Kühlen (§ 2 EnEG). Das EnEG wurde seit Inkrafttreten bisher mehrmals novelliert. Heute bildet das Gesetz die gesetzliche Grundlage der Energieeinsparungsverordnung. Das EnEG regelt die energiesparenden Maßnahmen in Neu- und Altbau, direkte Handlungspflichten ergeben sich aus ihr aber nicht, sondern aus den entsprechenden Rechtsverordnungen, die auf Grundlage des EnEG erlassen werden können. Zur Begrenzung der hierauf beruhenden Pflichtmaßnahmen hat der Gesetzgeber als notwendiges Korrektiv § 5 EnEG eingeführt. Nach dem hierin normierten Wirtschaftlichkeitsgebot sollten sich die höheren Investitionskosten während der Restnutzungsdauer über die eingesparten Energiekosten amortisieren. In der politischen Diskussion spielt das Wirtschaftlichkeitsgebot aus der Perspektive der Eigentümer eine zentrale Rolle. Es verhindert, dass der Staat seine Befugnisse zur Erreichung der klima- und energiepolitischen Ziele durch ordnungsrechtliche Zwangsmaßnahmen überdehnt.

1. Wärmeschutzverordnung (WSchV)

Am 1. November 1977 trat die 1. Wärmeschutzverordnung (WSchV) in Kraft, welche auf das EnEG zurückgeht.[184] Nach ihrer Bestimmung sollte bei der Errichtung u. a. von Wohngebäuden zum Zwecke der Energieeinsparung der Jahres-Heizwärmebedarf durch Anforderungen an den Wärmedurchgang und an die Lüftungswärmeverluste begrenzt werden. Umweltschutz- oder Klimaschutzaspekte spielten bei der WSchV keine Rolle. Es ging ausschließlich um Aspekte der Energieeinsparung zum Zweck der Ressourcenschonung vor dem Hintergrund steigender Energiepreise. Die WSchV wurde zweimal novelliert. Am 1.

183 Energieeinsparungsgesetz (EnEG) vom 22. Juli 1976, BGBl. I Nr. 87, S. 1873.
184 Verordnung über einen energieeinsparenden Wärmeschutz bei Gebäuden (Wärmeschutzverordnung) vom 11. August 1977 (BGBl. I. 1977, S. 1554) aufgrund des § 1 Abs. 2, des § 4 Abs. 1 und des § 5 des EnEG vom 22. Juli 1976, BGBl. I 1976, S. 1873.

Januar 1984 trat die 2. Wärmeschutzverordnung[185] und am 1. Januar 1995 die 3. Wärmeschutzverordnung[186] mit Verschärfungen der Anforderungen in Kraft. Am 1. Februar 2002 wurde letztere von der EnEV abgelöst.

2. Heizanlagenverordnung (HeizAnlV)

Während die Wärmeschutzverordnung die energetische Beschaffenheit der Gebäudehülle zum Inhalt hat, regelt die Heizanlagenverordnung (HeizAnlV) die Anlagentechnik. Auch die HeizAnlV[187] geht auf das EnEG zurück. Ebenso wie die WSchV wurde die HeizAnlV Anfang 2002 von der EnEV[188] abgelöst.[189] Beide Rechtsverordnungen wurden annähernd gleichzeitig verabschiedet und novelliert.[190]

Die HeizAnlV formulierte Anforderungen an Einbau und Aufstellung von Wärmeerzeugern, Einrichtungen zur Steuerung und Regelung sowie zur Dämmung von Rohrleitungen. Mit der Novellierung 1982 wurden auch bestehende Gebäude einbezogen, vor allem in Bezug auf nachträgliche Ausstattung mit Heizregelungstechnik. In einer späteren Änderung wurden 1989 die Vorschriften in Bezug auf Nachrüstungsregelungen weiter verschärft. Zudem wurde die Heizungsbetriebsverordnung[191], welche 1978 in Kraft getreten ist und Anforderungen an die Begrenzung von Abgasverlusten, Bedienung, Wartung und Instandsetzung formulierte, in die HeizAnlV eingearbeitet (vgl. § 9 HeizAnlV). Damit wurde auch die Verpflichtung zur Wartung und Instandhaltung von heiztechnischen und Brauchwasseranlagen in die HeizAnlV aufgenommen. Die Heizungsbetriebsverordnung ist außer Kraft getreten.[192] Eine weitere Novellierung der

185 2. Wärmeschutzverordnung vom 27. Februar 1982, BGBl. I 1982, S. 209.

186 3. Wärmeschutzverordnung vom 16. August 1994, BGBl. I 1994, S. 2121.

187 Verordnung über energiesparende Anforderungen an heizungstechnische Anlagen und Brauchwasseranlagen (Heizungsanlagen-Verordnung – HeizAnlV) vom 22. September 1978, BGBl. I 1978, S. 1581, geändert durch HeizAnlV vom 24. Februar 1982, BGBl. I 1982, S. 205, durch HeizAnlV vom 20. Januar 1989 BGBl. I 1989, S. 120, vom 22. März 1994 BGBl. I 1994, S. 613 und vom 4. Mai 1998 BGBl. I, 1998, S. 851.

188 Verordnung über energiesparenden Wärmeschutz und energiesparende Anlagentechnik bei Gebäuden (Energieeinsparungsverordnung – EnEV) vom 16. November 2001 aufgrund des § 1 Abs. 2, des § 2 Abs. 2 und 3, des § 3 Abs. 2, der §§ 4 bis 6, des § 7 Abs. 3 bis 5 und des § 8 des Energieeinsparungsgesetzes vom 22. Juli 1976 (BGBl. I 1976, S. 1873).

189 Vgl. § 20 Abs. 2 EnEV 2002.

190 Oerzen, Die energetische Gebäudesanierung, S. 12.

191 Verordnung über energiesparende Anforderungen an den Betrieb von heizungstechnischen Anlagen und Brauchwasseranlagen (Heizungsbetriebsverordnung) vom 22. September 1978, BGBl I S. 1584.

192 Verordnung aufgehoben durch Verordnung vom 19. Januar 1989, BGBl I S. 113.

HeizAnlV erfolgte 1994. Diese sah zur Umsetzung der EG-Heizkesselrichtlinie (92/42/EWG) weitere Verschärfungen der Anforderungen an die Heizungstechnik vor, wobei konkrete Vorschriften zur Inbetriebnahme erst im Jahre 1998 folgten. Mit der Neufassung der HeizAnlV, die 1998 erfolgte, durften dann nur noch Niedertemperaturheiz- oder Brennwertkessel mit CE-Kennzeichnung[193] und der EG-Konformitätserklärung (vgl. § 3 HeizAnlV) eingebaut werden. Zentralheizungen mussten zudem mit einer Regelungs- und Steuerungstechnik ausgestattet werden (vgl. § 7 HeizAnlV).

3. Energieeinsparungsverordnung (EnEV)

Die Energieeinsparungsverordnung (EnEV) ist Teil des deutschen Baurechts. Auf der rechtlichen Grundlage der Ermächtigung durch das Energieeinsparungsgesetz (EnEG) werden dem Bauherren durch die EnEV bautechnische Standardanforderungen zum effizienten Energieeinsatz ihres Gebäudes oder Bauprojektes vorgeschrieben. Sie gilt für Wohngebäude, Bürogebäude und gewisse Betriebsgebäude gleichermaßen. Die EnEV verfolgt das Ziel, neue Gebäude mit möglichst guter Energiebilanz zu erstellen und im Gebäudebestand vorhandene Potenziale zur Energieeinsparung in wirtschaftlich vertretbarer Weise zu heben. Damit gilt die EnEV sowohl für Neu- als auch für Bestandsbauten. Zudem sollen „Produktinnovationen“ angeregt, Energiekosten für Eigentümer- bzw. Mieterhaushalte gesenkt und Anreize für Sanierungsmaßnahmen gesetzt werden.[194]

a) Entwicklung der EnEV

Die 2002 in Kraft getretene EnEV löste die Wärmeschutzverordnung (WSchV) und die Heizungsanlagenverordnung (HeizAnlV) ab.[195] Damit finden in der

193 Die CE-Kennzeichnung ist das äußere Zeichen dafür, dass ein Produkt den dem Hersteller auferlegten Anforderungen der Europäischen Union entspricht (die Buchstaben CE wurden ursprünglich von „Communautés Européennes“ abgeleitet). Mit der CE-Kennzeichnung eines Produktes erklärt der Verantwortliche (der Hersteller oder sein Bevollmächtigter), dass das Produkt allen anzuwendenden Gemeinschaftsvorschriften entspricht, und alle vorgeschriebenen Konformitätsbewertungsverfahren (z. B. Gefährdungsanalyse, Risikobewertung, Überprüfung der Normenkonformität) durchgeführt wurden.

194 BT-Drs. 17/11200, S. 36.

195 3. Wärmeschutzverordnung vom 16. August 1994, BGBl. I 1994, S. 2121/ Verordnung über energiesparende Anforderungen an heizungstechnische Anlagen und Brauchwasseranlagen (Heizungsanlagen-Verordnung – HeizAnlV) vom 22. September 1978, BGBl. I 1978, S. 1581, zuletzt geändert am 4. Mai 1998 BGBl. I, 1998, S. 851.

Gesamtbilanz eines Gebäudes die Faktoren Anlagentechnik, vor allem bei der Bereitstellung von Raumwärme, und baulicher Wärmeschutz in einem Regelwerk Berücksichtigung. Die Energiebilanzierung wurde vom Heizwärmebedarf, der durch die bis dahin geltenden Wärmeschutzverordnungen begrenzt wurde, auf Primärenergiebedarf umgestellt.[196] Durch die Umstellung auf Primärenergie sollte der Tatsache Rechnung getragen werden, dass es aus Gründen des Klimaschutzes nicht nur wichtig ist, den Wärmebedarf eines Gebäudes zu optimieren, sondern auch zu beachten, wie effektiv die Wärmeerzeugung ist und aus welchen Quellen diese Energie stammt. Maßgeblich für den Nachweis des Energiebedarfs eines Gebäudes ist damit der Jahresprimärenergiebedarf[197] für Heizung und Warmwasserbereitung. Die Effizienz der Anlagentechnik wird durch die sog. Anlagenaufwandszahl ausgedrückt. Diese wird mithilfe des Wirkungsgrades einer bestimmten Anlagenkonfiguration und eines Primärenergiefaktors des jeweiligen Energieträgers ermittelt. Jeder Energieträger wird mit einer bestimmten Primärenergiekennzahl versehen, die trotz ihrer Bestimmung über ein DIN-Verfahren politisch geprägt ist. So haben beispielsweise Heizöl und Erdgas einen Faktor von 1,1. Holzpellets haben dagegen aufgrund eines nicht erneuerbaren Anteils nur einen Faktor von 0,2, erneuerbare Energien wie Solarenergie sogar 0,0.[198]

Durch die Bewertung des Heizwärmebedarfs und der Effizienz der Anlagentechnik ergibt sich eine ganzheitliche Betrachtung des Energiebedarfs und somit eine genauere Erfassung des Gesamtenergieverbrauchs des Gebäudes. Dies hat zur Folge, dass Anlagentechnik und Bauphysik gemeinsam und nicht getrennt zu betrachten sind.[199] Das bedeutet, dass ein weniger gut gedämmtes Gebäude mit einer entsprechend effizienteren Heizungsanlage die Vorgaben hinsichtlich des maximal zulässigen Primärenergiebedarfs erreichen kann. Auf der anderen Seite kann ein sehr gut gedämmtes Gebäude mit einer entsprechend weniger effizienteren Heizung auskommen. Diese für den Planer wohl vorteilhafte Flexibilität hat aber auch Schattenseiten, da vor allem beim ersten Fall die Gefahr besteht, dass aufgrund der Berechnung Energie verschwendet wird. Nimmt man beispielsweise ein schlecht gedämmtes Gebäude, welches über einen Fernwärmeanschluss aus Kraft-Wärme-Kopplung (niedriger Primärenergiefaktor von 0,7 bei fossilem Brennstoff)[200] verfügt, so kann sich in der Energiebilanz ein sehr gutes

196 Shell Hauswärme-Studie, S. 46.

197 Der Jahresprimärenergiebedarf Qp ist nach der Reihe DIN V 18599 („Energetische Bewertung von Gebäuden – Berechnung des Nutz-, End,- und Primärenergiebedarfs für Beheizung, Kühlung, Belüftung, Beleuchtung und Warmwasserbereitung" in der Ausgabe vom Februar 2007), vgl. § 3, 4 Anlage 1 EnEV 2002/2007/2009.

198 DIN V 18599, Teil 100: Änderungen zu DIN V 18599-1 bis DIN V 18599-10, 10/2009.

199 Pistohl, Handbuch der Gebäudetechnik, 46.

200 DIN V 18599, Teil 100: Änderungen zu DIN V 18599-1 bis DIN V 18599-10, 10/2009.

Gebäude ergeben. In diesem Fall wird aber sehr viel Heizwärme über die Gebäudehülle abgegeben, die effizienter genutzt werden könnte. Dieses Problem ließe sich durch eine Anpassung der Primärenergiefaktoren beheben. Hierbei müsste dann auch dem Umstand Rechnung getragen werden, dass ein niedriger Primärenergiefaktor nicht gleichzeitig weniger CO_2-Ausstoß bedeutet. So ist der von der EU-Kommission festgelegte Brennstoffimmissionsfaktor (CO_2-Faktor)[201] von beispielsweise Erdgas (PE-Faktor: 1,1/CO_2-Faktor: 56,1) besser als der von Fernwärme aus Kraft-Wärme-Kopplung (PE-Faktor: 0,7/CO_2-Faktor: 101,1).

Durch die EnEV wurde nicht nur eine ganzheitliche Betrachtungsweise des Energiebedarfs, was auch zu befürworten ist, sondern auch Verschärfungen eingeführt. So wurden beispielsweise die Anforderungen an den Jahresenergiebedarf bei Gebäuden, die nach Inkrafttreten der EnEV errichtet wurden, gegenüber der Wärmeschutzverordnung um 30 % erhöht.[202]

Eine erste Überarbeitung (EnEV 2004) erfolgte 2004.[203] Zur Umsetzung der EG-Richtlinie über die Gesamtenergieeffizienz von Gebäuden (2002/91/EG) wurde eine Neufassung erstellt, die am 1. Oktober 2007 in Kraft getreten ist (EnEV 2007).[204] Am 1. Oktober 2009 trat eine weitere Überarbeitung in Kraft, die als EnEV 2009 bezeichnet wurde.[205]

Zur Umsetzung der Beschlüsse der Bundesregierung zum Energiekonzept[206] und zur Energiewende[207] sollte die EnEV erneut geändert werden. Darüber hinaus enthielt die Richtlinie 2010/31/EU über die Gesamtenergieeffizienz von Gebäuden[208] weitere Vorgaben. Die EU-Richtlinie sieht eine Umsetzung in nationales Recht bis zum 9. Juli 2012 vor. Die Bundesrepublik hat diesen Termin nicht eingehalten. Nach Auffassung der Bundesregierung war wie schon erwähnt eine Beachtung des Termins nicht erforderlich, da bereits im bis dahin geltenden Recht zahlreiche Vorgaben der EU-Richtlinie 2010/31/EU umgesetzt worden seien.[209]

201 Entscheidung der EU-Kommission vom 18. Juli 2007 zur Festlegung von Leitlinien für die Überwachung und Berichterstattung betreffend Treibhausgasemissionen im Sinne der Richtlinie 2003/87/EG (Monitoring-Leitlinien).

202 Shell Hauswärme-Studie, S. 46.

203 Änderung der EnEV vom 2. Dezember 2004, BGBl. I S. 3144.

204 Änderung der EnEV vom 24. Juli 2007, BGBl. I S. 1519.

205 Änderung der EnEV vom 29. April 2009, BGBl. I S. 954.

206 Beschlüsse der Bundesregierung am 28. September 2010, BT-Drs. 17/3049.

207 Überarbeitetes Energiekonzept der Bundesregierung vom 6. Juni 2011 („Der Weg zur Energie der Zukunft – sicher, bezahlbar und umweltfreundlich").

208 Richtlinie 2010/31/EU des Europäischen Parlaments und des Rates vom 19. Mai 2010 über die Gesamtenergieeffizienz von Gebäuden.

209 BT- Drs. 17/9834 – Antwort der Bundesregierung vom 30. Mai 2012 auf eine kleine Anfrage (BT-Drs. 17/9656).

Die unter dem Titel EnEV 2012/2013 überarbeitete Fassung sieht insbesondere Änderungen für den Neubau vor. Hier sollte es zu einer weiteren Anhebung der Anforderungen an die Gesamtenergieeffizienz von neuen Gebäuden im Rahmen der wirtschaftlichen Vertretbarkeit kommen. Nach einem im März 2012 bekannt gewordenen Entwurf sollte bei Wohngebäuden eine weitere Reduzierung des zulässigen Jahres-Primärenergiebedarfs um zunächst durchschnittlich etwa 7,5 %, bei Nichtwohngebäuden um durchschnittlich etwa 10 % erfolgen.[210] Nach dem Referentenentwurf, der am 15. Oktober 2012 vorgelegt wurde, wurden die Anforderungen an den Jahres-Primärenergiebedarfs verschärft. So sieht der Entwurf für Wohngebäude und Nichtwohngebäude bis 2014 und 2016 eine Verschärfung von durchschnittlich jeweils 12,5 % vor. Die Anforderungen an Bestandsgebäude sollen nach dem Referentenentwurf nicht verschärft werden. Es sind lediglich Änderungen bei den Anforderungen an verschiedene Außenbauteile (Verschärfung bei Außentüren, Änderungen bei Erneuerung von Außenwänden) vorgesehen. Änderungen der bedingten oder unbedingten Nachrüstungspflichten sind generell nicht vorgesehen. Zudem sieht der Entwurf eine Regelung zur Besserung der behördlichen Durchsetzung der Vorgaben sowie eine Überarbeitung der Regelungen zum Energieausweis vor.[211]

Die Änderung der EnEV setzt eine Änderung der Ermächtigungsgrundlage im EnEG voraus. Neben der entsprechenden Ermächtigungsgrundlage sieht der Referentenentwurf des EnEG[212] außerdem eine Grundpflicht zur Errichtung von Neubauten im Niedrigstenergiegebäudestandard (Behördengebäude ab 2019, alle übrigen Neubauten ab 2021) vor. Die Verfahren zur Änderungsverordnung zur EnEV sowie zum Gesetz zur Änderung des EnEG sollten Mitte 2013 mit der Verkündung im Bundesgesetzblatt abgeschlossen sein.

b) Anforderungen an Bestandsgebäude

Nach der derzeit geltenden EnEV 2009 unterliegen Eigentümer bestehender Gebäude verschiedener Verpflichtungen zur Einhaltung bauteilbezogener Anforderungen bei Sanierungen und zur Vornahme bestimmter Sanierungsmaßnahmen, die im 3. Abschnitt der EnEV geregelt sind.

Gemäß § 9 Abs. 1 EnEV sind bei wesentlichen Änderungen an bestimmten Außenbauteilen Anforderungen hinsichtlich der energetischen Qualität der Bau-

210 Arbeitsentwurf der EnEV 2012 vom 28. März 2012.

211 Referentenentwurf einer Verordnung zur Änderung der Energieeinsparverordnung, Stand: 15. Oktober 2012.

212 Referentenentwurf eines Vierten Gesetzes zur Änderung des Energieeinsparungsgesetzes, Stand: 15. Oktober 2012.

teile einzuhalten. Wesentlich ist eine Änderung dann, wenn die Fläche der geänderten Bauteile mehr als 10 % der gesamten jeweiligen Bauteilfläche des Gebäudes betrifft. Die maßgebliche Qualität der Bauteile, die durch bestimmte Wärmedurchgangskoeffizienten beschrieben wird, und die relevanten Bauteile wie Außenwände, Fenster sowie bestimmte Wände und Decken ergeben sich aus der Anlage 3 zur EnEV.

Losgelöst von Änderungen am Gebäude ergeben sich vor allem aus den §§ 10 und 10 a EnEV Pflichten in Bezug auf Anlagen zur Erzeugung von Raumwärme und -kälte. Gemäß § 10 Abs. 1 EnEV dürfen mit flüssigen oder gasförmigen Brennstoffen betriebene Heizkessel, die vor dem 1. Oktober 1978 eingebaut oder aufgestellt worden sind, nicht mehr betrieben werden. Dies gilt nach Satz 2 der Vorschrift für alle und nicht nur für Niedertemperatur- oder Brennwertkessel. In der Praxis werden diese Altanlagen von den Bezirksschornsteinfegern stillgelegt.

Darüber hinaus müssen nach § 10 Abs. 2 EnEV ungedämmte und zugängliche Wärmeverteilungs- und Warmwasserleitungen sowie Armaturen heizungstechnischer Anlagen nach Maßgabe der Anlage 5 zur EnEV gedämmt werden. Weitere Verpflichtungen zur Dämmung sind in § 10 Abs. 3 EnEV geregelt. Hiernach sind Eigentümer von Wohn- und Nichtwohngebäuden, die nach ihrer Zweckbestimmung jährlich mindestens vier Monate und auf Innenraumtemperaturen von mindestens 19° C beheizt werden, zur Dämmung der obersten Geschossdecke verpflichtet. Dies gilt für ungedämmte, nicht begehbare, aber zugängliche oberste Geschossdecken beheizter Räume. Anstelle der obersten Geschossdecke darf das darüber liegende Dach entsprechend gedämmt werden.[213]

Diese Pflichten aus § 10 Abs. 1 bis 4 EnEV sind nur von Eigentümern nicht selbstgenutzter Gebäude zu erfüllen. Eigentümer selbst genutzter Wohngebäude sind nach § 10 Abs. 5 EnEV von diesen Pflichten befreit. Die Pflicht, Leitungen und Armaturen sowie oberste Geschossdecken zu dämmen, gilt nach § 10 Abs. 6 EnEV nicht, soweit die für die Nachrüstung erforderlichen Aufwendungen nicht durch die eintretenden Einsparungen innerhalb angemessener Fristen erwirtschaftet werden können. Sie gilt nach Auslegung auch dann nicht, wenn das Dach oder die Geschossdecke bereits geringfügig gedämmt ist. Von einer ausreichenden Dämmung ist bei massiven Deckenkonstruktionen, die seit 1969 errichtet wurden, und Holzbalkendecken aller Baualtersklassen auszugehen.[214]

Eine weitere Verpflichtung besteht gemäß § 10 a EnEV seit Inkrafttreten der EnEV 2009 in Bezug auf elektrische Speicherheizsysteme. Diese sind nach dem

213 Seit dem 31. Dezember 2011 gilt dies nach § 10 Abs. 4 EnEV auch für begehbare oberste Geschossdecken.

214 Deutsches Institut für Bautechnik, Fachkommission „Bautechnik“ der Bauministerkonferenz, S. 4, http://www.dibt.de/de/data/EnEG_Staffel15.pdf. Abrufdatum: 14. Februar 2013.

Ablauf von 30 Jahren ab dem Einbau, der Aufstellung oder der Erneuerung wesentlicher Bauteile außer Betrieb zu nehmen. Die Bestimmung beruht auf der Erwägung, dass die Erzeugung des für den Betrieb derartiger Heizungen erforderlichen Stroms einen wesentlich höheren Energieeinsatz erfordert als der Einsatz anderer Energieträger.[215] § 10 a EnEV unterliegt jedoch vielfältigen Einschränkungen. So wird zunächst kein Verbot für den Neueinbau elektrischer Speicherheizsysteme begründet. Darüber hinaus gilt die Vorschrift gemäß ihrem Absatz 1 nur für Wohngebäude mit mindestens fünf Wohneinheiten und nur dann, wenn die Raumwärme ausschließlich durch elektrische Speicherheizsysteme erzeugt wird. In Nichtwohngebäuden ist eine Außerbetriebnahme nur erforderlich, wenn u. a. die mit elektrischen Speicherheizungen beheizte Nutzfläche mehr als 500 m^2 beträgt.

Weitere Verpflichtungen an Bestandsgebäuden sind in § 11 EnEV formuliert. Nach dieser Vorschrift ist der Vermieter als Eigentümer verpflichtet, die bestehende energetische Qualität des Gebäudes aufrechtzuerhalten. Dies gilt sowohl für die Gebäudehülle als auch für die vorhandene Anlagentechnik, vor allem für energiesenkende Einrichtungen in solchen Anlagen. Energiebedarfssenkende Einrichtungen in Anlagen sind vom Betreiber betriebsbereit zu erhalten und bestimmungsgemäß zu nutzen. Den Vermieter trifft hieraus die Pflicht, vorhandene Anlagen und Einrichtungen der Heizungs-, Kühl- und Raumlufttechnik sowie der Warmwasserversorgung sachgerecht zu bedienen.

Nimmt der Vermieter eine Maßnahme nach §§ 9, 10, 10 a oder 11 EnEV vor, so hat dies auch Auswirkungen auf das bestehende Mietverhältnis, da der Vertragsgegenstand durch diese Maßnahme geändert wird. Diskutiert wird in diesem Zusammenhang, dass der Mieter einen Anspruch darauf hat, dass der Vermieter die entsprechenden Maßnahmen ausführt. Dies würde vor allem dann gelten, wenn die Vornahme eine Hauptleistungspflicht i. S. des § 535 BGB oder Gegenstand einer Nebenleistungspflicht wäre. Obschon die Vorschriften der EnEV – anders als die HeizKV – keine unmittelbare Geltung für den Mietvertrag anordnet oder dem Schutz des Mieters dienen soll, wird diskutiert, ob der der Mieter einen Anspruch auf eine Nachrüstung hat.[216]

Eine weitere wesentliche Pflicht, welche bereits mit der EnEV 2007 in den §§ 16 ff. EnEV begründet wurde, ist die Regelung für Energieausweise im Bestand. Mit dem Energieausweis soll der Energiebedarf oder -verbrauch eines Gebäudes transparent dargestellt werden, um der Energieeffizienz als Entscheidungskriterium bei der Wohnungsnachfrage einen höheren Stellenwert zu verleihen. Eine entsprechende Nachfrage der Mieterhaushalte soll verstärkte Investitionen der Vermieter hervorrufen. Es gibt den Energieausweis als Bedarfsausweis,

215 BR-Drs. 569/08, 8. August 2008, S. 88.

216 Auf den Meinungsstand wird ausführlich im Kapitel 12 Stellung bezogen.

der den berechneten Energiebedarf eines Gebäudes abbildet, und als Verbrauchsausweis, der auf Basis des ermittelten Verbrauchs ausgestellt wird. Bei älteren Wohngebäuden mit weniger als fünf Wohneinheiten, die nicht mindestens die Anforderungen der 1. Wärmeschutzverordnung einhalten, ist ein Bedarfsausweis erforderlich. Bei allen anderen Gebäuden sieht die EnEV 2009 eine Wahlfreiheit vor. Ausstellungsberechtigt sind nur Personen mit einer entsprechenden Qualifikation nach § 21 EnEV wie Bauingenieure und Architekten. Im mietrechtlichen Zusammenhang stellt sich die Frage, ob neben dem Interessenten auch der Bestandsmieter einen Anspruch gegen seinen Vermieter auf Vorlage des Ausweises hat.[217]

4. Heizkostenverordnung (HeizkV)

Neben der energetischen Beschaffenheit der Gebäudehülle und der Anlagentechnik wurde das Nutzerverhalten als wesentlicher Bestandteil einer Strategie zur Ressourcenschonung identifiziert. Die Verordnung über Heizkostenabrechnung (Heizkostenverordnung – HeizkV)[218] regelt die Abrechnung über die Heizkosten und Warmwasser im Mietverhältnis und im Wohnungseigentümerverhältnis. Nach den §§ 4, 5 HeizKV ist normiert, dass der Gebäudeeigentümer den anteiligen Wärme- und Warmwasserverbrauch der Nutzer erfassen muss. Die Räume sind hierzu mit einer geeigneten Ausstattung zu versehen. Die HeizKV ist dabei nach § 2 HeizKV nicht abdingbares Recht, sodass eine fehlende Ausstattung zu einem vertragswidrigen Zustand des Mietobjekts führt.[219] Damit entfaltet die HeizKV als Bestandteil des öffentlichen Rechts Auswirkungen auf das Verhältnis der Vertragsparteien.

Bereits 1980 wurde § 3 a EnEG als Ermächtigungsgrundlage der HeizKV geschaffen, um auch in das Nutzerverhalten beim Heizenergieverbrauch eingreifen zu können.[220] Im Vordergrund stand aber die ökonomisch-politische Erwägung, die Abhängigkeit vom Öl-Import und damit verbundene Versorgungsrisiken zu reduzieren, die durch die Ölkrise deutlich geworden sind. Der Umwelt- oder Klimaschutz spielte zunächst keine Rolle. Der Verringerung des Energiebedarfs für die Gebäudeheizung, der mit 40 % am gesamten damaligen Endenergiebedarf der Bundesrepublik beteiligt war, wurde eine besondere Bedeutung beigemessen,

217 Ausführlich siehe hierzu Kapitel 12, B.

218 Ursprüngliche Fassung vom 23. Februar 1981, BGBl. I S. 261, 296, in Kraft getreten am 1. Juli 1981, Neubekanntmachung am 5. Oktober 2009, BGBl. S. 3250, zuletzt geändert durch Art. 1 ÄndVO vom 8. Dezember 2008, BGBl. I S. 2375, Inkrafttreten der letzten Änderung am 1. Januar 2009.

219 Blank, PiG 92 (2012), 1, 3.

220 Lammel, in HeizKV, Einleitung Rn. 3.

zumal der Ölanteil bei der Gebäudeheizung über 50 % betragen hat. Nach Auffassung der Bundesregierung wurde die Optimierung des Heizverhaltens als wichtiger Beitrag zur Verringerung der Ölabhängigkeit erachtet. Aus diesem Grund wurden über die bisherigen Regelungen hinaus weitere gesetzliche Maßnahmen im Bereich Gebäudeheizung getroffen. Die Einführung einer verbrauchsabhängigen Abrechnung von Heizkosten für nicht preisgebundene Mietwohnungen, Eigentumswohnungen und gewerblich genutzte Räume mit mehreren Wirtschaftseinheiten stellte dabei das Kernelement dar.[221]

Nach Auffassung des Gesetzgebers sollte sich durch die verbrauchsabhängige Abrechnung der Heiz- und Warmwasserkosten, bedingt durch eine damit verbundene Änderung im Verbrauchsverhalten, ein beachtliches Maß an Energieeinsparung erzielen lassen. Aufgrund eines Gutachtens des Wirtschaftsministeriums wurde im Gebäudebereich, der einer verbrauchsabhängigen Abrechnung der Heiz- und Warmwasserkosten zugänglich ist, mit einem Einsparpotenzial von etwa 15 % gerechnet.[222] Zudem erwartete die Bundesregierung auch einen Beitrag zur Verringerung der Umweltbelastung, mit der die Verringerung des Energieverbrauchs einhergehen sollte.[223]

Am 1. Juli 1981 trat die Erstfassung der HeizKV in Kraft.[224] 1983 folgte die erste Änderung, mit der der Anwendungsbereich auf die der Neubaumietverordnung[225] unterworfenen Wohnungen erstreckt wurde. Mit einer Novellierung im Jahr 2009 erweiterte sich der Zweck der Verordnung, der nun nicht mehr nur auf die Ressourcenschonung, sondern auch auf den Klimaschutz ausgerichtet war. Begründet wurde die Novelle mit der weltweit steigenden Nachfrage nach Energie, knapper werdender Ressourcen und der Herausforderungen des Klimawandels. Aus diesen Gründen sollten alle Möglichkeiten genutzt werden, um den Verbrauch fossiler Brennstoffe zu verringern. Hierzu wurden Anreize für ein sparsames Nutzerverhalten bei der Energieverwendung als besonders wichtig erachtet.[226]

Diese Zweckerweiterung geht auf das Integrierte Energie- und Klimaschutzprogramm (IEKP) aus dem Juli 2008 zurück. Das IEKP enthielt eine Vielzahl von Maßnahmen zur Stärkung des Klimaschutzes. Unter Nr. 11 (von 29) wurde auch die Novellierung der HeizKV integriert. Im Vordergrund sämtlicher Maßnahmen stand jetzt ausdrücklich der Klimaschutz, die Ressourcenschonung geriet vorläufig in den Hintergrund. Ob die Erweiterung von der Ermächtigungs-

221 BT-Drs. 8/3348.
222 BR-Drs. 632/80, S. 1.
223 Ebd., S. 16.
224 Ursprüngliche Fassung vom 23. Februar 1981, BGBl. I S. 261, 296.
225 Verordnung über die Ermittlung der zulässigen Miete für preisgebundene Wohnungen – Neubaumietenverordnung 1970, BGBl. I 1979, 1103.
226 BR-Drs. 570/08, S. 1.

norm in § 3a EnEG gedeckt ist, ist durchaus fraglich. § 3a EnEG zielt allein auf Energieeinsparung ab, nicht aber auf den damals noch nicht als so gefährlich erachteten Klimawandel.[227] Für eine Zulässigkeit der Zweckerweiterung spricht jedoch, dass die Energieeinsparung, auch wenn sie ökonomisch motiviert ist, positive Effekte für den Klimaschutz mitbringt, Gleiches gilt umgekehrt. Auch die Bekämpfung des Klimawandels durch Effizienzsteigerung hat meist zugleich positive wirtschaftliche Wirkungen. Beide Zweckbestimmungen hängen somit untrennbar zusammen, sodass die Erweiterung des Zwecks unschädlich ist.

5. Erneuerbare-Energien-Wärmegesetz (EEWärmeG)

Das Gesetz zur Förderung Erneuerbarer Energien im Wärmebereich (Erneuerbare-Energien-Wärmegesetz – EEWärmeG)[228], welches am 1. Januar 2009 in Kraft getreten ist, regelt die Nutzung erneuerbarer Energien in Gebäuden.[229] Zu unterscheiden ist das EEWärmeG vom Gesetz für den Vorrang Erneuerbarer Energien (Erneuerbare Energien-Gesetz – EEG)[230]. In diesem Gesetz wird die Einspeisung von elektrischer Energie in das öffentliche Stromnetz und die Vergütung des Erzeugers, der diese Energie beispielsweise durch eine Fotovoltaikanlage produziert, geregelt. Beide Gesetze befassen sich mit dem Einsatz von erneuerbaren Energien. Die Implikationen für den Gebäudebereich sind durch das EEWärmeG aber deutlich größer.

Nach den Gesetzesmaterialen liegt der Hauptzweck des EEWärmeG, der einen zentralen Bestandteil des am 24. August 2007 in Meseberg verabschiedeten IEKP darstellt, darin, den Ausstoß von Treibhausgasen zu verringern und damit das Klima zu schützen. Die Pflicht der Gebäudeeigentümer, ihren Wärmeenergiebedarf anteilig aus erneuerbaren Energien zu decken, soll dabei Anknüpfungspunkt zur Erreichung des gewünschten Klimaschutzes sein. Die anderen in § 1 EEWärmeG genannten Ziele und Zweckbestimmungen zur Schonung fossiler Ressourcen, zur Reduzierung der Energieimportabhängigkeit und zur Weiterentwicklung der Technologien sollten das übergeordnete Ziel des Klimaschutzes ergänzen.[231]

Ausgehend von dem Bekenntnis zum Klimaschutz als übergeordnetes Ziel soll das EEWärmeG nach seinem § 1 Abs. 2 dazu beitragen, den Anteil erneuer-

227 Kritische Anmerkungen hierzu von Lammel, in HeizkV, Einleitung Rn. 6.
228 Erneuerbare-Energien-Wärmegesetz vom 7. August 2008, BGBl. I S. 1658.
229 Ausführlich zur Entstehungsgeschichte und den wesentlichen Regelungen des EEWärmeG, Wustlich, ZUR 2008, 113 ff.
230 Erneuerbare-Energien-Gesetz vom 25. Oktober 2008, BGBl. I S. 2074; zuletzt geändert durch Artikel 2 Abs. 69 Gesetz vom 22. Dezember 2011, BGBl. I S. 3044.
231 BR-Drs. 9/08, S. 19.

barer Energien am Endenergieverbrauch für Wärme bis zum Jahr 2020 auf 14 % zu erhöhen. Im Jahr 2010 lag der Anteil bei rund 10 %.[232] Dazu werden die Eigentümer neu zu errichtender Gebäude verpflichtet, den Wärmeenergiebedarf durch die in der Höhe von dem Energieträger abhängige anteilige Nutzung erneuerbarer Energien zu decken. Der Wärmeenergiebedarf erfasst nach § 2 Abs. 2 Nr. 4 EEWärmeG die für Heizung und Warmwasserbereitung erforderliche Energie, jeweils einschließlich der Aufwände für Übergabe, Verteilung und Speicherung. Anstelle der Nutzung erneuerbarer Energien sind gemäß § 7 EEWärmeG Ersatzmaßnahmen zulässig. Dazu zählt beispielsweise die Deckung des Wärmeenergiebedarfes zu mindestens 50 % unmittelbar aus begünstigten Kraft-Wärme-Kopplungsanlagen, wenn diese bestimmten Effizienzanforderungen genügen oder hierdurch bestimmte Primärenergieeinsparungen erzielt werden. Weitere zulässige Ersatzmaßnahmen liegen nach § 7 Nr. 2 i. V. mit Anlage Nr. VI EEWärmeG vor, wenn durch diese die Anforderungen an den Jahres-Primärenergiebedarf und die Wärmedämmung der Gebäudehülle nach der EnEV um mindestens 15 % unterschritten werden.[233]

Dadurch, dass das EEWärmeG nur für neu zu errichtende Gebäude und für bestehende öffentliche Gebäude gilt, hat das Gesetz auf Bestandsimmobilien im nicht öffentlichen Sektor keine Auswirkungen. Für bestehende (private) Gebäude, selbstgenutzt wie vermietet, eröffnet § 3 Abs. 4 Nr. 2 EEWärmeG eine Regelungsmöglichkeit für die Länder, die eine Pflicht zur Nutzung erneuerbarer Energien bestimmen können. Hiervon wurde nach Inkraftreten des EEWärmeG bisher kein Gebrauch gemacht.[234] Der gesamte Wohnungsbestand, immerhin rund 90 % aller Gebäude, fällt damit nicht in den Regelungsbereich dieses Gesetzes. Dies zeigt umso mehr, dass es spezieller Regelungen bedarf, die auf den Sektor ausgerichtet sind, in dem die meisten Treibhausgasemissionen entstehen. Das Bundesumweltministerium hat deswegen Ende Februar 2012 das EEWärmeG einer internen Evaluierung unterzogen und die Ausweitung auf den Gebäudebestand als Option zur Optimierung des Gesetzes vorgeschlagen. Gleichzeitig hat das Ministerium aber auch erkannt, dass die Ausweitung den Eigentümer stark belasten könnte.[235] Nicht nur die finanzielle Belastung des Eigentümers

232 BMU 2011, Erneuerbare Energien in Zahlen, a. a. O.

233 Kritisch Pielow, ZUR 2010, 115, 121.

234 Baden-Württemberg hat bereits seit 2007 ein Gesetz zur Nutzung erneuerbarer Wärmeeinergie beschlossen (GBl. S. 531). Brandenburg und Bremen haben Regelungen getroffen, wonach die Gemeinden ermächtigt werden, Gebäudeeigentümer zur anteiligen Nutzung erneuerbarer Energien zu verpflichten (§ 81 Abs. 7 BbgBauO) bzw. die Verwendung bestimmter Brennstoffe zu untersagen (§ 85 Abs. 2 BremBauO). Vor Inkrafttreten des EEWärmeG gab es entsprechende Regelungen im Saarland (§ 85 Abs. 2 Nr. 1 SaarlBauO) und in Hamburg (§ 81 Abs. 2 HbgBauO). Die hessische Vorschrift wurde aufgehoben (Klimaschutzsatzung i. S. d. § 81 Abs. 2 HessBauO a. F.).

235 Unveröffentlichter Bericht des BMU, Februar 2012.

dürfte enorm sein, sondern auch das Vollzugsdefizit. Es ist kaum vorstellbar, dass die Verwaltung es schaffen würde, die Umsetzung des EEWärmeG bei Bestandsgebäuden außerhalb des öffentlichen Sektors zu gewährleisten. Für die Zukunft ist jedoch nicht auszuschließen, dass der Einsatz erneuerbarer Energien auch im Bestandsgebäudebereich stärker in den Vordergrund rücken wird, vor allem dann, wenn sich der Anteil erneuerbarer Energien zur Wärmeerzeugung nicht auf anderen Wegen erreichen lässt.

II. Fazit

In Deutschland gibt es eine Vielzahl von verschiedenen Gesetzen und Verordnungen, die sich mit dem Klimaschutz im Gebäudebereich auseinandersetzen, wobei der Klimaschutz als Zweckbestimmung zur Ressourcenschonung hinzugekommen ist. Vor allem in den letzten Jahren wurde der Regelungsrahmen deutlich ausgeweitet, was auf die klimapolitischen Ziele und die bestehenden Energie-Einsparpotenziale im Gebäudebestand zurückzuführen ist.

Die Mehrzahl der Regelungen betrifft aber vor allem den Neubau. Der Gebäudebestand, in dem die größten Einsparpotenziale vorhanden sind, bleibt weitgehend verschont. Diese Situation ist in Ansehung des Klimaschutzes durchaus beklagenswert.[236] Es ist daher denkbar, dass weiterreichende Anforderungen an bestehenden Gebäuden gestellt werden können, als es bislang der Fall ist. Denkbar ist damit, dass der Eigentümer öffentlich-rechtlich verpflichtet wird, Sanierungsmaßnahmen vorzunehmen.[237] Diesem könnte allerdings das Gebot der Wirtschaftlichkeit entgegenstehen. Es können nur Maßnahmen angeordnet werden, die sich nach einer bestimmten Zeit auch rechnen.[238] Das Gebot der Wirtschaftlichkeit ist u. a. in § 5 EnEG normiert. Zudem ist eine zwangsweise Durchsetzung eines Sanierungsgebotes erheblichen Vollzugsdefiziten ausgesetzt, da die Verwaltung mit einer Überwachung schlichtweg überfordert wäre.

Es gibt aber auch praktische Probleme, die sich aus der Vielfalt der Vorschriften ergeben. Die Normenvielfalt birgt Gefahren für den Pflichtigen, da mittlerweile nur noch für den rechtskundigen Anwender erkennbar ist, welche Gesetze zu berücksichtigen sind. Aber auch die Politik und damit die Effektivität des Staates leiden unter der Flut von Gesetzen und Vorhaben. Die Federführung bei

236 Koch, NvwZ 2011, 641 – Ohne massive Veränderungen in der vorhandenen Gebäudesubstanz werden die Wirkungen der gesetzlichen Regelungen für den Klimaschutz sehr unbefriedigend bleiben.

237 Für eine Verschärfung der Standards und Anhebung der Energiesteuer, Ekardt/Schenderlein, WuM 2008, 179, 182.

238 Ausführlich Böhm/Schwarz, NVwZ 2012, 129: Möglichkeiten und Grenzen bei der Begründung von energetischen Sanierungspflichten für bestehende Gebäude.

den einzelnen Regelungen unterliegt verschiedenen Ministerien mit unterschiedlichen Zielvorgaben und Interessen, dies sorgt regelmäßig für Zündstoff und Verzögerungen in den Ressortabstimmungen. So sind in Deutschland rund sieben Bundesministerien an der Gesetzgebung zur Regelung des energetischen Bauens und Sanierens federführend oder beratend beteiligt. Aufgrund der verschiedenen Implikationen sind dies die Bundesministerien für Verkehr, Bau und Stadtentwicklung (BMVBS), für Wirtschaft und Technologie (BMWi)[239], für Umweltschutz (BMU)[240], der Finanzen (BMF)[241], für Bildung und Forschung (BMBF)[242] sowie für Ernährung, Landwirtschaft und Verbraucherschutz (BMELV)[243]. Für das Mietrecht, welches ebenfalls Einfluss auf das energetische Sanieren nimmt, ist das Bundesministerium der Justiz (BMJ) zuständig. Nicht zuletzt haben beim Mietrecht auch die Länder ein gesteigertes Interesse an den gesetzlichen Regelungen, da der Staat selbst oft „Wohnungsmieter" ist und die Kosten der Unterkunft nach dem SGB II und dem SGB XII trägt, wozu auch die Miete zählt. Im Jahr 2009 unterstützte die öffentliche Hand 3,4 Millionen Bedarfsgemeinschaften im Rahmen der Grundsicherung nach dem SGB II, was einem Gesamtanteil aller Mieterhaushalte in Höhe von 15 % entspricht.[244] Nicht nur in Bezug auf Empfänger von Transferleistungen sind soziale Aspekte bei der Regelungszunahme und der Verschärfung der Bauvorgaben zu berücksichtigen. So können schärfere Vorgaben auch zu höheren Baukosten führen. Gerade in wachsenden Regionen besteht ein zunehmender Bedarf an bezahlbarem Wohnraum, der nur über den Neubau gedeckt werden kann. Die Verschärfung des Ordnungsrahmens fördert hingegen den Neubau im hochpreisigen Segment, sodass sich die Wohnungssituation für Menschen mit mittleren oder kleinen Einkommen zuspitzt. Die Bewältigung dieser Situation stellt Gesellschaft und Politik vor weitere Hürden, die es in den beteiligten Ressorts zu berücksichtigen gilt.

Es wäre unter Klimaschutzgesichtspunkten vorteilhaft, wenn die Handlungsfähigkeit des Gesetzgebers nicht unter den Abstimmungsschwierigkeiten der beteiligten Ressorts leiden müsste.

Das deutlich größere Problem stellt die schwierige Handhabung der Gesetze für den Pflichtigen dar. So haben sich beispielsweise nicht nur die Bauwirtschaft und das Handwerk erst mühsam in die Besonderheiten der EnEV einarbeiten müssen, sondern auch die Verwaltung, die für die Überwachung zuständig ist. Gleiches gilt für die übrigen baunebenrechtlichen Vorschriften. Vergleicht man

239 BMWi und BMVBS federführend bei EnEG und EnEV.

240 Federführend bei EEWärmeG und EEG,

241 Zuständig für das EStG – sanierungsrelevante Normen: §§ 6 Abs. 1 Nr. 1 a, 35 a EStG.

242 Erforschung von Biomasse als Energieträger.

243 Verbraucherschutzaspekte des Mietrechts.

244 Unterrichtung durch die Bundesregierung – Wohngeld-Mietenbericht 2010, BT.-Drs. 17/6280, S. 9.

nur den Umfang der WärmeschutzV von 1977[245] mit dem der EnEV 2009[246], so wird ersichtlich, dass die Komplexität des Regelungsrahmens deutlich zugenommen hat. So fand der Verordnungstext der WärmschutzV nebst Tabellen noch auf sieben Seiten Platz, während die EnEV 2009 rund 41 Seiten beansprucht.

Noch größer dürften die Schwierigkeiten mit der Anwendung der Gesetze werden, wenn die Bundesregierung mehr auf Zwangssanierungen im Bestand setzen würde. Diesem steht im Regelfall nicht nur die finanzielle Leistungsfähigkeit des Eigentümers entgegen, sondern auch die Vollziehbarkeit der Vorschriften. Die Verschärfung des Ordnungsrahmens kann nur in Zusammenhang mit geeigneten Fördermaßnahmen erfolgen, um die finanziellen Auswirkungen der Zwangsmaßnahmen zu kompensieren.

Es ist daher Aufgabe der Politik und Wissenschaft, das Energierecht und das Mietrecht als stützendes Rechtsgebiet stärker in Einklang zu bringen, ohne dabei die Praxis zu überfordern. Vor dem Hintergrund der unterschiedlichen Ressortzuständigkeiten ist dies zugegebenermaßen keine leichte Aufgabe, zumal auch im Bereich der Wissenschaft ein Umdenken erst erfolgen muss. Für Wissenschaftler beider Seiten, im Energie- und im Mietrecht, ist dies nicht einfach, da die Felder des Mietrechts und des Energierechts seit jeher von Spezialisten bearbeitet werden und es unter den Akteuren eine quasi natürliche Tendenz gibt, sich von externer Einflussnahme möglichst abzuschirmen.[247] Diese Hürden gilt es noch stärker zugunsten eines effektiven Klimaschutzes und einer Ressourcenschonung zu überwinden. Allerdings darf der Eigentümer dabei nicht überfordert werden, da zu hohe Anforderungen die Sanierungs- und Neubaubereitschaft hemmen.

D. Aktuelle Kosten einer energetischen Sanierung

Der technische Fortschritt und die rechtlichen Rahmenbedingungen sind mit ursächlich dafür, dass energetische Sanierungsmaßnahmen auch planungstechnisch aufwendiger und damit i. d. R. kostenintensiver sind als bisher. So ist der Preis für einen Brennwertkessel seit dem Jahr 2000 um 40 % gestiegen.[248]

245 WärmeschutzV aufgrund des § 1 Abs. 2 des § 4 Abs. 1 und des § 5 des Energieeinsparungsgesetzes vom 22. Juli 1976, BGBl. I S. 1873.

246 Energieeinsparverordnung vom 24. Juli 2007, BGBl. I S. 1519, die durch Artikel 1 der Verordnung vom 29. April 2009, BGBl. I S. 954, geändert worden ist.

247 Klinski, WuM 2012, 354, 354.

248 "Energetische Sanierung von Ein- und Zweifamilienhäusern", empirica, S. 3.

Die Höhe der Kosten für eine durchschnittliche energetische Sanierung lässt sich jedoch nicht pauschal bestimmen. Diese sind abhängig vom Ausgangszustand des zu sanierenden Gebäudes und dem angestrebten Sanierungsziel. Hierbei liegt es auf der Hand, dass eine Sanierung eines energetisch schlecht beschaffenen Ausgangsgebäudes auf Passivhaus-Niveau deutlich teurer ist als die Umsetzung einzelner Baumaßnahmen, die für sich genommen energetisch relevant sind. Je höher der zu erreichende Standard sein soll, desto höher sind die Gesamtkosten für eine energetische Modernisierung. Zudem ist zu beachten, dass eine energetische Sanierung sinnvollerweise nicht isoliert durchgeführt wird. Diese geht meistens mit einer Instandsetzung einher. Eine energetische Sanierung wird daher oftmals nur in Verbindung mit einer Instandsetzung des Gebäudes durchgeführt, was insgesamt zu einem höheren Kapitalbedarf führt. In den Gesamtkosten, die auch als Vollkosten bezeichnet werden, sind somit Bestandteile, die auf die Elemente Instandsetzungskosten und energiebedingte Mehrkosten aufzuteilen sind.[249]

Nach Berechnungen der Deutschen Energie Agentur (dena) betragen die Vollkosten für eine Modernisierung bestimmter Modellgebäude auf EnEV- bzw. auf Effizienzhaus-100-Standard[250] im Mittel ca. 275 €/m² (Wohnfläche). Der Anteil der modernisierungsbedingten Kosten soll dabei lediglich 80 €/m² (Wohnfläche) betragen. Um das Effizienzhaus-55-Niveau[251] zu erreichen, müssen durchschnittlich ca. 420 €/m² (Wohnfläche) aufgewendet werden, von denen rund 230 €/m² auf die energiebedingten Mehrkosten entfallen. Der im Vergleich hohe Anteil der energiebedingten Mehrkosten ist auf den guten baulichen Wärmeschutz und den hohen baulichen planungstechnischen Aufwand zur Vermeidung von Wärmebrücken sowie auf die sehr hochwertige Ausführung im Detail zurückzuführen.[252] Diese Angaben können aber nur als Richtwerte dienen, da insgesamt aufgrund der unterschiedlichen Datenlage „eine große Unsicherheit in Bezug auf die Bestimmung der relevanten energiebedingten Mehrkosten herrscht".[253]

In Abgrenzung zu den Komplettsanierungen, die zur Erreichung eines bestimmten Energieeffizienzstandards durchgeführt werden, gibt es auch eine Vielzahl von energetisch sinnvollen Einzelmaßnahmen (Teilsanierungen), die deutlich unter dem Kostenniveau der Vollsanierungen liegen. Hierzu zählen beispielsweise der Austausch von Fenstern (Mehrfachverglasung gegen Einfachverglasung) sowie die Dämmung der Kellerdecke oder des Dachbodens. Vor

249 BBSR-Endbericht: Struktur der Investitionstätigkeit in den Wohnungs- und Nichtwohnungsbeständen, 2011.

250 Effizienzhaus 100 entspricht EnEV-Vorgaben an einen Standard-Neubau.

251 Das Effizienzhaus 55 darf nur 55 % der nach EnEV 2007 gültigen Höchstwerte hinsichtlich Jahres-Primärenergiebedarf und Transmissionswärmeverlust erreichen.

252 Dena-Sanierungsstudie, 2010, S. 33.

253 Ebd., S. 36.

allem letztere Maßnahmen sind deutlich günstiger als umfangreiche Komplettsanierungen, zumal sie auch einen geringeren Planungsaufwand benötigen. Der Energieeffizienzgewinn kann hingegen beträchtlich sein.

In der Praxis werden deutlich häufiger Einzelmaßnahmen bzw. Teilsanierungen als die deutlich teureren Komplettsanierungen durchgeführt, die dann auch mit Instandsetzungen einhergehen. In den meisten Fällen wird von Komplettsanierungen abgesehen, da diese außerhalb des Sanierungszyklus nicht wirtschaftlich sind.[254] Energetische Einzelmaßnahmen kombiniert mit nötigen Instandsetzungen könnten sich dagegen auch außerhalb des Sanierungszyklus' amortisieren. Nach einer Studie des Bundesinstituts für Bau-, Raum- und Stadtforschung (BBSR)[255] wurden im Jahr 2010 im Bestandswohnungsbau rund 109 Milliarden €[256] ausgegeben. Rund 38,8 Milliarden € entfielen dabei auf energetische Maßnahmen.[257] Mit einem Anteil von 36 % deckt die energetische Modernisierung somit mehr als ein Drittel des gesamten Bestandsmarktvolumens im Wohnungsbau ab. Für jede Maßnahme wurden im Durchschnitt 6.400 € ausgegeben. Nach Berechnungen des BBSR wurde in jeder siebten Wohnung im Jahr 2010 mindestens eine energetische Maßnahme durchgeführt. Lediglich 7,3 Milliarden € wurden dagegen für Vollmodernisierungen aufgewendet, wobei im Falle einer Vollmodernisierung durchschnittlich 57.000 € investiert werden. Insgesamt gaben Vermieter knapp 35 Milliarden € aus (gewerbliche Vermieter: 25 Milliarden/private Vermieter knapp 10 Milliarden). Selbstnutzende Eigentümer investierten hingegen rund 65 Milliarden € in den Wohnungsbestand. In der Erhebung des BBSR unberücksichtigt bleiben Maßnahmen, die durch Schwarzarbeiter ausgeführt wurden. Für das Mietrecht sind diese auch unbeachtlich, da diese Kosten nicht umlagefähig sind. Welche Maßnahmen technisch und vor allem wirtschaftlich sinnvoll sind, entscheidet letztlich der Eigentümer, der sich bestenfalls vorher von einem Energie- und, falls erforderlich, von einem Finanzberater hat beraten lassen.

Insgesamt lässt sich feststellen, dass sowohl in den selbst genutzten als auch den Mietwohnungsbestand investiert wird, obwohl energetische Sanierungen außerhalb des Sanierungszyklus im Regelfall unwirtschaftlich sind, da sich die Kosten für energetische Sanierungsmaßnahmen nicht durch die eingesparten

254 "Energetische Sanierung von Ein- und Zweifamilienhäusern", empirica, S. 8.

255 BBSR-Endbericht: Struktur der Investitionstätigkeit in den Wohnungs- und Nichtwohnungsbeständen, 2011.

256 72,4 Milliarden € im Bereich der Ein- und Zweifamilienhäuser und 36,4 Milliarden im Bereich der Mehrfamilienhäuser.

257 Nach BBSR: Wärmedämmung (an Dach, Fassade etc.), Austausch von Fenstern/Außentüren, Erneuerung der Heizung und Solarthermie/Fotovoltaik.

Energiekosten bezahlt machen.[258] Die Kosten pro m² erscheinen dabei recht hoch, was auch zu einer hohen Belastung des Mieters führen kann. Dies wird durch ein Rechenbeispiel deutlich, bei dem die Kosten für eine energetische Modernisierung einer 60-m²-Wohnung 350 €/m² betragen sollen. Verlangt der Vermieter nach § 559 Abs. 1 BGB eine höhere Jahresmiete in Höhe von 11 % der umlagefähigen Kosten, so erhöht sich die monatliche Miete um 192,50 €.

258 "Energetische Sanierung von Ein- und Zweifamilienhäusern", empirica, S.8; InWIS „Wege aus dem Vermieter-Mieter-Dilemma", 2011, S. 81ff.; a. A. „Kosten und Potentiale der Vermeidung von Treibhausgasemissionen in Deutschland – Sektorperspektive Gebäude", McKinsey-Studie im Auftrag der BDI-Initiative Wirtschaft für Klimaschutz, 2007.

5. Kapitel – Aktuelle Fördermöglichkeiten

A. Förderprogramme

Das erste Förderprogramm zur energetischen Gebäudesanierung wurde 1978 aufgelegt. Mit dem damaligen Programm wurde der Austausch von Fenstern begünstigt. Vorher gab es grundsätzlich nur Programme, die den Wohnungsneubau im Blick hatten, da eine ausreichende Versorgung mit Wohnraum eine der größten wohnungspolitischen Aufgaben der damaligen Zeit darstellte. Die Förderung von energetischen Sanierungsmaßnahmen spielte dagegen nur eine untergeordnete Rolle. Erst mit der Ölkrise 1973 und der darauf fußenden Neuordnung der Klimapolitik erkannte man die Notwendigkeit von Fördermaßnahmen zur energetischen Modernisierung. Schätzungen zufolge gibt es heute rund 500 verschiedene Förderprogramme, die nicht nur konkrete Baumaßnahmen, sondern auch Beratungsleistungen zur Energieeinsparung beinhalten.

I. Förderprogramme auf Bundesebene (MAP und KfW)

Die Fördermittel-Landschaft auf Bundesebene ist im Wesentlichen durch zwei zum Teil miteinander kombinierbare Förderinstrumente geprägt. Die größte Bedeutung bei der Förderung von Maßnahmen zugunsten des Umwelt- und Klimaschutzes kommt der Kreditanstalt für Wiederaufbau (KfW) zu. Die KfW[259] förderte bereits in den 1950er und 1960er Jahren partiell den Umweltschutz. Damals finanzierte sie Maßnahmen zur Abwasserbeseitigung sowie zur Gewässer- und Luftreinhaltung. Nach der Wende stellte sie erhebliche Mittel bereit, um die Umweltschäden in den Chemie- und Braunkohlerevieren der neuen Bundesländer zu beseitigen. Als Umweltbewusstsein und nachhaltiges Handeln in Wirtschaft und Bevölkerung immer mehr zu beherrschenden Themen wurden, reagierte die KfW mit einem ersten eigenen Umweltprogramm für mittelständische Betriebe.

Im Bereich der energetischen Gebäudesanierung wurde die KfW sehr viel später tätig. Das erste Programm zur Verbesserung der energetischen Beschaffenheit wurde 1996 mit dem CO_2-Minderungsprogramm aufgelegt, mit dem Wärmeschutzmaßnahmen an Gebäuden und die Umstellung auf moderne Heizverfahren gefördert wurden. Das Programm sah zinsverbilligte Darlehen (für zehn Jahre

259 Einzelheiten siehe unter www.kfw-foerderbank.de, Abrufdatum: 1. März 2012.

zwei Prozentpunkte) mit einem Darlehensvolumen in Höhe von 5 Milliarden DM vor. Die Kosten für die Zinsverbilligung wurden zu einem Fünftel vom Bund übernommen.[260] Im Jahre 2006 startete die KfW im Auftrag des Bundes die Förderinitiative Wohnen Umwelt Wachstum, die vor allem energetische Gebäudesanierungen und den Neubau energiesparender Wohnimmobilien unterstützt. Die Initiative stieß von Beginn an auf große Resonanz. 2006 und 2007 flossen Förderkredite in Höhe von 32,9 Milliarden € in solche Modernisierungsmaßnahmen. Allein durch diese so angestoßenen Investitionen soll der CO_2-Ausstoß dauerhaft um 1,6 Millionen Tonnen jährlich gesunken sein.[261]

Zwischen 2006 und 2009 sind mit den Fördermitteln aus dem Gebäudesanierungsprogramm knapp 1,42 Millionen Wohnungen saniert oder besonders energieeffizient errichtet worden. Die betreffenden Darlehensprogramme, die zu einem gewissen Anteil auch Elemente mit direktem Zuschuss und Schuldenerlass enthalten, sind auf verschiedene Adressatenkreise zugeschnitten und richten sich zum Teil auch an die private, genossenschaftliche und öffentliche Wohnungswirtschaft. Speziell das für die Wohnungswirtschaft im Zentrum stehende CO_2-Gebäudesanierungsprogramm orientiert sich grundsätzlich am energetischen Niveau von Neubauten. Alternativ sind aber auch bestimmte einzelne Maßnahmenpakete förderfähig.

Die KfW-Programme haben aber auch Schwachstellen. Zum einen werden die Programme oftmals als sehr anspruchsvoll in Bezug auf ihre Voraussetzungen und als kompliziert wahrgenommen. Zum anderen unterliegen sie einem ständigen Änderungsprozess, der die Attraktivität für den Klein- oder Amateurvermieter verringert. Professionelle Wohnungsunternehmen haben im Regelfall mit diesen Hemmnissen weniger zu kämpfen. Eine weitere Problematik, die für alle Adressaten besteht, ergibt sich aus dem sog. Hausbankprinzip der KfW, nach dem KfW-Darlehen grundsätzlich nicht direkt bei der Kreditanstalt, sondern über die jeweilige Hausbank beantragt werden müssen.

Trotz der Hausbankproblematik und der recht komplizierten Ausgestaltung und permanenten Änderung der Programme werden die KfW-Programme gut angenommen.[262] Die durch den Bundestag jährlich bereitgestellten Mittel werden im Regelfall vollständig abgerufen.

Neben den KfW-Mitteln stellt der Bund seit 2000 auch eine spezielle Förderung zur Verwendung erneuerbarer Energien und der Kraft-Wärme-Kopplung für Zwecke der Heizung und Warmwasserbereitung im Rahmen des sog.

260 BT-Drs. 13/8303.

261 KfW-Jahresbericht 2007.

262 Vgl. hierzu auch Climate Policy Initiative, Steueranreize zur Förderung energetischer Sanierungen, 2011.

Marktanreizprogramms für erneuerbare Energien (MAP)[263] zur Verfügung. Das MAP wird durch das Bundesamt für Wirtschaft und Ausfuhrkontrolle verwaltet.[264] 2009 wurde das Programm mit der Richtlinie zur Förderung von Mini-KWK-Anlagen nochmals ausgeweitet.[265] Im August 2012 wurde das Programm der Bundesregierung inhaltlich erneut überarbeitet.[266] In diesen Programmen gewährt der Bund in erster Linie direkte Investitionszuschüsse, die jedoch nach geltendem Recht überwiegend nur von Privatpersonen, freiberuflich Tätigen sowie kleinen und mittleren Unternehmen beantragt werden können. Die Gewährung direkter Zuschüsse stellt eine Abweichung von dem subventionsrechtlichen Grundsatz dar, wonach Maßnahmen zur Erfüllung gesetzlicher Pflichten, wie hier der Pflicht zur Nutzung erneuerbarer Energien nach § 3 EEWärmeG, nicht gefördert werden können (§ 15 Abs. 1 EEWärmeG). Entgegen diesem Grundsatz erlaubt das EEG aber die Förderung bestimmter die Nutzungspflicht erfüllender Maßnahmen, wenn sie über den üblichen Standard hinausgehen (§ 15 Abs. 2 EEWärmeG). Das Fördervolumen dieser Maßnahmen beträgt, in Abhängigkeit von der Haushaltslage des Bundes, jährlich rund 500 Millionen €.

II. Förderprogramme auf Landesebene und sonstige regionale Förderprogramme

Neben den Förderprogrammen des Bundes gibt es auch eine Vielzahl von Programmen, die entweder durch ein Bundesland oder eine Kommune finanziert werden. Neben öffentlich getragenen werden auch privat finanzierte Programme angeboten. Schätzungen zufolge sind in Deutschland mehr als 1.000 verschiedene Förderprogramme auf Landesebene aufgelegt.[267] Diese Programme unterstützen den Eigentümer entweder direkt beim energetischen Bauen oder Sanieren durch Zuschüsse oder zinsverbilligte Darlehen. Ein wichtiger Bestandteil umfasst aber auch die Energieberatung.

263 Vgl. die 2009 speziell für den Bereich der Wärme aus erneuerbaren Energien ergangenen „Richtlinien zur Förderung von Maßnahmen zur Nutzung erneuerbarer Energien im Wärmemarkt" vom 20. Februar 2009.

264 Das Bundesamt für Wirtschaft und Ausfuhrkontrolle (BAFA) ist eine Bundesoberbehörde im Geschäftsbereich des Bundesministeriums für Wirtschaft und Technologie (BMWi) mit Sitz in Eschborn.

265 Richtlinien zur Förderung von Mini-KraftWärmeKopplung-Anlagen vom 1. Januar 2009, http://www.bmu.de/files/pdfs/allgemein/application/pdf/foerderrichtlinie_minikwk.pdf.

266 Pressemitteilung des BMU Nr. 107/12 vom 8. August 2012.

267 Vgl. Broschüre „Fördergeld für Energieeffizienz und erneuerbare Energien" des Bundesumweltministeriums (BMU), Mai 2009. Die Broschüre enthält Hinweise zu ca. 1.000 verschiedenen Programmen des Bundes, der Länder, der Kommunen und privater Anbieter, etwa Energieversorger.

B. Steuerliche Berücksichtigung von Modernisierungsmaßnahmen

In der Diskussion zur Förderung der energetischen Gebäudesanierung des Wohnungsbestandes wird neben dem Mietrecht und den Förderprogrammen auch das Steuerrecht als geeigneter Regelungsbereich erachtet, um eine möglichst hohe Sanierungsquote des Wohnungsbestandes zu erreichen. Dies ist vor allem dem Umstand geschuldet, dass es sehr viele verschiedene Eigentümergruppen gibt und staatliche Fördermaßnahmen nicht nur bestimmte Gruppen treffen sollen. Von den im Mietrecht zur Verfügung gestellten Instrumenten wie der Sondermieterhöhung nach § 559 BGB oder der Mieterhöhung bis zur ortsüblichen Vergleichsmiete nach § 558 BGB kann ein Eigentümer nur dann Gebrauch machen, wenn er auch Wohnraum vermietet und der Markt eine Mieterhöhung überhaupt zulässt oder der Mieter dieser zustimmt. In strukturschwachen Gebieten ist eine Mieterhöhung aufgrund des allgemeinen Preisniveaus oft nicht durchsetzbar. Diese Lücke kann durch das Steuerrecht geschlossen werden, wobei deutlich wird, dass von steuerlichen Anreizen nur derjenige Gebrauch machen kann, der auch Einkünfte aus Vermietung und Verpachtung (§§ 7, 9 Abs. 1 S. 2, 2 Abs. 1 Nr. 6, 21 EStG) oder Gewerbebetrieb (§ 15 EStG) erzielt.

I. Gebäudeabschreibung und sofortabzugsfähiger Erhaltungsaufwand

Zu Wohnzwecken genutzte Gebäude dürfen planmäßig abgeschrieben werden, soweit sie zum Anlagevermögen gehören. Grundsätzlich ist eine solche Abschreibung nur möglich, wenn die Immobilie vermietet ist und Einkünfte erzielt werden oder bei nicht vermieteten Objekten die Absicht besteht, Einkünfte aus der Gebrauchsüberlassung zu erzielen. Die Abschreibungsbedingungen für einkommen- und körperschaftsteuerpflichtige Vermieter werden in § 7 Abs. 4 S. 1 Nr. 2 des EStG geregelt. Demnach dürfen Gebäude, die 1925 oder später fertiggestellt wurden, jährlich mit 2 % der Anschaffungs- oder Herstellungskosten linear abgeschrieben werden. Gebäude, die früher fertiggestellt wurden, dürfen jährlich mit 2,5 % abgeschrieben werden. Diese Regelungen gelten seit 2006.

Im Fall der energetischen Modernisierung kommt es darauf an, ob eine Investition in das bereits bestehende Gebäude als Herstellungs- oder als Erhaltungsaufwand anzusehen ist.[268] Erhaltungsaufwand darf gemäß § 11 Abs. 2 EStG im Jahr der Zahlung vollständig steuermindernd geltend gemacht werden. Alternativ können die Kosten nach § 82 b Abs. 1 EStDV gleichmäßig auf zwei bis fünf Jahre verteilt werden. In den meisten Fällen wird von dieser Verteilungsmöglichkeit

268 Vgl. Spindler, BB 2002, 2041-2049.

kein Gebrauch gemacht. Demgegenüber ist der Herstellungsaufwand zu aktivieren und planmäßig abzuschreiben. Was unter Herstellungs- und Anschaffungskosten zu verstehen ist, wird von § 255 HGB definiert. Aufwendungen für die Erweiterung oder einer über den ursprünglichen Zustand hinausgehenden Verbesserung einer Wohnimmobilie sind dabei ebenfalls als Herstellungskosten zu qualifizieren.

Die Frage, wie in der Praxis Herstellungs- vom Erhaltungsaufwand abzugrenzen sind, ist Gegenstand umfangreicher Rechtsprechung.[269] In einem sog. BMF-Schreiben hat das Bundesministerium der Finanzen diese an die obersten Finanzbehörden der Länder zusammengefasst.[270] Die Aufwendungen für die Anschaffung oder die Herstellung sowie die für die Herstellung der Betriebsbereitschaft zählen zu den Anschaffungs- und Herstellungskosten. Nach § 6 Abs. 1 Nr. 1a EStG gelten auch Instandhaltungs- und Modernisierungsmaßnahmen als Anschaffungskosten, wenn sie innerhalb von drei Jahren nach dem Erwerb durchgeführt werden und die damit verbundenen Aufwendungen 15 % der Anschaffungs- oder Herstellungskosten des Gebäudes überschreiten. Sie werden als anschaffungsnahe Herstellungskosten eingestuft, was dazu führen kann, dass bereits Kosten für übliche Sanierungsmaßnahmen im Zuge des Erwerbs als solche qualifiziert werden. Diese Regelung kann sich demnach als investitionshemmend auswirken, da der Erhaltungsaufwand aufgrund seiner sofortigen Berücksichtigung für den Steuerpflichtigen attraktiver ist.

Im Übrigen wird der Begriff des Erhaltungsaufwands aber weit verstanden. Verschleißbedingte Mängel, die durch Reparaturen beseitigt werden, schließen eine Funktionsfähigkeit eines Gebäudes grundsätzlich nicht aus. Nach der Rechtsprechung des BFH führen Erhaltungsmaßnahmen nur dann zu einem Herstellungsaufwand, wenn sie den Gebrauchswert des Hauses insgesamt deutlich erhöhen.[271] Lediglich die Verbesserung einzelner Bestandteile über den bestehenden Standard hinaus führen noch nicht zur Qualifizierung als Herstellungskosten. Es bleibt also auch dann bei Erhaltungsaufwand, wenn im Vergleich zum Ausgangszustand höherwertiges Material verbaut wird. Gleiches gilt, wenn das Gebäude lediglich an den technischen Fortschritt angepasst wird. Fallen mehrere Maßnahmen zusammen und entsteht Erhaltungsaufwand in ungewöhnlicher Höhe, bedeutet dies nicht, dass automatisch die Kosten als Herstellungsaufwand qualifiziert werden.[272] Der Gebrauchswert des Gebäudes wird erst hinreichend

269 BFH, Urteil vom 13. Oktober 1998 – IX R 61/95 = BStBl. II 99, 282; BFH, Urteil vom 12. September 2001 – IX R 39/97 = BStB. II 03, 569; Schmidt/*Kulosa*, § 6 Rn. 151-156, 188 m. w. N.

270 BStBl. 2003 I, S. 386.

271 BFH, Urteil vom 9. Mai 1995 – IX R 116/92 = BStBl. 1996 II S. 632.

272 Schmidt/*Kulosa*, § 6 Rn. 188.

erhöht und eine wesentliche Verbesserung des Gebäudestandards tritt erst ein, wenn mindestens drei Bereichen der zentralen Ausstattungsmerkmale (Heizung, Sanitär- und Elektroinstallation sowie Fenster) eine deutliche Erhöhung des Gebrauchswertes entsteht. Nach dem BMF-Schreiben ist dies ist gegeben, wenn der Standard des Gebäudes um mindestens zwei Qualitätsstufen[273] steigt, also z. B. von einem sehr einfachen auf einen mittleren Standard erhöht wird. Obschon der Erhaltungsaufwand generell weit zu verstehen ist, führt eine umfangreiche Modernisierung damit zu Herstellungskosten, was eine Aktivierungspflicht zu Folge hat. Es wird allerdings zu Recht vertreten, dass die typisierenden Ausstattungsmerkmale an die technische und gesellschaftliche Entwicklung anzupassen sind, also das Merkmal der Elektroinstallation durch das Kriterium der Energieeffizienz zu ersetzen ist.[274] Hierdurch würden nachträgliche Wärmedämmmaßnahmen besser erfasst. Werden diese Maßnahmen aber im Zuge des Erwerbs getätigt, ist dies aufgrund der Regelung zum anschaffungsnahmen Herstellungsaufwand nach § 6 Abs. 1 Nr. 1 a EStG unbeachtlich. Konsequenterweise müssten derartige Maßnahmen aus dem Anwendungsbereich fallen und stets Erhaltungsaufwand auslösen.

II. Gesetz zur steuerlichen Förderung energetischer Sanierungsmaßnahmen an Wohngebäuden – §§ 7 e, 10 k EStG-E

Im Rahmen der Energiewende, die im Sommer 2011 als Reaktion auf den atomaren Zwischenfall im japanischen Fukushima durch ein Maßnahmenpaket der Bundesregierung eingeleitet wurde, wurde auch ein Gesetz zur steuerlichen Förderung von energetischen Sanierungsmaßnahmen an Wohngebäuden vorgelegt.[275] Der Gesetzentwurf sah vor, dass die Kosten für energetische Sanierungsmaßnahmen über einen Zeitraum von zehn Jahren abgeschrieben werden können, soweit nach Abschluss der Baumaßnahmen ein bestimmter energetischer Standard des Gebäudes erreicht wird (vergleichbar KfW-Effizienzhaus 85[276]). Der Deutsche Bundestag hat das Gesetz am 30. Juni 2011 zusammen mit weiteren Gesetzen verabschiedet. Obwohl dieses Gesetz von der Immobilienwirtschaft und der Öffentlichkeit überaus befürwortet wurde, hat der Bundesrat seine für das weitere Gesetzgebungsverfahren erforderliche Zustimmung nicht erteilt, da die Bundesländer nicht bereit waren, sich an den förderbedingten Steu-

273 von „sehr einfach" auf „mittel" oder von „mittel" auf „sehr anspruchsvoll".
274 Schmidt/*Kulosa*, § 6 Rn. 183.
275 BT-Drs. 17/6074 vom 06. Juni 2011.
276 Ein KfW-Effizienzhaus 85 bedarf jährlich höchstens 85 % der Energie eines vergleichbaren Neubaus nach EnEV 2009-Standard (= KfW Effizienzhaus 100).

ermindereinnahmen von jährlich rund 900 Mio. Euro zu beteiligen. Die Bundestagsfraktion der Grünen lehnte das Gesetz ab, da sie Mitnahmeeffekte erwarteten.[277] Für die Anrufung des Vermittlungsausschusses kam in der Länderkammer ebenfalls keine Mehrheit zustande. Erst durch einen Beschluss der Bundesregierung wurde das Vermittlungsverfahren eingeleitet.[278] Letztlich konnte in der maßgeblichen Sitzung des Vermittlungsausschusses am 12. Dezember 2012 kein Kompromiss erzielt werden, sodass sich Bund und Länder darauf einigten, sämtliche streitigen Teile zur steuerlichen Förderung aus dem Gesetz zu streichen.[279] Das Vorhaben scheiterte an dem Widerstand der Bundesländer, da durch eine steuerliche Förderung erhebliche Steuermindereinnahmen befürchtet wurden.

III. Steuerermäßigung bei Handwerkerleistungen – § 35 a EStG

Eine weitere für die energetische Modernisierung relevante Steuervorschrift stellt der § 35 a EStG dar. Nach dieser Regelung kann der Steuerpflichtige für Handwerkerleistung, somit auch für Modernisierungsmaßnahmen, eine Steuermäßigung von bis zu 1.200 € erlangen, soweit die Kosten nicht als Betriebsausgaben oder Werbungskosten berücksichtigen berücksichtigt werden können.[280] Zudem darf grundsätzlich nichts Neues geschaffen werden. Es gelten insoweit die gleichen Grundsätze wie bei der Abgrenzung Herstellungs- und Erhaltungsaufwand.[281] Die Steuerermäßigung bezieht sich lediglich auf die Arbeitsleistung, nicht dagegen auf die Kosten des verwendeten Materials.[282] Eine Förderung ist ausgeschlossen, sofern für die Maßnahmen bereits öffentlich geförderte Mittel, wie etwa aus einem KfW-Darlehen, in Anspruch genommen werden. In Ansehung der hohen Kosten von Modernisierungsmaßnahmen ist fraglich, ob § 35 a Abs. 3 EStG einen Anreiz bieten kann,[283] da energetisch relevante Maßnahmeinen vor allem einen hohen Materialeinsatz erfordern.

Insgesamt enthält das Steuerrecht keine Regeln mehr, die eine energetische Modernisierung besonders begünstigen. Das Gegenteil ist der Fall, da die Regelung zum anschaffungsnahen Herstellungsaufwand einer sinnvollen Modernisie-

277 Derleder, ZWE 2012, 65, 65.

278 Vgl. Art. 77 Abs. 2 GG.

279 Pressemitteilung des Bundesrates „Vermittlung zur Gebäudesanierung beendet“ 194, 2012 vom 13. Dezember 2012.

280 Betriebsausgaben, sofern eine gewerbliche Vermietung vorliegt; bzw. Werbungskosten, sofern Einkünfte aus Vermietung und Verpachtung erzielt werden.

281 Schmidt/*Drenseck*, § 35 a Rn. 11.

282 Ebd. § 35 a Rn. 14.

283 Vgl. ausführlich Climate Policy Initiative, Steueranreize zur Förderung energetischer Sanierungen, 2011.

rung im Wege steht. Energiepolitisch wäre eine Ausnahme für derartige Maßnahmen in § 6 Abs. 1 Nr. 1 a EStG wünschenswert. Aus fiskalischen Gründen ist dies ebenso wie die Wiedereinführung des § 82 a EStDV aber unwahrscheinlich. Dabei ist jedoch offensichtlich, dass gerade steuerlichen Instrumenten eine hohe Anreizfunktion zukommt und erhebliche Investitionen getätigt werden könnten. Fiskalisch führt eine Förderung zwar zunächst zu Mindereinnahmen. Diese können aber durch die positiven ertrag- und umsatzsteuerlichen Effekte, die aus den zusätzlich induzierten Bauaufträgen resultieren, grundsätzlich kompensiert werden.

IV. Anrechnung steuerlicher Förderungen als Drittmittel – § 559 a BGB

Im preisfreien Wohnungsbau werden Modernisierungsmaßnahmen oftmals durch öffentliche Förderungen unterstützt. Durch die Förderung soll erreicht werden, dass der Vermieter trotz fehlendem Eigenkapital Modernisierungsmaßnahmen vornimmt, um wohnungs-, umwelt- oder gesellschaftspoltische Ziele zu erreichen. Gleichzeitig soll der Mieter dadurch entlastet werden, dass die Mieterhöhung nicht so hoch ausfällt, wie es ohne eine Förderung der Fall gewesen wäre.[284] Der Vermieter musste sich auch nach bisheriger Rechtslage deshalb die Modernisierungskosten, die mit Zuschüssen aus öffentlichen Haushalten gedeckt werden, anrechnen lassen. Mieterdarlehen, Mietvorauszahlungen oder Leistungen Dritter zugunsten des Mieters werden der öffentlichen weiterhin Förderung gleichgestellt.[285] Die Anrechnung erfolgt auch nach dem Mietrechtsänderungsgesetz weiterhin über § 559 a Abs. 1 BGB. Eine entsprechende Anrechnungspflicht hat der Gesetzgeber auch in § 558 Abs. 5 BGB vorgenommen, soweit es um eine Mieterhöhung bis zur ortsüblichen Vergleichsmiete geht. Nach dieser Vorschrift sind vom Jahresbetrag, der sich nach einer Erhöhung ergibt, Mittel Dritter abzuziehen.[286] Hierdurch soll gewährleistet werden, dass die öffentliche Förderung auch tatsächlich dem Mieter zugutekommt.[287] Im Fall einer steuerlichen Sonderförderung, die über die normale Abschreibung hinausgeht, könnte der Gedanke naheliegen, dass auch diese als öffentliche Förderung i. S. des § 559 a Abs. 1 BGB a. F. zu qualifizieren ist und damit einer Anrechnungspflicht unterfällt. Aus der Norm ergibt sich, dass zu einer Förderung Zuschüsse, zinsverbilligte Darle-

284 Schmidt-Futterer/*Börstinghaus*, § 559 a Rn. 1.
285 Sternel, IV Rn. 370.
286 Vgl. hierzu Kunze/Tietzsch, WuM 2003, 423; Beuermann, GE 1996, 1515; Börstinghaus, MDR 1998, 933.
287 Vgl. Begründung des Bundesrates zur Einleitung des Vermittlungsverfahrens, BT-Drs. 8/1861. S. 5.

hen und Aufwendungsbeihilfen gehörten.[288] Eine steuerliche Sonderabschreibungsregel ist nach dem Wortlaut nicht erfasst. Die Begründung hierfür lässt sich aus dem Steuerrecht ableiten. Eine steuerliche Sonderabschreibungsregel gehört zu den Lenkungssteuern, d. h. die Steuerbasis reduziert sich in dem Maße, wie der Lenkungszweck, etwa die die Verbesserung der energetischen Beschaffenheit, erreicht wird.[289] Auch Investitionszulagen, die nach § 3 Investitionszulagengesetz 1999 gewährt und spätestens bis zum 1. Januar 2005 getätigt wurden, waren trotz ihres Lenkungszwecks nicht als Förderung i. S. der Anrechnungsvorschrift zu betrachten.[290] Dies ergab sich zum einen daraus, dass die Investitionszulage erst in dem Jahr beantragt werden konnte, welches auf das Jahr der Baumaßnahme folgte. Zum anderen unterlag die Förderung einer Ermessensentscheidung und einer Art „Verbleibensvoraussetzung".[291] Die Zulage konnte nach §§ 3 Abs. 1, 7 InvZulG 1999 zurückgefordert werden, wenn die Wohnung nicht fünf Jahre lang nach Beendigung der Maßnahme zu Wohnzwecken genutzt wurde. Insgesamt war die Förderung aufgrund ihrer Ungewissheit nicht in Abzug zu bringen. Gemäß einem Vorschlag des Finanzausschusses des Bundesrates zum Gesetz zur steuerlichen Förderung von energetischen Sanierungsmaßnahmen an Wohngebäuden sollte zumindest die darin gewährte Förderung den Vermieter zu Anrechnung verpflichten. Durch eine Ergänzung in § 559 a BGB a. F. sollte klargestellt werden, dass mit der Steuerentlastung aufgrund der erhöhten Absetzungen des § 7 e EStG-E die Kosten der Sanierung teilweise durch die Allgemeinheit getragen und die Kostenbelastung für den Vermieter verringert werden soll. Insoweit sollte es dann an einer Berechtigung für ein Mieterhöhungsverlangen nach § 559 BGB a. F. fehlen.[292] Hinsichtlich der Höhe der Steuerermäßigung sollten 30 % des Gesamtvolumens der erhöhten Absetzungen angesetzt werden. Durch den pauschalen Ansatz von 30 % sollte aufgrund der progressionsabhängigen Ausgestaltung der Förderung ein Offenlegen der steuerlichen Verhältnisse des Vermieters verhindert werden. In den weiteren Beratungen wurde der Vorschlag nicht weiter aufgegriffen, da eine pauschale Annahme dem persönlichen Grenzsteuersatz nicht entspricht. Der individuelle Steuersatz kann deutlich über 30 %, aber auch darunter liegen. Eine Steuerungerechtigkeit wäre die Folge gewesen. Anstelle eines pauschalen Ansatzes hätte auch eine Berücksichtigung des individuellen Steuersatzes erfolgen können, um den persönlichen Verhältnissen des Vermieters Rechnung zu tragen. Dies wurde

288 Schmidt-Futterer/*Börstinghaus*, § 559a Rn. 3.
289 Weber-Grellet, NJW 2001, 3657.
290 Both, NZM 2001, 78, 84; a. A. Emmerich, in Miete, § 559a Rn. 1; Wüstefeld, WuM 2000, 283.
291 Both, NZM 2001, 78, 84.
292 BR-Drs. 339/1/11, S. 13.

aufgrund der damit eröffneten Rückschlussmöglichkeit auf das zu versteuernde Einkommen des Vermieters, welches dem Steuergeheimnis unterliegt, zu Recht abgelehnt.[293] Gegen eine derartige Vorgehensweise spricht auch, dass die Heranziehung des persönlichen Steuersatzes insbesondere bei Personengesellschaften, bei denen unterschiedliche Steuersätze der Gesellschafter vorliegen, das Anrechnungsverfahren sehr stark verkompliziert hätte. Aus diesen Gründen wäre eine Berücksichtigung einer steuerlichen Sonderabschreibung abzulehnen gewesen.

293 BR-Drs. 339/1/11, S. 13.

6. Kapitel – Strukturen der Duldungspflicht nach § 554 BGB a. F.

Vor dem Inkrafttreten des Mietrechtsrechtsänderungsgesetzes war die Pflicht zur Duldung von Maßnahmen zur von Modernisierungsmaßnahmen, aber auch Erhaltungsmaßnahmen in einer gemeinsamen Vorschrift in § 554 BGB a. F. geregelt.

Die in dieser Vorschrift normierte Duldungspflicht hat der Gesetzgeber 2001 mit dem Mietrechtsreformgesetz[294] in das BGB eingeführt. Die Geschichte der Pflicht zur Duldung baulicher Maßnahmen, die nach Durchführung eine Veränderung der Mietsache zur Folge hat, reicht aber noch weiter in die Vergangenheit, war damals allerdings außerhalb des BGB geregelt. 1960 führte der Gesetzgeber § 28 a Mieterschutzgesetz ein, wonach das Mieteinigungsamt auf Antrag des Vermieters den Mieter verpflichten konnte, bauliche Maßnahmen zu dulden.[295] Vor 1960 gab es keine vergleichbare Regelung. In das BGB hat der Gesetzgeber das Recht des Vermieters, einseitig den Vertragsgegenstand zu ändern, erst 1964[296] in § 541 a BGB a. F. und 1983[297] in § 541 b BGB a. F. eingefügt.[298] Der Aspekt der Energieeinsparung wurde erst 1978 mit dem § 20 ModEnG eingeführt.[299] Dieser regelte bis zum 31. Dezember 2001 außerhalb des BGB eine Duldungspflicht des Mieters von Energieeinsparmaßnahmen. Duldungspflichten, die nicht in den Spezialregelungen erfasst waren, konnten sich aus § 242 BGB ergeben.[300]

A. Erhaltungsmaßnahmen

§ 554 BGB a. F. differenzierte zwischen Erhaltungs- und Modernisierungsmaßnahmen. Demnach hatte der Mieter Maßnahmen uneingeschränkt zu dulden,

294 Mietrechtsreformgesetz vom 19. Juni 2001, BGBl. I S. 1149.

295 Vgl Blank, ZMR 1981, 289-294 zur Entstehungsgeschichte der Vorschriften zur Duldungspflicht des Mieters.

296 Zweites Mietrechtsänderungsgesetz vom 14. Juli 1964, BGBl. I 1964, 457.

297 Gesetz zur Erhöhung des Angebots an Mietwohnungen vom 20. Dezember 1982, BGBl. I 1982, 1912.

298 § 541 a BGB a. F. findet sich im Absatz 1 des § 554 BGB (Erhaltungsmaßnahmen) und § 541 b BGB a. F. ist in den Absätzen 2 bis 5 des § 554 BGB aufgegangen.

299 Gesetz zur Förderung der Modernisierung von Wohnungen und von Maßnahmen zur Einsparung von Heizenergie i. d. F. vom 12. Juli 1978, BGB l. I 1978, 993.

300 Schmidt-Futterer/*Eisenschmid*, § 554 Rn. 1; Prütting/Wegen/Weinreich/*Elzer*, § 554 Rn. 2.

wenn diese „zur Erhaltung der Mietsache erforderlich“ waren. Dies waren Maßnahmen zur Instandsetzung und -haltung. Während man unter Instandsetzung die Behebung von baulichen Mängeln und damit die Wiederherstellung eines zum bestimmungsgemäßen Gebrauch geeigneten Zustands versteht, ist die Instandhaltung die Aufrechterhaltung eines ordnungs- und vertragsgemäßen Zustandes.[301] Hierdurch ergänzte die Vorschrift § 535 Abs. 1 S. 2 BGB, wonach dem Vermieter die Erhaltungslast obliegt, indem gleichzeitig dem Mieter eine entsprechende Duldungspflicht auferlegt wurde.[302] Die Kosten für die Instandhaltungs- und Instandsetzungsmaßnahmen waren bereits nach der alten Rechtslage ausschließlich vom Vermieter zu tragen.

Im Gegensatz zu den Erhaltungsmaßnahmen durften Modernisierungsmaßnahmen nicht der Erhaltung oder Wiederherstellung eines ordnungsgemäßen Zustandes dienen, sondern einem Modernisierungszweck, also nach der damaligen Regelung beispielsweise der Erhöhung des Gebrauchswerts der Mietsache oder der Einsparung von Energie oder Wasser. Die Kosten für Erhaltungs- und Modernisierungsmaßnahmen waren auch damals strikt voneinander zu trennen, soweit der Vermieter unter Einhaltung der übrigen Voraussetzungen eine Sondermieterhöhung anstrebte. Durch die Trennung wurde gewährleistet, dass der Mieter nicht mit Instandhaltungsaufwendungen belastet wurde, die bereits mit der Miete abgegolten waren.

B. Modernisierungsmaßnahmen

§ 554 Abs. 2 S. 1 BGB a. F. sah vor, dass der Mieter grundsätzlich Maßnahmen zur Verbesserung der Mietsache, zur Einsparung von Energie oder Wasser sowie zur Schaffung neuen Wohnraums zu dulden hatte. Die Duldungspflicht des Mieters entfiel dann, wenn die Maßnahme für den Mieter, seine Familie oder einen anderen Angehörigen seines Haushalts eine Härte bedeutet hätte, die auch unter Würdigung der berechtigten Interessen des Vermieters und anderer Mieter in dem Gebäude nicht zu rechtfertigen war. Zu berücksichtigen bei der Interessenabwägung waren insbesondere die vorzunehmenden Arbeiten, die baulichen Folgen, vorausgegangene Aufwendungen des Mieters und die zu erwartende Mieterhöhung. Letztere war nicht als Härte anzusehen, wenn die Mietsache lediglich in einen Zustand versetzt wurde, wie er allgemein üblich war. Darunter war ein empirisch zu bestimmender „gängiger Standard“ zu verstehen, wie er bereits bei

301 Schmidt-Futterer/*Börstinghaus*, § 559 Rn. 53.
302 Erman/*Lützenkirchen*, § 554 Rn. 1.

zwei Dritteln der Wohnungen in derselben Baualtersklasse und Region üblich war.[303]

Für den Erfolg einer energetischen Gebäudemodernisierung und die dafür erforderliche Pflicht zur Duldung der Maßnahme waren damit insbesondere das Vorliegen einer Maßnahme zur Energieeinsparung und das Nichtvorliegen eines Härtefalls von Bedeutung.

I. Energieeinsparung i. S. des § 554 Abs. 2 S. 1 BGB a. F.

Tatbestandlich musste eine Einsparung von Energie durch eine Maßnahme vorliegen. In Ansehung der aktuelleren energiepolitischen Diskussionen wurde immer häufiger die Auffassung vertreten, dass die Gesichtspunkte des Umweltschutzes bei der Modernisierung durch Energieeinsparung stärker in den Vordergrund gerückt werden müssten, um umweltfreundliche Maßnahmen zu fördern und für den Vermieter interessant zu gestalten.[304] In der Folge dieser Forderung wurde schon unter der alten Rechtslage eine weite Auslegung des Begriffs der Energieeinsparung befürwortet.[305] Dieser Auslegung stand der Wortlaut der Vorschrift auch nicht entgegen. Der Begriff war weit gefasst, was den Gedanken nahelegte, dass alle Energieeinsparungen, die sich aus der Modernisierungsmaßnahme ergaben, davon umfasst waren.[306] Damit waren beispielsweise auch Maßnahmen zur Einsparung von Primärenergie umfasst. Es kann also davon ausgegangen werden, dass der Gesetzgeber bereits an die Einsparung von Primärenergie gedacht hat.[307] Wie weit der Begriff der Energieeinsparung tatsächlich reichte, ist über viele Jahre umstritten gewesen. Nicht zuletzt aufgrund der mit diesem Streit verbundenen Rechtsunsicherheit hat der Gesetzgeber das Mietrechtsänderungsgesetz und eine Klarstellung beschlossen.

1. Begriffsbestimmungen

Die Reichweite des alten Begriffs der Energieeinsparung ist grundsätzlich abhängig von der zugrundegelegten Energie und der Einsparung selbst. Nach dem Wortlaut der Vorgängervorschrift § 554 Abs. 1 BGB a. F. musste es zu einer

303 BGHZ 117, 217, 223ff = NJW 1992, 1386; Emmerich/Sonnenschein/*Emmerich*, § 554 Rn. 24; Kinne/Schach/*Kinne*, § 554 Rn. 99.
304 Wilcken, NZM 2006, 521, 523.
305 Gesetzesbegründung eines inoffiziellen Gesetzesentwurfs des BMJ, Oktober 2010.
306 Staudinger/*Emmerich*, § 559 Rn. 32; Palandt/*Weidenkaff*, § 559 Rn. 11.
307 Blank/Börstinghaus/*Börstinghaus*, § 559 Rn. 15.

Einsparung von Energie kommen. Damit ging es zunächst nicht um die Einsparung von Energiekosten, sondern um die Einsparung von Energie selbst. Allerdings führt beispielsweise die Nutzung einer anderen Energiequelle nicht zur Einsparung von Energie insgesamt, da hierdurch lediglich die Struktur der genutzten Energie verändert wird. Nach dem Energieerhaltungssatz kann Energie weder erzeugt noch verbraucht werden. Eine Energieeinsparung ist damit nicht möglich. Möglich ist nur die Transformation beispielsweise durch Verbrennung, bei der die chemische Energie in Wärmeenergie umgewandelt wird. Demzufolge verwendete das Gesetz den Begriff der Energieeinsparung nicht im fachsprachlichen Sinn, sondern in seiner umgangssprachlichen Bedeutung. Diese bezog sich auf die Einsparung des Energieträgers.[308] Zu denken ist hierbei vor allem an fossile Energieträger wie Öl, Gas oder Kohle. Erneuerbare Energien können hierzu nicht gehören, da eine Einsparung von Sonnenenergie oder Windenergie auch nach seiner umgangssprachlichen Bedeutung kaum möglich ist, da diese nicht reguliert werden kann. Eine tatbestandliche Einsparung von Energie ließ sich aber auch durch die Verwendung erneuerbarer Energie erzielen, da hierdurch weniger fossile Energieträger verwendet werden müssen, um den erforderlichen Energiebedarf zu decken.[309] Wurde das Wasser für eine Heizung bisher mittels Erdgas erwärmt, so bewirkte die Verwendung einer Solaranlage (Solarthermie) eine Einsparung fossiler Energie; der Gesamtenergiebedarf blieb aber unverändert.

In der Diskussion ging es meistens jedoch nicht um den Energieträger, sondern vielmehr um die unterschiedlichen Energiebegriffe, wie Primär-, Sekundär-, End- oder Nutzenergie.[310] Diese sind eng miteinander verbunden, weisen aber unterschiedliche Anknüpfungspunkte auf. So knüpft die Nutzenergie an den Verbraucher selbst an, während die Primärenergie bereits die Energie umschreibt, die in der Energiequelle vorliegt.

Als Primärenergie bezeichnet man die Energie, die mit den natürlich vorkommenden Energieformen oder Energiequellen zur Verfügung steht. Primärenergieträger sind etwa Steinkohle, Braunkohle, Erdöl, Erdgas, Wasser, Wind oder Solarstrahlung. Für den Primärenergieverbrauch zur Erwärmung eines Gebäudes ist nicht maßgeblich, ob die benötigte Wärme mit einem fossilen Energieträger oder erneuerbarer Energie erzeugt wird. Beides ist Primärenergie.

Zu unterscheiden von der Primärenergie ist die Sekundärenergie, welche man auch als veredelte Primärenergie (Primärenergieträger) bezeichnen kann. Die Sekundärenergie wurde einem oder mehreren Umwandlungsprozessen bei-

308 Blank, WuM 2008, 311, 316.

309 Dietrich, ZMR 2012, 241, 242.

310 Zu den Energiebegriffen, vgl. Schmidt-Futterer/*Eisenschmid*, § 554 Rn. 143; Klinski, WuM 2012, 354, 356; Der dena Gebäudereport 2012, S. 13; BT-Drs. 17/10485, S. 19.

spielsweise in einem Kraftwerk oder Raffinerie unterworfen. Zu den so gewonnenen Sekundärenergie-Trägern gehören beispielsweise Mineralölerzeugnisse, Biogase und in Wärmekraftwerken erzeugter Strom. Eine Umwandlung in Sekundärenergie ist stets mit Energieverlusten verbunden.[311]

Die Energie, die schließlich die gewünschte Heizwärme erzeugen soll, bezeichnet man als Endenergie. Der Endenergiebedarf ist somit die Energiemenge, die zur Deckung des Heizenergiebedarfs und des Trinkwasserwärmebedarfs benötigt wird, einschließlich der Verluste, z. B. hervorgerufen durch die Anlagentechnik bei der Übergabe, der Verteilung, der Speicherung oder Erzeugung innerhalb der „Systemgrenze" Gebäude.[312] Sie wird auch als die Menge dargestellt, die vom Verbraucher zu bezahlen ist.[313]

Abzugrenzen ist der Begriff der Endenergie wiederum von dem der Nutzenergie, der etwas enger gefasst ist. Nutzenergie ist diejenige Energie, die dem Verbraucher beispielsweise in Form von Warmwasser oder Wärme zur Verfügung steht, also beispielsweise die Wärmeenergie, die in einem Liter kochendheißem Wasser oder in einem 20° C warmen Wohnraum steckt.[314] Die Nutzenergie berücksichtigt damit die Energie, die direkt in Raumwärme umgewandelt wird, nicht aber die Verluste an der Heizungsanlage. Je kleiner die Verluste gehalten werden, desto größer ist der Wirkungsgrad einer Heizungsanlage. Ein höherer Wirkungsgrad bedeutet, dass mehr Nutzenergie produziert wird und somit die Endenergie reduziert werden kann. Eine Verringerung der Endenergie hat gleichzeitig wiederum zur Folge, dass weniger Primärenergie benötigt wird. Um den Primärenergiebedarf eines Gebäudes zur reduzieren, kann man beispielsweise die Gebäudehülle durch eine Dämmung der Wände oder durch einen Einbau von wärmedämmenden Fenstern ertüchtigen. Durch den reduzierten Einsatz von Endenergie wie Öl oder Gas wird somit auch Primärenergie eingespart. Durch die Erneuerung der Heizungsanlage, die i. d. R. mit einem besseren Wirkungsgrad ausgestattet ist, lässt sich ebenfalls Primärenergie einsparen.[315]

Im mietrechtlichen Kontext wurden bisher vor allem die Nutz-, End- und Primärenergie diskutiert. Das Verhältnis von End- und Primärenergie wird durch den sog. Primärenergiefaktor ausgedrückt. Bei Kohle, Öl und Gas (und anderen fossilen Brennstoffen mit Ausnahme von Holz) wird der Primärenergie-Faktor

311 Schmidt-Futterer/*Eisenschmid*, § 554 Rn. 143 a.

312 Ebd., § 554 Rn. 143 b.

313 Bautechnik für Bauzeichner, S. 574.

314 Bundesregierung, Glossar zur Energie, http://www.bundesregierung.de/Content/DE/StatischeSeiten/Breg/FAQ/faq-energie.html, Abrufdatum: 14. März 2013.

315 Schmidt-Futterer/*Eisenschmid*, § 554 Rn. 143 c.

mit 1,1 bestimmt, für Fernwärme aus Kohle und Gas mit 1,3 und für Fernwärme aus Kohle und Gas mit Kraft-Wärme-Kopplung mit 0,7.[316]

Die Rechtsprechung und Literatur hat die unterschiedlichen Begriffe recht uneinheitlich verwendet. Dies ist in Ansehung des Bestrebens, das Mietrecht und diese physikalischen Begriffe zugunsten einer praktikablen und überzeugenden Lösung zu bringen, durchaus nachvollziehbar.

2. Auslegung des Begriffs der Energieeinsparung – § 554 Abs. 2 BGB a. F.

In Rechtsprechung und Literatur gab es zu der Frage, wie der alte Begriff der Energieeinsparung auszulegen ist, keine einheitliche Auffassung. Dem Wortlaut nach war der Begriff weit gefasst, was zunächst den Gedanken nahelegte, dass Energieeinsparungen, die sich aus der Modernisierungsmaßnahme ergeben, schlechthin davon umfasst waren.[317] In Teilen der Literatur wurde angeführt, dass für das Tatbestandsmerkmal „Einsparung von Energie" die Einsparung von Primärenergie ausreichend sei.[318] Auch eine historische Auslegung ergibt, dass eine Primärenergieeinsparung tatbestandlich war. So wurde in der Regelung des § 541 b BGB a. F., die dem § 554 Abs. 2 S. 1 BGB a. F. vorausgegangen ist, nur die Einsparung von Heizenergie als Modernisierung qualifiziert. Mit § 554 Abs. 2 S. 1 BGB a. F. ist die Duldungspflicht auf Maßnahmen zur Einsparung aller Arten von Energie erweitert worden. Dabei war dem Gesetzgeber durchaus bewusst, dass bei einer solchen Art von Wärmeversorgung weniger Primärenergieressourcen wie Erdöl und Erdgas in Anspruch genommen werden.[319] Für die Maßgeblichkeit einer Einsparung von Primärenergie spricht auch, dass der Gesetzgeber bei der EnEV einen primärenergetischen Ansatz gewählt hat. So bestimmt § 3 Abs. 1 EnEV, dass ein bestimmter Primärenergiebedarf für Heizung, Warmwasser, Lüftung und Kühlung eingehalten werden muss. Dieser primärenergetische Ansatz der EnEV konnte somit bereits als Auslegungshilfe auf das Zivilrecht ausstrahlen. Dass es sich bei der EnEV um öffentliches Recht handelt, war dabei im Sinne der Einheitlichkeit der Rechtsordnung unbeachtlich. Auch nach vereinzelter Rechtsprechung reichte es aus, wenn die Maßnahme fossile[320] Primärenergie einsparte.[321] Einer neueren Entscheidung des BGH vom

316 DIN 4701-10, vgl. ausführlich Kapitel 4.

317 Derleder, ZRP 2000, 243, 247; Erman/*Lützenkirchen*, § 554 Rn. 13; Staudinger/*Emmerich*, § 559 Rn. 32; Palandt/*Weidenkaff*, § 559 Rn. 11.

318 Wilcken, NZM 2006, 521; grds. auch Sternel, IV. Rn. 330a; Hannemann/*Emmert*, § 19 Rn. 15.

319 LG Berlin, Urteil vom 27. August 2010 - 63 S 171/09 = GE 2010, 1622-1623.

320 LG Hamburg, NZM 2006, 536; AG Schöneberg vom 11. April 2007 - 14 C 561/05 MM 2007, 227 L.

24. September 2008[322] zufolge sollte die Einsparung von Primärenergie ebenfalls ausreichend sein. In dem konkreten Fall hatte der BGH entschieden, dass der Anschluss einer Wohnung an das aus Anlagen der Kraft-Wärme-Kopplung gespeiste Fernwärmenetz zu einer Ersparnis an Primärenergie im Verhältnis zur Erzeugung von Wärme für Heizung und Warmwasser durch eine Gasetagenheizung führt, wodurch eine Maßnahme zur „Einsparung von Energie" i. S. des § 554 Abs. 2 S. 1 Alt. 2 BGB a. F. vorlag.[323]

Ein erheblicher Teil der Literatur ließ jedoch eine Einsparung von Primärenergie generell nicht als Einsparung von Energie i. S. d. § 554 Abs. 2 S. 1 Alt. 2, 559 Abs. 1 BGB a. F. gelten. Eine derart weitgehende Auslegung des § 554 Abs. 2 BGB a. F. oder des § 559 BGB a. F. sollte nach dieser Auffassung nicht von der Vorschrift gedeckt sein. Eine Einsparung konnte demnach nur bei der Einsparung von Endenergie vorliegen, also der Energie, die das vom Endverbraucher jeweils betriebene Gerät benötigt, um einen gewünschten Nutzeffekt zu erzielen. Begründet wurde dies damit, dass bei der Einsparung von Primärenergie der Endenergieverbrauch gleichbleibe und lediglich auf eine andere Art der Energiegewinnung abgestellt wurde, sich jedoch die Energiebilanz nicht änderte, es konnte danach nur auf die Endenergieeinsparung abgestellt werden.[324] Der Umfang des Verbrauchs wurde nicht verändert, sodass eine Einsparung gerade nicht gegeben war.[325] Zudem wurde angeführt, dass die eingesparte Primärenergie nur den Wärmerzeuger betraf, nicht aber den Verbraucher, der den üblichen Marktpreis zahlen musste.[326] Es war nach dieser Auffassung damit nicht ausreichend, dass nur Primärenergie eingespart wurde.[327] Ein eingeschränkter Energieeinsparungsbegriff wurde auch mit einem Blick auf die bisherigen Mietrechtsänderungen begründet. Mit dem 4. Mietrechtsänderungsgesetz wurde bestimmt, dass der Mieter auch Maßnahmen zur Wassereinsparung zu dulden hatte. Zudem war die Pflicht zur Duldung von Maßnahmen zur Einsparung von Heizenergie auf alle Maßnahmen zur Energieeinsparung erweitert worden. Damit hatte der Gesetzgeber Aspekte des Umweltschutzes aufgegriffen, aber auf weitere Duldungspflichten für umweltschonende Maßnahmen in diesem Bereich verzich-

321 LG Berlin Urteil vom 27. August 2010 - 63 S 171/09 = GE 2010, 1622-1623.

322 BGH, NJW 2008, 3630 = WuM 2008, 687.

323 Es kommt deshalb zu einer Primärenergieeinsparung, weil die Fernwärme mit einem deutlich niedrigeren Primärenergiefaktor bestimmt wird als die Gasetagenheizung. Primärenergiefaktoren sind politisch gewählt. Bei der Fernwärme soll der Primärenergiefaktor evaluiert werden.

324 Schmidt-Futterer/*Eisenschmid*, § 554 Rn. 143; Eisenschmid, WuM 2006, 119 ff.; Emmerich/Sonnenschein/*Emmerich*, § 554 Rn. 15, der zumindest darauf abstellt, dass die Einsparung für den einzelnen Mieter spürbar sein sollte.

325 Eisenschmid, WuM 2006, 119 ff.

326 Eisenschmid, WuM 2009, 624, 625; kritisch hierzu: Derleder, WuM 2010, 331, 333.

327 Eisenschmid, WuM 2006, 119.

tet.[328] Bei der Gesetzesänderung hatte der Gesetzgeber vor allem an stromsparende Maßnahmen gedacht, wie z. B. an den Einbau drehzahlabhängiger „Umwälzpumpen, Ventilatoren und Aufzugsmotoren sowie an Energiesparlampen".[329] Demnach sollten nur solche Maßnahmen begünstigt sein, die zu einer Energieeinsparung führten, die auch einen Einspareffekt beim Mieter bewirkte. Dies konnte nur die Endenergie sein.

Zu der Frage, ob sich die Energieeinsparung i. S. des § 554 Abs. 2 BGB a. F. auch zu einer Energieeinsparung beim Mieter führen musste, hat sich der BGH in seiner Entscheidung zum Anschluss an das Fernwärmenetz nicht geäußert.[330] Entschieden wurde nur über die Einsparung von Primärenergie. Aus der Pressemitteilung des BGH zur Entscheidung ging allerdings hervor, dass es auf eine konkrete Energieeinsparung beim Mieter nicht ankommen solle.[331] Gegen eine konkrete Heizkosteneinsparung würde auch die Formulierung der Gesetzesbegründung zu § 554 BGB a. F. sprechen. Hierin heißt es: „da sich [...] die Nebenkosten verringern, kommt eine solche Maßnahme auch dem Mieter zugute". Hieraus ergibt sich, dass der Mieterschutz nicht bewusster Regelungsinhalt der §§ 554 Abs. 2 S. 1 Alt. 2, 559 Abs. 1 BGB a. F. werden sollte.[332] Die Einsparung von Energie und Wasser verfolgte in erster Linie ökologische Ziele und sollte daher den Mieter nur mittelbar kostenmäßig entlasten. Die Entlastung des Mieters sollte nach dieser Auffassung aber keinesfalls eine Voraussetzung für die Duldungspflicht oder Modernisierungsmieterhöhung sein. Als möglich wurde sogar eine finanzielle Mehrbelastung des Mieters erachtet,[333] so wie es beim Anschluss an die Fernwärme der Fall sein könne.[334] Dass es nicht auf eine Einsparung der Energiekosten ankomme, wurde auch in der Literatur zu Recht vertreten.[335] Das LG Hamburg hatte in einer Entscheidung eine Rentabilität für den Mieter ebenfalls für nicht erforderlich erachtet.[336] Die finanzielle Belastung des Mieters ist indes nicht unbeachtlich. Bedeutung kam ihr aber jedenfalls bei der Härtefallabwägung i. S. des § 554 Abs. 2 BGB a. F. zu.[337] Neben der finanziellen Mehrbelastung war auch die Verschlechterung von Wohnverhältnissen hinzu-

328 Blank/Börstinghaus/*Blank*, § 554 Rn. 27.
329 Gesetzesbegründung, BT Drs. 14/4553 zu § 554, S. 49.
330 BGH, NJW 2008, 3630 = WuM 2008, 687.
331 BGH-Pressemitteilung Nr. 179/2008 vom 24. September 2008.
332 BT-Drs. 14/4553, S. 36.
333 Derleder, ZWE 2012, 65, 67; Schmidt-Futterer/*Börstinghaus*, § 559 Rn 66.
334 LG Berlin NZM 2002, 64 – Kostensteigerung um 62 % bei Umstellung von Ölheizung auf Fernwärme.
335 Blank, WuM 2008, 311, 316; Wilcken, NZM 2006, 521, 523.
336 LG Hamburg, NZM 2006, 536.
337 Siehe Kapitel 6, F, I.

nehmen, etwa weil durch den Einbau von Isolierglasfenstern die Belichtung der Wohnung eingeschränkt wurde.[338]

3. Behandlung von erneuerbaren Energien

Im energiepolitischen Kontext ist insbesondere der Einsatz von erneuerbare Energien wünschenswert, da hierdurch Treibhausgasemissionen reduziert und Ressourcen geschont werden können. Zu untersuchen ist, ob die Verwendung erneuerbarer Energien bereits vom Tatbestandsmerkmal der „Einsparung von Energie" erfasst wurde.

Sofern erneuerbare Energien Verwendung finden, kam es nur zu einer Einsparung, da hierdurch fossile Energieträger eingespart wurden. Diesen Vorgang könnte man als Energieersetzung oder Energieaustausch bezeichnen, welche grundsätzlich nicht tatbestandlich waren, da das Gesetz von Energieeinsparung sprach. Daraus wurde gefolgert, dass diese Maßnahmen mangels einer hinreichend klaren gesetzlichen Grundlage keine Energieeinsparungsmaßnahmen im Sinne des Gesetzes beinhalteten.[339] Dieser Auslegung steht jedoch entgegen, dass das Gesetz fachsprachlich unscharf war.[340] Für eine weite Auslegung hingegen spricht hingegen, dass eine weite Interpretation des Begriffs Energieeinsparung auf erneuerbare Energiequellen ökologisch geboten war.[341] Nach dem gesetzgeberischen Willen dienten §§ 554, 559 BGB a. F. in erster Linie der Umsetzung umweltpolitischer und volkswirtschaftlicher Ziele.[342] Die Mietrechtsreform 2001 sollte für den Vermieter Anreize schaffen, um Modernisierungen zur Einsparung von Energie vorzunehmen, und einen Beitrag zum umweltschonenden Umgang mit Energie leisten.[343] Darüber hinaus sollten §§ 554, 559 BGB a. F. im volkswirtschaftlichen Interesse mithelfen, die nicht regenerativen Primärenergieressourcen zu schonen, um sie für nachfolgende Generationen zu erhalten. Vorrangiges Ziel der §§ 554, 559 BGB a. F. war es somit, die natürlichen Ressourcen zu erhalten und die Umwelt zu entlasten.[344] Eine Einsparung dieser endlichen Energieressourcen ist durch die Modernisierung des Gebäudes mit der Nutzung erneuerbarer Energien möglich, da dies zu keinem Verbrauch fossiler Energie führt, obschon es aufgrund der unveränderten Energiebilanz nicht zu

338 Hannemann/*Emmert*, § 19 Rn. 15.
339 Eisenschmid, WuM 2009, 119, 120 m. w. N.; a. A. Bamberger/Roth/*Ehlert*, § 554 Rn. 10.
340 Blank, WuM 2008, 311, 317.
341 Horst, NZM 2010, 761, 763.
342 BT Drs. 14/4553, S. 1 f.; Wilcken, NZM 2006, 521, 523.
343 BT Drs. 14/4553, S. 36, 58; Wilcken, NZM 2006, 521, 523.
344 BT Drs. 14/4553, S. 58.

einer „Einsparung" kam.[345] Die Energieversorgung erfolgt vollständig oder anteilig aus Windkraft, Erdwärme oder Sonnenlicht. Das volkswirtschaftliche und umweltpolitische Ziel eines sparsamen Umgangs mit natürlichen Ressourcen und eine nachhaltige Einsparung von Energie aller Art werden durch diese Energien gefördert.

Zudem waren die §§ 554, 559 BGB a. F. Ausprägung der in Art. 20 a GG niedergelegten Staatszielbestimmung des Umweltschutzes. Dort soll durch Förderung des Ausbaus erneuerbarer Energien das Ziel des Umweltschutzes erreicht werden.[346] Gemäß Art. 20 a GG ist es Aufgabe des Staates, auch in Verantwortung für künftige Generationen die natürlichen Lebensgrundlagen im Rahmen der verfassungsgemäßen Ordnung durch die Gesetzgebung und nach Maßgabe von Gesetz und Recht durch die vollziehende Gewalt und die Rechtsprechung zu schützen.

Der Staat hat folglich Maßnahmen zur Erhaltung und Wiederherstellung der natürlichen Umwelt zu ergreifen, insbesondere muss er Umwelteingriffen von Privatpersonen entgegentreten und durch die Prinzipien der Vorsorge und der Nachhaltigkeit der Verantwortung für künftige Generationen Rechnung tragen. Nach dem Nachhaltigkeitsprinzip ist eine Inanspruchnahme natürlicher Ressourcen nur in dem Umfang gestattet, wie ihre Nutzbarkeit auch durch künftige Generationen gewährleistet ist. Zentrales Anliegen der Staatszielbestimmung ist somit das Gebot der Ressourcenschonung, dem der einfache Gesetzgeber durch Erlass der §§ 554, 559 BGB a. F. für einen Teilbereich nachgekommen ist. Durch die Einführung von §§ 554 Abs. 2 S. 1 Alt. 2, 559 Abs. 1 BGB a. F. wurde ein schonender Umgang mit fossilen Energien ermöglicht.[347] Aus der Aufgabe des Art. 20 a GG zur Ressourcenschonung hat sich bereits das Erfordernis einer weiten Auslegung des Tatbestandsmerkmales Energieeinsparung ergeben, das durch eine Ersetzung oder den Austausch fossiler Energieträger gegen erneuerbare Energie erfüllt wurde.

II. Zwischenergebnis

Es kann der Schluss gezogen werden, dass die Einsparung von fossiler Energie – unabhängig davon, ob durch Einsparung fossiler Energieträger oder Ersetzung durch erneuerbare Energie – bereits ausgereicht hat, um das Tatbestandsmerkmal der „Einsparung von Energie" in §§ 554 Abs. 2 S. 1 Alt. 2, 559 Abs. 1 BGB a. F. zu erfüllen. Gleichzeitig wurde der Tatbestand auch erfüllt, wenn es zu einer

345 Dietrich, ZMR 2012, 241, 242.

346 AK GG/*Wolf*, Art. 20 a Rn. 10; Dreier/*Schulze-Fielitz*, Art. 20 a Rn. 50.

347 LG Berlin, Urteil vom 27. August 2010 – 63 S 171/09 = GE 2010, 1622-1623.

Einsparung von Primärenergie gekommen ist. Demnach war der Begriff der Energieeinsparung weit auszulegen. Die kontroverse Diskussion, die um diese Fragen geführt wurde, indizierte allerdings den Handlungsbedarf des Gesetzgebers. Das Mietrechtsänderungsgesetz kommt diesem Bedürfnis grundsätzlich nach, indem es konkrete Einordnungen vornimmt.

C. Duldungspflicht aus § 242 BGB

Eine Pflicht zur Duldung energetischer Modernisierungsmaßnahmen konnte sich nicht nur aus § 554 Abs. 2 BGB a. F. ergeben, sondern auch aus § 242 BGB. Der Bedarf für eine Inanspruchnahme des Grundsatzes von Treu und Glauben kam allerdings nur in Betracht, sofern hierfür ein Bedürfnis bestand, den Mieter über die Spezialnorm des § 554 Abs. 2 BGB a. F. hinaus zu verpflichten. Der BGH[348] und die Literatur[349] hatten dies bislang nur für Maßnahmen, zu denen der Vermieter öffentlich-rechtlich verpflichtet war, anerkannt. In diesen Fällen sei dieses Bedürfnis auch gerechtfertigt gewesen, da der Vermieter ohne die Duldungspflicht seiner behördlichen Verpflichtung nicht nachkommen konnte, weil derartige Maßnahmen nicht von § 554 Abs. 2 BGB a. F. erfasst waren. Anders verhielt es sich jedoch bei den energetischen Modernisierungsmaßnahmen, namentlich bei der Energieeinsparung. Kommt man richtigerweise zu dem Ergebnis, dass bereits die Einsparung von Primärenergie oder die Ersetzung durch erneuerbare Energien tatbestandlich waren, so bestand grundsätzlich kein Bedürfnis für eine Pflicht zur Duldung des Mieters nach § 242 BGB, da durch diesen breiten Ansatz sämtliche Maßnahmen abgedeckt wurden. Lediglich, wenn man eine Einsparung beim Mieter verlangte und damit den primärenergetischen Ansatz vor allem im Fall von Fotovoltaikanlagen ablehnte, war eine Duldungspflicht nach § 242 BGB erforderlich. Nur über diesen Umweg konnten weitere ökologisch sinnvolle Maßnahmen im Mietverhältnis Berücksichtigung finden. Offenbar sollte durch diesen mieterbezogenen Ansatz der Schutz des Mieters gewährleistet werden, zumal die Regelungen zur Härtefallabwägung (§ 554 Abs. 2 S. 2 BGB a. F.) und zum Ankündigungsverfahren (§ 554 Abs. 3 BGB a. F.) entsprechende Anwendung finden durften. Jedenfalls sah dies im Fall der behördlich angeordneten Maßnahmen der BGH so.[350] Im Ergebnis erschien der Umweg

348 BGH, Urteil vom 4. März 2009 – VIII ZR 110/08 = WuM 2009, 290-292 = NJW 2009, 1736-1737.

349 MünchKomm/*Bieber*, § 554 Rn. 6; Staudinger/*Emmerich*, § 554 Rn. 2; Blank/Börstinghaus/*Blank*, § 554 Rn. 1; Sternel, NZM 2001, 1058, 1060.

350 BGH, Urteil vom 4. März 2009 – VIII ZR 110/08 = WuM 2009, 290-292 = NJW 2009, 1736-1737.

über § 242 BGB nicht erforderlich, da zum einen ein weiter Ansatz zu wählen war und zum anderen der Schutz des Mieters über die direkte Anwendung der Vorschriften, beispielsweise zur Härtefallabwägung, bereits gewährleistet war. Die „Gefahr" einer Beteiligung des Mieters an den Kosten der Maßnahme bestand indes ebenfalls nicht, da nach § 559 BGB a. F. nur solche Kosten umgelegt werden konnte, die für die konkrete Wohnung aufgewendet wurden.[351] Zwar war anerkannt, dass auch Mittel, die für Maßnahmen investiert wurden, die nicht im Zusammenhang mit der konkreten Wohnung investiert wurden oder einen individuellen Gebrauchswert erhöhten, einem angemessen Verteilungsschlüssel folgend umgelegt werden konnten.[352] Im Fall einer Fotovoltaikanlage ist dies, vor allem wenn die Einspeisung ausschließlich in das öffentliche Netz erfolgte, anders, da jeglicher Bezug zur Mietsache fehlte.[353] Durch den fehlenden Bezug zur Mietsache stellte sich auch in tatsächlicher Hinsicht die Frage nach einer Pflicht zur Duldung nicht, wenn die Installation einer entsprechenden Anlage für den Mieter ohne Beeinträchtigung verlief und eine Mitwirkung nicht erforderlich war.

D. Klimaschützende Maßnahmen zur „Verbesserung der Mietsache"

Energetische Maßnahmen waren auch dann nach § 554 Abs. 2 BGB a. F. zu dulden und nach § 559 BGB a. F. umlagefähig, wenn dies gleichzeitig zu einer „Verbesserung der Mietsache" führte. Hierunter wurden gemäß § 554 Abs. 2 S. 1 Alt. 1 BGB a. F. Maßnahmen zur Verbesserung der Mietsache und nach § 559 Abs. 1 Alt. 1 und 2 BGB a. F. Maßnahmen zur Erhöhung des Gebrauchswerts oder der Verbesserung der allgemeinen Wohnverhältnisse gefasst.[354] Eine Verbesserung der Mietsache lag nach beiden Vorschriften vor, wenn die Nutzung des Mietobjektes angenehmer und weniger arbeitsintensiv für den Mieter war.[355] Insofern waren bauliche Veränderungen erfasst, die den objektiven Gebrauchs- und Substanzwert der Räume oder Gebäudeteile im Rahmen ihres Zwecks erhöhten und eine bessere Nutzung möglich machten.[356] Die bloße Heizungs- oder Energieträgerumstellung genügte hierzu nicht.[357] Anders zu beurteilen war dies beispielsweise bei der Umstellung von Koks- auf Öl- oder Gasheizung, die mit

351 Blank/Börstinghaus/*Börstinghaus*, § 559 Rn. 25.
352 LG Duisburg WuM 1991, 597; LG Berlin WuM 1990 (Fahrstuhl und Erdgeschoss-Mieter); LG Münster WuM 2010, 93 (Wärmedämmung, Innen- und Außenwohungen).
353 Schmidt-Futterer/*Börstinghaus*, § 559 Rn. 77.
354 Schmidt-Futterer/*Eisenschmid*, § 554 Rn. 62ff; Staudinger/*Emmerich*, § 559 Rn. 15.
355 Staudinger/*Emmerich*, § 554 Rn. 14.
356 Palandt/*Weidenkaff*, § 554 Rn. 11; LG Fulda, WuM 1992, 243 f.
357 Soergel/*Heintzmann*, § 554 Rn. 7.

einer wesentlichen Arbeitsentlastung einherging, zu beurteilen. Ein darüber hinaus gehender Einsatz von durchaus klimaschützenden Maßnahmen, denen zwar eine positive Außenwirkung zukam, war vom Regelungsbereich nicht erfasst. Dies konnte insbesondere dann gelten, wenn durch die Sanierung ein Zertifizierungsstandard erreicht wurde, der sich auf dem Immobilienmarkt als preisbildendes Merkmal etabliert hatte, also wenn das Gebäude nach der Maßnahme zum „Green Building" aufschwang, welches sich dann beispielsweise nach den Programmen der Deutschen Gesellschaft für nachhaltiges Bauen (DGNB) oder nach LEED[358] zertifizieren ließ. Obschon eine Zertifizierung für den Eigentümer durch die vermutliche Wertsteigerung eine Verbesserung darstellte und der Nutzer mittelbar von dem positiven Image profitierte, war eine tatsächliche Verbesserung der Nutzbarkeit i. S. der alten Vorschrift für den Mieter nicht erkennbar. Das Gebäude blieb in seiner Verwendungsfähigkeit gleich. Eine Verbesserung der Nutzungsfähigkeit ist alleine durch klimaschützende Maßnahmen nicht ersichtlich. Im Einzelfall war sogar das Gegenteil denkbar, wenn sich der Gebrauch durch die zusätzliche Technik verkomplizierte. Klimaschützende Maßnahmen, die gegebenenfalls auch eine Energieeinsparung bewirken, schieden als wohnwertverbessernde Maßnahmen i. S. der §§ 554, 559 BGB a. F. aus. Dies galt trotz des positiven Images auch für die Nutzung erneuerbarer Energien zur Wärmegewinnung.[359]

E. Das Ankündigungsverfahren und Sonderkündigungsrecht

Die Begründung einer Duldungspflicht nach § 554 Abs. 2 BGB a. F. hing nicht nur davon ab, ob eine Modernisierungsmaßnahme vorlag, sondern auch von zahlreichen formellen Voraussetzungen, die ein geordnetes und transparentes Verfahren gewährleisten sollten.

Plante der Vermieter eine Modernisierungsmaßnahme, die der Mieter aufgrund von § 554 Abs. 2 BGB a. F. zu dulden hatte, so musste er den Mieter hierüber unter Einhaltung recht enger Verfahrensregelungen im Vorfeld informieren. Beabsichtigte der Vermieter, nach der Durchführung der Modernisierung die Miete im Wege der Sondermieterhöhung zu erhöhen, waren weitere gesetzlich auferlegte Regeln zu beachten. In der Praxis wurde vor allem von der Wohnungswirtschaft das Ankündigungsverfahren als sehr fehleranfälliger Formalismus erachtet.

358 LEED (Leadership in Environmental & Energy Design) ist ein Gebäudezertifizierungssystem für ökologische Gebäude, welches von der gemeinnützigen Gesellschaft USGBC (U. S. Green Building Council) entwickelt wurde.

359 So auch Ringel, WuM 2009, 71, 72.

Nach § 554 Abs. 3 BGB a. F. hatte der Vermieter die Ausführung von Modernisierungsmaßnahmen in der dort vorgeschriebenen Form und Frist mitzuteilen. Für Maßnahmen, die der Mieter nach § 554 Abs. 1 BGB a. F. (Erhaltungsmaßnahmen) zu dulden hatte, bestand grundsätzlich keine Mitteilungspflicht. Gleiches galt für Maßnahmen, zu denen der Vermieter gesetzlich verpflichtet war. Für die ungeschriebene, aus § 242 BGB abgeleitete Duldung von gesetzlich vorgeschriebenen Maßnahmen fehlte es ebenfalls an einer entsprechenden Ankündigungs- oder Mitteilungspflicht. Nach überwiegender Ansicht waren aber auch in diesen beiden Fällen die beabsichtigten Maßnahmen vom Vermieter vorher anzukündigen.[360] Bereits unter Geltung der Vorgängervorschrift § 541 a BGB a. F. wurde eine Ankündigung als selbstverständlich erachtet.[361] Eine Ankündigung wurde auch dann für erforderlich gehalten, wenn die Einhaltung von Frist und Form des § 554 Abs. 3 BGB a. F. wegen einer Bagatellmaßnahme nach § 554 Abs. 3 S. 3 BGB a. F. entbehrlich war.[362] Die inhaltlichen Anforderungen an die ungeschriebene Ankündigung richteten sich nach dem jeweiligen Einzelfall. Maßgeblich hierfür waren vor allem Dringlichkeit und Umfang der Maßnahme. Damit sich der Mieter auf die Arbeiten einstellen konnte, galt dies auch für die Wartefrist, also den Zeitraum zwischen Zugang der Ankündigung und Beginn der Maßnahme.[363]

Bei Modernisierungsmaßnahmen ergab sich die Pflicht zur Ankündigung aus § 554 Abs. 3 S. 1 BGB a. F. Für die übrigen denkbaren Fälle stellte sie eine vertragliche Nebenpflicht aus § 241 Abs. 2 BGB oder § 242 BGB dar.[364] Der Zweck der Ankündigung von Maßnahmen – ob Modernisierungs-, Erhaltungsmaßnahmen oder rechtlich verpflichtende Maßnahmen – war damals wie heute darin zu sehen, dass der Mieter die ihm nach § 554 Abs. 3 BGB a. F. zustehenden Rechte wahrnehmen kann. Zum einen sollte er bereits nach der alten Rechtslage in die Lage versetzt werden, zu prüfen, ob die geplanten Maßnahmen überhaupt eine Energieeinsparung bewirkten und er damit einer Duldungspflicht unterlag. Zum anderen soll der Mieter einschätzen können, wie sich die Maßnahmen künftig auf den Mietgebrauch einschließlich etwaiger Verwendungen des Mieters sowie auf die zu zahlende Miete auswirken. So soll ihm eine sachgerechte Beurteilung

360 BGH, NZM 2009, 394; AG Hamburg, ZMR 2004, 825; Schmidt-Futterer/*Eisenschmid*, § 554 Rn. 35; Lammel, WohnraummietR, § 554 Rn. 23.

361 LG München, WuM 1991, 481; AG Hamburg, WuM 1997, 531.

362 Schmidt-Futterer/*Eisenschmid*, § 554 Rn. 295.

363 BGH, NZM 2009, 394; AG Hamburg, ZMR 2004, 825; AG Berlin-Wedding, GE 2007, 1557; Schmidt-Futterer/*Eisenschmid*, § 554 Rn. 35; Lammel, WohnraummietR, § 554 Rn. 23.

364 Seit der Schuldrechtsreform ist es umstritten, ob § 242 BGB Grundlage von Nebenpflichten ist (Palandt/*Grüneberg*, § 242 Rn. 23) oder § 241 Abs. 2 BGB (Bamberger/Roth/*Sutschet*, § 242 Rn. 46).

der sich daraus ergebenden Folgen, insbesondere hinsichtlich seiner Duldungspflicht, ermöglicht werden, auch um einzuschätzen, ob gegebenenfalls von seinem Sonderkündigungsrecht nach § 554 Abs. 3 S. 2 BGB a. F. Gebrauch machen mochte oder andere vertragsrechtliche Konsequenzen ziehen wollte.[365]

Im Schrifttum und in der Rechtsprechung wurde vertreten, dass der Vermieter nach der alten Rechtslage verpflichtet war, möglichst genau und präzise den Umfang der geplanten Maßnahme darzustellen.[366] Teilweise wurden exakte Angaben zu den Baustoffen verlangt, so wurden in einem Fall beim Einbau wärmedämmender Fenster Angaben über die Wärmedurchgangskoeffizienten der alten Fenster für erforderlich gehalten.[367] Dieser Wert lässt sich, etwa dann, wenn es sich um ältere Fenster handelt und keine Aufzeichnungen über den energetischen Zustand vorhanden sind, nur mit meist kostenintensiver Unterstützung eines Sachverständigen ermitteln. Während demnach bei dem voraussichtlichen Umfang der Sanierung somit Angaben über die Eingriffe in die Bausubstanz und die Wohnsituation des Mieters gemacht werden mussten, verlangte die Angabe des voraussichtlichen Beginns und der Dauer der Bauarbeiten so genaue Angaben, wie sie spätestens drei Monate vor Beginn der Maßnahme[368] oder bei Abgabe der Erklärung dem Planungsstand entsprechend[369] möglich waren. Der bei der Bestimmung der „Voraussichtlichkeit“ anzulegende Maßstab war dabei recht eng.

Obwohl der Gesetzgeber des Mietrechtsreformgesetzes 2001 bereits den strengen Maßstäben durch dieses Merkmal entgegentreten wollte,[370] waren diese Voraussetzungen schwer einzuhalten, da diese Angaben perspektivisch und damit auch hypothetisch waren. Der Vermieter musste damit rechnen, sich schnell dem Vorwurf auszusetzen, es sei eine konkretere Planung möglich gewesen. Ebenfalls für den Vermieter belastend war die dreimonatige Ankündigungsfrist, welche durch das Mietrechtsreformgesetz von zwei auf drei Monate verlängert wurde.[371] Dies behinderte vor allem Maßnahmen, die kurzfristig durchgeführt werden mussten.[372] Eine weitere Herausforderung für den Vermieter stellte die Bezifferung der voraussichtlichen modernisierungsbedingten Mieterhöhung und der zukünftigen Nebenkosten dar. Schon an dieser Stelle des Verfahrens musste

365 Vgl. BT-Drs. 14/4553, S. 37; Gramlich, § 554.

366 AG Pankow-Weißensee, Urteil vom 23. März 2012 - 6 C 79/11 = GE 2012, 1498-1501; Staudinger/*Emmerich*, § 554 Rn. 40.

367 AG München, Urteil vom 26. April 2010 – 424 C 19779/09, zitiert nach Juris, Rn. 29.

368 Staudinger/*Emmerich*, § 554 Rn. 18.

369 Sternel, NZM 2001, 1058.

370 BT-Drs. 14/4553, S. 49/50.

371 Die Verlängerung auf drei Monate sollte einen Gleichlauf zwischen Ankündigungsfrist und Kündigungsfrist des Sonderkündigungsrechts i. S. d. § 554 Abs. 3 Satz 2 BGB herstellen, vgl. BT-Drs. 14/4553 zu § 554 BGB.

372 Vgl. auch Stellungnahe des Bundesrates BT-Drs. 14/4553 Anlage 2, Ziffer 13 zu § 554 BGB.

der Vermieter bereits nicht anrechenbare Kosten und Drittmittel i. S. des § 559a BGB a. F. heraus rechnen. Erfüllte der Vermieter diese Voraussetzungen nicht, so wurde keine Duldungspflicht des Mieters begründet.

Durch den bestehenden Formalismus ergab sich für den Vermieter eine Vielzahl von Unwägbarkeiten, die eine energetische Gebäudesanierung unattraktiv gestalten konnten. Die sich aus dem Verfahren ergebenden Rechtsunsicherheiten bestanden nicht nur für den Amateurvermieter, sondern auch für den sog. Profivermieter, da auch dieser den Verlauf eines derartigen Vorhabens – trotz unterstellter Rechtskunde – nicht bis in das letzte Detail planen konnte. Kam es zu schuldhaften Falschangaben in der Modernisierungsankündigung, machte sich der Vermieter gegenüber dem Mieter gegebenenfalls schadenersatzpflichtig.[373] Die Furcht, sich bei dem Ankündigungsverfahren fehlerhaft zu verhalten, war geeignet, wichtige energetische Modernisierungsmaßnahmen nicht vorzunehmen.[374]

Erst nach einer neueren Entscheidung des BGH[375] sollte der Vermieter nicht verpflichtet sein, jede Einzelheit der beabsichtigten Modernisierungsmaßnahme in der Ankündigung zu beschreiben und jede mögliche Auswirkung mitzuteilen, da dies nicht dem mit der Modernisierungsankündigung verfolgten Zweck entspricht. Zwar ist das Informationsbedürfnis des Mieters schutzbedürftig, die Verwirklichung dieses Schutzes darf aber „nicht so weit gehen, dass einem Vermieter die Durchführung gesetzlich zulässiger Modernisierungsmaßnahmen durch eine Handhabung der Mitteilungsanforderungen erschwert wird, die über das zum Schutz des Mieters gebotene Maß hinausgeht und auf diese Weise den Modernisierungsanspruch des Vermieters unvertretbar verkürzt“.[376] Dies entspricht auch der Haltung des BVerfG, welches oftmals darauf hingewiesen hat, dass die Durchsetzung materieller Ansprüche nicht von überzogenen, formalen Anforderungen konterkariert werden darf.[377] Auch eine verfassungskonforme Auslegung des § 554 BGB a. F. verbietet aufgrund der Eigentumsgarantie in Art. 14 Abs. 1 GG, dass es wegen nicht praxisgerechter Verfahrensregeln zu einem faktischen Ausschluss von Modernisierungsmaßnahmen kommt.[378]

Letztlich musste der Vermieter aber dennoch abwägen, ob er die hohen formalen Anforderungen erfüllen und die damit verbundenen Risiken in Kauf nehmen wollte oder von einer Modernisierung Abstand nahm. Setzte er sich über ein

373 Bamberger/Roth/*Ehlert*, § 554 Rn. 38.

374 Vgl. auch Hanke, NZM 2001, 74, 76.

375 BGH, Urteil vom 28. September 2011 – VIII ZR 242/10 = NZM 2011, 849-852 = WuM 2011, 677-680 = NJW 2012, 63-66.

376 BayObLG, NZM 2001, 89; MünchKomm/*Bieber*, § 554 Rn. 36.

377 BVerfG, NJW 1974, 1499-1502; NJW 1979, 31-32.

378 LG München, ZMR 2009, 453-455; vgl. Steike, DWW 2000, 47; Meyer, Ökologische Zielsetzungen des Mietrechts, S. 89.

fehlerhaftes Verfahren hinweg und modernisierte, so musste er fürchten, dass der Mieter aus § 535 Absatz 1 S. 2 BGB oder § 826 BGB einen Unterlassungsanspruch gegen die Ausführung der Baumaßnahme geltend machte, sofern es zu einer Störung des Mietgebrauchs kam.[379]

Obwohl bereits durch das unbestimmte Tatbestandsmerkmal „voraussichtlich", welches durch das Mietrechtsreformgesetz 2001 eingeführt wurde, die Anforderungen an den Inhalt der Modernisierungsankündigung reduziert werden sollten und auch der BGH nach seiner neueren Entscheidung die Hürden abgesenkt hat, bestand dennoch ein Handlungsbedarf, dem der Gesetzgeber durch das Mietrechtsänderungsgesetz nachgekommen ist.

F. Mieterschutz

Die Interessen des Mieters, die einer energetischen Modernisierung entgegenstehen, liegen in der Einschränkung der vertraglich vereinbarten Nutzungsmöglichkeit und in der Belastung mit Kosten. Die Beeinträchtigung der Nutzungsmöglichkeit steht spiegelbildlich zur Duldungspflicht, da gerade diese den Mieter verpflichten soll, die Beeinträchtigung hinzunehmen.

I. Härtefallprüfung

Eine Pflicht zur Duldung konnte bereits nach der alten Rechtslage trotz Energieeinsparung ausgeschlossen sein, wenn ein Härtefall vorgelegen hat. Der Mieter hatte die Maßnahme nach § 554 Abs. 2 S. 2 BGB a. F. nicht zu dulden, sofern sie „für ihn, seine Familie oder einen anderen Angehörigen seines Haushalts eine Härte" bedeutet hätte, die auch „unter Würdigung der berechtigten Interessen des Vermieters und anderer Mieter in dem Gebäude nicht zu rechtfertigen" war. Die Vorschrift verlangte eine Interessenabwägung, um den Mieter vor Luxussanierungen[380] zu schützen, was im Gesetz durch das Merkmal der Üblichkeit[381]

379 OLG München, WuM 1991, 481; LG Berlin, GE 2004, 1233 (vorläufiger Rechtsschutz); Lammel, WohnraummietR, § 554 Rn. 85; Lehmann-Richter, NZM 2011, 572, 573.

380 BGH, NJW 2005, 2995, 2996 = NZM 2005, 697; LG Berlin, GE 2011, 483; Emmerich/Sonnenschein/*Emmerich*, § 554 Rn. 23; Eine Luxusmodernisierung liegt nicht zwangsläufig vor, wenn sich die Miete um 30 % erhöht, vgl. LG Berlin, Urteil vom 8. März 2011 - 65 S 19/11 = GE 2011, 783-484, Maßgeblich ist die individuelle Belastung des Mieters, die einen Härtefall rechtfertigen kann, vgl. Kapitel 9, B, II.

381 BGHZ 117, 217, 223ff = NJW 1992, 1386; Emmerich/Sonnenschein/*Emmerich*, § 554 Rn. 24.

ausgedrückt wurde.[382] Darunter war der Standard zu verstehen, wie er bereits bei zwei Dritteln der Wohnungen in derselben Baualtersklasse und Region üblich war. Für die Beurteilung der Üblichkeit war nach einer neueren BGH-Entscheidung nicht der im Zeitpunkt der Anmietung gegebene Zustand, sondern der gegenwärtige Zustand einschließlich der vom Mieter rechtmäßig vorgenommenen Veränderungen an der Mietsache maßgeblich.[383] Der Härtefall war im Rahmen einer umfassenden Abwägung der gegenseitigen Interessen zwischen dem Mieter und dem Vermieter festzustellen.[384]

Die für die meisten Vermieter ohnehin schwer durchzuführende Abwägung konnte dazu führen, dass sich das Verschonungsinteresse einer einzelnen Person gegenüber dem Änderungsinteresse des Vermieters durchsetzte und so zum Beispiel eine anspruchsvolle energetische Sanierung, welche auch im öffentlichen Interesse lag, verhindert wurde.[385] Öffentliche Interessen – wie z. B. dasjenige am Klimaschutz – durften bei der Abwägung nicht berücksichtigt werden.[386] Es kam allein auf die Abwägung zwischen dem Verschonungsinteresse des Mieters und dem Änderungsinteresse des Vermieters an. Dabei wurde darauf abgestellt, dass zum einen der Wortlaut des § 554 BGB a. F. lediglich auf die Interessen der Vertragspartner abstellte und zum anderen eine Berücksichtigung öffentlicher Interessen nicht ohne Weiteres mit dem sozialen Mieterschutz nicht vereinbar war.[387]

Bei der Abwägung war vor allem auf die vorzunehmenden Arbeiten, die baulichen Folgen und die zu erwartende Mieterhöhung Rücksicht zu nehmen.[388] Im Fall der zu erwartenden Mieterhöhung war das individuelle Einkommen des Mieters nebst Erhöhungsbetrag mit dem Wert der Modernisierungsmaßnahme in ein Verhältnis zu setzen. Abzustellen dabei war auf objektive Wertmaßstäbe,[389] wodurch einkommensschwache Mieter benachteiligt wurden.[390]

In der Rechtsprechung wurde eine Vielzahl von denkbaren Härtegründen behandelt, die geeignet waren, einer im öffentlichen Interesse an sich wünschenswerten energetischen Sanierung mit Erfolg individuelle Verschonungsinteressen entgegenzusetzen. So kann man durchaus kritisch sehen, dass beispielsweise

382 Gleichzeitig sollte der Mieter davor geschützt werden, dass der Vermieter ihn aus der Wohnung drängt.

383 BGH, Urteil vom 10. Oktober 2012 – VIII ZR 25/12 = NJW-RR 2012, 1480 = WuM 2012, 677-678.

384 Emmerich/Sonnenschein/*Emmerich*, § 554 Rn. 18ff.

385 Warnecke, DWW 2007, 282, 283.

386 Staudinger/*Emmerich*, § 554 Rn. 28; Schmid, § 554 Rn. 24.

387 Thomsen, Modernisierung von preisfreiem Wohnraum durch den Vermieter, 1998, 59 mit Hinweisen auf die Gesetzesmaterialien.

388 Schmidt-Futterer/*Eisenschmid*, § 554 Rn. 187.

389 KG, Rechtsentscheid vom 22. Juni 1986, WuM 1981, 198 = NJW 1981, 2307.

390 Schmidt-Futterer/*Eisenschmid*, § 554 Rn. 215; vgl. Frost, WuM 1976, 1.

Gesichtspunkte, wie der Gesundheitszustand des Mieters,[391] sein hohes Alter,[392] die Dauer des laufenden Mietvertrags, bevorstehende Prüfungen,[393] die Art der Sanierungsarbeiten sowie die baulichen Folgen, wie etwa eine Verringerung der Belichtung der Wohnung durch eine Verkleinerung der Glasflächen durch Einbau von Fenstern und Sprossen[394], geeignet waren, eine energetische Modernisierung zu blockieren.[395] Als weitere Beispiele sind Fälle zu nennen, bei denen sich Mieter erfolgreich gegen den Einbau von Verbundfenstern anstelle von Kastendoppelfenstern wegen Komfortverlusts[396] oder von Fenstern mit Isolierverglasung wegen verminderten Lichteinfalls[397] zur Wehr gesetzt hatten.

Die aufgeführten Entscheidungen sind Einzelbeispiele aus der außerordentlich breiten Rechtsprechung zu § 554 BGB a. F. und seiner Vorgängervorschrift, in denen es nicht um besonders anspruchsvolle Maßnahmen der energetischen Verbesserung ging. Die Beispiele können daher auch nicht als Linie der Rechtsprechung herangezogen werden. Es ist nämlich nicht ersichtlich, dass die Rechtsprechung den Verbesserungseffekt der Energieeinsparung im Speziellen durch modernere Fenster im Regelfall als nachrangig oder relativ unbedeutend einstufte.

Die Tatsache, dass die Rechtsprechung eine sehr große Vielfalt von Härtegründen für berücksichtigungsfähig hielt, ist für die Rechtssicherheit einer energetischen Modernisierung von erheblicher Bedeutung. Dies gilt vor allem für große Projekte, die einer aufwendigen bereits baubedingten Planung bedürfen, bei der gleichzeitig aber auch viele Mieter beteiligt waren. Ungleich wichtiger ist aber der Umstand, dass innerhalb der Abwägung dem öffentlichen Interesse an der Energieeffizienz keine Bedeutung zukam, sondern neben den Mieterinteressen allein auf das Eigeninteresse des Vermieters abzustellen war.[398] Zum Vermieterinteresse zählten damals wie heute aber auch Maßnahmen, um die Vermietbarkeit langfristig zu sichern. Hierzu zählten insbesondere Energieeinsparmaßnahmen, welche die Heizkostenbelastung der Mieter reduzieren.[399] Über dieses Interesse wurden somit mittelbar auch öffentliche Interessen berücksichtigt, die auf die Einsparung von Primärenergie – und damit CO_2 – gerichtet waren.[400] Aber auch darüber hinaus sollte das öffentliche Interesse mehr

391 Schmidt-Futterer/*Eisenschmid*, § 554 Rn. 189.
392 LG Berlin, GE 1983, 1067.
393 MünchKomm/*Bieber*, § 554 Rn. 30.
394 AG Hamburg, WuM 1999, 160.
395 So z. B. Warnecke, DWW 2007, 282, 283.
396 AG Rostock, GE 1996, 1251 (wegen schlechterer Handhabbarkeit des Fensters).
397 LG Berlin, MieterMagazin 2004, 124; AG Hamburg, WuM 1999, 160.
398 Blank/Börstinghaus/*Blank*, § 554 Rn. 29.
399 Kossmann, Handbuch der Wohnraummiete, § 157 Rn. 19.
400 Schmidt-Futterer/*Eisenschmid*, § 554 Rn. 241.

Berücksichtigung finden. Dies ergab sich bereits aus dem Sinn und Zweck des § 554 BGB a. F., der energieeinsparende Maßnahmen fördern wollte und damit ein öffentliches Interesse verfolgte.[401] Das zeigte auch die mit der Mietrechtsreform vom 19. Juni 2001 erkennbare klimaschonende Tendenz, die sich dadurch geäußert hatte, dass in § 554 BGB a. F. der Begriff der Energieeinsparung ausgeweitet wurde. Den Interessen der Vertragspartner sollte dabei keine Bedeutung zukommen, vielmehr fand durch den umweltpolitischen Charakter eine Gemeinwohlorientierung statt.[402] Der Umstand, dass mit der energetischen Sanierung auch ein auf die Wertsteigerung gerichtetes ökonomisches Interesse verfolgt wurde, war genauso als bloßer Rechtsreflex zu beurteilen wie die mögliche Heizkostenersparnis des Mieters. Beides lag bereits damals außerhalb der Intention des Gesetzgebers. Es war exakt dieser Rechtsreflex, der es rechtfertigte, dass der Gesetzgeber ein öffentliches Interesse in das Mietrecht einbrachte. Lediglich, wenn die eigentlich auch im Interesse des Mieters liegende Energieeinsparung den Mieter in anderer Form unangemessen beeinträchtigte, war die Interessenlage gestört. Um dieses zu vermeiden, war es bereits nach der alten Rechtslage sinnvoll, das öffentliche Interesse als dritte Abwägungskomponente hinzuzuziehen. Der soziale Charakter des Mietrechts war hierdurch nicht gefährdet, da dieser durch die Einbeziehung der Mieterinteressen weiterhin gewährleistet blieb. Um die Staatszielbestimmung aus Art. 20 a GG, die auch auf den Klimaschutz gerichtet ist, zu gewährleisten, sollten diese nicht hinter den Interessen des Mieters zurücktreten.[403] Insoweit war davon auszugehen, dass diese Interessen gleichrangig in die Abwägung einflossen.

Bei der Zulassung von öffentlichen Interessen besteht allerdings die Gefahr, dass diese ein derart hohes Gewicht erhalten, sodass die Interessen des Mieters vollständig zurücktreten. Es musste daher klargestellt werden, dass die Duldungspflicht und Sondermieterhöhung ihre Grenzen bei einer Luxusmodernisierung hatten. Keinesfalls durfte das öffentliche Interesse missbräuchlich eingesetzt werden, etwa um den Mieter aus der Wohnung zu drängen. Andererseits sollte bereits nach den Gesetzesmaterialien eine energetische Modernisierung nicht an „zahlungsschwachen Mietern“ scheitern.[404]

Im Ergebnis war festzustellen, dass bei der Abwägung der Mieter- und Vermieterinteressen individuelle Interessen im Vordergrund standen. Öffentliche Interessen – wie z. B. dasjenige am Klimaschutz – blieben nach dem Wortlaut außer Acht. Es gab aber gute Gründe, die für die gleichrangige Einbeziehung öffentlicher Interessen sprachen. Die Einbeziehung war bereits den alten

401 Meyer, Ökologische Zielsetzungen des Mietrechts, S. 91.
402 Schmidt-Futterer/*Börstinghaus*, § 559 Rn. 7.
403 Meyer, Ökologische Zielsetzungen des Mietrechts, S. 91.
404 BT-Drs. 9/2979; Kinne/Schach/*Kinne*, § 554 Rn. 99.

Modernisierungsvorschriften immanent, da diese ihrem Zweck nach auch immer öffentliche Interessen verfolgten, seien es wohnungs- oder volkswirtschaftspolitische Interessen.

II. Maßnahmen aufgrund gesetzlicher Pflicht

Maßnahmen, bei denen Vermieter § 9 EnEV beachten musste,[405] waren nur dann in die Abwägung mit einzubeziehen, wenn sie im Zusammenhang mit einer freiwilligen Maßnahme begonnen wurden.[406] Hatte der Vermieter dagegen keine Wahl, so war die Maßnahme nicht bei der Abwägung zu berücksichtigen.[407] So verhielt es sich bei Maßnahmen nach §§ 10, 10 a EnEV, da diese Maßnahmen nicht nur in ihrem „Wie“, sondern auch in ihrem „Ob“ verpflichtenden Charakter haben („unbedingte Nachrüstungspflicht“). Hiernach dürfen bestimmte Heizkessel, die vor 1978 aufgestellt worden waren, nicht mehr betrieben werden. Wurde der alte Kessel ausgetauscht, so handelt es sich um eine Maßnahme,[408] die keiner Härtefallprüfung zugänglich war. Gleiches galt für den Austausch von Nachtspeicherheizungen, soweit diese nach § 10 a EnEV ausgetauscht werden müssen.[409] Eine Härtefallprüfung i. S. des § 554 Abs. 2 S. 2 bis 4 BGB a. F. war aber auch dann ausgeschlossen, wenn es sich um eine verbessernde Maßnahmen handelte, für die eine öffentlich-rechtliche Verpflichtung bestand. Diese waren ebenso nach § 242 BGB duldungspflichtig. Es hätte zu einer in sich widersprüchlichen Rechtslage geführt, wenn eine an den Gebäudeeigentümer gerichtete gesetzliche Pflichtmaßnahme zu Fall gebracht werden könnte, indem der Mieter Härtegründe geltend machen konnte.[410] Diese Sichtweise hat der BGH ausdrücklich bestätigt; in der betreffenden Entscheidung ging es um den Anschluss zweier Wohnungen an eine Zentralheizung aufgrund einer behördlichen Anordnung.[411]

405 Verpflichtung zur Maßnahme nach EnEV, wenn mehr als 10 % der Bauteilfläche des Gebäudes betroffen sind; vgl. Sternel, IV. Rn. 329.

406 Schach, GE 2007, 827, 828; Schmidt-Futterer/*Eisenschmid*, § 554 Rn. 19e.

407 Schmidt-Futterer/*Eisenschmid*, § 554 Rn. 19d.

408 Blank/Börstinghaus/*Blank*, § 559 Rn. 11.

409 Eisenschmid, WuM 2009, 624.

410 BT-Drs. 14/4553, S. 49.

411 BGH, Urteil vom 4. März 2009 – VIII ZR 110/08 = WuM 2009, 290-292.

G. Inhalt und Rechtsfolge der Duldungspflicht

Lagen die Voraussetzungen des § 554 Abs. 2 BGB a. F. vor, so hatte der Mieter die Modernisierungsmaßnahme zu dulden. Nach Abschluss der Maßnahme wurde der geänderte Zustand des Mietobjekts grundsätzlich vertragsgemäß i. S. des § 535 Abs. 1 S. 2 BGB[412] und damit Bestandteil der mietvertraglichen Pflichten des Vermieters.[413]

H. Fazit

Zur Begründung einer Pflicht zur Duldung einer energetischen Gebäudesanierung im Mietwohnungsbestand waren auch nach der alten Rechtslage zahlreiche Voraussetzungen zu erfüllen. Streitpunkt war dabei neben der Einhaltung der formellen Voraussetzungen vor allem die Frage, ob eine Energieeinsparung bewirkt wurde. Das Merkmal der Energieeinsparung i. S. d. § 554 Abs. 2 BGB a. F. war bereits nach alter Rechtslage immer dann erfüllt, wenn fossile Brennstoffe eingespart wurden, was auch aus heutiger Perspektive das vordringlichste Ziel ist. Zudem wurde der Begriff der Energieeinsparung so weit ausgelegt, dass auch der Wechsel von einem CO_2-intensiveren zu einem weniger intensiven Brennstoff ohne Energieeinsparung erfasst werden konnte. Bei der Erzeugung von Strom durch erneuerbare Energien kam eine Duldungspflicht ebenfalls bereits in Betracht. Zwar war der alte Energieeinsparungsbegriff schon sehr weit gefasst, im Hinblick auf eine rechtssicherere Handhabung durch den Gesetzgeber aber aufgrund der Unklarheit in Literatur und Rechtsprechung richtigerweise im Rahmen des Mietrechtsänderungsgesetzes zu überarbeiten.

Öffentliche Belange wie die des Klimaschutzes waren bei der Abwägung der Interessen des Mieters und anderer Personen i. S. der Vorgängervorschrift nicht in die Interessen des Vermieters zu einzubeziehen. Richtigerweise blieben diese Interessen aber nicht unberücksichtigt, da das Mietrecht neben einem sozialen Charakter auch einen ökologischen Charakter innehat. Dies ergibt sich bereits daraus, dass das Mietrecht Regelungen zur energetischen Sanierung, die im öffentlichen Interesse steht, schon seit Jahrzehnten vorsieht. Der Klimaschutz war damit bereits zu Recht fester Bestandteil des Abwägungsprogramms.

412 Streitig, vgl. Lehmann-Richter zum Streitstand, NZM 2011, 571, 574 m. w. N.
413 Lehmann-Richter, NZM 2011, 571, 577; Schmidt-Futterer/*Eisenschmid*, § 554 Rn. 5a.

7. Kapitel – Koordination von Mieterhöhung und Duldungspflicht nach der alten Rechtslage

Bereits nach § 559 BGB a. F. war der Vermieter berechtigt, 11 % der gesamten Investitionskosten für eine bauliche Maßnahme auf die Jahresmiete umzulegen. Von den Gesamtkosten waren die Erhaltungskosten abzuziehen.[414] Der Mieter sollte schon nach der damaligen Rechtslage nicht mit den Kosten belastet werden, die der Erhaltung der Mietsache dienten und bereits mit der Miete abgegolten waren. Hierzu zählten auch künftige Instandsetzungskosten oder sonstige Vorteile.[415] Umlagefähig sollten nur die Modernisierungskosten sein. Welche Maßnahmen einer Sondermieterhöhung zugänglich waren, regelte Abs. 1 der Vorschrift. In Bezug auf die energetische Modernisierung kamen nach § 559 BGB a. F. solche in Betracht, durch die „nachhaltig die Einsparung von Energie bewirkt" wurde und solche, die der Vermieter „auf Grund von Umständen durchgeführt hatte, die er nicht zu vertreten hatte". Erfolgten Modernisierungs- und Instandsetzungsmaßnahmen zusammen, konnte nur der Differenzbetrag umgelegt werden.[416]

Die Vorschrift diente in erster Linie dazu, den Vermietern einen Anreiz zur „Verbesserung" des Wohnraums im Wege der Modernisierung zu bieten. Sie wurde im Zuge der Mietrechtsreform 2001 aus dem früheren Gesetz zur Regelung der Miethöhe (MHG)[417] in das BGB überführt. Die Sondermieterhöhung war bis dahin in § 3 MHG geregelt. Der Gesetzgeber war der Auffassung, dass es in Teilen Deutschlands noch immer einen erheblichen Nachholbedarf gab, um in der Breite zu angemessenen Wohnverhältnissen zu kommen.[418]

414 Vgl. BGH, Urteil vom 17. Mai 2009 – III ZR 283/00 = NZM 2001, 686-688 = WuM 2001, 398-400.

415 Soergel/*Heintzmann*, § 559 Rn. 19.

416 Ebd.

417 Gesetz zur Regelung der Miethöhe (MHG) vom 18. Dezember 1974 (BGBl. I 1974 S. 3603, 3604). Das MHG ist zum 1. September 2001 außer Kraft getreten. (Aufgehoben durch Gesetz vom 13. September 2001 (BGBl. I S. 2376)).

418 BT-Drs. 14/4553, S. 36.

Grundsätzlich waren § 554 BGB a. F. und § 559 BGB a. F. zwei selbstständige Anspruchsnormen mit einem eigenen Regelungsinhalt.[419] Die Vorschrift des § 554 Abs. 2 BGB a. F. regelte das „Dürfen" der einseitigen Vertragsänderung hinsichtlich des Vertragsgegenstandes, während § 559 BGB a. F. die möglichen rechtlichen Folgen, namentlich die anschließende Anpassung der Gegenleistung des Mieters für die erweiterte Vermieterleistung in Gestalt einer Mieterhöhung, bestimmte.

Obwohl die beiden Regelungen zwei unterschiedliche Regelungsbereiche hatten, wurden sie in einem engen Zusammenhang verstanden.[420] Vielfach wurden sie als „korrespondierende Regelungen" bezeichnet,[421] da die Mietererhöhung bei Modernisierung „in einem direkten Zusammenhang mit § 554 BGB" a. F. stand.[422] In den Gesetzesmaterialien zum Mietrechtsreformgesetz war von einem „Gleichlauf" [423] oder „Dualismus"[424] die Rede. Es gab allerdings eine Vielzahl von Ausnahmen, in denen die Duldungspflicht losgelöst von der Sondermieterhöhung zu betrachten war – und umgekehrt.

Es stellte sich damit die Frage, ob die nachfolgenden Ausnahmen den Grundsatz des Gleichlaufs schon nach der alten Rechtslage soweit durchbrochen hatten, dass sie zwar miteinander korrespondierten, weil es dem Sachzusammenhang nach um Modernisierungen ging, aber deshalb nicht zwangsläufig von gleichlaufenden Regelungen ausgegangen werden musste.

I. Sondermieterhöhung ohne Modernisierungsankündigung

Nach einer Entscheidung des BGH[425] konnte die Sondermieterhöhung auch erfolgen, wenn der Mieter nicht auf die Maßnahmen nach § 554 Abs. 3 S. 1 BGB a. F. hingewiesen wurde, er also nicht zur Duldung verpflichtet war. Die Möglichkeit einer Sondermieterhöhung ohne korrespondierende Pflicht zur Duldung derselben Maßnahmen stellte eine Durchbrechung dieses Grundsatzes dar. Die Möglichkeit ergab sich nach Auffassung des BGH aus § 559 b Abs. 2 BGB a. F., da § 559 BGB a. F. seinem Tatbestand nach keine wirksame Modernisierungs-

419 Schmidt-Futterer/*Eisenschmid*, § 554 Rn. 5a.
420 Zum Zusammenspiel, MünchKomm/*Artz*, § 559 Rn. 8.
421 BGH, Urteil vom 24. September 2008 – VIII ZR 275/07 = NJW 2008, 3630 = MietPrax-AK § 554 BGB Nr. 3
422 Soergel/*Heintzmann*, § 559 Rn. 1.
423 BT-Drs. 14/4553.
424 Derleder, ZRP 2000, 243, 247.
425 BGH, Urteil vom 2. März 2011 – VIII 164/10 = WuM 2011, 225-226.

ankündigung voraussetzte. In § 559 b Abs. 2 BGB a. F. war lediglich vorgesehen, dass sich die Frist, zu der die Mieterhöhung wirksam wurde, um sechs Monate verlängerte, wenn der Vermieter die zu erwartende Erhöhung der Miete nicht nach § 554 Abs. 3 S. 1 BGB a. F. mitgeteilt hatte oder die tatsächliche Mieterhöhung mehr als 10 % höher war als zunächst mitgeteilt. Unterblieb die Ankündigung der Modernisierungsmaßnahme oder verspätete sie sich, so schuldete der Mieter die erhöhte Miete nicht mit Beginn des dritten Monats nach dem Zugang des Mieterhöhungsverlangens. Der Wirkungszeitpunkt der Mieterhöhung wurde um sechs Monate verschoben.[426] Für die Praxis hatte diese Entscheidung weitreichende Folgen, da der Vermieter sich das als sehr aufwendig empfundene Ankündigungsverfahren nach § 554 Abs. 3 BGB a. F. sparen konnte.

Die Entscheidung des BGH war nicht nur aus praktischen, sondern auch aus systematischen Gründen kritisch zu sehen. Die Duldungspflicht in § 554 BGB a. F. gestattete es dem Vermieter, durch ein einseitiges Gestaltungsrecht den Vertragsgegenstand zu ändern.[427] Eine Verpflichtung zur Zahlung begründete diese indes nicht. Diese konnte ausschließlich durch § 559 BGB a. F. begründet werden, sofern der geänderte Zustand vertragsgemäß war. Führte der Vermieter Maßnahmen durch, ohne dass diese auch Vertragsgegenstand wurden, kam eine Mieterhöhung nicht in Betracht.[428] Ein „irgendwie gearteter Zustand" sollte keine Zahlungspflicht begründen.[429] Auch der neue Zustand sollte vertragsgemäß sein. Dies war nicht der Fall, wenn der Mieter die Änderung nicht zuvor duldete oder der Vermieter das Verfahren gem. § 554 Abs. 2 und 3 BGB a. F. durchführte. Um einen zeitgerechten Wohnungsbestand zu erhalten, hatte der Gesetzgeber in den §§ 554, 559 BGB a. F. dem Vermieter Möglichkeiten gegeben, auf notwendig erachtete Veränderungen zu reagieren. § 554 Abs. 2 und Abs. 3 BGB a. F. waren Vorschriften, die einen vernünftigen Ausgleich zwischen den beteiligten Interessen der Mietvertragsparteien herbeiführen sollten. Dieser Ausgleich hatte aufgrund der Wertentscheidung des Gesetzgebers vor Beginn der Maßnahme zu erfolgen, damit keine vollendeten Tatsachen geschaffen werden konnten. Nur im Rahmen der Duldungspflicht, also hinsichtlich der Frage, ob der Vermieter seine vertraglich geschuldete Leistung zulässigerweise verändern durfte, fand eine Interessenabwägung statt. Und nur im Rahmen dieser Prüfung konnte der

426 vgl. § 559 b Absatz 2 S. BGB a. F.

427 Lehmann-Richter, NZM 2011, 571, 577.

428 LG Berlin, GE 2003, 187; AG Wiesbaden, WuM 2002, 309; AG Tiergarten, NZM 1998, 478; MünchKomm/*Artz*, § 559 BGB Rn. 8; Kunze/Tietzsch, Miethöhe, II Rn. 447; Emmerich/Sonnenschein/*Emmerich*, § 559 Rn. 3; Sternel, IV. Rn. 86, 88; a. A. LG Berlin GE 1997, 1579; Beuermann, GE 1993, 1070; Schläger, ZMR 1994, 189; Palandt/*Weidenkaff*, § 559 BGB Rn. 6.

429 Schmidt-Futterer/*Börstinghaus*, § 559 BGB Rn. 18; AG Dortmund, Urteil vom 13. Januar 2009 – 425 C 8864/08 = WuM 2009, 120-124.

Mieter vortragen, dass er die zu erwartende Mieterhöhung finanziell nicht schultern konnte. Wenn der Mieter aufgrund der Angaben des Vermieters für sich entschieden hatte, dass die Argumente überzeugten, oder ein Gericht bei der Abwägung der Interessen den Vermieterinteressen den Vorrang eingeräumt hatte, dann konnte der Vermieter die Miete erhöhen. Deshalb war auch die vom BGH eingeführte Inzidentprüfung im Mieterhöhungsverfahren, ob der Mieter bei ordnungsgemäßer Ankündigung hätte dulden müssen, nicht möglich. Ein derartiges Ergebnis würde der Wertentscheidung des Gesetzgebers widersprochen haben.

Problematisch war dabei auch die Berücksichtigung des Grundsatzes der Wirtschaftlichkeit einer Modernisierungsmaßnahme. Nach Ansicht des BGH sollte dieser Grundsatz im Zahlungsverfahren nicht zu berücksichtigen sein.[430] Dieser sollte nach Auffassung des BGH ausschließlich im Rahmen der Härtegründeabwägung gemäß § 554 Abs. 2 BGB a. F. Berücksichtigung finden. Die Abwägung hatte der BGH in dieser Entscheidung aber wieder in die Zahlungsklage verlegt, sodass die Härtegründe doch gegen den Zahlungsanspruch hätten geltend gemacht werden müssen, da auf diese auch nach dem BGH nicht verzichtet werden durfte.

Diese Entscheidung zeigt, von welch großer Bedeutung es war, die Vorschriften des § 554 BGB a. F. und des § 559 BGB a. F. im Gleichlauf zu sehen. Eine vollständig losgelöste Betrachtung konnte zu nicht sachgerechten Wertungswidersprüchen, die mit dem Mietrechtsänderungsgesetz zu beseitigen waren, führen.

II. Sondermieterhöhung bei gesetzlich verpflichtenden Maßnahmen

Anders als § 554 Abs. 2 BGB a. F. enthielt § 559 BGB a. F. einen Tatbestand zur Sondermieterhöhung, wenn aufgrund einer gesetzlichen Pflicht modernisiert wurde. Der Gesetzgeber hatte von der Einbeziehung gesetzlicher Pflichtmaßnahmen in § 554 Abs. 2 BGB a. F. bewusst abgesehen, um zu vermeiden, dass der Mieter sie unter Berufung auf Härtegründe konterkarieren konnte.[431] Der Vermieter hatte damit grundsätzlich einen Anspruch auf eine erhöhte Miete, wenn er bauliche Maßnahmen durchführen musste, die er nicht zu vertreten hatte.

430 BGH, Urteil vom 3. März 2004 – VIII ZR 149/03 = NJW 2004, 1738; BGH, Urteil vom 3. März 2004 – VIII ZR 153/03 = NZM 2004, 379; BGH, Urteil vom 3. März 2004 – VIII ZR 151/03 = WuM 2004, 288.

431 Begründung des RegE BT-Dr 14/4553, S. 49 = NZM 2000, 415, 436; Sternel, NZM 2010, 721, 726.

III. Keine Anwendung des § 559 BGB a. F. auf Gewerberaummietverhältnisse

Die Sondermieterhöhungsregel des § 559 BGB a. F. fand – im Unterschied zu § 554 BGB a. F. – auf die Vermietung von sonstigen Grundstücken, Gebäuden und Räumen (insb. Gewerbemietverhältnisse) keine Anwendung. Das ergab sich aus dem Fehlen eines Verweises in § 578 BGB a. F. auf § 559 BGB a. F.[432]

IV. Keine Anwendung des § 559 BGB a. F. bei Festmieten und auf Staffel- und Indexmietverträgen

War im Mietvertrag eine Festmiete vereinbart, so durfte der Vermieter keine Mieterhöhung vornehmen. Gleiches galt, wenn die Parteien die Anwendung des § 559 BGB a. F. ausdrücklich im Vertrag oder durch schlüssiges Verhalten[433] ausgeschlossen hatten. Die Zulässigkeit der Vereinbarung ergab sich aus § 557 Abs. 3 BGB.[434] Von einem konkludenten Ausschluss war beispielsweise dann auszugehen, wenn der Vermieter sich im Mietvertrag verpflichtet hatte, bestimmte Sanierungsmaßnahmen vorzunehmen.[435] Auch bei Staffelmietverträgen[436] und Indexmietverträgen[437] war eine Mieterhöhung aufgrund von Modernisierungsmaßnahmen ausgeschlossen, da schon von vornherein die Mieterhöhungen mietvertraglich geregelt waren. Einzige Ausnahme bei Indexmietverträgen waren Baumaßnahmen, die der Vermieter nach § 557 b Abs. 2 S. 2 BGB nicht zu vertreten hatte.

V. Bauliche Maßnahme als unterschiedliche Voraussetzung

Die Bestimmung des § 559 Abs. 1 BGB a. F. verlangte für sämtliche ihrer Tatbestandsalternativen – im Unterschied zu § 554 Abs. 2 BGB a. F. –, dass eine „bauliche Maßnahme“ vorlag. Der Begriff der „baulichen Maßnahmen“ war schon nach der alten Rechtslage entsprechend seinem Sinn und Zweck weit auszulegen.[438] Er umfasste daher einerseits sämtliche Maßnahmen, die zur Änderung der Bausubstanz führten, andererseits auch das Einbringen und die Änderung von

432 Staudinger/*Emmerich*, § 559 Rn. 16; Schmidt-Futterer/*Börstinghaus*, § 559 Rn. 41.
433 Zur Konkludenz im Mietvertrag, vgl. Artz, NZM 2005, 367-372.
434 Schmidt-Futterer/*Börstinghaus*, § 559 Rn. 28.
435 Sternel, III. Rn. 766.
436 § 557 a Abs. 2 BGB.
437 § 557 b Abs. 2 BGB.
438 Schmidt-Futterer/*Börstinghaus*, § 559 Rn. 41.

Gegenständen, die baulich mit dem Gebäude verbunden wurden und damit zu seinen Bestandteilen wurden, unter Umständen sogar sog. nur Scheinbestandteile im Sinne von § 95 BGB waren (wie z. B. die – feste – Verlegung von Teppichböden oder das Einbringen von Einbauküchen).[439] Abzugrenzen von der baulichen Maßnahme waren die Instandhaltungsmaßnahmen und Luxussanierungen, auch wenn im letzteren Fall baulich etwas Neues entstanden sein mag, da diese nicht im Interesse der Allgemeinheit oder im Interesse des Mieters lagen.[440] Im Fall von energetischen Verbesserungsmaßnahmen, wie das Anbringen von Wärmedämmungen oder der Austausch von zum Gebäude oder zur Wohnung gehörenden technischen Anlagen zur Heizung und Warmwasserbereitung, konnte daher kaum ein Zweifel bestehen, dass diese als bauliche Maßnahmen zu verstehen waren.

B. Energieeinsparung als gemeinsame Voraussetzung

Gemeinsames und wichtigstes Tatbestandsmerkmal für die Duldungspflicht wie auch die Modernisierungsmieterhöhung war das Vorliegen einer Modernisierungsmaßnahme. Nach § 554 Abs. 2 S. 1 BGB a. F. lag eine derartige Modernisierung u. a. bei Maßnahmen zur Einsparung von Energie oder Wasser vor. Im Gegensatz hierzu setzte die in § 559 Abs. 1 BGB a. F. enthaltene Legaldefinition einer Modernisierungsmaßnahme voraus, dass eine *nachhaltige* Einsparung von Energie oder Wasser bewirkt wurde. Um dieses zusätzliche Kriterium zu erfüllen, durfte die Einsparung nicht nur vorübergehend bestehen.[441] Sie musste demnach von Dauer und messbarem Umfang sein.[442] Nach einem Rechtsentscheid des BGH[443] war es nicht erforderlich, dass die Nachhaltigkeit einen bestimmten Umfang erreichte, sodass auch eine unerhebliche aber dauerhafte Einsparung nachhaltig war.[444] Damit war die Rechtsprechung, die dies gelegentlich verlangt hat, überholt.

Trotz des unterschiedlichen Wortlauts deckte sich der Modernisierungsbegriff der Normen in wesentlichen Teilen. Auch wenn in § 554 Abs. 2 BGB a. F. auf das in § 559 Abs. 1 BGB a. F. allen Tatbestandsalternativen gemeinsame Merkmal der Nachhaltigkeit verzichtet wurde, war hinsichtlich der Bestimmung des

439 Schmidt/Futterer/*Börstinghaus*, § 559 Rn. 44 m. w. N.
440 MünchKomm/*Artz*, § 559 Rn. 11.
441 Prütting/Wegen/Weinreich/*Elzer*, § 559 Rn 8.
442 Schmidt-Futterer/*Börstinghaus*, § 559 Rn. 70.
443 BGH, RE vom 10. April 2002 – VIII ARZ 3/91, NZM 2002, 519 = ZMR 2002, 503; vgl. auch LG Berlin, Urteil vom 28. Januar 2003 – 64 S 390/99 = ZMR 2003, 932.
444 BGH, WuM 2004, 155; Soergel/*Heintzmann*, § 559 Rn. 10.

Modernisierungsbegriffs von einem grundsätzlichen Gleichlauf zwischen Duldungspflicht und Mieterhöhungsrecht auszugehen.[445]

Die Frage, ob es bei der nachhaltigen Energieeinsparung zu einer mieterseitigen (End-) Energieeinsparung kommen musste, war auch bei § 559 BGB a. F. relevant. Die hierzu vertretenen Auffassungen, ob dies der Fall sein musste, ließen sich grundsätzlich auch auf § 559 BGB a. F. übertragen.[446] Im Ergebnis kam es nicht auf eine konkrete Energieeinsparung beim Mieter an, da die Einsparung von Primärenergie bereits vom Normtatbestand erfasst wurde.

C. Begründung des Mieterhöhungsverlangens – § 559 b BGB a. F.

Hatte der Vermieter eine (energetische) Modernisierung durchgeführt, so konnte er die Miete im vorgegeben Rahmen auch nach der alten Rechtslage erhöhen. Die Erhöhung der Miete war ebenso wie heute an bestimmte Formalien geknüpft, die von § 559 b Abs. 1 BGB a. F. vorgegeben wurden. So hatte der Vermieter die Mieterhöhung in Textform zu erklären. In dem Mietererhöhungsverlangen war die Erhöhung anhand von Berechnungen und im Hinblick auf die Voraussetzungen des § 559 BGB a. F., also im Falle einer energetischen Sanierung, das Vorliegen einer Energieeinsparung zu erläutern. Fehlte diese Erläuterung, so war die Erklärung unwirksam, aber ohne Entfaltung einer Rückwirkung nachholbar.[447] Absatz 2 der Vorschrift enthielt die Rechtsfolgen der Erklärung des Mieterhöhungsverlangens. Grundsätzlich schuldete der Mieter hiernach die erhöhte Miete mit Beginn des dritten Monats nach Zugang der Erklärung. Mit der Mieterhöhung wurde der Mietvertrag einseitig geändert.[448] Die neue – erhöhte Miete – wurde Teil der Miete und damit fester Bestandteil des Vertrages.[449]

War der Mieter mit der Mieterhöhung nicht einverstanden und nicht bereit, die neue Miete zu akzeptieren, so konnte er nach § 561 BGB das Mietverhältnis außerordentlich kündigen. Die als Schutzvorschrift zu qualifizierende Kündigungs-

445 Begründung des Gesetzentwurfs zur Mietrechtsreform, BT-Drs. 14/4553, S. 58; eingehend zum Verhältnis von § 554 BGB und § 559 BGB zueinander: MünchKomm/*Artz*, § 559 Rn. 8; Bamberger/Roth/*Ehlert*, BGB, § 559 Rn. 10.

446 Vgl. LG Berlin, GE 1988, 731; LG Hamburg, WuM 2002, 375; eingehend Eisenschmid, WuM 2006, 119-122; Schmidt-Futterer/*Eisenschmid*, § 554 Rn. 152; Meyer-Harport, NZM 2006, 524; a. A. aber schon vor der Entscheidung des BGH (NJW 2008, 3630 = WuM 2008, 687): LG Berlin, GE 2005, 1193; GE 2007, 849; LG Hamburg, NZM 2006, 536; Lammel, WohnraummietR, § 554 Rn. 48; Staudinger/*Emmerich*, § 554 Rn. 19; MünchKomm/*Bieber*, § 554 Rn. 18.

447 Gramlich, § 559b; Palandt/*Weidenkaff*, § 559b Rn. 3.

448 Palandt/*Weidenkaff*, § 559b Rn. 4.

449 BGH, NJW 2006, 1126.

regelung, die es bereits in § 9 MHG[450] gab, war sowohl auf Mieterhöhungen nach § 559 BGB a. F. als auch nach § 558 BGB anwendbar. Sie gab dem Mieter die Möglichkeit, auf die einseitig erklärte Mieterhöhung zu reagieren und das Vertragsverhältnis einseitig aufzulösen.[451] Damit ist sie Ausdruck des allgemeinen Rechtsgedankens, dass keiner Vertragspartei von der anderen Partei eine Anpassung eines Vertrages aufgezwungen werden darf. Der Vermieter hatte somit lediglich ein Anpassungsbestimmungs-, aber kein Anpassungserzwingungsrecht.[452] Der Mieter hatte damit mehrmals die Möglichkeit, auf die energetische Modernisierungsmaßnahme zu reagieren, insbesondere einmal in Bezug auf die Ankündigung der Maßnahme zur Begründung der Duldungspflicht und einmal hinsichtlich der Mieterhöhung. Damit wurde ein recht hoher Mieterschutz gewährleistet. Gleichzeitig musste der Vermieter fürchten, dass der Mieter von seinem Kündigungsrecht Gebrauch machte. Dadurch, dass die Vorschrift auch galt, wenn die Parteien wirksam das Kündigungsrecht des Mieters ausgeschlossen oder einen befristeten Vertrag geschlossen hatten,[453] verschärfte sich die Situation für den Vermieter, da dieser dem Mieter durch sein Mieterhöhungsverlangen ein ansonsten überhaupt nicht bestehendes Kündigungsrecht eröffnete.[454] Der Vermieter musste daher in diesen Fällen im Vorfeld abwägen, ob er eine Kündigung seines Mieters riskieren wollte. Ob die mögliche Kündigung den Vermieter aber von einer energetischen Modernisierung insgesamt abhalten konnte, war fraglich. Hierzu gab es keine empirischen Untersuchungen. Teilweise wurde die Auffassung vertreten, dass dem Sonderkündigungsrecht nur eine geringe praktische Bedeutung zukomme.[455] Dadurch, dass der Vermieter bereits in der Modernisierungsankündigung Angaben zur künftigen Mieterhöhung machen musste, der Mieter somit bereits in Kenntnis gesetzt wurde, was ihn wirtschaftlich erwartete, war tatsächlich nur von einer geringeren praktischen Bedeutung auszugehen, wenn der Mieter bereits von seinem Sonderkündigungsrecht nach § 554 Abs. 3 S. 2 BGB a. F. Gebrauch machte, er also nach Zugang der Modernisierungsankündigung das Mietverhältnis bereits außerordentlich beenden wollte.

In Bezug auf die zeitlichen Voraussetzungen sieht die durch das Mietrechtsänderungsgesetz unveränderte Regelung in § 561 BGB vor, dass das Mietverhältnis bis zum Ablauf des zweiten Monats nach Zugang der Erklärung des Vermieters das Mietverhältnis außerordentlich gekündigt werden kann. Die Kündigung wird wirksam zum Ablauf des übernächsten Monats. Es ist damit zu

450 BGBl. I S. 1542; Sonderkündigungsrecht im MHG und BGB geht auf § 11 Abs. 1 WoBindG zurück.
451 Schmidt-Futterer/*Börstinghaus*, § 561 Rn. 6 ff.
452 MünchKomm/*Artz*, § 561 Rn. 1.
453 Schmidt-Futterer/*Börstinghaus*, § 561 Rn. 8.
454 MünchKomm/*Artz*, § 561 Rn. 9.
455 MünchKomm/*Artz*, § 561 Rn. 9; Derleder, JA 1977, 436, 441.

unterscheiden zwischen Überlegungsfrist und Kündigungsfrist.[456] Ist beispielsweise die Mieterhöhungserklärung im März eines Jahres zugegangen, so endet die Überlegungsfrist Ende Mai. Die Mieterhöhung wird mit Beginn des Juni wirksam (vgl. § 559 b Abs. 2 S. 1 BGB). Der Mieter kann sich demnach bis einen Tag vor Wirksamwerden der Mieterhöhung überlegen, ob er kündigen möchte. Hat er sich für eine Kündigung entschieden, so wird diese zum Ende des Monats Juli wirksam. Das Mieterhöhungsverlangen gegenüber dem Mieter wird für ihn wirtschaftlich bedeutungslos.[457]

D. Wirtschaftlichkeitsgrundsatz als Grenze

Bei Maßnahmen nach § 554 Abs. 2 BGB a. F. war umstritten, ob die Maßnahme in einem sinnvollen Verhältnis zu den dafür aufgewendeten Kosten stehen musste, also wirtschaftlich sein musste. War der Mieter zur Duldung des Umbaus verpflichtet, stellte sich die weitere Frage, ob zu seinen Gunsten eine Begrenzung der Umlagefähigkeit der entstandenen Modernisierungskosten über das Gebot der Wirtschaftlichkeit im Rahmen der Sondermieterhöhung vorzunehmen war. Ob bei einer modernisierungsbedingten Mieterhöhung das Gebot der Wirtschaftlichkeit zu beachten war, war umstritten.

Teilweise wurde hinsichtlich einer Mieterhöhung wegen energiesparender Modernisierungsmaßnahmen im preisfreien Wohnraum die Meinung vertreten, dass der Betrag der Mieterhöhung im Verhältnis zu der für den Mieter zu erwartenden Ersparnis von Heizkosten stehen musste. Auch die Zulässigkeit der Mieterhöhung sei durch das Gebot der Wirtschaftlichkeit begrenzt.[458] Die Begrenzung wurde auch aus dem Gebot der Rücksichtnahme aus § 242 BGB entnommen. Der Mieter sollte nicht mit den finanziellen Folgen wirtschaftlich unsinniger Maßnahmen belastet werden.[459] Dementsprechend hatte das OLG Karlsruhe in einem Rechtsentscheid vom 20. September 1984[460] eine Mieterhöhung wegen energieeinsparender Maßnahmen der Höhe nach dadurch begrenzt, dass sie nicht außer Verhältnis zu der vom Mieter durch die Maßnahme zu erwartenden

456 Schmidt-Futterer/*Börstinghaus*, § 561 Rn. 35.

457 Ebd., § 561 Rn. 45.

458 OLG, Karlsruhe OLGZ 1985, 252 = ZMR 1984, 411 = WuM 1985, 17 unter Berufung auf § 13 ModEnG; Sternel, III Rn. 778; Schmidt-Futterer/*Börstinghaus*, § 559 Rn. 81 ff.; MünchKomm/*Voelskow*, MHG, § 3 MHG Rn. 10.

459 Staudinger/*Emmerich*, § 559 Rn. 34; Schmidt-Futterer/*Eisenschmid*, § 535 Rn. 111; LG Köln, ZMR 1998, 562; LG, Lüneburg WuM 2001, 83; Bamberger/Roth/*Ehlert*, § 559 Rn. 19; Palandt/*Weidenkaff*, § 559 Rn. 13.

460 OLG Karlsruhe, RE WuM 1985, 17.

Einsparung an Heizkosten stehen durfte.[461] Umstritten war dabei allerdings, bis zu welcher Grenze eine Modernisierungsmieterhöhung die Heizkostenersparnis übersteigen durfte.[462] Verschiedentlich wurde hiernach die Erhöhung der Miete auf das Doppelte[463] oder Dreifache[464] der Heizkostenersparnis begrenzt. Die damit festgelegten Kappungsgrenzen räumte dienten nicht nur dem Mieter, sondern räumten dem Wirtschaftlichkeitsgebot eine eigene Geltung gegenüber dem Umweltschutzziel der Allgemeinheit ein.

Diesem stand die Rechtsprechung des BGH entgegen, der durch sein Urteil vom 3. März 2004[465] das Wirtschaftlichkeitsgebot insoweit ausdrücklich verworfen hat. Der Umfang der Mieterhöhung war nach der Entscheidung des BGH nicht auf das dadurch bewirkte Maß der Kostenersparnis begrenzt.[466] Maßgeblich war allein die nachhaltige Energieeinsparung, ohne dass es sich für den Nutzer rentieren musste. Der Grundsatz der Wirtschaftlichkeit konnte nicht als einschränkendes Tatbestandsmerkmal in § 559 Abs. 1 BGB a. F. verstanden werden,[467] da für eine „Kappungsgrenze" schon keine gesetzliche Grundlage bestand. Dies ergab sich bereits aus dem Wortlaut der Norm, in dem lediglich auf die Energieeinsparung und nicht auf eine Energiekosteneinsparung abgestellt wurde. Der BGH[468] hob insoweit hervor, dass der Gesetzgeber im Hinblick auf den vom Gesetz allein verfolgten Zweck einer Energieeinsparung im volkswirtschaftlichen Interesse und wegen der umweltpolitischen Zielrichtung der §§ 559 ff. BGB a. F. von einem begrenzenden Tatbestandsmerkmal abgesehen hatte. Der Regierungsentwurf zu § 3 MHG, der Vorgängervorschrift des § 559 BGB, enthielt zum Schutz der Mieter eine Kappungsgrenze. Hiernach sollte die durch Modernisierungsmaßnahmen erhöhte Miete 10 % der ortsüblichen Vergleichsmiete nicht übersteigen dürfen.[469] Diese Kappungsgrenze wurde im weiteren Gesetzgebungsverfahren mit der Begründung nicht weiter verfolgt, dass bei einer solchen Regelung die Durchsetzung von Mieterhöhungen beeinträchtigt und dadurch der Anreiz zur dringend notwendigen Modernisierung oft entfallen

461 Wilcken, NZM 2006, 521.
462 Schmidt-Futterer/*Börstinghaus*, § 559 Rn. 81.
463 LG Köln, ZMR 1998, 562; LG Lüneburg WuM 2001, 83; Bamberger/Roth/*Ehlert*, § 559 Rn. 19; Palandt/*Weidenkaff*, § 559 Rn. 13
464 LG Berlin, MM 1994, 396.
465 BGH, Urteil vom 3. März 2004 – VIII ZR 151/03 = WuM 2004, 288-290; wie BGH, Urteil vom 3. März 2004 – VIII ZR 149/03 = WuM 2004, 285 = NJW 2004, 1738-1740 = NZM 2004, 336-339.
466 BGH, WuM 2004, 285 = NJW 2004, 1738-1740 = NZM 2004, 336-339.
467 Herrlein/Kandelhard/*Both*, § 559 Rn. 71f.
468 BGH, WuM 2004, 285 = NJW 2004, 1738-1740 = NZM 2004, 336-339.
469 Entwurf eines Zweiten Gesetzes über den Kündigungsschutz für Mietverhältnisse über Wohnraum, BT-Drs. 7/2011 S. 5, 11 f.

würde.[470] Auch der Vorstoß des Ausschusses für Raumordnung, Bauwesen und Städtebau im Deutschen Bundestag zu dem Entwurf des Ersten Gesetzes zur Änderung des Wohnungsmodernisierungsgesetzes mit dem Ziel, in § 3 MHG eine Härtefallregelung einzufügen, wonach der Vermieter insoweit nicht zu einer Mieterhöhung wegen Modernisierung berechtigt sein sollte, als die Mieterhöhung in einem erheblichen Missverhältnis zu den für den Mieter zu erwartenden Vorteilen stehe,[471] wurde in dem Gesetzgebungsverfahren nicht berücksichtigt. Demnach spielte das Gebot der Wirtschaftlichkeit im Rahmen des § 559 BGB a. F. keine Rolle. Die Tatsache, dass ein Mieter durch eine Modernisierung Nebenkosten einspart, ist bloßer Rechtsreflex. Ein Anspruch hierauf bestand nicht. Unter Berücksichtigung umweltfreundlicher Aspekte beim Energieträgerwechsel konnte es sogar teurer werden.[472] Eine durch Mieterhöhung gestaltete Umlage der Modernisierungskosten war somit auch dann möglich, wenn für den Mieter eine Kosteneinsparung ausblieb. Der BGH leitete dies zu Recht aus dem hinter der Vorschrift stehenden öffentlichen Interesse am Umweltschutz ab, welches über dem Kosteninteresse des Mieters zu verorten ist.[473] Dass der Gesetzgeber die Anwendung des Wirtschaftlichkeitsgrundsatzes in den §§ 556, 560 BGB kodifiziert und in den Gesetzgebungsmaterialien[474] ausdrücklich die Modernisierungsmieterhöhung nach § 559 BGB a. F. als Beispiel für die Anwendung des Wirtschaftlichkeitsgrundsatzes genannt hat, stand dieser Annahme nicht entgegen. Hierbei dachte der Gesetzgeber nicht an eine Begrenzung im Sinne einer Kappungsgrenze, die der Mieter entgegenhalten konnte, sondern vielmehr an die Verwirklichung eines allgemeinen bereits bestehenden Grundsatzes, an den der Vermieter deutlicher hingewiesen werden sollte.[475] Hinter dem Grundsatz standen zum einen die Überlegungen, dass den immer weiter steigenden Betriebskosten (z. B. in Form von Heiz- und Stromkosten) entgegengewirkt werden sollte, da die Gefahr bestand, dass der Vermieter die Folgen unwirtschaftlicher Versorgung an den Mieter weitergab, indem er diese Kosten regelmäßig auf den Mieter umlegte, der Vermieter also ob der Umlagemöglichkeit kein Interesse an einer sparsamen Bewirtschaftung der Mietsache hatte und deswegen beispielsweise grundlos den teuersten Handwerker beauftragte.[476] Zum anderen verlangte der

470 Bericht des Rechtsausschusses, BT-Drs. 7/2638 S. 4.
471 BT-Drs. 8/1782 S. 6.
472 Derleder, ZWE 2012, 65, 67.
473 Grundlegend BGH, Urteil vom 3. März 2004 – VIII ZR 149/03 = NJW 2004, 1738; so auch: AG Lichtenberg, NJW-RR 2003, 1309; Schläger, ZMR 2002, 580, 581; Blümmel, GE 2002, 1244; Lammel, WohnraummietR, § 559 Rn. 11, 27; Kinne, ZMR 2003, 396, 402.
474 BT-Drs. 14/5663, S. 79.
475 BT- Drs. 14/5663, S. 81.
476 Soergel/*Heintzmann*, § 559 Rn. 17, 22.

Umweltschutz einen verantwortungsvollen Umgang mit Ressourcen. Über den Grundsatz der Wirtschaftlichkeit sollte der Vermieter angehalten werden, bei der Bewirtschaftung seines Eigentums möglichst sparsam vorzugehen, um so effektiv durch weniger Energieverbrauch die Umwelt zu schonen.[477]

Im Hinblick auf das Mietrechtsänderungsgesetz bedeuteten diese Aspekte, die zusammenfassend gesagt dem Mieter und der Allgemeinheit dienen, dass der Vermieter angehalten ist, nur solche Kosten auf den Mieter umzulegen, die bei gewissenhafter Abwägung aller Umstände und bei ordentlicher Geschäftsführung gerechtfertigt sind.[478] Der Vermieter muss sich fragen lassen, ob er die Investitionen auch getätigt hätte, wenn er die Kosten nicht umlegen könnte. Keinesfalls sind hier aber zu strenge Maßstäbe anzusetzen, da der Vermieter eine Dispositionsfreiheit zur Verfügung stehen muss, wie er mit seinem Eigentum umgeht. Der Vermieter ist zudem keinesfalls verpflichtet, den billigsten Anbieter für Leistungen, die der Mieter beansprucht, auszuwählen, solange sachliche Gründe für den gewählten Anbieter sprechen.

Sind es sachlich-vernünftige Gründe, die für die konkrete Auswahl sprechen, war ein Verstoß gegen das Wirtschaftlichkeitsgebot abzulehnen.[479] Beeinflussen hingegen „Willkür oder sachfremde Interessen" die Auswahl, konnte bereits damals ein Verstoß gegen das Gebot der Wirtschaftlichkeit hingegen vorliegen.[480] Der Verstoß gegen das Wirtschaftlichkeitsgebot kann damit lediglich einen Schadensersatzanspruch nach § 280 Abs. 1 BGB zur Folge haben. Einen Einwand gegen die Sondermieterhöhung begründet er aus den obigen Erwägungen allerdings nicht.

Aus Sicht des Mieters ist dieses Ergebnis grundsätzlich nicht zufriedenstellend, was an einem Rechenbeispiel deutlich wird. Wurden in einer Wohnung mit 50 m^2 20.000 €[481] für eine energetische Modernisierung investiert, erhöhte sich die monatliche Miete um 183 € oder 2.200 € pro Jahr. Selbst bei einer jährlichen Kostenersparnis von 70 bis 80 € ist dieses Ergebnis aus der Perspektive des Mieters durchaus unbefriedigend.

Entschied man sich allerdings auch nach damaliger Rechtslage konsequenterweise für den Klimaschutz, so war eine Mieterhöhung in dieser Größenordnung grundsätzlich hinzunehmen. Daraus folgte jedoch nicht, dass der Mieter gegenüber Modernisierungsmieterhöhungen schutzlos gestellt war. Der Mieter konnte einen Kosteneinwand geltend machen, wenn es zu einer individuellen Härte

477 Vgl. Börstinghaus, WuM 2010, 538-545.

478 § 20 Abs. 1 Satz 2 Verordnung über die Ermittlung der zulässigen Miete für preisgebundene Wohnungen.

479 Börstinghaus, WuM 2010, 538, 539.

480 Betriebskostenkommentar/*Rips*, Rn. 1377.

481 Die durchschnittlichen Investitionskosten für energetische Modernisierung betragen pro m^2 350 bis 450 €.

kam. Diese Prüfung war im Rahmen des § 554 BGB a. F. relevant, für § 559 BGB a. F. war sie hingegen unbeachtlich. Etwas anderes konnte nur dann gelten, wenn es erst gar nicht zu einer Härtefallabwägung gekommen war. Da eine Modernisierungsmieterhöhung nach der BGH-Rechtsprechung auch möglich war, wenn keine Ankündigung einer duldungspflichtigen Maßnahme erfolgt war, konnte der Einwand der Unwirtschaftlichkeit nur in diesem Fall im Rahmen der Sondermieterhöhung erhoben werden. Im Übrigen galt der Grundsatz der Wirtschaftlichkeit damals wie heute nur als allgemeiner Grundsatz, der aufgrund unsinniger Maßnahmen einen Schadenersatzanspruch wegen Verletzung einer Nebenpflicht auslösen kann.[482] Im Sinne eines effektiven Klimaschutzes und eines praktikablen Mietrechts musste der Einwand im Rahmen der Sondermieterhöhung allerdings nach alter Rechtslage unbeachtlich bleiben.

E. Sondermieterhöhung in der Praxis

Der Regelung des § 559 BGB a, F. entsprechend konnte eine energetische Modernisierung zu einer Sondermieterhöhung führen, wenn die oben genannten Voraussetzungen gegeben waren. Der Vermieter konnte in diesem Fall die Miete um 11 % der für die Wohnung aufgewendeten Kosten auf die Jahresmiete umlegen. Die Grenze von 11 % bildete damals wie heute eine Obergrenze. Der Vermieter war aber keineswegs verpflichtet, den Rahmen voll auszuschöpfen. Oftmals blieb er unterhalb dieser Grenze, da er fürchten musste, dass der Mieter von seinem Sonderkündigungsrecht Gebrauch machte und die Wohnung im energetisch modernisierten Zustand leer stand. Aus diesen Erwägungen heraus erhöhte der Vermieter die Miete häufig nur soweit, wie der Mieter es finanziell verkraften konnte. Dies bedeutete, dass er schon aus diesem Grund aus eigenem Interesse oft an der Einhaltung des Grundsatzes der Wirtschaftlichkeit interessiert war. Nach einer Umfrage des Instituts der Deutschen Wirtschaft (IW Köln) und der Kreditanstalt für Wiederaufbau wurde in 36 % aller Fälle von einer Mieterhöhung abgesehen. In 3 % der Fälle wurde die Miete nach der Modernisierung gesenkt.[483] Ähnliche Ergebnisse hat auch eine Studie des Bochumer Forschungsinstituts InWIS ergeben.[484] Hierdurch wird die Annahme bestätigt, dass der Vermieter insoweit ein eigenes Interesse an der Einhaltung des Wirtschaftlichkeitsgrundsatzes hatte.

482 BGH, NZM 2008, 78 Rn. 15.; Schutz vor unsinnigen Maßnahmen aus § 242 BGB, vgl. Staudinger/*Emmerich*, § 559 Rn. 34.

483 KfW/IW Köln Wohngebäudesanierer-Befragung 2010.

484 InWIS, „Wege aus dem Vermieter-Mieter-Dilemma“, 2011.

8. Kapitel – Neuregelung der Duldungspflicht

A. Entstehung der Norm

Am 26. Oktober 2009 beschlossen die Regierungsparteien CDU/CSU und FDP ihren Koalitionsvertrag für die 17. Legislaturperiode des Deutschen Bundestages. Die Vereinbarung über die politischen Leitlinien der Koalition der nächsten vier Jahre sah auch eine Überarbeitung des Mietrechts vor. Aufgrund der klimapolitischen Ziele und der Energieeinsparpotenziale im Wohnungsbestand sollte das Mietrecht im Bereich der energetischen Modernisierung überarbeitet werden.[485] Damit setzten die Parteien den Grundstein für das Gesetz über die energetische Modernisierung von vermietetem Wohnraum und über die vereinfachte Durchsetzung von Räumungstiteln (Mietrechtsänderungsgesetz).

Das Bundesministerium der Justiz kam diesem politischen Willen nach und erarbeitete einen Gesetzentwurf, der im Oktober 2010 inoffiziell bekannt wurde. Allerdings wurde der Vorschlag nicht als Referentenentwurf bezeichnet, sondern als Initiator-Entwurf.[486] Der Vorschlag, der bis auf die Abstimmung mit den anderen Bundesministerien bereits sämtliche Anforderungen an einen Referentenentwurf erfüllte, enthielt als Artikelgesetz zur Umsetzung der politisch getroffenen Vereinbarung zahlreiche Vorschläge zur Änderung der maßgeblichen Gesetze. Für den Bereich der energetischen Modernisierung wurde in Artikel 1 des Mietrechtsänderungsgesetzes ein eigenes Kapitel (Kapitel 1a Erhaltungs- und Modernisierungsmaßnahmen) im BGB vorgeschlagen. In diesem Kapitel wurde das Recht der Duldung von Erhaltungs- und Modernisierungsmaßnahmen neu geregelt. Gleichzeitig wurden die Vorschriften zur Sondermieterhöhung nach

485 Koalitionsvertrag zwischen Union und FDP vom 26. Oktober 2009, S. 28: „*Die Hürden im Mietrecht für eine energetische Sanierung zum gemeinsamen Vorteil von Eigentümern und Mietern werden gesenkt, die bestehenden Möglichkeiten der gewerblichen Wärmelieferung (EnergieContracting)im Mietwohnungsbereich erweitert. Baumaßnahmen, die diesem Zweck dienen, sind zu dulden und sollen nicht zur Mietminderung berechtigen.*" S. 109: „*Wir wollen das Mietrecht auf seine Ausgewogenheit hin überprüfen und dabei seinen sozialen Charakter wahren. Wir wollen klima- und umweltfreundliche Sanierungen erleichtern und dabei die freie Entscheidung des Vermieters beibehalten. Baumaßnahmen, die diesem Zweck dienen, sind zu dulden und berechtigen nicht zur Mietminderung.*".

486 Der Gesetzentwurf wurde offiziell nicht durch das BMJ veröffentlicht. Der Begriff des Initiator-Entwurfs ist in der Gesetzgebung nicht gebräuchlich. Im Unterschied zum Referentenentwurf handelt es sich dabei um einen Gesetzvorschlag, der noch nicht mit den anderen Ressorts und den Ländern abgestimmt ist.

Modernisierung angepasst. Dadurch, dass der Gesetzgeber ein neues Kapitel eingeführt hat, musste er nicht im Detail auf dem bestehenden Normmaterial aufsetzen, sondern konnte „auf der grünen Wiese" die normative Neusystematisierung einrichten.[487] Die bisherigen Vorschriften (§§ 554, 559 BGB ff. a. F.) wurden aus Sicht des Ministeriums den Anforderungen nicht mehr gerecht, die an vermieteten Wohnraum im Hinblick auf Klimaschutz und Energieeffizienz gestellt werden. Durch die Entscheidung des Gesetzgebers, ein eigenes Kapitel zu schaffen, den bisherigen § 554 BGB a. F. zu streichen und die bisher in dieser Vorschrift zentral zusammengefassten Regelungen in eigenen Normen nicht nur zugunsten der Übersichtlichkeit zu kodifizieren, wurde der gestiegene Stellenwert des Mietrechts in Bezug auf Energieeffizienz deutlich. Inhaltlich wurde an der Struktur des § 554 BGB a. F. festgehalten, die bisherigen Bereiche aber deutlich differenzierter ausgestaltet. So sah bereits dieser Entwurf eine deutliche Überarbeitung der Pflicht zur Duldung von Modernisierungsmaßnahmen vor. Diese Überarbeitung bezog sich vor allem auf die Festlegung der Maßnahmen, die der Mieter im Fall einer Modernisierung zu dulden hat. Bisher enthielt § 554 Abs. 2 BGB a. F. nur einige Fallgruppen. Die mit dem Initiatorentwurf vorgeschlagene Regelung enthielt erstmals eine Legaldefinition der energetischen Modernisierung, der nicht nur für die Duldungspflicht, sondern auch für die Sondermieterhöhung, die in einem überarbeiteten § 559 BGB-E verbleiben sollte, von zentraler Bedeutung sein sollte. Nach dem Vorschlag wurden

> „bauliche Maßnahmen, durch die nachhaltig der Wasserverbrauch reduziert wird oder durch die nachhaltig Primär- oder Endenergie oder Energie effizienter genutzt oder das Klima auf sonstige Weise geschützt wird"

als energetische Modernisierung legaldefiniert.[488] Eine Duldungspflicht des Mieters sollte dann vorliegen,

> „(1.) wenn der Vermieter rechtlich verpflichtet ist, die Maßnahmen durchzuführen, oder (2.) wenn es sich um eine energetische Modernisierung handelt, zu der der Vermieter rechtlich nicht verpflichtet ist und für die er keine Mieterhöhung nach § 559 BGB verlangt"[489].

487 Dietrich, ZMR 2012, 241, 242.

488 Vgl. § 555b Abs. 1 Nr. 1 BGB-E Duldung von Modernisierungsmaßnahmen i. d. F. d. Initiatorentwurfs von Oktober 2010.

489 Vgl. § 555b Abs. 2 BGB-E Duldung von Modernisierungsmaßnahmen i. d. F. d. Initiatorentwurfs von Oktober 2010.

Für eine Pflicht zur Duldung und die Möglichkeit einer Sondermieterhöhung nach § 559 BGB-E sollte daher entscheidend sein, dass der Vermieter zur Durchführung der Maßnahme auch rechtlich verpflichtet ist. Der Vermieter ist bis auf wenige Ausnahmen (bspw. §§ 10, 10 a EnEV) nicht zu einer Sanierung verpflichtet, sodass angenommen werden konnte, dass die Neuregelung mangels rechtlicher Verpflichtung ins Leere gelaufen wäre. Diese Auffassung vertraten jedenfalls die wohnungs- und immobilienwirtschaftlichen Verbände.[490] Nach anderer Lesart hätte die rechtliche Verpflichtung nicht das „Ob" der Sanierung, sondern das „Wie" betroffen. Dies hätte bedeutet, dass eine energetische Modernisierung nur dann duldungspflichtig und ihre Kosten umlagefähig wären, wenn der Vermieter bei der Ausführung die Vorgaben beispielsweise der EnEV beachtet hätte, zu deren Einhaltung er bei der Bauausführung verpflichtet gewesen wäre (vgl. § 9 EnEV). Von der missverständlichen Formulierung hat das Ministerium im weiteren Abstimmungsverfahren wieder Abstand genommen.

Ein weiterer inoffizieller Entwurf verzichtete auf das Erfordernis einer rechtlichen Verpflichtung. Wie das Papier aus dem Oktober 2010, so enthielt auch dieses Arbeitspapier, welches auf den 11. Mai 2011[491] datiert war, eine sehr weite Legaldefinition einer energetischen Modernisierung:

> „Modernisierungsmaßnahmen sind Veränderungen zur Verbesserung der Mietsache oder sonstiger Gebäudeteile, insbesondere bauliche Maßnahmen, 1. durch die nachhaltig der Wasserverbrauch reduziert wird oder durch die nachhaltig Primär- oder Endenergie eingespart oder Energie effizienter genutzt oder das Klima auf sonstige Weise geschützt wird (energetische Modernisierung)."[492]

Nach der vorgeschlagenen Regelung zur Duldungspflicht sollten Modernisierungsmaßnahmen, wozu auch die energetische Modernisierung gehört, eine Duldungspflicht des Mieters begründen.[493] Gleiches sollte für die Sondermieterhöhung nach § 559 BGB-E gelten, die auch in der Fassung vom 11. Mai 2011 vorgesehen war. Durch diesen Vorschlag sollte insoweit ein vollständiger Gleichlauf von Duldungspflicht und Sondermieterhöhung hergestellt werden.[494] Beide Regelungen teilten sich denselben Modernisierungsbegriff.

Im Gegensatz zu dem Initiatorentwurf und der alten Rechtslage gestatte das Arbeitspapier vom 11. Mai 2011 die Berücksichtigung von öffentlichen Interes-

490 Gesamtverband der Deutschen Wohnungswirtschaft (GdW) – Pressemitteilung vom Oktober 2010.
491 NZM 2011, 424-451.
492 § 555b Nr. 1 BGB-E Referentenentwurf vom 11. Mai 2011, vgl. NZM 2011, 424, 426.
493 § 555d Abs. 1 BGB-E i. d. F vom 11. Mai 2011, vgl. NZM 2011, 424, 426.
494 Kritisch zur „Verkopplung" von Duldungspflicht und Sondermieterhöhung, Derleder, KJ 2011, 158, 165f.

sen bei der Härtefallprüfung. Ebenfalls neu war, dass die zu erwartende Mieterhöhung bei der Interessenabwägung, die zur Feststellung einer Duldungspflicht erforderlich vorzunehmen ist, nicht berücksichtigt werden sollte. In der geplanten Vorschrift des § 555 d Abs. 2 BGB-E hieß es:

> „Eine Duldungspflicht nach Absatz 1 besteht nicht, wenn die Modernisierungsmaßnahme für den Mieter, seine Familie oder einen Angehörigen seines Haushalts eine Härte bedeuten würde, die auch unter Würdigung der berechtigten Interessen sowohl des Vermieters als auch anderer Mieter in dem Gebäude sowie von Belangen der Energieeffizienz und des Klimaschutzes nicht zu rechtfertigen ist. Die zu erwartende Mieterhöhung einschließlich der künftigen Betriebskosten bleibt bei der Abwägung außer Betracht; sie ist nur im Rahmen des § 559 Absatz 4 zu berücksichtigen.“[495]

Auch in dem Referentenentwurf vom 25. Oktober 2011,[496] der den Ländern und den Verbänden zur Stellungnahme zugeleitet und mit ihnen angestimmt wurde, hielt man an diesem Konzept fest, öffentliche Interessen zu berücksichtigten und den Einwand der Mieterhöhung im Rahmen des Zahlungsverfahrens zu prüfen. Anders verhielt es sich hingegen mit den Voraussetzungen der Duldungspflicht und der Sondermieterhöhung. Nach dem Entwurf vom 25. Oktober 2011 sollten für die Duldungspflicht und die Sondermieterhöhung kein einheitlicher Modernisierungsbegriff Verwendung finden. Offenbar wurde verstanden, dass der Gleichlauf der Modernisierungsbegriffe nicht aufrechterhalten werden konnte, da wahrscheinlich die Gefahr erkannt wurde, dass der Mieter finanziell mit jedweden Maßnahmen (über-)belastet werden könnte. Nach dem Entwurf vom 25. Oktober 2011 sollten der Duldungspflicht und der Modernisierungsmieterhöhung unterschiedliche Begriffe in Bezug auf energetische Maßnahmen zugrunde gelegt werden, ein weiter (§ 555 b Nr. 1, 2 BGB-E) für die Pflicht zur Duldung nach § 555 d Abs. 1 BGB-E ein und ein engerer für die Sondermieterhöhung nach § 559 Abs. 1 BGB-E (§ 555 b BGB Nr. 1 BGB-E). Im Gegensatz zum Vorentwurf sollte nur noch der enge Begriff als energetische Modernisierung legaldefiniert werden. In der neuen Nr. 2 verzichtete der Gesetzgeber auf die für eine Legaldefinition typischen Klammern.

> „§ 555 b BGB-E
>
> Modernisierungsmaßnahmen sind bauliche Veränderungen zur Verbesserung
>
> der Mietsache oder sonstiger Gebäudeteile, durch die in Bezug auf die Mietsache Endenergie oder nicht erneuerbare Primärenergie nachhaltig eingespart wird (energetische

495 § 555 d Abs. 2 BGB-E i. d. F vom 12. Mai 2011.
496 Referentenentwurf des BMJ, Stand: 25. Oktober 2011, http://www.bmj.de/SharedDocs/Downloads/DE/pdfs/RefE_Mietrechtsaenderungsgesetz.pdf?__blob=publicationFile, Abrufdatum: 14. Februar 2013.

Modernisierung), durch die auf sonstige Weise nicht erneuerbare Primärenergie nachhaltig eingespart oder das Klima nachhaltig geschützt wird,

(...).“[497]

Mit der Unterteilung in zwei verschiedenen Nummern verzichteten die Verfasser des Entwurfs nicht nur auf einen einheitlichen Modernisierungsbegriff, sondern auch auf die Tatbestandsalternative der effizienteren Nutzung der Energie. Offenbar sollte die Energieeffizienz in der Tatbestandsvariante „Einsparung von Endenergie“ aufgehen.

Zunächst nicht verzichten wollte das Ministerium auf das Erfordernis einer „Verbesserung der Mietsache oder sonstiger Gebäudeteile“. Dieses Erfordernis, welches in der Praxis auf erhebliche Kritik gestoßen ist,[498] war im Regierungsentwurf vom 23. Mai 2012[499] nicht mehr vorhanden.

Eine weitere Änderung gegenüber dem Vorschlag vom 25. Oktober 2012 wurde im Regelungsbereich der Härtefallprüfung vorgenommen. So sah dieser Entwurf noch vor, dass bei der Abwägung der Interessen des Mieters mit denen des Vermieters auch die Belange des Klimaschutzes zu berücksichtigen sein sollten, und zwar sowohl bei der Duldungspflicht als auch bei der Sondermieterhöhung. Der Regierungsentwurf nahm von diesem Konzept Abstand. Die Belange des Klimaschutzes sollten bei der Abwägung der Interessen des Mieters nur noch bei der Duldungspflicht, nicht aber bei der Sondermieterhöhung Berücksichtigung finden. Nach der Begründung des Gesetzesentwurfs sollten hier die wirtschaftlichen Interessen im Vordergrund stehen. Diese Differenzierung führte damit wie die unterschiedlichen Modernisierungsbegriffe und die getrennte Härtefallprüfung zu einer weiteren Entkopplung der Duldungspflicht und der Sondermieterhöhung. Der Gesetzgeber hat dieses Konzept angenommen und in das geltende Mietrecht übernommen. Ebenso hat der Gesetzgeber daran festgehalten, den Regelungsbereich der Erhaltungsmaßnahmen und das Ankündigungsverfahren sowie das Sonderkündigungsrecht nach Zugang einer Modernisierungsankündigung in selbstständige Vorschriften zu fassen.

Die Überarbeitung der Pflicht zur Duldung von Modernisierungs- und Erhaltungsmaßnahmen (§§ 555 a bis 555 e BGB-E) und die notwendigen Anpassungen des Mieterhöhungsrechts nach Modernisierung (§§ 559 bis 559 b BGB-E) wurden von Literatur[500], Praxis[501] und Interessenvertretern der Immobilien-

497 § 555 b BGB-E i. d. F vom 25. Oktober 2011.

498 Vgl. DMT, NZM 2012, 75, 76; DAV, NZM 2012, 105, 106.

499 BMJ, Pressemitteilung „Ein modernes Mietrecht für mehr Klimaschutz“ vom 23. Mai 2012, i. d. F. BT-Drs. 17/10485 vom 15. August 2012.

500 Klinski, WuM 2012, 354-362.

501 Hinz, Stellungnahme zum Regierungsentwurf, S. 41.

wirtschaft[502] grundsätzlich positiv aufgefasst. Dabei wurde vor allem die Entkopplung der Sondermieterhöhung von der Duldungspflicht besonders befürwortet,[503] obschon teilweise aus der Praxis die Auffassung vertreten wurde, dass für die Reform grundsätzlich kein Bedürfnis bestanden habe, da die Rechtsprechung bisherige Probleme bereits gelöst habe und die bis zur Reform verbliebenen Streitfragen noch geklärt hätte.[504] Sehr kritisch hingegen hat sich der Bundesrat in seiner Stellungnahme vom 6. Juli 2012[505] geäußert. Gleiches gilt für die Bundestagsfraktion der SPD[506], die Linken[507] und Bündnis '90/Die Grünen.[508] Die Fraktionen haben in ihren Anträgen zahlreiche Gegenvorschläge unterbreitet, auf die im Einzelnen noch eingegangen wird. Ebenfalls untersucht wird die Kritik an den Vorschlägen zu diesem Teilbereich der Reform seitens der Interessenvertretung der Mieter[509] und der Anwaltschaft.[510]

Fürsprache und Kritik an dem Regierungsentwurf wurden in einer öffentlichen Anhörung[511] im Rechtsausschuss des Deutschen Bundestages am 15. Oktober 2012 erörtert. Als Sachverständige wurden verschiedene Vertreter aus Rechtsprechung, Wissenschaft und Wirtschaft geladen.[512] Im Vorfeld der Anhörung erhielten die Sachverständigen die Möglichkeit zur schriftlichen Stellungnahme. Das Ergebnis der Anhörung und die Stellungnahmen wurden durch den Ausschuss ausgewertet.

502 Von Cölln, Stellungnahme zum Regierungsentwurf, S. 2; Warnecke, Stellungnahme zum Regierungsentwurf, S. 2.

503 Derleder, ZWE 2013, 1, 3; Klinski, WuM 2012, 354, 357; Artz, Stellungnahme zum Regierungsentwurf, S. 2 = Artz, NZM-info, NZM 2012, Heft 20, VII; Börstinghaus, Stellungnahme zum Regierungsentwurf, S. 1 = Börstinghaus, NZM 2012, 697, 701; Hinz, Stellungnahme zum Regierungsentwurf, S. 22.

504 Börstinghaus, Stellungnahme zum Regierungsentwurf, S. 1.

505 BT-Drs. 17/4553.

506 BT-Drs. 17/9559.

507 BT-Drs. 17/4837.

508 BT-Drs. 17/10120.

509 Siebenkotten, Stellungnahme zum Regierungsentwurf, S. 5 ff.

510 DAV, Stellungnahme zum Referentenentwurf vom 25. Oktober 2011 = NZM 2012, 105-109; Ziehm, Stellungnahme zum Regierungsentwurf, BT-Drs. 17/10485, S. 1.

511 Vgl. § 70 Abs. 1 Geschäftsordnung des Deutschen Bundestages in der Fassung der Bekanntmachung vom 2. Juli 1980 (BGBl. I S. 1237), zuletzt geändert laut Bekanntmachung vom 7. Mai 2012 (BGBl. I S. 1119).

512 Liste der Sachverständigen: Markus Artz Universität Bielefeld, Fakultät für Rechtswissenschaft Forschungsstelle für Immobilienrecht; Clemens Arzt, Hochschule für Wirtschaft und Recht, Berlin; Ulf Börstinghaus Richter am Amtsgericht, Gelsenkirchen; Ira von Cölln, Bundesarbeitsgemeinschaft Immobilienwirtschaft Deutschland, Berlin; Werner Hinz Vorsitzender Richter am Landgericht, Itzehoe; Klaus Schach Vorsitzender Richter am Landgericht a. D., Berlin; Lukas Siebenkotten, Direktor des Deutschen Mieterbundes, Berlin; Kai Warnecke, Stv. Generalsekretär Haus & Grund Deutschland, Berlin; Cornelia Ziehm, Rechtsanwältin, Berlin.

Am 12. Dezember 2012 beschloss der Ausschuss seine Beschlussempfehlung[513] für das Plenum des Bundestages zur Verabschiedung des Gesetzes, die dann am 13. Dezember 2012 erfolgte. Gegenüber dem Regierungsentwurf gab es erneut Änderungen in Bezug auf den Regelungsbereich der Duldungspflicht und Sondermieterhöhung, die seitens der Regierungskoalition aus CDU/CSU und FDP eingebracht wurden.[514] So wurde beispielsweise der Begriff der energetischen Modernisierung in § 555 b Nr. 1 BGB-E enger gefasst, indem nur noch die Endenergieeinsparung erfasst werden sollte. Der weite Modernisierungsbegriff in § 555 b Nr. 2 BGB-E blieb dagegen so wie die übrigen Modernisierungstatbestände[515] weitgehend unverändert. Weitere Änderungen gab es in Bezug auf das Verfahren zur Ankündigung von Modernisierungsmaßnahmen. So wurde in § 555 c Abs. 2 BGB-E eine Verpflichtung des Vermieters aufgenommen, wonach dieser den Mieter in der Modernisierungsankündigung auf die Form und die Frist des Härteeinwands nach § 555 d Abs. 3 S. 1 BGB-E hinweisen soll. Der Rechtsausschuss kam damit dem Drängen des Bundesrates[516] und einer Empfehlung verschiedener Sachverständiger[517] nach.

Am 1. Februar 2013 wurde das Gesetz entgegen der Empfehlung des Rechtsausschusses des Bundesrates, den Vermittlungsausschuss anzurufen,[518] vom Bundesrat in seiner 906. Sitzung gebilligt.[519] Eine Zustimmung war bei dem Mietrechtsänderungsgesetz nicht erforderlich, da es sich um ein nicht zustimmungsbedürftiges Gesetz gehandelt hat, bei dem vor dem Einspruch gemäß Art. 77 Abs. 3 GG ein Vermittlungsverfahren nach Art. 77 Abs. 2 GG erforderlich ist. Für die Einleitung eines Vermittlungsverfahrens fehlte es in der Länderkammer an der erforderlichen Mehrheit. Die Oppositionsparteien, allen voran der SPD, ist es damit nicht gelungen, das Mietrechtsänderungsgesetz zu stoppen.[520] Von 69 Stimmen wäre hierfür eine Mehrheit von 35 Stimmen erforderlich gewesen. Die Bundesländer mit einer Regierungsbeteiligung von SPD, Bündnis `90/Die Grünen und Die Linke wären lediglich auf 30 Ja-Stimmen gekommen.

513 BT-Drs. 17/11894.

514 BT-Ausschussdrucksache Nr. 17(6)225.

515 § 555 b Nr. 3-6 regeln anknüpfend an § 559 Abs. 1 BGB a. F. separat Maßnahmen zur nachhaltigen Reduzierung des Wasserverbrauchs, zur Erhöhung des Gebrauchswertes der Mietsache, zur Verbesserung der allgemeinen Wohnverhältnisse und zur Umsetzung etwa behördlicher Pflichten. In § 555 b Nr. 7 BGB wurden entsprechend § 554 Abs. 2 BGB a. F. Maßnahmen, durch die neuer Wohnraum geschaffen wird aufgnommen.

516 BT-Drs. 17/10485, S. 40.

517 Börstinghaus, Stellungnahme zum Regierungsentwurf, S. 1; Hinz, Stellungnahme zum Regierungsentwurf, S. 14.

518 BR-Drs. 10/1/13.

519 BR-Drs. 10/13 (B); Nichtanrufung war überraschend, Hinz, DMT 2013, 1.

520 „Bezahlbares Wohnen in der Sozialen Stadt", Positionspapier zur Klausur der SPD-Bundestagsfraktion vom 9. bis 11. Januar 2013.

Gemäß Art. 51 Abs. 3 S. 2 GG können die Stimmen eines Landes nur einheitlich abgegeben werden. Aus diesem Grund haben Bundesländer mit einer großen Koalition, wie etwa Berlin, sich bei der Abstimmung offenbar enthalten. Dadurch, dass Beschlüsse im Bundesrat nach Artikel 52 Abs. 3 GG nur mit absoluter Mehrheit, bei Verfassungsänderungen sogar nur mit Zweidrittelmehrheit der Gesamtstimmenzahl gefasst werden können, wirkt sich eine Stimmenthaltung deshalb wie ein Nein aus. Die inhaltliche Bedeutung des Nein hängt von der jeweiligen Fassung der Abstimmungsfrage ab.[521] Im Fall des Mietrechtsänderungsgesetzes wurde die Frage positiv gestellt,[522] sodass zur Einleitung eines Vermittlungsverfahrens mindestens 35 Ja-Stimmen erforderlich gewesen wären. Das Gesetz wurde am 11. Februar durch den Bundespräsidenten ausgefertigt und am 18. März im Bundesgesetzblatt[523] verkündet. Am 1. Mai 2013 ist es anschließend in wesentlichen Teilen in Kraft getreten.[524]

B. Interpretation

Die Neuregelung der Duldungspflicht knüpft zwar inhaltlich an die Vorgängervorschrift an, bedarf aber dennoch der Interpretation, da eine Vielzahl neuer Begriffe eingeführt und das gesamte Verfahren zur Ankündigung der Modernisierung sowie die Härtefallprüfung angepasst wurden.

I. Duldung von Modernisierungsmaßnahmen – § 555 d Abs. 1 BGB

Die Pflicht zur Duldung von Modernisierungsmaßnahmen ist in § 555 d BGB aufgegangen, zuvor war sie in § 554 Abs. 2 BGB a. F. kodifiziert. § 555 d Abs. 1 BGB bestimmt den Grundsatz, dass Modernisierungsmaßnahmen (§ 555 b BGB) zu dulden sind. Die bisher in § 554 Abs. 1 BGB a. F. normierte Pflicht zur Duldung von Erhaltungsmaßnahmen ist eigenständig in einer getrennten Vorschrift geregelt (§ 555 a BGB). An den Rechtsfolgen der Duldungspflicht hat sich im

521 Zum Abstimmungsverfahren im Bundesrat, vgl. Jürgen Jekewitz, in Politik und Recht 2009, 23-28.

522 Frage des Bundesratspräsidenten Kretschmann: „Da die Anrufung des Vermittlungsausschusses aus mehreren Gründen empfohlen wird, frage ich (…), ob allgemein ein Vermittlungsverfahren gewünscht wird. Wer ist dafür? – Das ist eine Minderheit.“ Plenarprotokoll der 906. Sitzung des Bundesrates, S. 28; BR-Drs. 10/13 (B).

523 BGBl. I. 2013, 434.

524 § 556 c BGB (Kosten der Wärmelieferung als Betriebskosten) ist nach Artikel 9 Abs. 2 des Mietrechtsänderungsgesetzeses zwei Monate nach Inkrafttreten der übrigen Regelungen am 1. Juli 2013 in Kraft getreten.

Vergleich zur Vorgängervorschrift nichts geändert. Anders verhält es sich allerdings mit den Tatbestandsvoraussetzungen, dort hat der Gesetzgeber die Vorschrift erneuert. Vor allem die Modernisierungsmaßnahmen mit energetischem Bezug bedürfen einer vertieften Auseinandersetzung, da zahlreiche neue Begriffe aus dem technischen und energierechtlichen Bereich in das Mietrecht Eingang gefunden haben. In § 555 d Abs. 2 BGB hat der Gesetzgeber in Anlehnung an § 554 Abs. 2 S. 1 BGB a. F. geregelt, in welchen Fällen sich der Mieter durch das Vorbringen eines Härtegrundes gegen den Duldungsanspruch wehren kann, wobei nunmehr auch ausdrücklich die Belange des Klimaschutzes Berücksichtigung finden. Wirtschaftliche Interessen des Mieters werden dagegen im Rahmen der Härtefallprüfung in Bezug auf den Duldungsanspruch nicht mehr berücksichtigt. Diese sind einer weiteren Härtefallprüfung vorbehalten, zu der es aber nur kommt, wenn der Vermieter auch eine Mieterhöhung durchsetzen will. Soweit es um die Duldungspflicht geht, sind die Härtegründe in einer bestimmten Frist vorzutragen (§ 555 d Abs. 3 BGB).

II. Modernisierungsmaßnahmen – § 555 b BGB

In § 554 Abs. 2 BGB a. F. und § 559 Abs. 1 BGB a. F. waren verschiedene Maßnahmen vorgesehen, die der Vermieter zur Verbesserung der Mietsache, zur Energie- und Wassereinsparung sowie zur Schaffung neuen Wohnraums vornehmen konnte. Diese Fallgruppen wurden als Modernisierung verstanden, wobei der Begriff der Modernisierungsmaßnahme dem BGB nach alter Rechtslage fremd war. Lediglich § 559 Abs. 1 BGB a. F. enthielt eine Legaldefinition der Modernisierung. Zudem unterschied er sich auch inhaltlich von den in § 554 Abs. 2 BGB a. F. aufgeführten Fallgruppen, sodass kein einheitlicher Modernisierungsbegriff vorhanden war.[525]

Die Neuregelung des § 555 b BGB sieht jetzt Konkretisierungen der bislang nur wenig umschriebenen Fallgruppen vor und fasst diese in einer Vorschrift zusammen. Inhaltlich soll dabei an die alte Rechtslage angeknüpft werden.[526] Allen Varianten gemeinsam ist dabei, dass es sich bei der Maßnahme um eine bauliche Veränderung handeln muss. Nach der Gesetzesbegründung ist das Merkmal aber weit zu verstehen; neben Eingriffen in die bauliche Substanz sollen auch Veränderungen der Anlagentechnik des Gebäudes erfasst werden.[527] Bedeutsam ist dies vor allem für die energetische Modernisierung, da die Anlagentechnik für die Verbesserung der energetischen Beschaffenheit von zentraler Bedeutung ist.

525 Siehe Kapitel 6; vgl. Sternel, NZM 2001, 1058.
526 BT-Drs. 17/10485, S. 19.
527 Ebd., S. 18.

Gleichsam können Veränderungen der Anlagentechnik aber auch den Wasserverbrauch reduzieren (§ 555 b Nr. 3 BGB) oder Bestandteil einer Modernisierung sein, die aufgrund von Umständen durchgeführt wurde, die der Vermieter nicht zu vertreten hat (§ 555 b Nr. 6 BGB). Durch die Einbeziehung der Anlagentechnik wird auch deutlich, dass der Tatbestand zukunftsorientiert und technologieoffen auszulegen ist, um Maßnahmen zu erfassen, die bei Inkrafttreten des Gesetzes noch nicht erkennbar waren, den Modernisierungszweck aber erfüllen. Abgrenzungsprobleme könnten aber bei Maßnahmen entstehen, die dem neuen § 556 c BGB (Kosten der Wärmelieferung als Betriebskosten) zuzuordnen sind.[528]

1. Begriff der energetischen Modernisierung – § 555 b Nr. 1 BGB

Für den Erfolg einer energetischen Sanierung ist vor allem der nun in § 555 b Nr. 1 BGB legaldefinierte Modernisierungsbegriff maßgeblich. Die insbesondere für den geplanten Mietminderungsausschluss und die Modernisierungsumlage bedeutsame Vorschrift definiert die energetische Modernisierung als Maßnahme zur nachhaltigen Einsparung von Endenergie.

a) Endenergieeinsparung

Hierdurch wird klargestellt, dass nur die Einsparung von Endenergie tatbestandlich ist. Diese Klarstellung ist zu befürworten, da der Tatbestand Energieeinsparung i. S. der alten Rechtslage umstritten war.[529] Das Problem, ob die Energieeinsparung nur die Einsparung von End- und nicht Primärenergie beinhaltet, sollte damit der Vergangenheit angehören, soweit es jedenfalls um die Sondermieterhöhung und den neuen Mieterminderungsschluss geht. Zwar hat die Rechtsprechung, allen voran der BGH[530], in einer Entscheidung auch die Einsparung von Primärenergie bereits anerkannt, gleichzeitig bestand aber die Gefahr abweichender Entscheidungen, da der BGH nur den konkreten Fall eines Wechsels von Gasetagenheizung zur Fernwärme entschieden hat. Eine pauschale Aussage dazu, dass jedwede Primärenergieeinsparung tatbestandlich sei, hat der BGH gerade nicht vorgenommen. Auf den ersten Blick stellt sich unter Berücksichtigung des Urteils die neue Situation als Verschlechterung dar, da nur die Einsparung von Endenergie eine energetische Modernisierung darstellt. Allerdings hat der

528 Zur Abgrenzung Modernisierung und Contracting, vgl. Kapitel 11, C, III.
529 Hinz, ZMR 2012, 153, 154.
530 BGH, WuM 2008, 667 = WuM 2009, 40 = NJW 2008, 3630.

BGH in seiner Entscheidung die Einsparung von Primärenergie nur in Bezug auf die Begründung einer Duldungspflicht genügen lassen. Hingegen hat das Gericht nicht geklärt, ob die Einsparung von Primärenergie auch zur Begründung einer Modernisierungsmieterhöhung ausreichend ist.[531] Eine Verschlechterung gegenüber der alten Rechtslage ist damit nicht auszumachen, da zur Begründung einer Duldungspflicht auch die Einsparung von Primärenergie ausreichend ist (§§ 555 d, 555 b Nr. 2 BGB). Auch wenn der BGH nicht grundlegend Stellung bezogen hat, konnte diese Entscheidung als richtungsweisend dahingehend verstanden werden, dass eine Einsparung von Primärenergie genügen sollte. Die Entscheidung des Gesetzgebers steht nicht nur im Widerspruch mit der BGH-Rechtsprechung, sondern auch mit dem Regierungsentwurf vom 23. Mai 2012, der noch eine Einsparung nicht erneuerbarer Primärenergie als energetische Modernisierung vorsah. Es wäre im Sinne des Klimaschutzes eine gesamtgesellschaftliche Aufgabe, auch die Einsparung von Primärenergie in den Tatbestand zu integrieren.

Obschon Streit über die Auslegung des Begriffs der Energie bestand, ist der Begriff der Endenergie im BGB gänzlich neu. Bei der Definition des Begriffes der Endenergie greift der Gesetzgeber auf das Energieeinsparrecht zurück, aus dem die verwendeten Begriffe stammen. Dabei wird vor allem auf die EnEV bzw. auf die dort genannten technischen Normen, welche die verschiedenen Energiebegriffe[532] umschreiben, Bezug genommen. So wird beispielsweise zudem der Begriff der Nutzenergie als wichtig benannt.[533] Allerdings hat der Gesetzgeber darauf verzichtet, eine Einsparung von Nutz- oder Primärenergie in den Tatbestand zu integrieren, obgleich die EnEV als zentraler Ordnungsrahmen einen primärenergetischen Ansatz verfolgt.

Den Begriff der Endenergie i. S. der Vorschrift beschreibt der Gesetzgeber als die Energiemenge, die der Anlagentechnik eines Gebäudes (Heizungsanlage, raumlufttechnische Anlage, Warmwasserbereitung) zur Verfügung stehen muss, um die für den Mieter erforderliche Nutzenergie[534] sowie die Verluste der Anlagentechnik zu decken. Die zur Versorgung eines Gebäudes benötigte Endenergie soll demnach an der „Schnittstelle" Gebäudehülle gemessen und dort als Energieträger übergeben werden.[535] Zu denken ist dabei an Energieträger wie Erdgas, Heizöl, Kohle-Briketts, Holzpellets, Strom, Fernwärme etc.

531 Hinz, ZMR 2012, 153, 155.
532 Zu den Energiebegriffen, vgl. Kapitel 6, B, I, 1.
533 BT-Drs. 17/10485, S. 19.
534 Endenergie abzüglich der Anlagenverluste, vgl. Kapitel 6. B, I, 1.
535 BT-Drs. 17/10485, S. 19; Bautechnik für Bauzeichner, S. 574.

Zur Erfüllung der Voraussetzungen ist aber nicht nur das Vorliegen von Endenergie, sondern dessen Einsparung erforderlich. Grundsätzlich ist unter Endenergieeinsparung „die eingesparte Energiemenge, die durch Messung und/oder Schätzung des Verbrauchs vor und nach der Umsetzung einer Maßnahme zur Energieeffizienzverbesserung und bei gleichzeitiger Normalisierung der den Energieverbrauch beeinflussenden äußeren Bedingungen ermittelt wird".[536] Diese Definition entspricht auch der des Gesetzgebers, wonach Endenergie eingespart wird, wenn zur Erbringung derselben Energiedienstleistung am Ort des Verbrauchs weniger Nutzenergie erforderlich ist.[537] Als konkrete Maßnahmen werden dabei in der Begründung des Regierungsentwurfs die Wärmedämmung der Gebäudehülle, der Fensteraustausch oder die Installation von wärmerückgewinnenden Lüftungsanlagen aufgezählt. Hierbei handelt es sich um Maßnahmen, die bereits den Tatbestand der Energieeinsparung i. S. der Vorgängervorschriften erfüllten. Die Aufzählung in der Begründung erfolgt beispielhaft, was zur Folge hat, dass auch weitere Maßnahmen erfasst werden sollen. Zu denken ist dabei vor allem an Maßnahmen zur Steigerung der Energieeffizienz, wie etwa die Installation einer neuen Heizungsanlage, sofern hierdurch Endenergie eingespart wird.[538] Unter Energieeffizienz ist die Verbesserung des Verhältnisses von Ertrag an Energie zum Energieeinsatz zu verstehen.[539] Auch die Gesetzesbegründung nennt die Einsparung von Endenergie durch Steigerung der Effizienz. So soll Endenergie eingespart werden, wenn die Nutzenergie mit größerer Effizienz zur Verfügung gestellt wird. Als typische Maßnahmen nennt der Gesetzgeber neben der Erneuerung des Heizkessels auch die Verringerung der Wärmeverluste zwischen Heizkessel und Heizkörpern (z. B. durch hydraulischen Abgleich und Wärmedämmung freiliegender Rohre). Die Steigerung der Energieeffizienz wird auch von der Beschlussempfehlung des Rechtsausschusses des Bundestages als maßgebliche Methode zur Einsparung von Endenergie angeführt. Demnach soll meist eine Endenergieeinsparung vorliegen, wenn eine veraltete Heizungsanlage durch modernere Technik ersetzt wird.[540] Energieeffizienzmaßnahmen waren bereits nach der bisherigen Rechtslage tatbestandlich, sodass die Rechtsprechung mit der Einordnung weniger Schwierigkeiten haben wird.

In Bezug auf die Verwendung erneuerbarer Energien könnte dies anders zu beurteilen sein. Nach der Gesetzesbegründung soll etwa durch eine Anlage zur Nutzung von erneuerbarer Energie, die am Gebäude installiert ist (z. B. Solarkol-

536 Vgl. Art 1 Nr. 5 der EU-Richtlinie 2012/27 vom 25. Oktober 2012 zur Energieeffizienz, zur Änderung der Richtlinien 2009/125/EG und 2010/30/EU.

537 BT-Drs. 17/10485, S. 19.

538 Schmidt-Futterer/*Eisenschmid*, § 554 Rn. 165.

539 Vgl. Art 1 Nr. 4 der EU-Richtlinie 2012/27 vom 25. Oktober 2012 zur Energieeffizienz, zur Änderung der Richtlinien 2009/125/EG und 2010/30/EU.

540 BT-Drs. 17/11894, S. 32.

lektoren zur Erzeugung von Warmwasser), Endenergie eingespart werden können.[541] Diese Annahme ist allerdings zweifelhaft. Bei der Verwendung etwa von Sonnenkollektoren oder auch Fotovoltaikanlagen bleibt die im Gebäude benötigte Nutzenergie unverändert. Auch die zur Herstellung der Nutzenergie aufzubringende Endenergiemenge wird nicht reduziert. Es ändert sich lediglich die an der „Schnittstelle" (der Gebäudegrenze) zu messende oder schätzende Endenergie, die vor der Installation am Markt beschafft werden musste. Lediglich dadurch, dass weniger fossiler Brennstoff wie Heizöl eingekauft werden muss, liegt aber rein terminologisch noch keine Endenergieeinsparung vor.[542] In Ansehung der Ressourcenschonung und der Vermeidung von Treibhausgasemissionen ist der Begriff der Endenergieeinsparung weit auszulegen, sodass auch diese Fälle unter die Endenergieeinsparung zu subsumieren sind. Für eine weite Auslegung spricht zudem, dass Energie ohnehin nicht eingespart werden kann, da Energie aufgrund des Energieerhaltungsgrundsatzes nicht verloren geht, sondern nur transformiert werden kann. Somit ist dem Begriff eine umgangssprachliche Definition zugrunde zu legen, die den Gesetzeszweck berücksichtigt, der durch die Verwendung erneuerbarer Energien erreicht werden kann. Denn durch die Verwendung erneuerbarer Energien werden bisherige fossile Energieträger vollständig oder zumindest teilweise ersetzt, was klimapolitisch unterstützenswert ist.[543] Der Endenergiebegriff i. S. der Vorschrift ist daher im Sinne von „bezahlbarer" Endenergie zu verstehen.[544] Bedingt dadurch, dass erneuerbare Energie nicht eingespart werden kann, da sie grundsätzlich unbegrenzt zur Verfügung steht, ist auf die Einsparung fossiler Brennstoffe abzustellen. Demnach liegt eine Endenergieeinsparung vor, wenn bezahlbare fossile Endenergie eingespart wird. Durch diese Bestimmung wird zugleich ein stärkerer Mieterbezug hergestellt, der allerdings nicht soweit gehen darf, dass es zwangsläufig auch zu einer Energiekosteneinsparung beim Mieter kommen muss. Die Energieeinsparung beim Mieter ist nicht Voraussetzung, da es bei diesem Gesetz gerade nicht um die Interessen des Mieters, sondern um die Belange des Klimaschutzes und der Energieeffizienz geht. Kommen hybride Versorgungskonzepte zur Anwendung, wird beispielsweise eine konventionelle Heizungsanlage durch eine Solarthermieanlage unterstützt, dürfte es zu einer Kosteneinsparung für den Mieter kommen, da der Vermieter im Rahmen der Betriebskostenabrechnung nur die Kosten für die Bereitstellung der Solaranlage wie etwa Wartungskosten nach § 556 BGB umlegen kann. Die Energiemenge der Sonne kann nicht umgelegt werden, da der Vermieter diese Energie nicht wie etwa aus Öl oder Gas beschaffen muss.

541 BT-Drs. 17/10485, S. 19.
542 Hinz, Stellungnahme zum Regierungsentwurf, S. 8.
543 Dietrich, ZMR 2012, 241, 242.
544 Bautechnik für Bauzeichner, S. 574.

b) Einsparung in Bezug auf die Mietsache

Der nach § 555 b Nr. 1 BGB erforderliche Bezug auf die Mietsache ist, soweit es um eine Sondermieterhöhung geht, grundsätzlich nicht erforderlich. § 559 BGB gestattet ohnehin nur eine Umlage der Kosten, die für die Wohnung aufgewendet wurden. Eine Umlage der Kosten, beispielsweise einer Fotovoltaikanlage, die nicht von den Mietern genutzt wird, weil der erzeugte Strom ausschließlich in das öffentliche Netz eingespeist wird, war bereits nach der alten Rechtslage nicht möglich.[545] Hieran dürfte sich auch für die Zukunft nichts ändern. Selbst für den Fall, dass ein Teil des erzeugten Stroms in den Mieterhaushalten Verwendung finden würde und damit ein Bezug zur Mietsache hergestellt wird, müsste wie bei den anderen Maßnahmen ein entsprechender Verteilungsschlüssel gewählt werden. Die Entscheidung des Gesetzgebers, den Bezug zur Mietsache bereits bei der Modernisierungsmaßnahme zu verorten, ist aber nachvollziehbar. Bereits in den Anfängen der Mietrechtsreform wurde öffentlich Kritik geäußert, der Mieter dürfe nicht mit den Kosten einer Fotovoltaikanlage belastet werden. Das Bundesjustizministerium sagte in einem Schreiben den zuständigen Berichterstattern zu, dass diese Gefahr nicht gesehen, die Kritik aber wahrgenommen werde und der Sorge Rechnung getragen werden solle.[546] Im Ergebnis ist diese Voraussetzung aufgrund der klarstellenden Funktion und den wirtschaftlichen Folgen, die sich aus der Sondermieterhöhung ergeben, zu befürworten.[547] So wird klargestellt, dass die Einsparung jedenfalls in Bezug auf die Energie, aber nicht zwangsläufig auf die Betriebskosten, einen Mieterbezug aufweist und somit nicht an dem Mieter vorbei geht.[548]

c) Merkmal der Nachhaltigkeit

Wie bereits § 559 BGB a. F. verlangt auch der neue Modernisierungsbegriff in Nr. 1 der Vorschrift, dass die Einsparung nachhaltig ist. Dadurch, dass sich die Pflicht zur Duldung der Maßnahme und die Sondermieterhöhung den Modernisierungsbegriff teilen, kommt es an dieser Stelle zu einem jetzt gesetzlich festgelegten Gleichlauf. Inhaltlich sind an das Merkmal der Nachhaltigkeit dieselben Anforderungen zu stellen sein, wie nach der bisherigen Rechtslage. Auch wenn der neue Tatbestand etwas weiter ist, besteht für eine engere Auslegung des

545 Schmidt-Futterer/*Börstinghaus*, § 559 Rn. 77.
546 Brief des BMJ vom 13. Juli 2012 an die zuständigen Berichterstatter der Regierungskoaltion.
547 Hinz, ZMR 2012, 153, 155.
548 Eisenschmid, WuM 2009, 624, 625.

Begriffs der Nachhaltigkeit kein Bedarf, da dies dem Zweck des Gesetzes zuwiderliefe. Zudem ergäben sich enorme Abgrenzungsschwierigkeiten, da Einsparung und Verbrauch bedingt durch das Nutzerverhalten und die klimatischen Bedingungen sehr volatil sind. Es ist daher nicht geboten, die Nachhaltigkeit an eine bestimmte Größenordnung zu binden. Dies würde auch ausdrücklich der bisherigen Auffassung des BGH widersprechen.[549]

Die Entscheidung des Gesetzgebers für das Merkmal der Nachhaltigkeit ist aber durchaus auch kritisch zu betrachten. So wird angeführt, dass eine nachhaltige Einsparung von Primärenergie nicht messbar sei.[550] Sie sei lediglich anhand von verschiedenen wertenden Faktoren berechenbar. Nach bisheriger Auffassung sollte ein messbarer Umfang vorhanden sein. Nach einem Rechtsentscheid des BGH sollte aber kein bestimmter Umfang erreicht werden.[551] Allerdings musste eine gewisse Dauerhaftigkeit gegeben sein,[552] auf die man wohl künftig ausschließlich abzustellen haben wird. Durch die Festlegung in § 555 b 1. HS BGB, dass es sich um eine bauliche Veränderung handeln muss, ist von einer gewissen Dauerhaftigkeit und damit Nachhaltigkeit auszugehen, wenn eine Baumaßnahme durchgeführt wird.

2. Modernisierungsbegriff nach § 555 b Nr. 2 BGB – Einsparung nicht erneuerbarer Primärenergie

In Abgrenzung zu § 555 b Nr. 1 BGB enthält Nr. 2 der Vorschrift Maßnahmen, durch die nicht erneuerbare Primärenergie nachhaltig eingespart oder das Klima nachhaltig geschützt wird, sofern nicht bereits eine energetische Modernisierung nach Nummer 1 vorliegt. Durch diese Formulierung und den Verzicht auf die Bezugnahme auf die Mietsache sind von dem Wortlaut zunächst mehr Fallgruppen erfasst als in Nr. 1 der Regelung. Im Unterschied zu dem vom Wortlaut enger gefassten Modernisierungsbegriff in Nr. 1 sind die dort beschriebenen Maßnahmen zwar duldungspflichtig (§ 555 d Abs. 1 BGB), berechtigen aber nicht zu einer Sondermieterhöhung i. S. des § 559 BGB. Durch den weiten Tatbestand soll beispielsweise die Installation einer Fotovoltaikanlage auf dem Dach erfasst werden, da hierdurch nicht erneuerbare Primärenergie eingespart werden kann. Der Tatbestand ist offen formuliert, um auch künftige Techniken, die dem

549 BGH, RE vom 10. April 2002 – VIII ARZ 3/91 = NZM 2002, 519 = ZMR 2002, 503.
550 Hinz, Stellungnahme zum Regierungsentwurf, S. 8; vgl. Nagel, PiG 90 (2011), 45, 50.
551 BGH, NZM 2002, 519 = ZMR 2002, 503; vgl. auch LG Berlin, Urteil vom 28. Januar 2003 – 64 S 390/99 = ZMR 2003, 932-933.
552 Schmidt-Futterer/*Börstinghaus*, § 559 Rn. 70.

Klimaschutz dienen können, zu erfassen.[553] Dass der Gesetzgeber darauf verzichtet hat, einen Bezug zur Mietsache zu verlangen entspricht zwar der Intention des Gesetzgebers, allerdings sollte aber in Ansehung der vielfältigen Energieversorgungsysteme zumindest ein Zusammenhang mit der Mietsache vorhanden sein.[554] Bisher war es streitig, ob Maßnahmen ohne Bezug zur Mietsache zu dulden waren. Eine Duldungspflicht wurde dabei teilweise auf § 242 BGB gestützt.[555]

a) Einsparung nicht erneuerbarer Primärenergie – § 555 b Nr. 2 Var. 1 BGB

Nach dem Modernisierungsbegriff nach § 555 b Nr. 2 Var. 1 BGB sind zunächst bauliche Veränderungen tatbestandlich, durch die nicht erneuerbare Primärenergie eingespart wird. Hierdurch wird der Streit in der Literatur beendet, ob einer Duldungspflicht auch Maßnahmen unterliegen, durch die eine Einsparung von Primärenergie bewirkt wird.

Zwar stellt das Gesetz nun klar, dass auch die Einsparung von Primärenergie erfasst wird, gleichzeitig reduziert der Gesetzgeber diese aber auf die in Literatur und Rechtsprechung bisher unbekannte Begrifflichkeit der „nicht erneuerbaren Primärenergie“. Nach der Gesetzesbegründung ist zunächst unter Primärenergie im Unterschied zur Endenergie nicht nur die an der Gebäudehülle zu übergebende Energiemenge zu verstehen, sondern zusätzlich die Energiemenge, die durch vorgelagerte Prozesse außerhalb des Gebäudes zur Gewinnung, Umwandlung und Verteilung benötigt wird.[556] Als Prozesse werden dabei die Bohrung zur Gewinnung von Erdöl, die Raffinerie von Erdöl zu Heizöl und der Transport zum Abnehmer genannt.[557] Der zusätzliche Aufwand wird durch die Primärenergiefaktoren ausgedrückt. Dieser Faktor wird aus dem Verhältnis von Primär- und Endenergie ermittelt. Nicht erneuerbare Energieträger sind solche, die in ihrem Vorkommen begrenzt sind und nach dem momentanen Stand von Wissenschaft und Technik nicht reproduziert werden können wie die anhaltend knapper werdenden fossilen Brennstoffe Erdöl, Erdgas oder Kohle. Es ist unter Berücksichtigung des Gesichtspunktes der Energieeffizienz und Ressourcenschonung im Sinne des Gesetzgebers und einer zukunftsorientierten Energiepolitik, wenn man vor allem auf die nicht erneuerbaren Energieträger abstellt, da erneuerbare

553 BT-Drs. 17/10485, S. 20.
554 Derleder, ZWE 2013, 1, 3.
555 Eisenschmid, WuM 2009, 624, 626; siehe hierzu ausführlich Kapitel 6.
556 Bautechnik für Bauzeichner, S. 574.
557 BT-Drs. 17/10485, S. 20.

Primärenergien wie Sonnen- oder Windenergie nach derzeitigem Wissensstand unerschöpflich vorhanden sind.

Weiterhin ist fraglich, wie eine Einsparung nicht erneuerbarer Primärenergie bewirkt werden kann. Es kommt zu einer Einsparung von nicht erneuerbarer Primärenergie, wenn nach Durchführung einer Maßnahme weniger Endenergie gebraucht wird.[558] Benötigt eine Wohnung vor einer Modernisierung, etwa durch die Ertüchtigung der Gebäudehülle (Dämmung oder Erneuerung der Fenster), noch zehn Liter Heizöl und nach der Maßnahme nur noch sieben Liter, um den Energiebedarf zu decken, kommt es zu einer End- und Primärenergieeinsparung. Die Fälle der Endenergieeinsparung sind jedoch bereits von § 555 b Nr. 1 BGB erfasst. Damit wird deutlich, dass Primär- und Endenergieeinsparung eng miteinander verknüpft sind. Auch durch Maßnahmen zur Steigerung der Energieeffizienz wird fossile Primärenergie eingespart. Gleichzeitig kommt es zur Einsparung von Endenergie, wenn die Verbesserung der Effizienz im Gebäude erfolgt, sodass es zu einer Überschneidung mit § 555 b Nr. 1 BGB kommt.[559]

Eine ausschließliche Einsparung von Primärenergie ohne eine Einsparung von Endenergie zu bewirken, ist nur in wenigen Konstellationen möglich. Maßgeblich für eine ausschließliche Einsparung von Primärenergie ist zunächst die Reduzierung des Primärenergiefaktors. Damit ist der Primärenergiefaktor eines Energieträgers entscheidend für die Einsparung von Primärenergie. So führt die Umstellung des Brennstoffs bei gleichbleibendem Endenergiebedarf zur Primärenergieeinsparung, wenn ein mithilfe der Primärenergiefaktoren errechneter geringerer Primärenergiebedarf des Gebäudes ermittelt wird. Verkürzt bedeutet dies: Je geringer ein Primärenergiefaktor ist, desto geringer ist der Primärenergiebedarf; somit führt die Verwendung bzw. Umstellung auf Energieträger mit einem geringeren Primärenergiefaktor zu einer Primärenergieeinsparung. Da jedoch die Primärenergiefaktoren der Brennstoffe, wie Steinkohle, Heizöl, Erdgas und Flüssiggas, mit 1,1[560] in Bezug auf ihren nicht erneuerbaren Anteil[561] gleich sind, kann eine Umstellung beispielsweise von Heizöl auf Erdgas nicht zu einer Primärenergieeinsparung führen, wenn es nicht darüber hinaus zu einem Effizienzgewinn kommt. Bei einer Umstellung von Gasetagenheizung auf Fernwärme aus nicht erneuerbarer Primärenergie (Primärenergiefaktor: 0,7) kommt es aufgrund der unterschiedlichen Primärenergiefaktoren zu einer Primärenergieeinsparung. Noch geringere Primärenergiefaktoren haben mit 0,0 die erneuerbaren Primärenergien.

558 Derleder, ZWE 2013, 1, 2; Siebenkotten, Stellungnahme zum Regierungsentwurf, S. 14.
559 BT-Drs. 17/10485, S. 19.
560 Anlagen 1 und 2 zur EnEV 2009 i. V. m. DIN V 4701-10.
561 Als Primärenergiefaktoren sind die Werte für den nicht erneuerbaren Anteil nach DIN V 18599-1: 2007-02 zu verwenden.

Nach § 555 b Nr. 2 BGB ist nur eine Einsparung „nicht erneuerbarer“ Primärenergie tatbestandlich. So führt etwa eine Umstellung der Heizanlage von Öl oder Erdgas auf einen Betrieb mit ausschließlich erneuerbarer Energie, wie etwa auf Strahlungsenergie der Sonne (Solarthermie), zu einer Einsparung nicht erneuerbarer Primärenergie. Durch diese Maßnahme würde die Einsparung am höchsten ausfallen, da auf nicht erneuerbare Primärenergien ganz verzichtet wird. Die Gesetzesbegründung nennt als Hauptfall, in dem der Primärenergieeinsparung vor allem eigenständige Bedeutung zukommen soll, nicht die vollständige Umstellung auf erneuerbare Energie, sondern die Umstellung auf Holzpellets.[562] Holz hat mit einem Primärenergiefaktor von 0,2 einen nicht erneuerbaren Energieanteil.[563] Allein durch den günstigeren Primärenergiefaktor von Holz kommt es tatbestandlich zu einer Einsparung nicht erneuerbarer Primärenergie. Eine Einsparung von Endenergie liegt hingegen nicht vor, da Holz einen geringeren Brennwert hat als beispielsweise Gas. In diesem Fall wird aufgrund des nicht erneuerbaren Anteils nicht weniger bezahlbare Endenergie benötigt.

Durch die Qualifizierung der Umstellung von beispielsweise Gas oder Öl auf Holz als ausschließliche Primärenergieeinsparung wird deutlich, dass eine vollständige Umstellung auf einen erneuerbaren Energieträger nicht erforderlich ist. Gleiches gilt also auch dann, wenn beispielsweise eine vorhandene Gasheizung durch eine Solarthermieanlage unterstützt wird. Auch durch diese Maßnahme wird weniger nicht erneuerbare Primärenergie benötigt, da ein Teil des Energiebedarfs durch erneuerbare Energien abgedeckt wird. Durch die Kombination von Energieträgern mit unterschiedlichen Primärenergiefaktoren kommt es rechnerisch insgesamt zu einer Primärenergieeinsparung, wenn ein Energieträger zur Deckung des gesamten Wärmebedarfs einen geringeren Faktor aufweist. Der Tatbestand der Einsparung nicht erneuerbarer Primärenergie wird also erfüllt, wenn ein Teil des Energiebedarfs aus alternativen Energiequellen oder einem Energieträger mit einem geringeren Primärenergiefaktor gedeckt wird, da hierdurch bei gleichbleibendem Energiebedarf der Primärenergiebedarf durch den rechnerisch reduzierten Primärenergiefaktor sinkt.

Die Unterstützung einer Heizungsanlage mit fossilen Brennstoffen durch Sonnenkollektoren (erneuerbare Energie) ist nach der Gesetzesbegründung aber auch unter den Fall der Endenergieeinsparung zu subsumieren, weil weniger „zu bezahlende“ Endenergie beschafft werden muss.[564] Dieser Fall ist aufgrund des primärenergetischen Ansatzes aber der Primärenergieeinsparung zuzuordnen, da der Endenergiebedarf unverändert bleibt. Insofern ist der Gesetzgeber nicht ganz konsequent, da es eigentlich in den Fällen der Unterstützung mit einem

562 BT-DRs. 17/10485, S. 20.

563 Anlagen 1 und 2 zur EnEV 2009 i. V. m. DIN V 4701-10.

564 BT-Drs. 17/10485, S. 19.

geringeren Primärenergiefaktor bei gleichbleibendem Endenergiebedarf nur zu einer Einsparung von Primärenergie, nicht aber zu einer Einsparung von Endenergie kommt. Damit wird erkennbar, dass es dem Gesetzgeber insgesamt vor allem um die Einsparung fossiler Endenergie geht, was den eigenständigen Anwendungsbereich des § 555b Nr. 2 BGB reduziert. Der Modernisierungsbegriff ist damit entgegen des Wortlautes enger als der Begriff der energetischen Modernisierung nach § 555 b Nr. 1 BGB, da die meisten in Betracht kommenden Maßnahmen bereits über Nr. 1 geregelt werden.

Die wichtigsten Anwendungsfälle des § 555 b Nr. 2 BGB sind damit neben der Installation von Fotovoltaikanlagen die vollständige Umstellung auf Holzpelletheizung oder Fernwärme, wenn vorher ein Energieträger mit einem höheren Primärenergiefaktor Verwendung gefunden hat. Die übrigen Fälle, wie beispielsweise die Unterstützung einer Gasheizung durch Sonnenkollektoren, können zwar aufgrund der Verringerung des Primärenergiefaktors auch zu einer ausschließlichen Primärenergieeinsparung führen, letztlich sind diese Maßnahmen aber entgegen dem primärenergetischen Ansatz unter den Begriff der Endenergieeinsparung zu subsumieren, wenn weniger „zu bezahlende“ Endenergie beschafft werden muss.

Damit bleibt als eigenständiger Anwendungsfall auch die Umstellung von Öl- oder Gasheizung auf Fernwärme. Bei dieser wird zwar „an der Schnittstelle zum Gebäude“ auch weniger Gas hinzugekauft, dafür wird aber an anderer Stelle, nämlich beim Fernwärmeerzeuger, (fossile) Energie eingesetzt, um die Fernwärme zu produzieren. In der Fernwärme steckt weiterhin fossile Endenergie. Überdies tritt aufgrund des unveränderten Energiebedarfs beim Verbraucher die Einsparung nur beim Versorger ein. Nur über den für den Betrieb des Gebäudes maßgeblichen geringeren Primärenergiefaktor wirkt sich diese aber auch im konkreten Gebäude aus.

Dass der Anschluss an die Fernwärme nach der neuen Rechtslage zugleich in den Anwendungsbereich von § 556 c Abs. 1 Nr. 1 BGB (Kosten der Wärmelieferung als Betriebskosten) fallen würde, ist dabei unbeachtlich, da diese Vorschrift unabhängig von der Pflicht zur Duldung ausschließlich ein Zahlungsverfahren betrifft. Sofern der Vermieter die Versorgung von der Eigenversorgung auf die eigenständig gewerbliche Lieferung durch einen Wärmelieferanten umstellt, hat der Mieter, der die Betriebskosten für Wärme oder Warmwasser zu tragen hat, die Kosten der Wärmelieferung als Betriebskosten zu tragen, wenn die Wärme aus einer vom Wärmelieferanten errichteten neuen Anlage oder aus einem Wärmenetz geliefert wird. Der Begriff des Wärmenetzes ist hierbei weit zu verstehen. Erfasst werden nicht nur spezifische, mit bestimmten Energieträgern betriebene bzw. durch KWK gespeiste Netze, sondern sämtliche Formen von

Wärmenetzen – von der klassischen Fernwärme bis hin zu Nahwärmenetzen oder Quartierslösungen.[565] Die neue Vorschrift regelt hingegen nicht, wie eine Pflicht zur Duldung der Umstellungsarbeiten begründet werden kann. Zwar verweist der Gesetzgeber auf die Vorschriften zu den Erhaltungs- und Modernisierungsmaßnahmen,[566] das Verhältnis zwischen dem Regelungsbereich und der Wärmelieferung durch Dritte ist aber dennoch ungeklärt. Dabei ist vor allem zu klären, ob eine Modernisierungsankündigung erforderlich oder eine Interessenabwägung vorzunehmen ist.[567]

b) Nachhaltiger Klimaschutz – § 555 b Nr. 2 Var. 2 BGB

Eine Modernisierung liegt dem Wortlaut nach auch vor, wenn durch die Maßnahme das Klima nachhaltig geschützt wird. Der Begriff des nachhaltigen Klimaschutzes ist mit dem Mietrechtsänderungsgesetz neu in das BGB integriert worden und bedarf daher der Auslegung. Energieeffizienz und Klimaschutz werden als die vordringlichen Ziele des Gesetzes genannt.[568] Damit kann davon ausgegangen werden, dass bereits sämtlichen Maßnahmen, die unter § 555 b Nr. 1 und Nr. 2 Var. 1 BGB fallen, ein klimaschützender Charakter zukommt, also bereits dann, wenn es zu einer Energieeinsparung kommt. Darüber hinaus sind nur wenige bauliche Veränderungen denkbar, durch die es nicht zu einer Energieeinsparung kommt, die gleichzeitig aber dem Klimaschutz dienen. Nach der Gesetzesbegründung ist der Tatbestand so weit formuliert, dass auch künftige neue Techniken, die dem Klimaschutz zur Seite stehen, darunter fallen.[569] Es bleibt abzuwarten, welche Technologien sich in der Praxis durchsetzen werden, um eine Pflicht zur Duldung zu begründen. Dadurch, dass bereits die meisten Maßnahmen unter die übrigen Tatbestandsvarianten subsumiert werden können, dürfte sich der Anwendungsbereich vor allem auf den Wechsel von einem fossilen Brennstoff zu einem anderen mit gleichem Primärenergiefaktor beschränken, wenn es dadurch zu einer Reduzierung von Treibhausgasemissionen kommt. Bei einem Wechsel von beispielsweise Heizöl auf Erdgas[570] kommt es aufgrund der geringen CO_2-Intensität gegenüber dem Heizöl zu einer klimaschützenden Einsparung von Treibhausgasemissionen, die weder dem Begriff der Primär- noch

565 BT-Drs. 17/10485, S. 23.
566 BT-Drs. 17/10485, S. 22.
567 Zur Abgrenzung Modernisierung und Contracting, vgl. Kapitel 11, C, III.
568 BT-Drs. 17/11894, S. 31
569 BT-Drs. 17/10485, S. 20.
570 Erdgas: ca. 0,19 kg/kWh, Heizöl: ca. 0,28 kg/kWh, Kohle: ca. 0,32 kg/kWh.

der Endenergieeinsparung zuzuordnen ist und somit einen eigenständigen Anwendungsbereich des § 555 b Nr. 2 Var. 2 BGB eröffnet.[571]

Bereits vor Beginn der Mietrechtsreform wurde die Auffassung vertreten, dass eine Gesetzesänderung der unterschiedlichen Intensität der jeweiligen Energieträger gerechter werden müsste.[572] Eine Reform des Mietrechts sollte nicht nur das Ziel der Ressourcenschonung im Blick haben, sondern auch die Reduzierung von Treibhausgasen. Nach einer weiteren Auffassung waren beispielsweise die auf EU-Ebene verwendeten CO_2-Emissionsfaktoren mit heranzuziehen.[573] Gemeint waren dabei die Faktoren, die bei einer Entscheidung der EU-Kommission zur Festlegung von Leitlinien für die Überwachung und Berichterstattung betreffend Treibhausgasemissionen im Sinn der Richtlinie 2003/87/EG festgelegt wurden.[574]

Durch das Tatbestandsmerkmal des nachhaltigen Klimaschutzes greift der Gesetzgeber diese Kritik auf. Der Wechsel von Öl- auf Gasheizung ist damit als klimaschützende Maßnahme i. S. des § 555 b Nr. 2 BGB zu verstehen, da weniger Treibhausgas emittiert wird. Eine eigenständige Bedeutung erlangt der Wechsel aber nur dann, wenn es durch den Wechsel nicht bereits zu einer Endenergieeinsparung gekommen ist, was im Fall einer moderneren und damit effizienteren Heizungsanlage der Fall ist.

Um die Voraussetzung zu erfüllen, ist die Darlegung des Klimaschutzes alleine nicht ausreichend. Das Merkmal der Nachhaltigkeit tritt diesem einschränkend hinzu, welches aber unproblematisch bereits dadurch erfüllt wird, dass § 555 b BGB für alle Modernisierungen eine bauliche Veränderung voraussetzt, die eine auf Dauer angelegte Veränderung bewirkt, also nachhaltig ist.

Eine noch stärkere Berücksichtigung der CO_2-Intensität wäre dann gewährleistet, wenn der Gesetzgeber die Primärenergiefaktoren an das unterschiedliche CO_2-Ausmaß anpassen würde, indem ein neuer Faktor gewählt wird. Die Emissionswerte der EU ließen sich mit den Primärenergiefaktoren kombinieren, sodass bei der Bestimmung der Energieeinsparung nicht nur dem Umwandlungs- und Verarbeitungsaufwand des jeweiligen Energieträgers Rechnung getragen wird, sondern auch der Emissionsintensität. Die Möglichkeit, diesem Gedanken gerecht zu werden, würde durchaus bestehen. Die Tatsache, dass die meisten fossilen Brennstoffe mit 1,1 denselben Faktor aufweisen, basiert schließlich auch auf einer politischen Entscheidung des Gesetzgebers.[575]

571 Derleder, ZWE 2013, 1, 3.

572 Derleder, WuM 2010, 331, 335; ders., KJ 2011, 158, 167; Hinz, Stellungnahme zum Regierungsentwurf, S. 9; Klinski, WuM 2012, 354, 357.

573 Klinski, WuM 2012, 354, 357.

574 Entscheidung der Kommission vom 18. Juli 2012 – 2007/589/EG.

575 Derleder, ZWE 2013, 1, 3.

Im Ergebnis ist die Integration des Merkmals des nachhaltigen Klimaschutzes mehr als nur ein Bekenntnis des Gesetzes zu diesem Ziel zu verstehen, da sich hierüber die unterschiedliche CO_2-Intensität fossiler Brennstoffe berücksichtigen lässt. Zudem kann es aus Sicht des Vermieters hilfreich sein, Abgrenzungen zu erleichtern, was insgesamt in das Konzept des Gesetzgebers passt und zu befürworten ist, da es eine Vereinfachung mit sich bringt.

Tabelle: Primärenergiefaktoren und EU-Emissionsfaktoren der EU im Verhältnis

Energieträger		Primärenergiefaktor	CO_2-Faktor	kombiniert
Brennstoffe	Heizöl	1,1	73,3	80,63
	Erdgas	1,1	56,1	61,71
	Flüssiggas	1,1	63,0	69,3
	Steinkohle	1,1	94,5	103,95
	Braunkohle	1,2	101,1	121,32
	Holz	0,2	0,0	0,0
Nah-/Fernwärme aus KWK	Fossiler Brennstoff (Steinkohle)	0,7	94,5	66,15
	Erneuerbarer Brennstoff	0,0	0,0	0,0
Strom	Strom-Mix	2,7	-	-
Umweltenergie	Solarenergie	0,0	0,0	0,0
	Erdwärme	0,0	0,0	0,0
	Umgebungswärme	0,0	0,0	0,0

Quelle: DIN V 4701-10, KOM-Entsch. 2007/589/EG, eigene Berechnung

c) Ausnahmeregelung – § 555 b Nr. 2 BGB

Der weite Modernisierungsbegriff sieht vor, dass dieser nur dann vorliegen soll, wenn nicht bereits eine Modernisierungsmaßnahme nach § 555 b Nr. 1 BGB vorliegt. Diesem Zusatz kommt lediglich eine klarstellende Funktion zu, da bereits bei den meisten Modernisierungsmaßnahmen eine Einsparung von Endenergie erfolgt. Dennoch ist die Aufnahme konsequent, da hierdurch deutlich wird, dass der nach dem Wortlaut weite Modernisierungsbegriff als Auffangtatbestand zu verstehen ist. Sämtliche Maßnahmen, die nicht eindeutig zuzuordnen sind, können hierunter subsumiert werden.

d) Einzelmaßnahmen

Die abstrakte Diskussion, wie eine Energieeinsparung erzielt werden kann und ob sich hieraus eine Pflicht zur Duldung, eine Sondermieterhöhung oder ein Mietminderungsausschluss ergeben kann, lässt sich am Beispiel der gängigsten Maßnahmen am besten veranschaulichen.

aa) Thermische Ertüchtigung der Gebäudehülle

Die thermische Ertüchtigung der Gebäudehülle durch Wärmedämmung ist unter den energetischen Sanierungsmaßmaßnahmen als „Klassiker“ zu bezeichnen, da diese aufgrund der Wirtschaftlichkeit und hohen Effizienz am häufigsten zur Anwendung kommt. Hierzu zählen beispielsweise der Austausch der Fenster mit Einfachverglasung gegen Wärmeschutzverglasung[576], der Einbau von Außentüren und die Dämmung der Außenwände[577] mithilfe eines Wärmeverbundsystems genauso wie die Isolierung des Daches, der Keller- und der Geschossdecken.[578] Durch entsprechende Maßnahmen lassen sich die Wärmeverluste und damit der Endenergiebedarf reduzieren, was eine Endenergieeinsparung durch Steigerung der Energieeffizienz zur Folge hat. Bereits nach der alten Rechtslage führten diese zu einer tatbestandlichen Energieeinsparung und damit zur Begründung einer Pflicht zur Duldung und zu einer Sondermieterhöhung.[579]

bb) Austausch einer konventionellen Heizungsanlage

Durch den Austausch einer Anlage zur Bereitstellung der Wärme für Heizung und Trinkwasser kommt es zu Effizienzgewinnen, da neuere Anlagen vor allem wegen des moderneren Kesseltyps weniger Kraftstoff benötigen. Voraussetzung ist daneben auch, dass die Anlage auch in Bezug auf das Heizverteilersystem entsprechend dimensioniert und eingestellt ist. Durch den Einsatz effizienterer Anlagentechnik wird Brennstoff und damit Endenergie eingespart, sodass diese Maßnahme als energetische Modernisierung i. S. des § 555 b Nr. 1 BGB zu qualifizieren ist, da auch ein Bezug zur Mietsache vorhanden ist.[580] Der Verbraucher

576 LG Hamburg, NJW-RR, 1995, 1101; LG Berlin, NZM 1999, 705; zu Kastendoppelfenster, vgl. Both, NJ 1997, 468.

577 BayObLG WuM 2002, 162; LG Paderborn, WuM 1993, 360.

578 LG Berlin, GE 1999, 383; Palandt/*Weidenkaff*, § 554 Rn. 12.

579 Bamberger/Roth/*Ehlert*, § 554 Rn. 10a m. w. N.

580 BT-Drs. 17/11894, S. 32.

muss für die Energiemenge weniger bezahlen, die für den Wärmebedarf erforderlich ist. Gleichzeitig wird durch eine effizientere Anlage auch Primärenergie eingespart.[581]

Ob die neue Heizungsanlage anschließend vom Vermieter oder von einem Contractor i. S. des § 556 c BGB betrieben wird, ist für die Qualifizierung als Modernisierungsmaßnahme zunächst unerheblich, da die Vorschrift nur die Kosten der Wärmelieferung als Betriebskosten regelt. Soweit eine Begründung einer Pflicht zur Duldung der baulichen Veränderung, also die Möglichkeit des Vermieters, dem Contractor Raum für die Umstellung zu geben, entsteht, verweisen die Materialien zu § 556 c BGB auf die Vorschriften der Erhaltungs- und Modernisierungsmaßnahmen.[582] Dies ist konsequent, da die Tatsache, dass im Unterschied zum Eigenbetrieb die Anlage von einem Contractor betrieben wird, nicht dazu führen kann, dass die Maßnahme in Bezug auf die Duldungspflicht anders zu beurteilen ist. In der Praxis wird die Begründung einer Pflicht zur Duldung einer Umstellung nicht erforderlich sein, da diese vor allem im Fall der Optimierung einer Anlage durch einen gewerblichen Dritten („Betriebsführungs-Contracting") nur zu geringen Beeinträchtigungen führt und eine Mitwirkung des Mieters im Regelfall nicht erforderlich ist.[583] Eine Ankündigung wird daher regelmäßig unterbleiben oder lediglich vorsorglich vorgenommen werden.

Im Ergebnis ist die Installation einer neuen oder die Optimierung einer bestehenden Heizungsanlage als energetische Modernisierung i. S. des § 555 b Nr. 1 BGB zu qualifizieren, da es aufgrund der Effizienzsteigerung zu einer Einsparung von Endenergie kommt. Dabei ist unerheblich, ob die Anlage vom Vermieter oder einem Dritten nach der baulichen Veränderung betrieben wird.

cc) Fotovoltaik

Bei einer Fotovoltaikanlage wird Strahlungsenergie der Sonne durch Solarzellen, die im Regelfall auf der Dachfläche eines Gebäudes installiert sind, direkt in Elektrizität umgewandelt, ohne dass mechanische Geräte zwischengeschaltet werden. Zwar wird unmittelbar nur Gleichstrom produziert, der aber – unter Einsatz von Energie – durch einen Wechselrichter in Wechselstrom umgewandelt werden kann. Der Wechselstrom wird im Regelfall in das öffentliche Netz eingespeist und am Energiemarkt verkauft. Der Betreiber erhält für den eingespeisten Strom eine Vergütung nach dem EEG.

581 Schmidt-Futterer/*Eisenschmid*, § 554 Rn. 143c.

582 BT-Drs. 17/10485, S. 22.

583 BT.Drs. 17/10485, S. 22; dies ist allerdings zweifelhaft bei umfangreichen Maßnahmen. Zur Abgrenzung Contracting und Modernisierung siehe Kapitel 11, C, III.

Durch die vollständige Netzeinspeisung fehlt es bereits an dem für § 555 b Nr. 1 BGB erforderlichen Bezug zur Mietsache, sodass es in diesem Fall nicht darauf ankommt, ob End- oder nicht erneuerbare Primärenergie eingespart wird. Eine Primärenergieeinsparung erfolgt grundsätzlich nicht. Wenn überhaupt kommt es zu einer Einsparung nicht erneuerbarer Primärenergie nur mittelbar in einem sehr globalen Sinn,[584] da am Markt weniger Strom aus fossilen Brennstoffen benötigt wird. Zur Deckung des Strombedarfs muss also weniger Energie beispielsweise aus einem Kohlekraftwerk bezogen werden, sodass es also zu einer Einsparung von Kohle (nicht erneuerbare Primärenergie) kommt. In mietrechtlicher Hinsicht stellt die Verwendung einer Fotovoltaikanlage somit eine Modernisierungsmaßnahme nach § 555 b Nr. 2 BGB dar, die ausschließlich zu einer Duldungspflicht, nicht aber zu einer Sondermieterhöhung führen kann. Eine Sondermieterhöhung ist auch deshalb nicht angezeigt, da der Vermieter für den Strom eine durch das EEG garantierte Vergütung erhält.[585] Sofern der Strom entweder ganz oder zumindest zum Teil von den Nutzern des Gebäudes zur Deckung des Energiebedarfs genutzt wird, kann es auch zu einer Einsparung von Endenergie kommen, wenn weniger zu bezahlende Endenergie aus fossilen Brennstoffen benötigt wird. Dadurch, dass § 555 b Nr. 1 BGB nicht auf die Einsparung von Endenergie für den Wärmebedarf beschränkt ist, stellt die Installation einer Solaranlage zur Eigenversorgung auch eine energetische Modernisierung i. S. der Vorschrift dar. Der für das Vorliegen der Maßnahme erforderliche Bezug zur Mietsache ist durch die Eigenversorgung gegeben. Das Merkmal der Nachhaltigkeit ist ebenfalls gegeben, da derartige Anlagen auf eine dauerhafte Nutzung ausgerichtet sind. Dieses Ergebnis widerspricht auch nicht der Zielsetzung des Gesetzgebers, der ausdrücklich die Fotovoltaikanlagen, bei denen der Strom nicht der Versorgung der Mietsache dient, der Modernisierung i. S. des § 555 b Nr. 2 BGB zuordnet,[586] damit aber nicht die Eigenversorgung des Gebäudes ins Auge gefasst hat. Eine Sondermieterhöhung sollte aber lediglich dann möglich sein, wenn der Vermieter nicht doppelt verdient, also durch die EEG-Subvention und die Mieterhöhung.

dd) Windkraft

In Windkraftwerken, die auch auf Immobilien errichtet und betrieben werden können, wird durch Wind Bewegungsenergie erzeugt, die in Generatoren in elektrischen Strom umgewandelt wird. Der so gewonnene Strom wird wie bei

584 Derleder, ZWE 2012, 65, 68.
585 Derleder, KJ 2011, 158, 163.
586 BT-Drs. 17/10485, S. 20.

der Solartechnik gegen eine nach dem EEG geregelte Vergütung in das allgemeine Stromnetz geleitet, sodass diese Technik mit den Fotovoltaikanlagen gleich zu behandeln ist. In der Praxis ist der Betrieb von Windkraftanlagen recht selten, da die Windlagen sehr unterschiedlich sind und der Betrieb mit Lärmemissionen verbunden ist.[587] Sofern der so erzeugte Strom nicht den Wohneinheiten zur Verfügung steht, sondern vollständig in das öffentliche Stromnetz eingespeist wird, liegt eine Modernisierungsmaßnahme nach § 555 b Nr. 2 BGB vor, da es aufgrund des geringen Primärenergiefaktors der erneuerbaren Energie gegenüber dem Strom aus konventioneller Produktion zu einer Primärenergieeinsparung kommt. Erfolgt eine Abnahme der Elektrizität aus der Windkraftanlage zur Deckung des Energiebedarfs des Mieters, liegt wie bei der Fotovoltaikanlage eine Einsparung von Endenergie i. S. d. § 555 b Nr. 1 BGB vor, da weniger Strom aus fossiler Energie beschafft werden muss. Aufgrund der praktischen Schwierigkeiten kann der Betrieb eine Windkraftanlage im Mietwohnungsbereich derzeit allerdings ausgeklammert werden.

ee) Solarthermie

Anders als bei den Fotovoltaikanlagen und den Windkraftwerken wird mit Sonnenkollektoren nicht Strom erzeugt, der dann dem allgemeinen Stromnetz zugeführt wird. Vielmehr wird mithilfe dieser Kollektoren unmittelbar ein Medium erhitzt, das mittels eines Wärmetauschers die Wärme an die Warmwasseranlage des Wohnobjektes abgibt. Mit dem Einsatz von Sonnenkollektoren kann unter günstigen Umständen ein großer Teil des Warmwasserbedarfs gedeckt werden.

Allerdings sind solche Kollektoren für den Betrieb einer Warmwasseranlage in unseren Breitengraden regelmäßig nicht geeignet, weil die gewonnene Wärme im Sommer für den Winterbetrieb nicht gespeichert werden kann. Im Winter ist die Sonneneinstrahlung für eine effektive und wirtschaftliche Nutzung zu gering. Der Aufbau entsprechender Speichersysteme wäre nur mit erheblichem Aufwand möglich.[588] Eine Speicherung ist mittels eines sog. Pufferspeichers derzeit nur für einige Tage möglich. In der kalten Jahreszeit müsste dann auf andere Versorgungssysteme zurückgegriffen werden.

Durch die Solarthermie wird Primärenergie eingespart, wenn fossile Energieträger durch erneuerbare Energien ersetzt werden, da die Sonnenenergie mit 0,0 einen geringeren Primärenergiefaktor hat als beispielsweise Gas, welches einen Primärenergiefaktor von 1,1 aufweist. Der geringere Primärenergiefaktor ist im konkreten Fall nicht nur auf den Bonus der erneuerbaren Energien zurückzufüh-

587 Deleder, KJ 2011, 158, 164.
588 Derleder, ZWE 2012, 65, 68.

ren, sondern auch darauf, dass bei der Verwendung von lokalen Solarthermie-Anlagen weniger Energieverluste, vor allem durch Transport in Rohrleitungen, eintreten.[589] Gleichzeitig kommt es zu einer Einsparung von Endenergie, da weniger zu bezahlende Energie am Markt beschafft werden muss, wenn diese von der hauseigenen Anlage zur Verfügung gestellt wird. Obschon es aus energiefachlicher Sicht nicht zu einer Endenergieeinsparung kommt, da der Nutzenergiebedarf unverändert bleibt, qualifiziert der Gesetzgeber diese hybriden Lösungen als Endenergieeinsparung, da es ihm vor allem um die Einsparung fossiler Brennstoffe geht.[590] Insgesamt ist die Verwendung einer Solarthermieanlage anders als im Energierecht aufgrund des weiten zivilrechtlichen Endenergiebegriffs als Modernisierungsmaßnahme i. S. des § 555 b Nr. 1 BGB zu qualifizieren.

ff) Blockheizkraftwerke

Ein Blockheizkraftwerk ist eine Anlage zur Gewinnung von elektrischer Energie und Wärme, die vorzugsweise am Ort des Wärmeverbrauchs betrieben wird, aber auch Nutzwärme in ein Nahwärmenetz einspeisen kann. Sie setzt dazu das Prinzip der Kraft-Wärme-Kopplung ein. Als Antrieb für den Stromerzeuger können Verbrennungsmotoren, d. h. Diesel- oder Gasmotoren, aber auch Gasturbinen verwendet werden.[591] Der höhere Gesamtnutzungsgrad gegenüber der herkömmlichen Kombination von lokaler Heizung und zentralem Kraftwerk resultiert daraus, dass die Abwärme der Stromerzeugung direkt am Ort der Entstehung genutzt wird. Dadurch, dass diese Blockheizkraftwerke neben der Wärme auch Strom erzeugen, damit also die zentralen Kraftwerke durch das Einsparen von Primärenergie entlasten, wird ein Ausgleich für die produzierte Strommenge angesetzt. Gleichzeitig entfallen Transport- und Umspannverluste der Großkraftwerke und die Investitionen in ein aufwendiges Rohrleitungsnetz, was insgesamt zu einer Primärenergieeinsprung von 40 % führen kann.[592] Hierdurch erreichen Blockheizkraftwerke Primärenergiefaktoren, die kleiner als 1,0 sind. Standardmäßig kann für fossil gefeuerte Blockheizkraftwerke ein Primärenergiefaktor von 0,7 verwendet werden. Durch die Einsparung der Primärenergie ist die Installation als Modernisierungsmaßnahme nach § 555 b Nr. 2 BGB zu qualifizieren. Aufgrund des geringen Primärenergiefaktors gegenüber beispielsweise

589 Derleder, ZWE 2012, 65, 68.
590 BT-Drs. 17/10485, S. 19.
591 Oft werden Brennstoffe verwendet, die nicht zu den regenerativen Energien zählen (Diesel oder Erdgas). Der Einsatz oder die Beimischung von Pflanzenölen oder Biogas ist aber möglich.
592 Derleder, ZWE 2012, 65, 67.

Gas kommt es auch zu einer Einsparung von Endenergie, da weniger fossile Endenergie benötigt wird. Zudem kommt es durch den Effizienzgewinn zur Endenergieeinsparung, sodass die Umstellung auf ein Blockheizkraftwerk auch als energetische Modernisierung i. S. des § 555 b Nr. 1 BGB qualifiziert werden kann. Ein Bezug zur Mietsache ist gegeben, wenn die produzierte Nutzenergie ortsnah verwendet wird.

gg) Umstellung auf Holzpelletheizung

Die Umstellung von einem fossilen Brennstoff, wie etwa Öl oder Gas, auf einen Holzpelletheizung stellt aufgrund des geringeren Primärenergiefaktors des Holzes (0,2) gegenüber dem fossilen Energieträgern (beide 1,1) eine Einsparung nicht erneuerbarer Primärenergie dar. Der Gesetzgeber nennt eine derartige Umstellung als einen der wenigen Fälle, in denen es ausschließlich zu einer Einsparung von nicht erneuerbarer Primärenergie kommt.[593] Eine Einsparung von Endenergie ist dagegen nicht gegeben, da an der Schnittstelle zum Gebäude nicht weniger Endenergie hinzugekauft werden muss. Aufgrund des geringeren Heizwertes der Holzpellets[594] beispielsweise gegenüber dem Heizöl[595] kommt es sogar zu einem Anstieg des Endenergieverbrauchs, sofern auf wie richtigerweise auf die Einsparung fossiler Brennstoffe abgestellt wird. Um 1 Liter Heizöl zu ersetzen, werden etwa 2 Kg Holzpellets benötigt. Damit ist dieser Fall aufgrund der Primärenergieeinsparung als Modernisierung i. S. des § 555 b Nr. 2 BGB zu qualifizieren.

hh) Fernwärme durch Kraft-Wärme-Kopplung

Eine Umstellung von Gas- oder Ölheizung auf Fernwärme, die durch Kraft-Wärme-Koppelung (KWK) entsteht, ist aufgrund des Sprungs bei den Primärenergiefaktoren als Modernisierungsmaßnahme i. S. d. § 555 b Nr. 2 BGB zu qualifizieren. Während Heizöl und Erdgas beide einen Primärenergiefaktor von 1,1 aufweisen, ist bei der Fernwärme aus KWK ein geringer Faktor anzusetzen, der sich unter Berücksichtigung der EnEV und der zugehörigen DIN-Vorschrift[596] mit 0,7 pauschal bestimmen lässt. Soweit erneuerbare Brennstoffe

593 BT-Drs. 17/10485, S. 20.
594 4,9 kWh/kg.
595 11,8 kWh/kg.
596 Rechenverfahren nach DIN V 4701-10:2003-06, geändert durch A1:2006-12, auf das die EnEV nach § 3 Abs. 2 in Verbindung mit Anlage 1 Nr. 2.1.1 verweist.

Verwendung finden, ist ein Faktor von 0,0 anzusetzen. Durch die Reduzierung des Primärenergiefaktors kommt es zu einer Primärenergieeinsparung. Zu einer Endenergieeinsparung kommt es allenfalls bei dem Erzeuger, wenn weniger fossile Endenergie eingesetzt wird. Für § 555 b Nr. 1 BGB reicht dies jedoch nicht aus, da ein Bezug zur Mietsache erforderlich ist.

ii) Wärmepumpen/Geothermie

Eine Wärmepumpenheizung entzieht dem Erdboden Wärme und hebt diese Energie mittels einer Wärmepumpe auf ein verwertbares höheres Temperaturniveau an, um damit Gebäude oder andere Einrichtungen zu beheizen. Hierfür können Bohrungen in das Erdreich von bis zu 400 m erforderlich sein. Die meisten Bohrungen werden bis 50 m ausgeführt. Sofern die Leistung einer einzelnen Erdwärmesonde nicht ausreichend ist, werden mehrere Bohrungen auf Basis der benötigten Entzugsleistung vorgenommen. Die Kosten für die einzelnen Bohrungen sind insbesondere bei bestehenden Gebäuden enorm. Wärmepumpen können in der Gesamtbetrachtung Brennstoff und damit Primärenergie einsparen, da sie den Großteil der Wärmeenergie (erneuerbare Energie) vor Ort dem Erdreich entnehmen. Hierdurch ist grundsätzlich auch ein hohes CO_2-Einsparpotenzial gegeben.[597] Dem gegenüber steht allerdings die nicht unerhebliche elektrische Energie, die zum Betrieb der Wärmepumpe erforderlich ist, um dem Erdreich Wärme zu entziehen. Die Wärmepumpe funktioniert dabei technisch wie ein Kühlschrank, der dem innen liegenden Kühlraum u. a. durch Kompression Wärme entzieht. Auch eine Wärmepumpe für die Hausheizung hebt („pumpt“) Wärme von einem niedrigen auf ein höheres Temperaturniveau.[598] Entscheidend für die Bestimmung der Primär- und Endenergieeinsparung ist damit der Anteil des Stroms für die Wärmepumpe. Effiziente elektrische Wärmepumpen können im Jahresverlauf mit einer zugeführten Menge Energie (einer kWh Strom) die dreifache Menge Umweltwärme erschließen.[599] Bei modernen Anlagen ist von einer hohen Effizienz auszugehen, sodass eine vollständige oder teilweise Umstellung auf Geothermie eine energetische Modernisierung i. S. des § 555 b Nr. 1 BGB darstellt. Soweit die elektrische Energie aus regenerativen Energien bezogen wird, ist wie bei den übrigen hybriden Lösungen insgesamt an eine noch effizientere und energieeinsparende Maßnahme zu denken.

597 Umweltministerium Baden-Württemberg (Hrsg.), Leitfaden zur Nutzung von Erdwärme mit Erdwärmesonden, 2005.

598 Umweltbundesamt, Elektrische Wärmepumpen – eine erneuerbare Energie?, 2008, S. 3.

599 Ebd., S. 11.

jj) Umstellung von einem fossilen Brennstoff auf einen klimafreundlicheren fossilen Brennstoff

Es ist unbestritten, dass der Einsatz von rein regenerativen Energien wie der Sonnenstrahlung, der Windkraft oder der Erdwärme zur Warmwasserbereitung sicherlich die beste CO_2-Bilanz aufweist. Es gibt aber auch bei den fossilen Brennstoffen erhebliche Unterschiede im Hinblick auf die CO_2-Emissionen und damit Auswirkungen auf die CO_2-Bilanz. Braunkohle (980-1230 g/kWh), Steinkohle (790-1080 g/kWh) und Erdgas (410-430 g/kWh) weisen erhebliche Unterschiede bei ihren Emissionen auf.[600]

Anders als bei der vollständigen oder anteiligen Ersetzung eines fossilen Energieträgers durch erneuerbare Energie, kommt es bei der Ersetzung eines fossilen Energieträgers durch einen anderen nicht zu einer Einsparung von Endenergie oder aber Primärenergie.[601] Auch wenn beispielsweise die Umstellung von Heizöl auf Erdgas in Anbetracht der CO_2-Einsparung wünschenswert ist, wird eine tatbestandliche Energieeinsparung indes nicht bewirkt. Dadurch, dass Gas gegenüber Heizöl weniger CO_2 emittiert, um dieselbe Leistung zu erzielen, dient die Umstellung dem Klimaschutz. Insoweit stellt die Umstellung somit eine Modernisierungsmaßnahme nach § 555 b Nr. 2 BGB dar. In der Praxis wird gleichzeitig aber aufgrund des Effizienzgewinns einer moderneren Heizungsanlage auch eine Endenergieeinsparung erzielt, sodass eine energetische Modernisierung i. S. des § 555 b Nr. 1 BGB vorliegt.

e) Zwischenergebnis

Als Zwischenergebnis ist festzuhalten, dass die Tatbestandsalternative der Einsparung nicht erneuerbarer Primärenergie vor allem bei der Installation von Fotovoltaikanlagen und der Umstellung auf Holzpelletheizung oder Fernwärme zur Anwendung kommt, da es hierbei nicht bereits zu einer Einsparung von Endenergie kommt. Grundsätzlich gibt es nur dann einen eigenständigen Anwendungsbereich, wenn bei gleichbleibendem Endenergiebedarf unterschiedliche Primärenergiefaktoren zur Anwendung kommen, also die Einsparung ausschließlich darin begründet ist, dass es beispielsweise weniger Transport- oder Umwandlungsverluste gibt. Dies gilt nach dem Energierecht auch dann, wenn beispielsweise eine vorhandene Gasheizung durch eine Solaranlage unterstützt wird, der Endenergiebedarf aber gleich bleibt. Auch hierdurch wird der Primärenergiefaktor insgesamt kleiner, was zu einer Primärenergieeinsparung führt. Diese

600 Derleder, WuM 2010, 313.
601 Klinski, ZUR 2010, 283, 286.

hybriden Maßnahmen werden nach dem Willen des Gesetzgebers der Endenergieeinsparung nach § 555 b Nr. 1 BGB zugeordnet, was nicht frei von Widersprüchen ist. Dies wird aus politischen Gründen dennoch befürwortet, denn so kann effektiver fossiler Brennstoff eingespart werden, da der enge Modernisierungsbegriff die Möglichkeit zur Mieterhöhung eröffnet und so von Mieterseite eine größere Beteiligung sichergestellt wird. Durch die „künstliche" Ausweitung des Tatbestands der Endenergieeinsparung auf Maßnahmen, die nach dem Energierecht der ausschließlichen Primärenergieeinsparung zuzuordnen sind, wird die Schwäche des § 555 b Nr. 1 BGB, der seinem Wortlaut nach nur die Endenergieeinsparung vorsieht, in Bezug auf die klimapolitischen Ziele einerseits entschärft. Andererseits bietet die bestehende Auslegungsunklarheit erhebliches Streitpotenzial.[602]

Über dem Ziel der Brennstoffeinsparung steht die Minderung schädlicher CO_2-Emissionen, da hierdurch das Klima geschützt wird. Die unterschiedliche CO_2-Intensität des jeweiligen fossilen Brennstoffes wird damit von der selbstständigen Tatbestandsalternative erfasst. Ein eigenständiger Anwendungsbereich ist derzeit nur denkbar, wenn es zum Austausch eines fossilen Brennstoffes mit gleichbleibendem Primärenergiefaktor kommt und sich die Energieeffizienz nicht verbessert.

3. Nicht zu vertretende Maßnahmen – § 555 b Nr. 6 BGB

Im Kontext der energetischen Modernisierung stehen vor allem die Modernisierungsmaßnahmen nach § 555 b Nr. 1, 2 BGB. Die Durchführung dieser Maßnahmen setzt voraus, dass der Vermieter sich zu ihrer Vornahme freiwillig entschließt. Es gibt aber auch Maßnahmen, die der Vermieter aufgrund von Umständen durchführen muss, die er nicht zu vertreten hat. Sofern es sich hierbei nicht um Erhaltungsmaßnahmen i. S. des § 555 a BGB handelt, werden diese Maßnahmen als eigenständig geregelte Modernisierung qualifiziert (§ 555 b Nr. 6 BGB). Denkbare Pflichten können die Umstellung von Stadt- auf Erdgas, den Einbau von Öltanksicherungen, die Ersetzung von Freileitungen durch Erdleitungen oder das Umrüsten von Heizkesseln auf Grund der KleinfeuerungsanlagenVO.[603] Weitere Pflichten können landesrechtlich auf den Einbau von Wasserzählern oder Rauchmeldern in Wohnungen gerichtet sein. Nach § 555 d Abs. 1 BGB sind diese Maßnahmen durch den Mieter zu dulden.

Denkbare behördliche Verpflichtungen zur Verbesserung der energetischen Beschaffenheit der Mietsache könnten sich grundsätzlich beispielsweise aus den

602 Hinz, NZM 2012, 777, 787.
603 Münch/Komm/*Artz*, § 559 Rn. 22 m. w. N.

unbedingten Nachrüstungspflichten der EnEV ergeben, so etwa aus § 10 EnEV. Dabei geht es im Kern zum einen um die Verpflichtung zur Stilllegung von Heizkesseln, die vor dem 1. Oktober 1978 in Betrieb genommen wurden. Diese Anordnung nebst Verpflichtung beispielsweise zur Dämmung bisher ungedämmter Heizungsrohre ist in § 10 EnEV vorgesehen. Bei diesen Maßnahmen handelt es sich ausnahmsweise um Mangelbeseitigung, sodass diese als Erhaltungsmaßnahme § 555 a BGB zu werten sind.[604]

Bisher waren gesetzlich verpflichtende Maßnahmen lediglich nach § 242 BGB zu dulden. Hierdurch sollte erreicht werden, dass diese Maßnahmen einer Interessensabwägung (§ 554 Abs. 2 BGB a. F.) grundsätzlich nicht zugänglich sein sollten.[605] Durch die vorliegende Gesetzesänderung hat der Gesetzgeber dafür gesorgt, dass jetzt eine Härtefallabwägung nach § 555 d BGB vorzunehmen ist. Begründet wird dies damit, dass auch schon bisher eine Duldungspflicht nach § 242 BGB nur nach Abwägung der Interessen des Mieters herzuleiten war. Tatsächlich hat der BGH in dieser Tendenz entschieden; eine aus Treu und Glauben hergeleitete Duldungspflicht könne nur unter Berücksichtigung der Belange der betroffenen Mieter begründet werden.[606] Der Gesetzgeber leitet hieraus das Bedürfnis ab, eine gesetzliche Interessenabwägung zu vollziehen. Nach der Gesetzesbegründung soll den Interessen des Vermieters in aller Regel ein besonderes Gewicht zukommen.[607] Die Qualifikation als duldungspflichtige Modernisierungsmaßnahme, die einer Härtefallprüfung zu unterziehen ist, ist kritisch zu sehen, da der Mieter die Verpflichtung gegenüber dem Vermieter infrage stellen kann.[608] Diese Konstellation entspricht nicht einem ausgewogenen Interessenverhältnis, da der Vermieter den Einwänden außer der behördlichen Anordnung nichts entgegnen kann. Nur im Einzelfall sollte der Mieter davon Gebrauch machen dürfen, seine persönlichen Interessen gegen die Maßnahme vorzubringen. Vorstellbar sind nur solche, die eine Pflicht zur Duldung beispielsweise aus gesundheitlichen Gründen vorübergehend nicht zulassen würden.

Wie bisher sollen diese Modernisierungsmaßnahmen auch einer Sondermieterhöhung zugänglich sein. Der überarbeitete § 559 BGB knüpft damit an die alte Rechtslage an.

604 Siehe Kapitel 12, A, I, 4.
605 Vgl. BT-Drs. 14/4553, S. 49.
606 Vgl. BGH, Urteil vom 4. März 2009 – VIII ZR 110/08 = WuM 2009, 290-292.
607 BT-Drs. 17/10485, S. 20.
608 Vgl. Hinz, Stellungnahme zum Regierungsentwurf, S. 10.

III. Erhaltungsmaßnahmen – § 555 a BGB

In Abgrenzung zur Duldung von Modernisierungsmaßnahmen nach § 555 d BGB beinhaltet die Vorschrift eine selbstständig normierte Pflicht zur Duldung von Erhaltungsmaßnahmen. Hierdurch werden die systematischen Unterschiede, aber auch ihre unterschiedlichen Rechtsfolgen deutlich.[609]

1. Instandhaltung und Instandsetzung

In § 555 a Abs. 1 BGB, der nach der Gesetzesbegründung der Vorgängervorschrift § 554 Abs. 1 BGB a. F. entspricht, wird der Begriff der Erhaltungsmaßnahmen als Legaldefinition gefasst. Hierdurch soll klargestellt werden, dass unter Erhaltungsmaßnamen sowohl Instandhaltungs- als auch Instandsetzungsmaßnahmen fallen.[610] Bisher kannte das BGB die Begrifflichkeiten der Instandhaltung und Instandsetzung nicht.[611] Benachbarte Rechtsgebiete wie etwa das WEG[612] benutzen diese dagegen bereits seit langem, sodass grundsätzlich auf die vorhandene Rechtsprechung und Literatur zurückgegriffen werden kann. Während man demnach unter Instandsetzung die Behebung von baulichen Mängeln und damit die Wiederherstellung eines zum bestimmungsgemäßen Gebrauch geeigneten Zustands versteht, ist die Instandhaltung die Aufrechterhaltung eines ordnungs- und vertragsgemäßen Zustandes. Zur Instandhaltung gehören damit auch vorbeugende Maßnahmen.[613] Lediglich in Bezug auf die vorbeugenden Maßnahmen gibt es eine mögliche Abweichung zu anderen Vorschriften, die für die Anwendung des BGB relevant sind. So enthält § 1 Abs. 2 Nr. 2 Betriebskostenverordnung eine weitere Legaldefinition der Erhaltungsmaßnahmen, die über § 561 Abs. 1 BGB auch in das BGB hinein wirkt. Erhaltungsmaßnahmen sind danach solche, die darauf abzielen, die durch Abnutzung, Alterung und Witterungseinwirkung entstehenden baulichen oder sonstigen Mängel zu beseitigen. Es werden nach dieser Legaldefinition in der Betriebskostenverordnung also nur Maßnahmen erfasst, die auf eine Beseitigung abzielen, nicht aber präventiv vorgenommen werden.[614] Das Mietrecht enthält damit zwei unterschiedliche Legaldefinitionen des Begriffs der Erhaltungsmaßnahme, was im Einzelfall zu

609 Börstinghaus, Stellungnahme zum Regierungsentwurf, S. 9; Siebenkotten, Stellungnahme zum Regierungsentwurf, S. 10.

610 BT-Drs. 17/10485, S. 19.

611 Schmidt/Futterer/Eisenschmid, § 554 Rn. 16.

612 Vgl. § 21 Abs. 5 Nr. 2 WEG.

613 Staudinger/*Bub*, § 21 WEG Rn. 160; OLG Frankfurt, NZM 2011, 37-38; vgl. auch, Schmidt-Futterer/*Börstinghaus*, § 559 Rn. 53; MünchKomm/*Häublein*, § 535 Rn. 103;.

614 Siebenkotten, Stellungnahme zum Regierungsentwurf, S. 10.

Abgrenzungsproblemen führen kann, wenn es um vorbeugende Maßnahmen geht. Soweit es um die Duldung von derartigen Maßnahmen geht, sollten auch vorbeugende Erhaltungsmaßnahmen vom Anwendungsbereich des § 555 a BGB erfasst werden. Dies ist schon deshalb erforderlich, um dem Vermieter mehr Handlungsspielraum für die Erhaltung der Mietsache zu geben. Dies liegt schließlich auch im Interesse des Mieters. Der Rückgriff auf das Betriebskostenrecht ist nicht zielführend, da es dabei alleine um die Umlagemöglichkeit geht, die zum Schutz des Mieters nicht auf vorbeugende Maßnahmen erstreckt wird. Die Beurteilung der Kostenlast für vorbeugende Maßnahmen spielt für die Frage der Duldung keine Rolle. Sie ist alleine für die Frage, welche Kosten als Modernisierungskosten berücksichtigungsfähig sind, maßgeblich (§ 559 Abs. 2 BGB).

2. Ersetzung und modernisierende Instandsetzung

Eine ähnlich gelagerte Schwierigkeit, die im Zusammenhang mit der Legaldefinition in § 555 a Abs. 1 BGB steht, ist die Frage, wie mit der Ersetzung oder Erneuerung von Bauteilen umzugehen ist. Es ist umstritten, ob diese Maßnahmen der Erhaltung oder der Modernisierung dienen. In der Literatur wird überwiegend eine Instandsetzung angenommen, wenn der Vermieter Bauteile ersetzen muss und dies wegen der fortgeschrittenen technischen Entwicklung oder wegen neuer bautechnischer Vorgaben „zwangsweise" zu einer Verbesserung führt.[615] In diesen Fällen kann der Vermieter den ursprünglichen Zustand nicht mehr herstellen, da der Markt eine veraltete Technik nicht mehr zulässt. Er soll somit keine andere Wahl haben als die Anpassung an den Stand der Technik. Entscheidend soll somit eine Wahlmöglichkeit zwischen Modernisierung und Wiederherstellung gegeben sein.[616] Demnach soll in den Fällen der Ersetzung keine Modernisierungsmaßnahme vorliegen und damit kein Raum für eine Sondermieterhöhung nach § 559 BGB bestehen. Da der Vermieter seine Anlagen nach einer bestimmten Zeit abgeschrieben hat, sollen diese Maßnahmen auch weiterhin der Instandhaltung zugeordnet werden.[617] Maßgeblich für das Vorliegen einer Modernisierungsmaßnahme ist andererseits der jeweilige Modernisierungstatbestand. Kommt es durch das neue Bauteil, wie etwa durch ein neues Fenster, zu einer Endenergieeinsparung, so ist der Austausch als Modernisierungsmaßnahme

615 Blank, WuM 2008, 313; Artz, WuM 2008, 259; vgl. Artz, Stellungnahme zum Regierungsentwurf, S. 6, der sich insoweit für eine Klarstellung im Gesetz ausgesprochen hat.

616 Blank, WuM 2008, 313; Eisenschmid, WuM 2008, 264; Schmidt-Futterer/*Eisenschmid*, § 554 Rn. 19a m. w. N.

617 Siebenkotten, Stellungnahme zum Regierungsentwurf, S. 11.

nach §§ 559, 555 b Nr. 1 BGB umlagefähig, wenn das alte Bauteil noch funktionstüchtig ist. Dies ist sachgerecht und entspricht der Zielsetzung des Gesetzes.

Knüpft man dagegen auch hier oder in ähnlich gelagerten Sachverhalten, bei den eine Abgrenzung der Modernisierung von den Erhaltungsmaßnahmen nur schwer möglich ist, an wohnungseigentumsrechtliche Begrifflichkeiten an, dann kann in der Beseitigung eines Mangels auch eine modernisierende Instandsetzung erachtet werden, die nach § 22 Abs. 3 i. V. mit § 21 Abs. 5 Nr. 2 WEG einer Instandhaltung oder Instandsetzung gleichgesetzt wird. Bei einer modernisierenden Instandsetzung kommt es hiernach darauf an, dass „die Neuerung einen Bezug zur Instandhaltung oder Instandsetzung hat, ob also vorhandene Einrichtungen wegen bereits notwendiger oder absehbarer Reparaturen technisch auf einen aktuellen Stand gebracht oder durch eine wirtschaftlich sinnvollere Lösung ersetzt werden".[618] Auch nach gefestigter Rechtsprechung wird diese angenommen, wenn sich die Maßnahme nicht auf die bloße Wiederherstellung des ursprünglichen Zustands in Form einer Reparatur beschränkt, sondern zudem eine technisch bessere und wirtschaftlich sinnvollere Lösung zur Behebung eines Mangels darstellt.[619] Unter Berücksichtigung dieser Rechtsprechung ist beispielsweise die Umrüstung einer Ölzentralheizung zu einer Gaszentralheizung als Instandhaltung zu qualifizieren, wenn es gleichzeitig zur einer Energieeinsparung kommt und das neue Versorgungssystem höherwertiger ist als die Altlösung.[620] Solange sich Mehrkosten gegenüber einer Instandsetzung der Ölheizung durch die Einsparung von Energiekosten innerhalb eines angemessenen Zeitraums amortisieren,[621] ist nach dieser abzulehnenden Auffassung von einer modernisierenden Instandsetzung auszugehen, die demnach in Abgrenzung zur Modernisierung[622] als Erhaltungsmaßnahme nach § 555 a BGB zu beurteilen wäre.

Ein Rückgriff auf das WEG als Auslegungshilfe kommt nach der hier vertretenen Auffassung allerdings nicht in Betracht, da der Begriff aus dem WEG nicht mit den bisherigen mietrechtlichen Auslegungsmaßstäben vereinbar ist. Die vergleichbar in der Kommentarliteratur als Instandmodernisierung bezeichnete Maßnahme wird dem Regelungsbereich der Modernisierung und damit der Vorschrift des § 559 Abs. 1 BGB zugeordnet, sodass dem Vermieter das Recht eingeräumt wird, einen Anteil der Kosten auf den Mieter umzulegen.[623] Nach der wohnungseigentumsrechtlichen Sichtweise ist die instandsetzende Modernisierung von § 559 BGB gerade abzugrenzen.[624] Die Terminologie der

618 BT-Drs. 16/887, S. 32.

619 OLG Frankfurt, NZM 2011, 37-38 m. w. N.

620 Bärmann/*Pick*, § 22 Rn. 36.

621 BGH, ZMR 2003, 937-941; KG, ZMR 1996, 28.

622 Bärmann/*Pick*, § 22 Rn. 34.

623 Blank/Börstinghaus/*Börstinghaus*, § 559 Rn. 24; MünchKomm/*Artz*, § 559 Rn. 11.

624 Bärman/*Pick*, § 22 Rn. 34.

instandsetzenden Modernisierung oder Instandmodernisierung ist im Ergebnis für die Bestimmung einer Pflicht zur Duldung von Erhaltungsmaßnahmen nicht geeignet, da sie ausschließlich das Zahlungsverfahren betrifft. Für die Frage, ob es eine Erhaltungsmaßnahme i. S. des § 555 a BGB vorliegt, sind alleine die Begriffe der Instandsetzung und Instandhaltung maßgeblich. Nur soweit es daran fehlt, kommt eine Sondermieterhöhung in Betracht.

3. Die Ankündigung von Erhaltungsmaßnahmen – § 555 a Abs. 2 BGB

Wie bereits nach der alten Rechtslage[625] muss der Vermieter die Durchführung der Erhaltungsmaßnahmen ankündigen, um eine Pflicht des Mieters zur Duldung zu begründen. Dadurch, dass das Gesetz in Bezug auf die Erhaltungsmaßnahmen auf die Mietsache abstellt, bedeutet dies in der Kombination mit der Pflicht zur Ankündigung, dass grundsätzlich jedwede Erhaltungsmaßnahme gegenüber allen Mietern anzukündigen ist, also auch solche, die den Mietgebrauch überhaupt nicht beeinträchtigen. Dies gilt beispielsweise für Instandsetzungen von Außenanlagen. Eine derart weitreichende Ankündigungspflicht steht nicht im Einklang mit dem Sinn und Zweck der Vorschrift. Deshalb ist die Formulierung in § 555 a Abs. 2 2. HS BGB „es sei denn, sie sind nur mit einer unerheblichen Einwirkung auf die Mietsache verbunden" so auszulegen, dass eine Ankündigung nur dann erforderlich ist, wenn es zu einer Beeinträchtigung im Mietgebrauch kommen kann.

§ 555 a Abs. 2 BGB normiert, dass die Ankündigung rechtzeitig erfolgen muss. Dies entspricht der Rechtsprechung des BGH, der sich in einer Entscheidung mit dem Umfang der Ankündigungspflicht von Maßnahmen befasst hat, die nicht als Modernisierungsmaßnahme zu qualifizieren sind.[626] Die Gesetzesbegründung enthält allerdings keine Hinweise darauf, was unter rechtzeitig i. S. der Vorschrift zu verstehen ist. Dieses stellt sich im Hinblick auf Gesichtspunkte der Rechtssicherheit durchaus als unbefriedigend dar.[627] Ob es sich empfiehlt, auf die Regelung zur Ankündigung von Modernisierungsmaßnahmen zurückzugreifen, ist fraglich, da starre Fristen nicht erforderlich erscheinen. Nach § 555 c BGB muss der Vermieter den Mieter spätestens drei Monate vor ihrem Beginn auf die Modernisierungsmaßnahme hinweisen. Dieser Zeitraum erscheint für die Durchführung von Erhaltungsmaßnahmen etwas lang bemessen, zumal eine

625 § 554 BGB a. F. enthielt keine Pflicht zur Ankündigung von Erhaltungsmaßnahmen, dennoch war anerkannt, dass der Vermieter diese rechtzeitig ankündigen musste, vgl. Erman/*Lützenkirchen*, § 554 Rn. 9.

626 BGH, Urteil vom 4. März 2009 – VIII ZR 110/08 = WuM 2009, 290 = NZM 2009, 394.

627 Hinz, ZMR 2012, 153, 154.

Modernisierung weitaus mehr Auswirkungen entfalten kann als eine Erhaltungsmaßnahme. So wird der Vertragsgegenstand durch eine Modernisierung geändert, während durch Instandhaltung und -setzung der vertragsgemäße Zustand erhalten oder wiederhergestellt werden soll. Unter rechtzeitig sollte der Zeitraum verstanden werden, der erforderlich ist, um sich auf die zu erwartenden Maßnahmen einzustellen. Die Anforderungen an die Ankündigung des Vermieters richten sich dabei nach den Umständen des Einzelfalls, der Dringlichkeit und dem Umfang der Maßnahme. Der Mieter ist seinerseits nach Treu und Glauben verpflichtet, an einer baldigen Terminabstimmung mitzuwirken, damit die erforderlichen baulichen Maßnahmen zeitnah durchgeführt werden können.[628]

Größere Schwierigkeiten dürfte § 555 a Abs. 2 BGB bereiten, wenn es um Maßnahmen geht, die mit einer unerheblichen Einwirkung, etwa bei kleineren Reparaturen im Hausflur, auf die Mietsache verbunden sind oder deren sofortige Durchführung zwingend erforderlich ist. In diesen beiden Fällen kann der Vermieter auch ohne vorherige Ankündigung auf die Mietsache einwirken.[629] Was dabei unter unerheblich zu verstehen ist, bedarf der Auslegung. Nach einer Auffassung handelt es sich bei der unerheblichen Einwirkung um einen sachfremden Anknüpfungspunkt, der auf einer missverständlichen Auslegung des § 554 Abs. 3 S. 2 BGB a. F. beruhen soll. Diese Vorschrift bezog sich demnach auf die Inhalte und den Umfang der Ankündigung.[630] Es ist nach dieser Auffassung selbstverständlich, dass der Vermieter es ankündigen muss, wenn er die Räume des Mieters betreten will. Anknüpfungspunkt könne dabei nicht die Geringfügigkeit der Maßnahme, sondern der Eingriff in das verfassungsrechtlich geschützte Besitzrecht des Mieters sein. Dieser Auffassung ist zu folgen, da es geboten ist, dass der Vermieter ein Betreten der Wohnung vorher ankündigt. Entsprechende Regelungen ergeben sich bereits aus den meisten Mietverträgen. Vielmehr kann es so sein, dass Ankündigung und Erhaltungsmaßnahme zusammenfallen, sich also die Frist auf null reduziert. Ebenso ist es aber auch verständlich, dass der Vermieter in Notfällen[631] die Räume des Mieters beispielsweise in Begleitung von Handwerkern auch ohne Ankündigung betreten darf, um drohende Schäden von seinem Eigentum abzuwenden, etwa bei Wassereintritt durch Unwetter oder Rohrbruch, wenn der Mieter nicht erreichbar ist. Diese Fälle bedürfen grundsätzlich keiner gesetzlichen Regelung, die Abgrenzungsschwierigkeiten verursacht, sondern lassen sich bereits aus der Schadensminderungspflicht des Mieters aus § 254 Abs. 2 BGB lösen.

628 BGH, NZM 2009, 394-395 = WuM 2009, 290-292.
629 Lehmann-Richter, NZM 2011, 572, 572.
630 Siebenkotten, Stellungnahme zum Regierungsentwurf, S. 12.
631 BGH, a. a. O.

Für die Durchführung einer energetischen Modernisierung sind diese Probleme von entscheidender Bedeutung, da eine saubere Trennung von Erhaltungs- und Modernisierungsmaßnahmen für Planungs- und Rechtssicherheit sorgt. Es ist daher sehr wichtig, dass diese beiden Verfahren zwar tatbestandlich voneinander strikt getrennt, aber aufeinander abgestimmt werden, da bauliche Maßnahmen, entweder zum Erhalt oder zur Modernisierung, aus wirtschaftlichen Gründen zusammen erfolgen sollten.

IV. Ankündigung von Modernisierungsmaßnahmen – § 555 c BGB

Wie bereits nach der alten Rechtslage (§ 554 Abs. 3 S. 1 BGB a. F.) müssen Modernisierungsmaßnahmen angekündigt werden. Das Verfahren, welches der Vermieter zur Ankündigung einer Maßnahme durchlaufen muss, ist nach dem Mietrechtsänderungsgesetz in einer eigenen Vorschrift geregelt worden. Inhaltlich knüpft § 555 c BGB dabei jedoch weitgehend unverändert an die vorherige Rechtslage an.[632] Allerdings ist die neue Vorschrift weitaus detaillierter gefasst, indem sie das Ankündigungsverfahren deutlich präzisiert. Die Präzisierung ist gerechtfertigt, da die Modernisierung nicht nur erhebliche Beeinträchtigungen mit sich bringen kann, sondern auch eine erhebliche Mieterhöhung.

1. Die Modernisierungsankündigung im Überblick

§ 555 c Abs. 1 BGB beinhaltet die wesentlichen Angaben zum Verfahren für sämtliche Modernisierungstatbestände nach § 555 b Nr. 1 bis 7 BGB. In Abs. 2 wurde auch auf Anraten des Bundesrates[633] im Anschluss an die öffentliche Anhörung im Rechtsausschuss des Bundestages am 15. Oktober 2012[634] eine Verpflichtung des Vermieters aufgenommen, wonach der Mieter über die Form und Frist des Härteeinwands nach § 555 d Abs. 3 BGB belehrt werden soll.[635] Abs. 3 der Vorschrift enthält ergänzende Bestimmungen für die energetische Sanierung in Bezug auf die energetische Qualität der zu verwendenden Bauteile. Abs. 4 definiert Ausnahmen von Abs. 1 bis 3, soweit die Modernisierungsmaßnahmen nur mit einer unerheblichen Einwirkung auf die Mietsache verbunden sind und zu einer unerheblichen Mieterhöhung führen.

632 BT-Drs. 17/10485, S. 20.
633 BT-Drs. 17/10485, S. 40.
634 Börstinghaus, Stellungnahme zum Regierungsentwurf, S. 1; Hinz, Stellungnahme zum Regierungsentwurf, S. 14; Dietrich, ZMR 2012, 241, 243.
635 BT-Ausschussdrucksache Nr. 17(6)225.

2. Einzuhaltende Formalien der Ankündigung

Nach Abs. 1 der Vorschrift, der den Begriff der Modernisierungsankündigung in einer Legaldefinition zusammenfasst, hat der Vermieter dem Mieter eine Modernisierungsmaßnahme spätestens drei Monate vor ihrem Beginn in Textform anzukündigen. Das bedeutet, dass der Vermieter auch deutlich vorher, etwa Jahre zuvor, die Modernisierung ankündigen kann. Dadurch, dass die Ankündigung auch Angaben zum voraussichtlichen Beginn und zur Dauer enthalten muss, eine entsprechende Planung sich aber kaum bereits Jahre vorher festlegen lässt, ist eine Missbrauchsgefahr bei einer Vorratsankündigung grundsätzlich nicht gegeben. Zudem spricht auch nichts dagegen, wenn der Vermieter oder ein Stellvertreter[636] die erforderlichen Angaben in unterschiedlichen Schreiben an den Mieter übermittelt, solange spätestens drei Monate vor Beginn der Modernisierung alle erforderlichen Angaben beim Mieter vorliegen.[637] Hinsichtlich des Fristbeginns wird dabei auf den Zugang beim Mieter abgestellt.[638] Hält der Vermieter die Frist nicht ein, muss der Mieter die Modernisierung nicht dulden, da ein ordnungsgemäßes Ankündigungsverfahren Voraussetzung für den Duldungsanspruch des Vermieters ist. Dies bedeutet indes aber nicht, dass der Vermieter keine Vorbereitungsmaßnahmen wie etwa Vermessungsarbeiten oder Untersuchungen vornehmen darf. Kleinere bauliche Veränderungen, also auch solche, die mit minimalen Eingriffen in die Bausubstanz verbunden sind, können noch nicht als Beginn der Modernisierung selbst erachtet werden. Diese sind noch der organisatorischen Vorarbeit zuzuordnen. In diesem Stadium bereits einen Modernisierungsbeginn anzunehmen würde der Wertung des § 555 c Abs. 4 BGB widersprechen. Nach dieser Vorschrift kann bei Maßnahmen, die nur mit einem unerheblichen Eingriff in die Bausubstanz verbunden sind, von einer Ankündigung abgesehen werden. Da eine Beeinträchtigung des Mieters in diesen Fällen nicht vorliegt, ist der Schutz des § 555 c BGB nicht erforderlich.

3. Inhaltliche Anforderungen an die Ankündigung – Darlegung der Energieeinsparung

An den Inhalt der Ankündigung stellt der Gesetzgeber in § 555 c Abs. 1 S. 2 Nr. 1 bis 3 BGB folgende Anforderungen, die der Vermieter zu beachten hat. So soll nach Nr. 1 die Art und der voraussichtliche Umfang der Modernisierungsmaßnahme in „wesentlichen Zügen“ angegeben werden. Hierdurch wird verankert,

636 Modernisierungsankündigung ist kein höchstpersönliches Rechtsgeschäft.
637 MünchKomm/*Bieber*, § 554 Rn. 36; a. A. Schmidt-Futterer/*Eisenschmid*, § 554 Rn. 251.
638 BT-Drs. 17/10485, S. 20.

dass keine überhöhten Anforderungen an die Ankündigung gestellt werden dürfen,[639] was dem vom Gesetzgeber verfolgten Zweck entspricht, die formellen Anforderungen an den Inhalt der Ankündigung herabzusetzen. Das Mietrecht kann insofern zum Klimaschutz einen Beitrag leisten, indem formale Hürden gesenkt werden.[640] Dieser vom Gesetzgeber verfolgte Zweck wird vor allem von der Immobilienwirtschaft befürwortet, da das bisherige Recht in Bezug auf das Ankündigungsverfahren zu formal gewesen sei.[641] Es trifft zu, dass die Instanzgerichte teilweise recht hohe Anforderungen gestellt haben.[642] Damit erscheint es sachgerecht, diesen Hürden mit einer Gesetzesänderung zur Vereinfachung des Verfahrens zu begegnen.[643]

Unter Berücksichtigung der neueren BGH-Rechtsprechung[644] stellt sich das Problem jedoch anders dar.[645] So hat der BGH in einer Entscheidung ausgeführt, dass die Modernisierungsankündigung nicht jede Einzelheit der beabsichtigten Modernisierungsmaßnahme beschreiben müsse und nicht jede mögliche Auswirkung mitzuteilen sei. Die Ankündigung müsse nur so konkret gefasst sein, dass sie dem Informationsbedürfnis des Mieters hinsichtlich des Modernisierungsziels und der geplanten Maßnahmen Rechnung trage; dabei müsse sie ihn insbesondere darüber in Kenntnis setzen, in welcher Weise die Wohnung durch die geplanten Maßnahmen verändert werde und wie sich diese auf den Mietgebrauch sowie die Miete auswirkten. Bemerkenswert ist dabei, dass der BGH in seiner Entscheidung Bezug auf die Begründung des Regierungsentwurfs zum Mietrecht-Reformgesetz 2001 (MietRefG) nimmt.[646] Der Gesetzgeber hat bereits 2001 darauf hingewiesen, dass wünschenswerte Modernisierungen dadurch erschwert wurden, dass einige Gerichte übertriebene Anforderungen an die Modernisierungsmitteilung des Vermieters (§ 541 b Abs. 2 BGB a. F.) gestellt haben. Nach der Begründung des Regierungsentwurfs des MietRefG sollte der Mieter in erster Linie frühzeitig über die auf ihn zukommenden Belastungen informiert werden, damit er auf der Grundlage dieser Information vorab prüfen konnte, ob

639 BT-Drs. 17/10485, S. 20.

640 Herlitz, ZMR 2012, 762, 763.

641 Von Cölln, Stellungnahme zum Regierungsentwurf, S. 8; Stellungnahme des Zentralen Immobilien Ausschusses vom 17. Januar 2012 zu dem Referentenentwurf eines Mietrechtsänderungsgesetzes, S. 4; Börstinghaus erachtet die Anforderungen bereits nach der alten Rechtslage als nicht zu hoch, vgl. NZM 2012, 697, 698.

642 Angaben zum Wärmedurchgangskoeffizienten auszutauschender Fenster, AG München, Urteil vom 26. April 2010, 424 C 19779/09, zitiert nach juris; Ankündigung muss Angaben zu Beeinträchtigungen der jeweiligen Etappen enthalten, LG Hamburg, WuM 2005, 60-61; AG Hamburg, ZMR 2010, 647-649.

643 Hinz, Stellungnahme zum Regierungsentwurf, S. 11.

644 BGH, Urteil vom 28. September 2011 – VIII ZR 242/10 = NZM 2011, 849.

645 Börstinghaus, NZM 2012, 697, 699.

646 BT-Drs. 14/4553, S. 37.

und gegebenenfalls von welchem der ihm in dieser Lage zustehenden Rechte (z. B. kann er der Durchführung aus einem Härtegrund widersprechen oder zeitnah den Mietvertrag kündigen) der Mieter Gebrauch machen möchte. Aufgrund dieser Begründung und der BGH-Entscheidung stellt sich die Frage nach einem Bedürfnis für die nochmalige Überarbeitung der Vorschrift zur Regelung des Ankündigungsverfahrens. Die Tatsache, dass die mietrechtliche Praxis oftmals zu unterschiedlichen Ergebnissen gekommen ist, rechtfertigt eine Gesetzesanpassung zur Klarstellung durchaus. Ob die Formulierung „in wesentlichen Zügen" geeignet ist, das Ziel zu erreichen, die Anforderungen zu reduzieren, ist allerdings fraglich. Der Begriff ist sehr unbestimmt und bietet damit einen weiten Auslegungsspielraum.[647] Geleitet von dem Gedanken, den Mieter möglichst frühzeitig zu informieren, welche Belastungen auf ihn zukommen und ihn damit in die Lage zu versetzen, entsprechende Konsequenzen zu prüfen, dürften sich die Auslegungsprobleme dieser neuen Formulierung allerdings in Grenzen halten. Grundsätzlich steht sie bereits im Einklang mit der bisherigen BGH-Entscheidung. Ohnehin wird der Vermieter Angaben zur Art der Maßnahme zu machen haben, also in Bezug auf das einzelne Werk wie beispielsweise den Einbau neuer Fenster oder die Durchführung von Wärmedämmmaßnahmen.[648] Es sind damit sämtliche Angaben erforderlich, die der Mieter benötigt, um auf die Modernisierung zu reagieren. Erfasst sind davon sowohl rechtliche als auch tatsächliche Angaben wie etwa in Bezug auf die Möblierungssituation, die sich beispielsweise durch neue Heizkörper oder auf dem Putz verlegte Rohre ändern könnte. Die Angabe, dass eine Modernisierung stattfinden wird, ist auch weiterhin nicht ausreichend. Ähnlich verhält es sich mit den Angaben zum voraussichtlichen Umfang. Hier ist an die Gesetzesbegründung und an die Rechtsprechung des BGH anzuknüpfen, auch wenn sich das Urteil auf die Vorgängervorschrift bezieht. Der Mieter muss sich hinsichtlich der Schwere des Eingriffs und der geplanten Maßnahmen Vorstellungen machen können, was ihn in etwa erwartet. Detaillierte technische Ausführungen sind nicht erforderlich, da sich diese auch noch kurzfristig ändern können[649] und der Vermieter oftmals auch noch nicht in der Lage ist, diese zu dem vom Gesetz vorgegebenen Mitteilungszeitpunkt zu präzisieren.[650] Dies gilt vor allem für komplexe Vorhaben im Altbau. Insgesamt ist ein großzügiger Maßstab anzulegen, der nicht hinter dem Informationsbedürfnis des Mieters zurückbleibt, den Vermieter aber nicht verpflichtet, Angaben

647 Börstinghaus, Stellungnahme zum Regierungsentwurf, S. 10; Hinz, Stellungnahme zum Regierungsentwurf, S. 12.

648 Schmidt-Futterer/*Eisenschmid*, § 554 Rn. 264.

649 LG Berlin, GE 2001, 853.

650 LG München, ZMR 2009, 453.

zu machen, die über das technische Verständnis eines normalen Mieters hinausgehen.

Bei der Modernisierungsankündigung kommt es nicht nur darauf an, dass sich der Mieter auf die zu erwartenden Beeinträchtigungen einstellen kann, sondern auch um die Darlegung der Voraussetzungen, die an die Maßnahme selbst gestellt sind. Die Verpflichtung nach § 555 c Abs. 1 Nr. 1 BGB, Angaben zur Art der Maßnahme zu machen, beinhaltet bei einer energetischen Modernisierung nach § 555 b Nr. 1 BGB sowie gegebenenfalls bei einer Maßnahme nach § 555 b Nr. 2 BGB auch die Darlegung, dass die geplante Maßnahme zu einer Energieeinsparung führt.[651] Eine Ankündigung, die eine Energieeinsparung lediglich behauptet, ist auch weiterhin unzulänglich.[652] Anders als nach der alten Rechtslage kann die Darlegung einer Modernisierungsmaßnahme nach § 555 b Nr. 1 BGB oder § 555 b Nr. 2 BGB anhand von anerkannten Pauschalwerten erfolgen. Im Kern geht es dabei um die Darlegung einer Energieeinsparung durch die verwendeten Bauteile, deren energetische Qualität unter Bezugnahme anerkannter Pauschalwerte nach § 555 c Abs. 3 BGB vorgetragen werden kann. Zur Frage, was unter anerkannten Pauschalwerten zu verstehen ist, führt der Gesetzgeber als Beispiel die „Bekanntmachung der Regeln zur Datenaufnahme und Datenverwendung im Wohngebäudebestand" des Bundesministeriums für Verkehr, Bau und Stadtentwicklung vom 30. Juli 2009 an.[653] Geordnet nach Baualtersklassen enthält das Regelwerk Wärmedurchgangskoeffizienten für bestimmte Bauteile. Nach der Gesetzesbegründung soll die Bezugnahme auf diese Werte ausreichend sein, da eine genaue Bezifferung der Energieeinsparung, etwa durch Wärmebedarfsberechnung, als sehr aufwendig erachtet wird.[654]

Zwar ist auch nach aktueller Rechtsprechung eine genaue Bezifferung der Energieeinsparung, etwa in Form einer Wärmebedarfsrechnung nicht immer erforderlich,[655] dennoch ist die Darlegung der Energieeinsparung oftmals nicht ohne Aufwand. Gelegentlich verlangt die Rechtsprechung zur Begründung der Duldungspflicht etwa die Angabe des Wärmedurchgangskoeffizienten der auszutauschenden Bauteile. So hat beispielsweise auch der BGH in einer Entscheidung jedenfalls für die Modernisierungsmieterhöhung gefordert, dass entweder eine

651 BT-Drs. 17/10485, S. 20.

652 AG München, BeckRS 10, 11678.

653 Abrufbar unter http://www.zukunft-haus.info/fileadmin/zukunft-haus/energieausweis/Gesetze_Verordnungen/EnEV/DL2_WG-Datenaufnahme-Wohngebaeudebestand.pdf, Abrufdatum: 13. März 2013.

654 BT-Drs. 17/10485, S. 20.

655 BGH, RE vom 10. April 2002, NJW 2002, 2036; AG Dortmund, WuM 2009, 120-124; LG Halle, ZMR 2003, 35, 36; OLG Naumburg NZM 2002, 18, LG Berlin GE 1999, 383; entgegen KG Berlin, RE vom 17. August 2000 – 8 RE-Miet 6159/00 = NJW-RR 2001, 588 = NZM 2000, 1049; LG Neubrandenburg, WuM 2002, 373-375; vgl. Sternel, IV Rn. 385.

gegenständliche Beschreibung der Maßnahme, damit der Mieter einen entsprechenden Vergleich anstellen und den vom Vermieter in der Mieterhöhungserklärung aufgezeigten Energiespareffekt beurteilen kann, oder die Angabe der alten und neuen Koeffizienten erfolgt.[656] Diese Angaben können, vor allem bei alten Bauteilen, nur mithilfe eines Sachverständigengutachtens, also mit erheblichem Aufwand, ermittelt werden. Nach der neuen Regelung ist es ausreichend, wenn der Einspareffekt durch einen Vergleich mit dem zu montierenden Bauteil, dessen Wärmedurchgangskoeffizient vom Hersteller mitgeteilt wird, und einem für die Baualtersklasse typischen Bauteil dargelegt wird. Dieses Verfahren ist aufgrund seiner einfachen und damit rechtssicheren Ausgestaltung zu befürworten. Zudem ist damit zu rechnen, dass das Verfahren durch entsprechende Tabellen und Leitfäden durch die Praxis noch verfeinert werden kann.

Nach § 555 c Abs. 1 Nr. 2 BGB soll die Ankündigung zudem Angaben zum voraussichtlichen Beginn und zur voraussichtlichen Dauer enthalten. Dieses Erfordernis knüpft an die alte Rechtslage an. Die Vorgängervorschrift § 554 Abs. 3 S. 1 BGB a. F. stellte insoweit dieselben Anforderungen. Der Vermieter ist aber bei einem unerwarteten verspäteten Beginn nicht verpflichtet, das Ankündigungsschreiben an den Mieter zu wiederholen,[657] so beispielsweise bei einer Verzögerung aufgrund eines Handwerkerverschuldens, wenn der Baubeginn noch in einem zeitlichen Zusammenhang mit dem ursprünglichen Termin steht.[658] In der Regel wird es dem Vermieter aber möglich sein, ein taggenaues Datum des Baubeginns zu nennen, da die Ausführung der Arbeiten vom Handwerksbetrieb mit einem gewissen Vorlauf disponiert werden muss. Eine Zeitspanne von einigen Tagen ist ausreichend, da es im ausführenden Handwerksunternehmen, bedingt etwa durch Verzögerungen bei anderen Gewerken, zu Änderungen im Zeitplan kommen kann.[659] Diese Verzögerungen sind für den Vermieter nicht vorhersehbar und liegen damit außerhalb seiner Sphäre, sodass eine unerhebliche Verspätung nicht zu einer Unwirksamkeit der Modernisierungsankündigung führt. Weiterhin nicht ausreichend sind jedoch Angaben wie „zwischen Januar und Februar" oder „Frühjahr".[660] Die Angaben müssen so genau sein, dass sich der Mieter auf die Maßnahmen einstellen kann. Dies entspricht den vom Gesetzgeber des MietrRefG und den vom BGH formulierten Leitlinien zur Befriedigung des Informationsbedürfnisses des Mieters. In Bezug auf die

656 BGH, Urteil vom 25. Januar 2006 – VIII ZR 47/05 = ZMR 2006, 272, 273 = WuM 2006, 157; vgl. auch AG Dortmund, WuM 2009, 120-124; LG Berlin, MM 2008, 370; KG, Urteil vom 20. April 2006 – 8 U 204/05 = WuM 2006, 450.

657 Schmidt-Futterer/*Eisenschmid*, § 554 Rn. 269.

658 Erman/*Lützenkirchen*, § 554 Rn. 16.

659 LG Berlin, Urteil vom 20. April 1999 – 64 S 316/98 = ZMR 1999, 554, das Gericht hat eine ein Zeitspanne von 14 Tagen für ausreichend erachtet.

660 LG Berlin, WuM 1987, 386 = MDR 1987, 35 = GE 1986, 1121.

Voraussichtlichkeit der Dauer der Maßnahme gilt Entsprechendes. Auch soll der Mieter insoweit in die Lage versetzt werden, sich auf die Maßnahme vorzubereiten. Ob die Dauer für jedes einzelne Gewerk anzugeben ist, hängt von den Umständen des Einzelfalls ab. Insgesamt ist in Anlehnung an den Zweck des Gesetzes, die Hürden zu senken, ein großzügiger Maßstab anzulegen.

Sofern eine Mieterhöhung geplant ist, ist nach Nr. 3 der Erhöhungsbetrag in der Ankündigung anzugeben. Beinhaltet die geplante Modernisierung mehrere bauliche Veränderungen, muss der Vermieter weiterhin in der Ankündigung die zu erwartende Mieterhöhung auf die einzelnen Gewerke aufschlüsseln.[661] Zudem sollen die künftigen Betriebskosten aufgeführt sein, soweit sich diese durch die Maßnahmen ändern. Im Blick hat der Gesetzgeber beispielsweise Maßnahmen wie den Einbau eines Fahrstuhls, da hierdurch „neue" Betriebskosten entstehen.[662] Ob diese Verpflichtung auch für die Änderung bestehender Betriebskosten wie etwa der Heizkosten gilt, ist fraglich. Nach dem Wortlaut der Vorgängervorschrift war eine Angabe der künftigen Betriebskosten nicht erforderlich.[663] In der Praxis werden diese aber bereits in der Ankündigung aufgeführt, auch wenn die Gefahr besteht, dass diese Angaben bedingt durch ein geändertes Nutzerverhalten oder gestiegene Energiepreise nicht „gehalten" werden können. Sofern es später tatsächlich zu einer Abweichung kommen sollte, ist diese dem Gesetz nach unschädlich, da keine Sanktionen vorgesehen sind. Sanktionen sind nur vorgesehen, wenn die angekündigte Mieterhöhung um 10 % überschritten wird (vgl. § 559 b Abs. 2 S. 2 BGB), nicht aber bei einem Überschreiten der angekündigten Betriebskosten. Dieser Zustand ist nicht ganz unproblematisch, da durch die Modernisierung ein neuer Zustand geschaffen wurde, sich also der Vertragsgegenstand geändert hat, der Mieter die Maßnahme aber aufgrund der fehlerhaften Ankündigung nicht hätte dulden müssen. Anders als bei einer Abweichung von der angekündigten Mieterhöhung geht es vorliegend um eine Abweichung bei den Betriebskosten, die in einer Nebenabrede zum Mietvertrag nach § 556 BGB vereinbart werden können. Obschon die Betriebskosten, bedingt vor allem durch gestiegene Energiekosten, als zweite Miete wahrgenommen werden, ist eine fehlerhafte Angabe zu Recht folgenlos, vor allem dann, wenn es sich um bereits bestehende Betriebskosten handelt. Auch hier ist in Ansehung des Gesetzeszwecks ein großzügiger Maßstab anzulegen. Anders könnte es aber bei neuen Betriebskosten sein. So können beispielsweise die Kosten für den Betrieb eines Fahrstuhls beträchtlich sein, sodass der Mieter ein großes Interesse daran haben

661 AG Berlin-Charlottenburg, Urteil vom 11. September 2012 – 235 C 70/12 = MM 2012, Nr. 11, 30.

662 BT-Drs. 17/10485, S. 20.

663 Neue Betriebskosten waren grundsätzlich anzugeben, vgl. Prütting/Wegen/Weinreich/*Elzer*, § 554 Rn. 17.

wird, diese verlässlich einzuschätzen. Dementsprechend ist bei teleologischer Interpretation der Norm die Entstehung neuer Betriebskosten infolge der Baumaßnahmen in die Ankündigung aufzunehmen. Der Schwellenwert von 10 % gilt dabei nur für die Änderung schon bisher erhobener Betriebskosten.

Sofern der Vermieter nach durchgeführter Modernisierung die Miete erhöhen will, muss er bereits bei Begründung der Duldungspflicht Angaben zur künftigen Miete vornehmen, was der alten Rechtslage entspricht. Die Pflicht zur Angabe bezieht sich auch dabei auf die Umlage nach § 559 BGB und nicht auf die Mieterhöhung bis zur ortsüblichen Vergleichsmiete nach § 558 BGB.[664] Da die Modernisierungsankündigung bereits Angaben zu den geplanten Maßnahmen enthält und der Vermieter im Vorfeld entsprechende Kostenvoranschläge der beauftragten Handwerker eingeholt hat, ist eine Angabe zur künftigen Miete möglich und für den Vermieter zumutbar. Angaben zur künftigen Miete sind erforderlich, um dem Informationsbedürfnis des Mieters gerecht zu werden.

4. Entbehrlichkeit der Ankündigung – § 555 c Abs. 4 BGB

Der Vermieter kann nach § 555 c Abs. 4 BGB von einer Ankündigung der Modernisierung absehen, wenn es nur um Bagatellen geht. Diese Regelung entspricht grundsätzlich der alten Rechtslage. Nach Auffassung des Gesetzgebers sollen dabei lediglich redaktionelle Änderungen vorgenommen worden sein.[665] Nach dem Wortlaut der Regelung ist das Ankündigungsverfahren entbehrlich, wenn die Modernisierungsmaßnahme nur mit einer unerheblichen Einwirkung auf die Mietsache verbunden ist und nur zu einer unerheblichen Mieterhöhung führt.

Im Unterschied zur Vorgängerregelung in § 554 Abs. 3 BGB a. F., der auf eine Beeinträchtigung der „vermieteten Räume“ abgestellt hat, knüpft § 555 c Abs. 4 BGB an eine Einwirkung auf die „Mietsache“ an. Letztere umfasst deutlich mehr als nur die vermieteten Räumlichkeiten, sodass auch Einwirkungen auf die gesamte Liegenschaft einschließlich der Außenanlagen erfasst werden.[666] Diese sprachliche Änderung, die deutlich über eine redaktionelle Änderung hinaus geht, hat erhebliche Auswirkungen auf die Frage, ob eine Ankündigung entbehrlich ist, da auch solche Maßnahmen zu prüfen sind, die außerhalb der vermieteten Räume vorgenommen werden. Gleichzeitig erweitert sich der Schutzbereich des § 555 c BGB, was zu befürworten ist, da eine energetische Modernisierung mit Einwirkungen auf die Außenanlagen einhergehen kann. Dies ist beispiels-

664 BGH, ZMR 2009, 264.
665 BT-Drs. 17/10485, S. 21.
666 Blank/Börstinghaus/*Blank*, § 554 Rn. 4.

weise denkbar, wenn Zugänge durch Wärmeverbundsysteme verengt, Wärmepumpen im Gemeinschaftsgarten installiert werden oder Sonden für oberflächennahe Geothermie die Nutzung der Außenanlagen einschränken. Diese Maßnahmen können nicht nur Auswirkungen auf den vertragsgemäßen Gebrauch haben, sondern auch in Bezug auf die künftige Miete. Es ist damit angebracht, dass diese Maßnahmen bei der Prüfung der Unerheblichkeit einzubeziehen sind.

Die bisher diskutierten Probleme der Ausnahmevorschrift wurden nicht angegangen und bleiben somit weiterhin ungeklärt. Diese knüpfen beispielsweise an den recht unbestimmten Rechtsbegriff der Unerheblichkeit an. Hier wird die Praxis auf die bisherigen Leitlinien zurückgreifen und diese gegebenenfalls anpassen müssen. In Bezug auf die Unerheblichkeit des Eingriffs wird vertreten, dass diese etwa vorliegen soll, wenn ein Rauchmelder installiert wird[667] oder ein Austausch der Wohnungstür gegen eine einbruchshemmende Tür bei voller Kostenübernahme durch den Vermieter erfolgt.[668] Das letzte Beispiel könnte in Bezug auf die energetische Verbesserung eine Relevanz haben, wenn der Austausch einer Wohnungstür mit einer Energieeinsparung einhergehen würde. Ansonsten sind im Bereich der energetischen Ertüchtigung der Mietsache nur wenige Konstellationen denkbar, bei denen diese Regelung eine praktische Bedeutung erlangen könnte, da die Regelung eine nicht nur unerhebliche Einwirkung auf die Mietsache voraussetzt. Diese ist beispielsweise bei der Installation einer Fotovoltaikanlage auf dem Dach nicht gegeben, wenn diese ohne Beeinträchtigung des Mieters erfolgt. Oftmals wird daher eine Ankündigung bei Maßnahmen nach § 555 b Nr. 2 BGB entbehrlich sein. Wichtigstes Beispiel dürfte daher der Einbau von Thermostatventilen sein.[669] Auch im Hinblick auf die Unerheblichkeit der Mieterhöhung sind in Ansehung hoher Baukosten für eine energetische Modernisierung nur recht wenige Maßnahmen vorstellbar. In Bezug auf die Beurteilung der Geringfügigkeit wird vertreten, dass Erhöhungen monatlich unter 10,- € liegen müssen.[670] Der Erhöhungsbetrag lässt sich auch prozentual zur Nettokaltmiete bestimmen. Eine nur unerhebliche Mieterhöhung soll beispielsweise vorliegen, wenn die erhöhte Miete nicht über 5 % der bisherigen liegt,[671] wobei dieser Wert etwas hoch gegriffen erscheint. Bei einer Nettomiete von beispielsweise 500,- € sind dies bereits 25,- € im Monat, was über der Schwelle der Unerheblichkeit liegt. Angemessen erscheint daher ein Prozentsatz von 2 bis 3 %. Die

667 Schmidt-Futterer/*Eisenschmid*, § 554 Rn. 297.
668 LG Köln, WuM 1993, 608.
669 LG Berlin, GE 1986, 751.
670 Schmidt-Futterer/*Eisenschmid*, § 554 Rn. 299; AG Charlottenburg, GE 1991, 255 (30,- DM).
671 LG Köln, NZM 2005, 741. Keine Bagatelle ist eine Mieterhöhung von 16,88 %.

Geringfügigkeit ist jedenfalls objektiv zu bestimmen.[672] Das individuelle Einkommen ist nicht zu berücksichtigen, da die wirtschaftlichen Belange des Mieters der Interessenabwägung nach § 559 Abs. 4 BGB vorbehalten sind.[673] Insgesamt ist eine geringe Mehrbelastung für den Mieter auch ohne Ankündigungsverfahren durchaus zumutbar, da der Aufwand für ein derartiges Verfahren trotz Entschärfung durch das Mietrechtsänderungsgesetz noch immer recht hoch ist. Es würde zudem zu einem nicht zu rechtfertigenden Ergebnis führen, wenn der Mieter aufgrund einer Bagatelle ein außerordentliches Kündigungsrecht erhalten würde. Ist keine Ankündigung erforderlich, gibt es nach § 555 e Abs. 1 S. 1 BGB auch kein Sonderkündigungsrecht nach § 555 e BGB, da keine Modernisierungsankündigung zugegangen ist.

V. Sonderkündigungsrecht – § 555 e BGB

Nach Erhalt der Ankündigung der Modernisierungsmaßnahme kann der Mieter auch nach der neuen Rechtslage das Mietverhältnis außerordentlich kündigen. Das Sonderkündigungsrecht ist in eine eigenständig geregelte Vorschrift gefasst, inhaltlich zu § 554 Abs. 3 S. 2 BGB a. F. aber kaum verändert worden. So kann der Mieter weiterhin nicht nur anhand der Ankündigung seine Duldungspflicht überprüfen, sondern auch darauf reagieren, dass der Vermieter einseitig den Vertragsgegenstand geändert hat, indem er das Mietverhältnis beendet. Wie bisher sind bei der Ausübung des Kündigungsrechtes bestimmte Fristen zu beachten. Die Kündigung muss nach § 555 e Abs. 1 S. 2 BGB bis spätestens zum Ablauf des auf den Zugang folgenden Monats erfolgen. Ist die Kündigung insoweit rechtzeitig, endet das Mietverhältnis nach § 555 e Abs. 1 S. 1 BGB unabhängig vom konkreten Kündigungszeitpunkt wie nach der bisherigen Rechtslage mit Ablauf des übernächsten Monats nach dem Zugang der Modernisierungsankündigung.[674]

672 A. A. LG Berlin, NJW-RR1992, 144. Eine unerhebliche Mietbelastung liegt demnach vor, wenn sich die Mietbelastung von 27 % des Mietereinkommens auf 30 % erhöht; vgl. Schmidt-Futterer/*Eisenschmid*, § 554 Rn. 299 m. w. N.

673 Schmidt-Futterer/*Eisenschmid*, § 554 Rn. 299.

674 BT-Drs. 17/10485, S. 22.

VI. Mieterschutz und Ausschlussfrist

Das deutsche Wohnraummietrecht ist in Deutschland traditionell sehr sozial ausgeprägt. Die Beachtung der schutzbedürftigen Interessen des Mieters findet sich im gesamten Wohnraummietrecht wieder. Namentlich erwähnt wird der Mieterschutz in Bezug auf die Beendigung des Mietverhältnisses sowie bei der Begründung von Wohnungseigentum in § 549 BGB. Im Regelungsbereich der Modernisierung ist der Gedanke des Mieterschutzes in Form einer Härtefallprüfung seit Jahren ebenfalls enthalten (§ 554 Abs. 2 S. 2 BGB a. F.). Hieran knüpft auch das Mietrechtsänderungsgesetz an, mit dem der Regelungsbereich zur Härtefallabwägung grundlegend überarbeitet wurde. Weiterhin können Gründe vorgetragen werden, die einer Pflicht zur Duldung der Modernisierung und damit einem Anspruch des Vermieters auf Duldung entgegenstehen. Sofern solche Gründe in der Person des Mieters oder einer anderen Person i. S. des § 555 d Abs. 2 BGB vorliegen, sind diese nach der neuen Rechtslage allerdings innerhalb bestimmter Fristen vorzubringen. Sowohl bei der Härtefallabwägung als auch bei den Fristen ist dabei zwischen der Duldungspflicht des Mieters und der Sondermieterhöhung zu differenzieren.

1. Härtefallabwägung – § 555 d Abs. 2 BGB

Der Vermieter hat nur einen Anspruch auf Duldung, wenn die Maßnahme nicht zu einer zu großen Belastung des Mieters führt. Damit knüpft die Neuregelung an die bisherige Rechtslage an. Nach § 555 d Abs. 2 BGB besteht eine Duldungspflicht hinsichtlich einer energetischen oder sonstigen Modernisierungsmaßnahme nicht, „wenn diese für den Mieter, seine Familie oder einen Angehörigen seines Haushalts eine Härte bedeuten würde, die auch unter Würdigung der berechtigten Interessen sowohl des Vermieters als auch anderer Mieter in dem Gebäude sowie von Belangen der Energieeinsparung und des Klimaschutzes nicht zu rechtfertigen ist“. Gegenüber § 554 Abs. 2 S. 3 BGB a. F. verzichtet die neue Vorschrift dabei lediglich aus sprachlichen Gründen auf die dort genannten Abwägungskriterien wie etwa die vorzunehmenden Arbeiten oder die baulichen Folgen.[675]

In Abgrenzung zu der Vorgängervorschrift unterscheidet sich die neue Härtefallprüfung vor allem dadurch, dass nunmehr auch die Belange des Klimaschutzes und der Energieeffizienz zu berücksichtigen sind. Hierdurch tritt neben die Interessen des Vermieters und die des Mieters ein drittes Kriterium, welches die

675 BT-Drs. 17/10485, S. 21.

Abwägung in der Praxis allerdings erschweren könnte, da unklar ist, wie die Belange des Klimaschutzes zu definieren sind. Andererseits darf nicht verkannt werden, dass öffentliche Belange, zu denen auch die des Klimaschutzes und der Energieeffizienz zählen, bereits bei der Härtefallabwägung Berücksichtigung gefunden haben. So ist beispielsweise der in Art. 20 a GG als Staatsziel festgelegte Umweltschutz ein Rechtsgut, welches im Zivilrecht zu berücksichtigen ist. Gleichzeitig stellt in Zeiten steigender Energiekosten die Verbesserung der Energieeffizienz zur Sicherung der Vermietbarkeit ein Interesse des Vermieters dar.[676] Aber auch losgelöst vom engeren Bereich der energetischen Modernisierung spielen öffentliche Belange eine Rolle im Mietrecht. So ist beispielsweise das Sozialstaatsprinzip ein wichtiger Leitgedanke des Mietrechts,[677] welches auch bei der Härtefallabwägung Beachtung finden kann. Das im Wortlaut der Vorschrift enthaltene Gebot, die Belange des Klimaschutzes und der Energieeffizienz zu berücksichtigen, ist daher nicht als abschließend zu verstehen. Zudem sind diese Belange über den Wortlaut hinaus auch in anderen Vorschriften zu berücksichtigen. Dies gilt beispielsweise für den Mietminderungsausschluss, der auf die Vornahme einer Härtefallprüfung verzichtet, seine Rechtfertigung aber auf diese Belange stützt.

Ein weiterer wichtiger Unterschied zur Vorgängervorschrift ist darin zu sehen, dass nach § 555 d Abs. 2 S. 2 BGB die zu erwartende Mieterhöhung und die Betriebskosten bei der Abwägung im Rahmen der Duldungspflicht außer Betracht bleiben sollen. Wirtschaftliche Belange des Mieters, die sich neuerdings ausdrücklich auch auf die Betriebskosten beziehen können, sollen erst bei der Mieterhöhung relevant werden, während bei der Duldung der Maßnahme die sonstigen mehr personalen Härtegründe maßgeblich sind. Insoweit kommt es zu einer Zweiteilung der Härtefallprüfung und damit zu einer teilweisen Entkopplung von Duldungspflicht und Sondermieterhöhung.[678] Durch diese Aufteilung erlangt der Vermieter mehr Planungssicherheit in Bezug auf die von ihm vorgesehenen Baumaßnahmen.[679] Gleichzeitig bleiben die wirtschaftlichen Interessen des Mieters gewahrt. Dies kann dazu führen, dass die Durchführung einer Modernisierung nicht mehr durch Streitigkeiten um die zu erwartende Mieterhöhung entweder gehemmt oder sogar ganz blockiert wird.[680] So soll es nach der alten Rechtslage häufiger vorgekommen sein, dass lediglich ein einzelner Mieter eine energetische Sanierung eines Mehrfamilienhauses aufgrund der zu erwartenden

676 Kossmann, in Handbuch der Wohnraummiete, § 157 Rn. 19.
677 Zur Bedeutung des Mietrechts im Sozialstaat, vgl. Derleder, ZMR 2011, 96-101.
678 Derleder, ZWE 2012, 65, 70.
679 Feindl, NZM 2012, 58, 59.
680 Hinz, Stellungnahme zum Regierungsentwurf, S. 13.

Mieterhöhung verzögert oder ganz verhindert hat.[681] Gerichtliche Streitigkeiten, die ohnehin oftmals nur über Sachverständigengutachten entschieden werden können, werden durch die Neuregelung damit insoweit vermieden. Die Zweiteilung der Härtefallprüfung stellt zu Recht eine wesentliche Komponente des Mietrechtsänderungsgesetzes dar.

2. Ausschlussfrist – § 555 d Abs. 3, 4 BGB

Nach der alten Rechtslage musste der Mieter Gründe, die der Pflicht zur Duldung der Modernisierung entgegenstehen könnten, nicht innerhalb einer bestimmten Frist vortragen. Hiervon ist der Gesetzgeber in § 555 d Abs. 3 S. 1 BGB abgewichen und hat ein völlig neues Institut mit erheblicher Tragweite geschaffen.[682] Umstände, die im Hinblick auf die Duldung oder die Mieterhöhung eine Härte i. S. der Vorschrift begründen, hat der Mieter bis zum Ablauf des Monats, der auf den Zugang der Modernisierungsankündigung folgt, in Textform mitzuteilen. Die Pflicht erstreckt sich dabei nicht nur auf die Duldungspflicht, sondern auch auf solche Gründe, die im späteren Zahlungsverfahren Berücksichtigung finden sollen. Insoweit kann es wiederum zu einer Durchbrechung der Trennung der Härtefallprüfung kommen, wenn bereits sämtliche Gründe vorgetragen wurden. Dagegen ist nichts einzuwenden, da in der Praxis die Ankündigung der Maßnahme zur Begründung der Duldungspflicht und die Ankündigung der Sondermieterhöhung bereits ohnehin oftmals zeitlich zusammenfallen. Die neue Ausschlussfrist ist durchaus geeignet, dem Vermieter bei der Durchführung seines Modernisierungsvorhabens mehr Planungssicherheit zu verschaffen. Der Vermieter muss nach Ablauf der Frist nicht mehr fürchten, dass eine geplante Maßnahme zu Fall gebracht werden kann. Nach Ablauf der Frist wird der Mieter mit seinen Einwänden nicht mehr gehört. Etwas anderes gilt nur, wenn der Mieter an der Einhaltung der Frist ohne Verschulden gehindert war (§ 555 d Abs. 4 BGB). Welche Anforderungen an die Exkulpation zu stellen sind, lässt das Gesetz offen. An die Subsumtion unter § 651 g Abs. 1 S. 3 BGB, der eine grundsätzlich gleichlautende Ausschlussfrist für das Reiserecht vorsieht, werden dabei keine zu hohen Anforderungen gestellt.[683] Mit dem Reiserecht gemeinsam hat das Mietrecht seinen verbraucherschützenden Charakter. In Bezug auf die Rechtsfolge, also Duldungspflicht oder Sondermieterhöhung, sieht § 555 d Abs. 4 S. 2 BGB eine Rückausnahme vor. Umstände, die eine wirtschaftliche Härte darstellen, sind spätestens bis zum Beginn der Maßnahme mitzuteilen. Gründe,

681 Nagel, PiG 90 (2011), 45, 62.
682 Hinz, Stellungnahme zum Regierungsentwurf, S. 14.
683 Palandt/*Sprau*, § 651 g Rn. 3.

die eine personale und keine wirtschaftliche Härte bedeuten, können auch noch während der Modernisierung vorgetragen werden. Der Gesetzgeber dachte hierbei beispielsweise an eine schwere Erkrankung des Mieters,[684] da er das Interesse an der Fortsetzung der begonnenen Ausführung der Modernisierung als sehr hoch einstuft. Damit sind auch Umstände zu berücksichtigen, die erst nach Ablauf der Frist des § 555 d Abs. 3 BGB eingetreten sind. Diese Rückausnahme ist für den Vermieter durchaus hinnehmbar, da die Einführung der Ausschlussfrist dem Vermieter dennoch mehr Planungssicherheit verschafft. Sie birgt aber auch Gefahren für ihn, da sie zur Folge haben könnte, dass sich der Mieter zunächst aus Gründen der Prävention gegen die Maßnahme wehrt, um später nicht ausgeschlossen zu sein. Die Vorschrift ist deshalb grundsätzlich teleologisch so auszulegen, dass der Mieter verpflichtet ist, alle Tatsachen vorzutragen, die er bis zum Ablauf der Frist kannte. Allerdings sind hier nicht zu strenge Anforderungen zu stellen. Dies gilt sowohl für wirtschaftliche als auch personale Gründe. Eine Ausnahme können freilich nur die Gründe bilden, die etwa eine unvorhersehbare Veränderung des gesundheitlichen Zustands des Mieters beinhalten. Dass in derartigen Situationen zu prüfen ist, ob der Mieter – auf Kosten des Vermieters – für die Dauer der persönlichen Beeinträchtigung nicht auf eine zumutbare Ersatzunterkunft ausweichen kann, ist dabei selbstverständlich. Dies ergibt sich bereits aus der Mitwirkungspflicht des Mieters, so wie sich die Pflicht des Vermieters nach § 241 Abs. 2 BGB ergibt, auf die Rechtsgüter und Interessen des Mieters Rücksicht zu nehmen.[685] Einen Anspruch auf eine Ersatzwohnung hat der Mieter indes nicht, da der Vermieter nur die Zurverfügungstellung der im Mietvertrag bezeichneten Räume schuldet.

Dem Mehr an Planungssicherheit des Vermieters steht eine Einschränkung des Mieters gegenüber, da seine Rechte nach Ablauf der Ausschlussfrist erlöschen. Die Frist beginnt allerdings nur, wenn die Mitteilung ordnungsgemäß ist (§ 555 d Abs. 3 S. 2 BGB) und der Vermieter auf die Folgen eines Fristversäumnisses hinweist (§ 555 d Abs. 5 BGB). Unterbleibt der Hinweis, ist der Mieter weder an eine Frist noch daran gebunden, dass die Einwände in Textform geltend zu machen sind. Hat die Maßnahme bereits begonnen, werden wirtschaftliche Einwände allerdings trotz fehlendem Hinweis grundsätzlich nicht mehr berücksichtigt (§ 555 d Abs. 4 S. 2 BGB).[686]

Bisher hat der Gesetzgeber von Präklusionsvorschriften im Mietrecht, jedenfalls soweit eine Frist vom Mieter zu beachten ist, abgesehen. Lediglich § 556 Abs. 3 BGB enthält eine Ausschlussfrist bei der Geltendmachung von Betriebskosten für den Vermieter. Nach dieser Regelung muss der Vermieter bis zum

684 BT-Drs. 17/10485, S. 22.
685 Blank, WuM 2004, 243, 243f.
686 Vgl. Kapitel 9, B, II, 1.

Ablauf des zwölften Monats nach Ende des jeweiligen Betriebsjahres die Abrechnung über die Betriebskosten mitteilen. Nach Ablauf der Frist kann sich der Mieter auf die Ausschlussfrist berufen, es sei denn der Vermieter hat die verspätete Geltendmachung nicht zu vertreten oder ihm ist ein Fehler unterlaufen, den der Mieter auf den ersten Blick hätte erkennen können.[687] Im Gegensatz zu der Regelung in Bezug auf die Betriebskosten ist die Vorschrift des § 555 d Abs. 4 S. BGB deutlich enger. Hiernach soll der Einwand zwar ebenfalls nicht ausgeschlossen sein, wenn der Mieter ohne Verschulden an der Einhaltung der Frist gehindert war. Dazu kommt aber noch, dass der Mieter nicht nur die Umstände, also den Härtefallgrund selbst, sondern auch die Gründe für die Verzögerung unverzüglich in Textform mitteilen muss. Damit hat der Gesetzgeber nicht nur erstmals eine Ausschlussfrist, die vom Mieter zu beachten ist, geschaffen, sondern auch eine Regelung, die deutlich enger ist als in § 556 Abs. 3 BGB. Die Folgen einer verspäteten Geltendmachung von Härtefallgründen lassen sich jedoch wegen der wirtschaftlichen Auswirkungen, die ein Bau- oder Planungsstopp mit sich bringt, noch rechtfertigen.

VII. Fazit

Der Gesetzgeber hat mit der Neuregelung der Pflicht zur Duldung von Modernisierungsmaßnahmen in Bezug auf die energetische Modernisierung zwei wesentliche Änderungen in diesem Regelungsbereich vorgenommen, die unterschiedlich zu beurteilen sind. So wurde mit den entsprechenden Modernisierungstatbeständen (§ 555 b Nr. 1-2 BGB) konkretisiert, was unter einer energetischen Modernisierung zu verstehen ist. Dies ist auch für die Abgrenzung von Modernisierungs- und Erhaltungsmaßnahmen hilfreich. Dadurch, dass jedwede Modernisierungsmaßnahme nach § 555 d BGB zu dulden ist, also auch solche, bei denen es zu einer Einsparung nicht erneuerbarer Primärenergie kommt oder das Klima nachhaltig geschützt wird, ist der Tatbestand gegenüber der Vorgängervorschrift des § 554 Abs. 2 BGB a. F. deutlich weiter gefasst. Diese weite Duldungspflicht wird zunächst einmal befürwortet. Die Abgrenzung zur für die Sondermieterhöhung maßgeblichen Legaldefinition der energetischen Modernisierung in § 555 b Nr. 1 BGB bereitet dagegen Probleme, da die in der Gesetzesbegründung aufgeführten Fallgruppen sowie der Gesetzesweck einerseits und der Wortlaut der Modernisierungstatbestände unter Berücksichtigung energierechtlicher Grundsätze andererseits, im Widerspruch stehen. Stellt man richtigerweise darauf ab, dass sich der Mieter an den Kosten beteiligen soll, wenn weniger bezahlte fossile

687 BGH, Urteil vom 30. März 2011 – VIII ZR 133/10 = WuM 2011, 370-371.

Endenergie benötigt wird, ist es erforderlich § 555 b Nr. 1 BGB in dieser Weise auszulegen. Daraus ergibt sich eine gewisse Erweiterung des engen Begriffs der energetischen Modernisierung. § 555 b Nr. 2 BGB soll nach der Gesetzesbegründung zwei Fallgruppen erfassen. Einmal geht es um Maßnahmen ohne Bezug auf die Mietsache. So kann vor allem die Installation von Fotovoltaikanlagen ebenfalls eine Pflicht zur Duldung begründen, obwohl der Strom ausschließlich in das öffentliche Netz eingespeist wird. Zum anderen geht es um Klimaschutzmaßnahmen mit Gebäudebezug. Damit wird deutlich, dass in § 555 b Nr. 2 BGB zwei völlig verschiedene Alternativen geregelt sind.[688] Vor dem Hintergrund, dass der Eigentümer für Fotovoltaikanlagen eine durch das EEG geförderte Rendite erzielen kann, ist es klar, dass die Installation nicht zu einer Mieterhöhung führen darf, weil sich dieses aus § 559 Abs. 1 BGB ergibt. Der Wechsel von einem fossilen Brennstoff zu einem anderen fossilen Energieträger, ohne dass es zu einer Energieeinsparung, wohl aber zu einer Reduzierung der CO_2-Emissionen kommt, ist als Klimaschutzmaßnahme der zweiten Alternative des § 555 Nr. 2 BGB zu subsumieren, der aber nicht zu einer Sondermieterhöhung nach § 559 Abs. 1 BGB führen kann.

Positiv zu sehen ist, dass die Härtefallprüfung sich in Abgrenzung zur alten Rechtslage nur noch auf die Gründe des Mieters beziehen soll, die eher in der Person selbst liegen. Wirtschaftliche Gründe zählen hierzu nicht. Diese sind ausschließlich im Rahmen der Mieterhöhung erheblich. Hierdurch kommt es zu einer sinnvollen Entkopplung der Duldungspflicht von der modernisierungsbedingten Mieterhöhung. Dass hinsichtlich der Duldungspflicht dagegen nach § 555 d Abs. 2 S. 1 BGB öffentliche Interessen durchaus zu berücksichtigen sind, ist grundsätzlich nicht mehr als eine gesetzliche Klarstellung, da derartige Interessen bereits nach der alten Rechtslage Einfluss genommen haben. Die Berücksichtigung der Belange der Energieeinsparung und des Klimaschutzes ist aus verfassungsrechtlichen Gründen nicht zu beanstanden. Eine Rechtfertigung eines Eingriffs in das Besitzrecht des Mieters, welches dem Eigentum im Sinne von Art. 14 Abs. 1 Satz 1 GG gleichgestellt ist,[689] kann insoweit begründet werden.

Dass an die inhaltlichen Angaben einer Modernisierungsankündigung keine allzu hohen Anforderungen gestellt werden, entspricht der neueren BGH-Rechtsprechung und reduziert die Hürden, die einer energetischen Modernisierung seitens des Vermieters entgegenstehen. Auch wenn unklar ist, ob tatsächlich mehr saniert werden wird, stellt das vereinfachte Verfahren, dessen wesentlicher Bestandteil die reduzierten Anforderungen an die Angaben zur Darlegung der Energieeinsparung ist (§ 555 c Abs. 3 BGB), durchaus einen Anreiz dar. Durch die Einführung einer Ausschlussfrist, die der Mieter zu beachten hat, wird

688 Derleder, ZWE 2013, 1, 3.
689 BVerfGE 89, 1, 6 ff. = NJW 1993, 2035, 2036.

mehr Rechts- und Planungssicherheit hergestellt. Dass der Vermieter den Mieter auf die Frist aufmerksam machen soll, ist selbstverständlich, die gesetzliche Verpflichtung nach § 555 c Abs. 2 BGB ist zu befürworten. Im Hinblick auf die wirtschaftlichen Folgen eines Planungs- oder Baustopps erscheint ein Ausschluss von Härtegründen noch gerechtfertigt, zumal der Mieter im Fall von schwerer Krankheit die Modernisierung und die damit verbundenen Belastungen nicht ungeprüft hinnehmen muss. Soweit es also um die Duldung einer Modernisierungsmaßnahme geht, sind die Interessen des Mieters und des Vermieters nach einer teleologischen Interpretation der Neuregelung ausreichend berücksichtigt.

9. Kapitel – Neuregelung der modernisierungsbedingten Mieterhöhung

A. Entstehung der Norm

Das Mietrechtsänderungsgesetz hat die Regelung zur Mieterhöhung nach Modernisierungsmaßnahmen in § 559 BGB belassen.[690]

B. Interpretation

I. Mieterhöhung nach Modernsierung – § 559 BGB

Die Neuregelung zur Sondermieterhöhung entspricht im Wesentlichen § 559 Abs. 1 BGB in der Fassung vor dem Mietrechtsänderungsgesetz. Der Vermieter kann weiterhin durch einseitige Erklärung im Rahmen des ihm eingeräumten Gestaltungsrechts auf die geschuldete Leistung Einfluss nehmen.[691] Ob der Vertrag jedoch zu den geänderten Bedingungen Bestand hat, liegt letztlich aber in der Sphäre des Mieters. Auf Grund des Änderungsbegehrens steht ihm ein Sonderkündigungsrecht nach § 561 BGB zu.[692]

Hinsichtlich der umlagefähigen Modernisierungskosten knüpft die mögliche Sondermieterhöhung an die neuen Modernisierungsbegriffe an. Ausgenommen von der Erhöhungsmöglichkeit sind allerdings die Kosten, die durch die in § 555 b Nr. 2 BGB definierten Maßnahmen entstehen, soweit sie sich nicht mit § 555 b Nr. 1 BGB überschneiden. Insofern gilt für energetische Maßnahmen nur der Modernisierungsbegriff des § 555 b Nr. 1 BGB, der Maßnahmen zur nachhaltigen Einsparung von Endenergie umfasst. Der Begriff der Modernisierung in § 555 b Nr. 2 BGB, der Maßnahmen aufzählt, welche den klimapolitischen Zielen dienen, kann ausschließlich eine Duldungspflicht begründen, die Mieterseite aber nicht an den Kosten beteiligen, was nicht ohne Beanstandung bleibt. Die Kritik besteht darin, dass der Mieter als Teil der Zivilgesellschaft einen stärkeren Beitrag zur Energiewende leisten muss, der über die bestehenden Erhöhungs-

690 Im Übrigen entspricht die Entstehungsgeschichte der Änderung des § 559 BGB der des § 555 d BGB, vgl. Kapitel 8, A.

691 MünchKomm/*Artz*, § 559 Rn. 1.

692 Sog. Anpassungsbestimmungsrecht, vgl. Staudinger/*Weitemeyer*, § 557 Rn. 15.

möglichkeiten aufgrund einer Endenergieeinsparung und die bloße Pflicht zur Duldung hinausgeht.[693]

Die Höhe der zur Mieterhöhung berechtigenden Modernisierungskosten von jährlich 11 % bleibt unverändert. Erhaltungskosten sind auch weiterhin nicht umlagefähig und von den Modernisierungskosten strikt zu trennen (§ 559 Abs. 2 BGB). Problematisch ist allerdings, dass – nicht nur wie bisher – die Erhaltungskosten, sondern auch die Kosten, die im Zuge einer Modernisierung für Maßnahmen nach § 555 b Nr. 2 BGB-E (erweiterter Modernisierungsbegriff) entstanden sind, herauszurechnen sind, soweit sie sich nicht überschneiden.

II. Wirtschaftliche Härten

Anders als nach bisherigem Recht bestimmt die neue Regelung, dass aus der angekündigten Mieterhöhung einschließlich der Betriebskosten[694] resultierende Härten nicht mehr bei der Abwägung im Rahmen des Duldungsanspruchs berücksichtigt werden sollen, sondern erst im Rahmen der Sondermieterhöhung. Hierdurch kommt es zu einer Zweiteilung der Härtefallprüfung. Wirtschaftliche Härten werden erst auf der Ebene der Mieterhöhung überprüft, während bei der Duldung der Maßnahme die sonstigen Härtefallgründe zu berücksichtigen sind. Die Entscheidung des Gesetzgebers für eine Trennung ist konsequent, da die zu erwartende Mieterhöhung dem Sachzusammenhang nach erst für die Mieterhöhung selbst relevant ist. Abweichend von der alten Rechtslage wird erst nach der Modernisierungsmaßnahme geprüft, ob die Erhöhung in wirtschaftlicher Hinsicht auch unter Einbeziehung der zu erwartenden Betriebskosten einen Härtegrund für den Mieter darstellen würde. Durch die Verwendung des engen Modernisierungsbegriffes, der eine konkrete Endenergieeinsparung voraussetzt, ist im Rahmen der Härtefallprüfung damit an das objektive Verhältnis zwischen Mieterhöhung und den durch die Modernisierung erzielten Vorteilen anzuknüpfen. So ist eine Mieterhöhung beispielsweise dann schwerlich durchsetzbar, wenn der energetische Standard bereits auf hohem Niveau ist, ein geringfügig höherer Einspareffekt aber nur unter verhältnismäßig hohen Investitionen möglich ist. In diesem Fall, der auch als „energetische Luxusmodernisierung“ bezeichnet wird,[695] ist der Vermieter zwar zur Modernisierung berechtigt und der

693 Derleder, ZWE 2013, 1, 3.

694 Bislang sind die zu erwartenden Betriebskosten nicht Gegenstand der Härtefallprüfung nach § 554 Abs. 2 BGB. In der Praxis werden diese aber bereits berücksichtigt, vgl. Soergel/*Heintzmann*, § 554 Rn. 14.

695 BR-Drs. 10/1/13, S. 3.

Mieter zur Duldung verpflichtet, eine Mieterhöhung ist jedoch ausgeschlossen.[696] Für einen Schutz des Mieters vor ineffizienten Maßnahmen spricht auch der gegenüber dem Duldungsverfahren anzuwendende Abwägungsmaßstab. Neben den Interessen von Mieter, Vermieter und anderen Mietern bleiben öffentliche Belange und damit auch solche des Klimaschutzes und der Energieeffizienz im Zahlungsverfahren unberücksichtigt. Die wirtschaftlichen Interessen des Mieters stehen damit grundsätzlich im Vordergrund. Obschon die Belange des Klimaschutzes nicht zu berücksichtigen sind, darf eine sinnvolle Modernisierung aber andererseits nicht an einem einzelnen „zahlungsschwachen Mieter“ scheitern.[697] Eine Verletzung des Wirtschaftlichkeitsgebots ist als Einwand gegen eine Mieterhöhung nicht möglich.[698] Allerdings gibt es hier auch Grenzen, die der BGH in einer neueren Entscheidung dahingehend definiert hat, dass nur notwendige oder erforderliche Kosten umgelegt werden können. „Unnötige, unzweckmäßige oder ansonsten überhöhte Modernisierungsaufwendungen“[699] hat der Mieter auch nach der neuen Rechtslage weiterhin nicht zu tragen. Letztlich wird die Rechtsprechung in der Praxis auch künftig die individuelle Belastungsgrenze des Mieters vor allem an seinem Nettoeinkommen orientieren. Dabei ist die prozentuale Belastung des Nettoeinkommens durch die Gesamtbelastung mit Betriebskosten und Miete maßgeblich.[700] Dagegen sind nach einigen Stimmen in der Literatur nicht nur die Einkommens- und Vermögensverhältnisse entscheidend, sondern auch die übrigen Lebensumstände des einzelnen Mieters zu berücksichtigen.[701] Eine unzumutbare Härte liegt jedenfalls dann nicht vor, wenn davon auszugehen ist, dass die Wohnkosten auch nach einer modernisierungsbedingten Mieterhöhung in voller Höhe durch die Sozialleistungen abgedeckt sein werden.[702] Darüber hinaus erscheint die als Leitlinie vorgeschlagene Gesamtbelastungsgrenze von rund einem Drittel des Nettoeinkommens[703] zunächst angemessen. Gerade in Ballungszentren befindet sich die Mietbelastung mit über 20 % allerdings auf

696 Eine Luxusmodernisierung liegt nicht zwangsläufig vor, wenn sich die Miete um 30 % erhöht, vgl. LG Berlin, Urteil vom 8. März 2011 - 65 S 19/11 = GE 2011, 783-484;

697 Dies entspricht auch dem Willen des Gesetzgebers, der „wohnungswirtschaftliche sinnvolle Maßnahmen“ nicht „an einem zahlungsschwachen Mieter“ scheitern lassen wollte, BT-Drs. 9/2979.

698 BGH, NJW 2004, 1738 = WuM 2004, 285 = NZM 2004, 379; vgl. ausführlich zum Gebot der Wirtschaftlichkeit, Kapitel 7, D.

699 BGH, Urteil vom 17. Dezember 2008 – VIII ZR 41/08, VIII ZR 84/08 = NZM 2009, 150 = NJW 2009, 839.

700 LG Berlin, GE 2002, 930, 20 bis 30 %; LG Berlin, NJW-RR 1992, 144, 30 %; Schmidt-Futterer/*Eisenschmid*, § 554 Rn. 223 m. w. N.

701 Schmidt-Futterer/*Eisenschmid*, § 554 Rn. 223; Blank/Börstinghaus/*Blank*, § 554 Rn. 35.

702 KG, Urteil vom 10. Mai 2007 – 8 U 166/06 = GE 2007, 907-909.

703 Hinz, DMT 2013, 40 m. w. N.

einem hohen Niveau[704], sodass jedoch bei Berücksichtigung dieser Grenze weniger Spielraum für modernisierungsbedingte Mieterhöhungen bestehen würde. In Ballungszentren ist daher eine höhere Belastung zugunsten einer Modernisierung ausnahmsweise hinzunehmen, zumal die warmen Betriebskosten einen erheblichen Anteil der Gesamtkostenbelastung des Mieters ausmachen. Diese liegen aber außerhalb der Sphäre des Vermieters und können daher nur eingeschränkt berücksichtigt werden.

1. Absolute Ausschlussfrist – § 555 d Abs. 4 S. 2 BGB

Anknüpfend an das Duldungsverfahren ist ein wirtschaftlicher Härtefall des Mieters grundsätzlich nur zu berücksichtigen, wenn er nach § 555 d Abs. 3 bis 5 BGB rechtzeitig mitgeteilt worden ist. Dies setzt allerdings wiederum voraus, dass der Vermieter den Mieter über die Ausschlussfrist im Rahmen einer Modernisierungsankündigung informiert hat. Ohne einen entsprechenden Hinweis ist der Mieter damit zunächst nicht an eine Frist gebunden. Da im Zahlungsverfahren nur wirtschaftliche Gründe Berücksichtigung finden können, sind diese nach § 555 d Abs. 4 S. 2 BGB jedoch spätestens bis zum Beginn der Bauarbeiten[705] gegen die Mieterhöhung vorzubringen, um in eine Abwägung einfließen zu können. Diese Frist kann daher als absolute Ausschlussfrist bezeichnet werden.

Dies bedeutet zunächst, dass der Vermieter sich nicht mehr mit den Härtegründen des Mieters befassen muss, wenn die Baumaßnahme begonnen hat. Nach § 559 Abs. 5 BGB kommt nur dann eine Härtefallprüfung in Betracht, wenn „die tatsächliche Mieterhöhung die angekündigte Mieterhöhung um mehr als 10 Prozent übersteigt". Diese gesetzliche Ausnahme spricht dafür, dass in den sonstigen Fällen die absolute Ausschlussfrist mit Beginn der Bauarbeiten endet. Insoweit könnte der Vermieter ohne einen Hinweis auf die Fristenregelung und ohne Härtefallprüfung einen Anspruch auf eine höhere Miete geltend machen, sofern er unterhalb der 10 %-Schwelle bleibt. Eine Ausschlussfrist, die der Mieter nicht kennt, kann jedoch nicht relevant sein.[706] Der Mieter müsste demnach selbstständig spätestens bis zum Beginn der Maßnahme seinen wirtschaftlichen Härtegrund vortragen. Dies stellt für ihn eine erhebliche Benachteiligung dar. Es kann von ihm nicht verlangt werden, dass er jedwedes Indiz für eine bevorstehende Modernisierung registriert und vorsorglich seinen wirtschaftlichen Härtegrund vorträgt, damit die Möglicheit einer entsprechenden Härtefallprüfung nicht ausgeschlossen ist.

704 IVD – Immobilienverband Deutschland, Wohnkostenkarte 2012.
705 BT-Drs. 17/10485, S. 22.
706 Hinz, DMT 2013, 45; Börstinghaus, NZM 2012, 697, 701.

Aufgrund der systematischen Stellung der in § 555 d Abs. 4 S. 2 BGB normierten absoluten Ausschlussfrist ist allerdings anzunehmen, dass diese nur dann gilt, wenn die in Satz 1 vorausgesetzte Frist nach § 555 d Abs. 3 BGB begonnen hat und schließlich auch abgelaufen ist.[707] Nach § 555 d Abs. 3 S. 2 BGB beginnt die Frist nur, wenn die Modernisierungsankündigung § 555 c BGB entspricht, also nach § 555 c Abs. 2 BGB auch eine Belehrung über die Folgen des Fristablaufs enthält. Rechtsfolge einer nicht ordnungsgemäßen Belehrung ist aber nur, dass der Mieter nicht an das Frist- und Formerfordernis des § 555 d Abs. 3 S. 1 BGB gebunden ist, wenn er einen personalen oder wirtschaftlichen Härtegrund geltend machen möchte. Allerdings kann er einen Härtefall, der auf einem wirtschaftlichen Umstand beruht, aufgrund der Verweisung in § 555 d Abs. 5 S. 2 BGB auf § 555 d Abs. 4 S. 2 BGB wiederum nur bis zum Beginn der Bauarbeiten vorbringen. Die absolute Ausschlussfrist, die darin besteht, „bis zum Baubeginn klare Verhältnisse zu schaffen“[708], schließt es nach verfassungskonformer Auslegung nicht aus, dass der Mieter auch noch in einem Rechtstreit um die Mieterhöhung wirtschaftliche Härtegründe geltend machen kann, wenn der Vermieter die Modernisierung nicht nach § 555 c BGB angekündigt hat.[709] Der Vermieter ist nicht schutzbedürftig, wenn er die Voraussetzungen einer ordnungsgemäßen Ankündigung nicht eingehalten hat. Die Rücksichtnahme auf das „Eigentumsrecht“ des Mieters[710] lässt es in der Abwägung der Grundrechtspositionen als zwingend erscheinen, dass der Mieter nicht nach Indizien für eine Modernisierungsmaßnahme suchen muss, um eine Berücksichtigung seiner Interessen zu erreichen, wenn er vom Vermieter noch nicht einmal eine ordnungsgemäße Modernisierungsankündigung erhalten hat.

Auch im Übrigen scheint die absolute Ausschlussfrist dann nicht zu gelten, wenn der Vermieter beispielsweise vor Beginn einer umfassenden Modernisierung bei allen Mietern auf eine Ankündigung verzichtet, um möglichen Widerstand zu begegnen. In diesem Fall kann sich der Vermieter unter Berücksichtigung der Grundsätze von Treu und Glauben nicht auf ein die absolute Ausschlussfrist berufen, ohne dass es vorher zu einer Härtefallprüfung gekommen ist oder die Möglichkeit einer solchen eröffnet wurde.

707 Hinz, DMT 2013, 45.
708 BT-Drs. 17/10485, S. 22.
709 Hinz, DMT 2013, 4; ders. NZM 2012, 777, 784.
710 BVerfGE 89, 1.

2. Ausschluss einer Härtefallprüfung – § 559 Abs. 4 S. 2 BGB

Eine Abwägung bei der modernisierungsbedingten Mieterhöhung nach § 559 Abs. 4 Satz 2 Nr. 1 BGB findet nicht statt, wenn die Mietsache lediglich in einen Zustand versetzt wurde, der allgemein üblich ist. Insoweit knüpft der Ausschluss an § 554 Abs. 2 S. 4 BGB a. F. an. Soweit die Modernisierungsmaßnahme auf Grund von Umständen durchgeführt wurde, die der Vermieter nicht zu vertreten hatte, kommt es ebenfalls nicht zu einer Abwägung, was der alten Rechtslage entspricht (§ 559 Abs. 1 BGB a. F.). Nach der Begründung des Gesetzes soll diese rechtliche Verpflichtung etwa bei Modernisierungsmaßnahmen entfallen, die der Erfüllung sogenannter Nachrüstpflichten nach der EnEV dienen.[711]

III. Beibehaltung der Höhe der Modernisierungsumlage

Die Entscheidung des Gesetzgebers, es bei der 11-%-Grenze zu belassen, ist gerechtfertigt. Er hat damit zu verstehen gegeben, dass das Gesetz nicht laufend, etwa aufgrund eines veränderten Zinsniveaus, geändert werden soll. Wollte man die 11 %-Grenze an aktuelle wirtschaftliche Gegebenheiten wie etwa das Zinsniveau anpassen, würde man die Grundstruktur des § 559 Abs. 1 BGB aufgeben, die auf einem stark vereinfachten Verfahren in Ansehung der aufgewendeten Kosten ohne Rücksicht auf die ortsübliche Vergleichsmiete und die Kappungsgrenzen basiert.[712] Der Vermieter kann aber auch weiterhin darunter bleiben und eine geringeren Prozentsatz wählen. Es stellt sich allerdings die Frage, ob der Gesetzgeber diese Grenze nicht auf den Bereich der energetischen Modernisierung hätte beschränken und beispielsweise für die übrigen Modernisierungstatbestände eine geringere Erhöhung hätte wählen sollen. Hierdurch würde sich der Anreiz für energetische Modernisierungsmaßnahmen durchaus erhöhen. Nach einer weiteren Auffassung sollte eine Sondermieterhöhung, die über die energetische Modernisierung hinausgeht vollständig gestrichen werden, da es nicht mehr gerechtfertigt erscheine, alle konventionellen Modernisierungsmaßnahmen durch eine Sondermieterhöhung über die ortsübliche Vergleichsmiete hinaus zu fördern.[713] Insoweit solle man den Vermieter zur Refinanzierung von konventionellen Wohnwertverbesserungen auf den Markt verweisen. Bei der Mietrechtsreform 2001 wurde die Beibehaltung des § 559 BGB damit begründet, dass es in bestimmten Regionen Deutschlands hinsichtlich des Wohnstandards noch einen

711 BT-Drs. 17/10485, S. 25.
712 MünchKomm/*Artz*, § 559 Rn. 1.
713 Klinski, WuM 2012, 354, 361.

Nachholbedarf gebe.[714] Diese Begründung lässt sich zumindest auf den energetischen Zustand des Wohnungsbestands auch noch rund zehn Jahre später vertreten, sodass eine Einschränkung auf die energetische Modernisierung durchaus nachvollziehbar ist.[715] Auch der Bundesrat hat in seiner Stellungnahme zum Regierungsentwurf eine eingeschränkte Umlagefähigkeit vorgeschlagen. Mit dem Vorschlag zur Begrenzung auf die Einsparung von Endenergie bringt der Bundesrat zum Ausdruck, dass eine konkrete Einsparung für den Mieter erforderlich sein sollte.[716] Der Gesetzgeber hat diesen Vorschlag entgegen der Zielsetzung, im Mietwohnungsbestand einen möglichst hohen Standard zu erreichen, übernommen. Ohne eine stärkere finanzielle Einbeziehung des Mieters kann dieses Ziel nicht erreicht werden. Zwar hat der Gesetzgeber an der 11 %-Grenze festgehalten, gleichzeitig aber den Anwendungsbereich durch den engeren Energiebegriff, der für die Sondermieterhöhung maßgeblich ist, verengt.

IV. Nichtberücksichtigung von Instandsetzungskosten – § 559 Abs. 2 BGB

Nach § 559 Abs. 1 BGB ist der Vermieter berechtigt, die Modernisierungskosten innerhalb des vorgegebenen Rahmens auf den Mieter umzulegen. Erhaltungskosten sind nach § 559 Abs. 2 BGB von vornherein nicht zu den Modernisierungskosten zu rechnen.[717] Aufwendungen, die für Erhaltungsmaßnahmen erforderlich gewesen wären, gehören nicht zu den Modernisierungskosten. Durch die Formulierung „gewesen wären" ist davon auszugehen, dass nur die Kosten einer fälligen Instandsetzung nicht umgelegt werden können, fiktive erst zukünftige Erhaltungskosten muss sich der Vermieter nicht anrechnen lassen.[718] Unter fälligen Instandsetzungskosten sind unter Berücksichtigung des Gebotes der Wirtschaftlichkeit und der mietvertraglichen Verpflichtungen solche Kosten zu verstehen,

714 BT-Drs. 15/4553, S. 36.

715 Bündnis ′90/Die Grünen haben im parlamentarischen Verfahren einen ähnlichen Ansatz vertreten, vgl. BT-Drs. 17/10120.

716 Über die Begrenzung auf den engen Modernisierungsbegriff in § 555 b Nr. 1 BGB wollte die Länderkammer und schließlich auch der Rechtsausschuss des Bundestages nur Maßnahmen zur Einsparung von Endenergie einer Mieterhöhung zugänglich machen, vgl. BR-Drs. 313/1/12, S. 5.

717 BT-Drs. 17/10485, S. 24.

718 OLG Hamm, NJW 1981, 1622; OLG Celle, NJW 1981, 1625; OLG Hamburg, WuM 1983, 13; Lammel, WohnraummietR, § 559 Rn. 41; a. A. LG Oldenburg, WuM 1980, 86; Staudinger/*Emmerich*, § 559 Rn. 44.

die notwendig waren.[719] Bisher war diese Vorgehensweise bereits Praxis, gesetzlich aber nicht geregelt.[720]

Eine Aufteilung der Kosten in fiktive Instandhaltungs- und umlagefähige[721] Modernisierungskosten wird in der Praxis allerdings oftmals schwierig. Dies gilt vor allem für die sog. Instandmodernisierung, also eine Modernisierung, die auch eine Instandsetzungsmaßnahme beinhaltet.[722] In diesen Fällen sind die zum Zeitpunkt der Durchführung der Modernisierung fälligen Instandsetzungsmaßnahmen bei der Ermittlung der umlagefähigen Modernisierungskosten in Abzug zu bringen.[723]

Damit können im Ergebnis verhältnismäßig unproblematisch nur solche Kosten umgelegt werden, die erforderlich sind, etwas völlig Neues zu schaffen, das funktional weiter über den alten, aber intakten Zustand hinausgeht. Hierzu zählen beispielsweise das Wärmeverbundsystem, wenn das Außenmauerwerk und der Putz noch innerhalb des Sanierungszyklus sind, oder die neue Heizung mit neuer Lüftungsanlage, wenn die alte Anlage noch nicht abgängig ist. Problematisch sind damit solche Fälle, bei denen eine Fassadenerneuerung ohnehin fällig war, das für die Fassadendämmung erforderliche Gerüst für die Reparatur des Daches sowie der Dachrinne benutzt wurde, oder die Heizungsrohre erneuerungsbedürftig waren.

Mit der gesetzlichen Regelung stellt der Gesetzgeber klar, dass in diesen Fällen eine Trennung der Kostenarten, soweit erforderlich, durch Schätzung erfolgen kann. Dadurch, dass das Gericht bei einer Abgrenzung bereits nach der ZPO schätzen kann, ist davon auszugehen, dass somit der Vermieter schätzen muss.[724] Mit der Neuregelung soll nach den Materialien überzogene Anforderungen an die Berechnung des Abzugs vermieden werden. Es wäre unangemessen, bei der Berechnung des Kostenanteils, der auf die zugleich mit der Modernisierung erfolgte Erhaltungsmaßnahme entfällt, zu hohe Anforderungen zu stellen.[725] Ein pauschaler Abzug dürfte aber weiterhin nicht ausreichend sein.[726] Vielmehr sind

719 Hinz, DMT 2013, 36.

720 BGH, NZM 2001, 686, 687; MünchKomm/*Artz*, § 559 Rn. 24; Schmidt-Futterer/*Börstinghaus*, § 559 Rn. 162; Soergel/*Heintzmann*, § 559 Rn. 17; BGH, NZM 2009, 686; MünchKomm/*Voelskow*, MHG, § 3 MHG Rn. 13; Palandt/*Weidenkaff*, § 559 Rn. 14.

721 Modernisierungsmaßnahmen nach § 555 b Nr. 2 BGB berechtigen nach § 559 Abs. 1 BGB nicht zu einer Sondermieterhöhung.

722 Schmidt-Futterer/*Börstinghaus*, § 559 Rn. 163; MünchKomm/*Artz*, § 559 Rn. 11.

723 OLG Hamburg, WuM 1983, 13; LG Berlin, ZMR 1998, 167; LG Görlitz, WuM 1997, 228; Staudinger/*Emmerich*, § 559 Rn. 43; Schmidt-Futterer/*Börstinghaus*, § 559 Rn. 164 m. w. N.

724 Hinz, DMT 2013, 36.

725 BT-Drs. 17/10485, S. 25.

726 Sternel, IV, Rn. 383.

die in Abzug zu bringenden Erhaltungskosten durch konkrete Berechnungen, die sich an den aktuellen Material- und Lohnkosten orientieren, zu ermitteln. Lediglich, wenn diese Berechnungen nicht möglich sind, kann auf eine Schätzung zurückgegriffen werden.[727] Der Vorrang einer konkreten Berechnung vor einer Schätzung entspricht zunächst auch der Gesetzesformulierung, wonach nach § 559 Abs. 2 2. HS BGB Erhaltungskosten „soweit erforderlich"[728] durch Schätzung zu ermitteln sind. Im Fall einer Schätzung ist entgegen der restriktiven Judikatur,[729] nach der konkrete Berechnungen erforderlich sind, die Bildung einer entsprechenden Quote[730] zulässig. Zwar wird angenommen, dass die Praxis weiterhin erhebliche Schwierigkeiten mit der Abgrenzung der Instandhaltungs- von den umlagefähigen Modernisierungskosten haben wird.[731] Die Möglichkeit einer Schätzung können diese Schwierigkeiten aber zugunsten eines vereinfachten Verfahrens beseitigen. Die Bildung einer Quote entspricht auch dem Gesetzeszweck, wonach keine zu hohen Anforderungen an die Trennung dieser Kostenpositionen gestellt werden.

V. Anrechnung von Drittmitteln – § 559 a BGB

Wie bisher kann der Vermieter keine Kosten auf den Mieter umlegen, die durch einen Dritten übernommen oder durch Zuschüsse aus öffentlichen Haushalten gedeckt werden. Die Vorschrift des § 559 a BGB knüpft damit inhaltlich vollständig an die bisherige Rechtslage an.[732] Es wurden lediglich redaktionelle Änderungen vorgenommen.[733]

727 Hinz, DMT 2013, 37.
728 *Dietrich* hält das Schätzverfahren dagegen als ungeeigneten Regelfall, ZMR 2012, 241, 245.
729 So LG, Hamburg, WuM 2000, 195; LG Görlitz, WuM 1999, 44; LG Dresden, WuM 1998, 216.
730 Bisher gegen eine Quote, Sternel, IV, Rn. 383.
731 Börstinghaus, NZM 2012, 697, 702; Dietrich, ZMR 2012, 241, 245.
732 Siehe Kapitel 5, B, IV.
733 BT-Drs. 17/10485, S. 25.

VI. Geltendmachung der Mieterhöhung, Wirkung der Erklärung – § 559 b BGB

1. Das allgemeine Verfahren zur Erhöhung der Miete

Die Mieterhöhung tritt nach Durchführung der Modernisierungsmaßnahme nicht automatisch ein, obwohl der Vermieter bereits in der Modernisierungsankündigung (§ 555 c Abs. 1 Nr. 3 BGB) Angaben zur zu erwartenden Mieterhöhung machen muss. Weiterhin ist damit ein eigenständiges Mieterhöhungsverlangen erforderlich, um eine Mieterhöhung zu begründen. Inhaltlich knüpft die Vorschrift dabei an die bisherige Regelung an. So ist die Mieterhöhung wie bisher anhand von Berechnungen und Erläuterungen zu begründen. Im Unterschied zur alten Rechtslage ist der Begründungs- und Erläuterungszwang aber reduziert worden, da wie bei der Modernisierungsankündigung auf anerkannte Pauschalwerte verwiesen werden darf, indem die Vorschrift auf die Ankündigung (§ 555 c Abs. 2 BGB) Bezug nimmt. Hierdurch kommt es auch insoweit zu einer Darlegungserleichterung.[734] Dies ist durchaus konsequent, da nicht einerseits die Anforderungen in Bezug auf die Begründung der Duldungspflicht gesenkt werden können, andererseits aber weiterhin an der Unsicherheit, ob komplizierte Berechnungen in Bezug auf die alten und neuen Bauteile beizufügen sind, festgehalten werden kann. Insoweit kommt es zu einem notwendigen Gleichlauf der Anforderungen an den Darlegungsumfang. Dass hierdurch die vom Gesetzgeber angestrebte Entkopplung der Duldungspflicht von der Sondermieterhöhung nicht vollständig erfolgt, ist notwendig.

2. Mieterhöhung trotz fehlerhafter oder unterlassener Modernisierungsankündigung – § 559 Abs. 2 S. 2 BGB

Nach der neuen Rechtslage steht eine unterlassene oder fehlerhafte Ankündigung der Modernisierungsmaßnahme dem Recht des Vermieters zur Mieterhöhung grundsätzlich nicht entgegen. Nach der alten Rechtslage war zwar bereits geregelt, dass die unterlassene Mitteilung der Mieterhöhung oder ein Überschreiten der angekündigten Miete durch die tatsächliche Erhöhung um mehr als zehn Prozent die Fälligkeit der geänderten Miete um sechs Monate verschoben haben. Die Folgen sonstiger Mängel der Modernisierungsankündigung oder einer vollständig unterlassenen Modernisierungsankündigung waren von der Regelung dagegen nicht erfasst. Die Rechtsfolgen einer verzögerten Erhöhung der Miete erstrecken sich nach der neuen Regelung nunmehr auch auf alle Fälle, in denen der

734 Feindl, NZM 2012, 58, 59.

Vermieter seiner Pflicht zur Ankündigung nach § 555 c BGB nicht oder nicht ordnungsgemäß nachkommt. Damit passt der Gesetzgeber das Gesetz an eine Entscheidung des BGH an, der den Fall einer unterlassenen Modernisierungsankündigung entsprechend entschieden hatte.[735]

Dadurch, dass der Vermieter ohne Modernisierungsankündigung die Miete erhöhen kann, kommt es insoweit zu einer vollständigen Entkopplung der Sondermieterhöhung von der Duldungspflicht, was in diesen Fällen kritisch zu sehen ist. Eine Anpassung der Miete kann nur im Hinblick auf den neuen Zustand der Mietsache erfolgen. Eine Änderung des Vertragsgegenstandes durch faktische Modernisierung kann grundsätzlich nur möglich sein, wenn der Vermieter zu der Maßnahme berechtigt ist, der Mieter also zur Duldung verpflichtet ist[736] und der Vermieter eine Duldungspflicht ordnungsgemäß unter Berücksichtigung des § 555 c BGB begründet hat. Die in § 559 b BGB geschaffene Möglichkeit, eine Ankündigung vollständig zu unterlassen, ermöglicht es, einen „irgendwie gearteten Zustand" zu schaffen und sich diesen vergüten zu lassen.[737] Dies widerspricht den Grundsätzen des Zivilrechts, da keine wirksame Vereinbarung vorliegt.[738] Die Änderung der Rechtsfolge, dass die Mieterhöhung zwar erst später wirksam wird, stellt keinen geeigneten Ausgleich dar.[739] Problematisch ist zudem, dass eine Härtefallprüfung regelmäßig nicht erfolgen wird, da der Mieter von einer Ausschlussfrist nicht in Kenntnis zu setzen ist und die Ausschlussfrist spätestens mit Beginn der Maßnahme endet. Nach der bisherigen Rechtslage erfolgte die Abwägung zwar lediglich inzident, da im Zahlungsverfahren überhaupt keine Abwägung vorgesehen war. Nach der neuen Rechtslage ist diese Möglichkeit aufgrund der Präklusionsfristen jedoch ausgeschlossen. Aus § 559 Abs. 5 BGB ergibt sich, dass die wirtschaftlichen Härten des Mieters nur berücksichtigt werden, wenn diese rechtzeitig mitgeteilt wurden. Unabhängig davon, ob der Mieter über die Fristen informiert wurde, endet die Frist zur Geltendmachung eines wirtschaftlichen Härtefalls mit Beginn der Baumaßnahme. Unterlässt der Vermieter eine Ankündigung der Maßnahme, hat der Mieter somit keine Möglichkeit, gegen das Mieterhöhungsverlangen einen Härtegrund vorzubringen. Im Fall einer unterlassenen Ankündigung findet eine Abwägung demnach nicht statt. Es kommt somit nicht nur zu einer Entkopplung, sondern auch dazu, dass eine wichtige Voraussetzung für die Sondermieterhöhung, also die Abwägung von Härtegründen, nicht maßgeblich ist. Damit wird nicht nur ein irgendwie gearteter

735 BGH, Urteil vom 2. März 2011 – VIII ZR 164/10 = NJW 2011, 1220 = NZM 2011, 359-360.

736 Soergel/*Heintzmann*, § 559 Rn. 16; MünchKomm/*Artz*, § 559 Rn. 8.

737 Börstinghaus, Stellungnahme zum Regierungsentwurf, S. 12.

738 Vgl. auch Schmidt-Futterer/*Börstinghaus*, § 559 BGB Rn. 18; AG Dortmund, Urteil vom 13. Januar 2009 – 425 C 8864/08 = WuM 2009, 120-124 = DWW 2009, 120-124.

739 Siehe dazu ausführlich Kapitel 7, A, I.

Zustand Gegenstand Grundlage der neuen Miete, der Mieter hat auch nicht einmal die Chance, sich gegen die Mieterhöhung zu verteidigen, wenn er von der Ausschlussfrist keine Kenntnis hatte. Es besteht somit die Gefahr, dass bei Außenarbeiten künftig stets auf die Modernisierungsankündigung verzichtet wird, um keine „schlafenden Hunde" zu wecken. Eine derartige Praxis würde den Grundsätzen von Treu und Glauben widersprechen, da sie zu einer erheblichen Einschränkung von Mieterrechten führen würde. Dieses wäre jedenfalls dann der Fall, wenn es über Bagatellen hinaus geht und es zu Beeinträchtigungen des Mietgebrauchs kommt. In diesen Fällen ist es daher generell erforderlich und angemessen vom Vermieter eine Modernisierungsankündigung zu verlangen. Problematisch ist allerdings die Rechtsfolge, wenn der Vermieter sich dennoch widersetzt und auf eine Ankündigung verzichtet. Es wäre unbillig, wenn die Mieterhöhung gar keine Wirksamkeit erlangen würde, der Mieter aber durch die Heizkostenersparnis oder im Fall sonstiger Modernisierungen von diesen profitieren würde. Konsequenterweise muss es bei der von § 559 b Abs. 2 S. 2 BGB vorgesehenen Rechtsfolge bleiben, wonach sich die Fälligkeit um sechs Monate verschiebt. Der durch die Modernisierung geänderte Zustand muss notwendigerweise rechtmäßiger Vertragsgegenstand werden. Für den sechsmonatigen Zeitraum, der mit Zugang der Erhöhungserklärung beginnt, bleibt es dem Mieter entgegen § 555 d Abs. 4 S. 2 BGB unbenommen, wirtschaftliche Härtegründe vorzubringen, die in einer Abwägung nach § 559 Abs. 4 BGB zu berücksichtigen sind. Insoweit kommt es zu einer neuen parallellaufenden Frist (§ 559 b Abs. 2 BGB). Soweit ein Härtegrund gegen den Duldungsanspruch nach § 555 d BGB vorliegt, kann dieser bereits nach § 555 d Abs. 3 S. 2 BGB auch bis Ende der Baumaßnahmen vorgebracht werden, da die Ausschlussfrist erst gar nicht begonnen hat. Erst nach Abschluss der Baumaßnahmen sind diese nicht mehr berücksichtigungsfähig, da sich diese Gründe der Sache nach nur gegen den Duldungsanspruch richten können.

Die Notwendigkeit einer Berücksichtigung der wirtschaftlichen Interessen des Mieters ergibt sich aus seinem dem Recht am Eigentum gleichgestellten Besitzrecht an der Mietsache,[740] welches nicht durch die Möglichkeit eines Verzichts auf eine Ankündigung umgangen werden darf,[741] zumal das Ankündigungsverfahren vollständig in der Sphäre des Vermieters liegt. Dem Defizit an Planungs-, Kalkulations- und Rechtssicherheit, welches sich aus der Möglichkeit des Mieters unabhängig von den regulären Fristen Einwände vorzutragen ergibt, kann der Vermieter nur durch ein ordnungsgemäßes Ankündigungsverfahren begegnen. Insoweit ist das Interesse des Vermieters nicht schützenswert, da ihm stets die Gelegenheit eröffnet ist, ein Ankündigungsverfahren durchzuführen.

740 BVerfGE 89, 1.
741 Siehe Kapitel 9, B, II, 1.

Allerdings wird aus Sicht des Vermieters bereits aus wirtschaftlichen Gründen zu überlegen sein, ob der Verzicht auf eine Ankündigung ein möglicher Weg ist, da sich der Zahlungsaufschub von sechs Monaten zunächst einmal als Verlust darstellt. Letztlich müsste der Vermieter das ohnehin bereits entschärfte Ankündigungsverfahren mit dem möglichen Baustopp aufgrund von Mietereinwänden und des Zahlungsaufschubs abwägen. Aus sanierungstechnischen Gründen ist jedenfalls bei der energetischen Ertüchtigung der Gebäudehülle nicht damit zu rechnen, dass in der Praxis die Modernisierungsankündigung unterlassen wird, da bei den meisten Maßnahmen wie etwa beim Einbau neuer Fenster eine Mitwirkung und damit eine Duldung erforderlich ist.

VII. Sonderkündigungsrechtdes Mieters nach Mieterhöhung – § 561 BGB

Wie bisher hat der Mieter nach Erhalt des Modernisierungsverlangens die Möglichkeit, das Mietverhältnis außerordentlich zu kündigen. Inhaltlich wurde das in § 561 BGB kodifizierte Sonderkündigungsrecht nicht durch das Mietrechtsänderungsgesetz geändert. Eine Änderung der Vorschrift war auch nicht erforderlich, da das Sonderkündigungsrecht als Schutzvorschrift einen notwenigen Interessenausgleich schafft und dem Leitgedanken der Entkopplung der Duldungspflicht von der Sondermieterhöhung gerecht wird. Es ist sachgerecht, dass der Mieter entsprechend dem Sonderkündigungsrecht nach § 555 e BGB als Reaktion auf das Duldungsverlangen auch eine Möglichkeit hat, auf die Mieterhöhung zu reagieren. Voraussetzung für eine Kündigung nach § 561 BGB ist alleine der Zugang des Mieterhöhungsverlangens. Ob das Verlangen ordnungsgemäß ist, ist dabei unerheblich, da der Wortlaut der Vorschrift lediglich auf die Geltendmachung abstellt. Nach Erhalt des Verlangens kann der Mieter bis zum Ablauf des Monats, der auf den Zugang folgt, kündigen. Damit hat der Mieter maximal zwei Monate Zeit zu prüfen, ob er das Mietverhältnis zu den neuen Konditionen fortführen möchte. Entscheidet er sich für eine Beendigung, bedarf es entsprechend § 568 BGB einer schriftlichen Kündigung, da § 561 BGB ebenso wie § 555 e BGB keine Bestimmung zur Form enthält. Wie bei § 555 e BGB bedarf es keiner Begründung. Das Mietverhältnis endet zum Ablauf des zweiten Monats nach Zugang der Kündigung beim Vermieter.

VIII. Keine Anwendung bei Index und Staffelmieterträgen

Der alten Rechtslage entsprechend ist eine Umlagemöglichkeit auch weiterhin bei Staffel- und Indexmietverträgen ausgeschlossen. Insoweit kann auf die bisherige Rechtsprechung verwiesen werden.[742]

IX. Fazit

Die Modernisierungsumlage ist durch das Mietrechtsänderungsgesetz in Bezug auf ihre Rechtsfolge unverändert geblieben. Der Gesetzgeber hat damit zum Ausdruck gebracht, dass er eine Erhöhung der Jahresmiete um bis zu 11 % der Modernisierungskosten für angemessen hält.

Als erhebliche Schwachstelle der Neuordnung des Zahlungsverfahrens ist die absolute Ausschlussfrist nach § 555 d Abs. 4 S. 2 BGB auszumachen. Hierdurch werden die Rechte des Mieters ungerechtfertigt beeinträchtigt. Sie sollte daher nur dann dem Mieter entgegengehalten werden können, wenn dieser vorher ordnungsgemäß belehrt wurde und die Modernisierung im Übrigen angekündigt wurde.

742 Vgl. Kapitel 7, A, IV.

10. Kapitel – Prozessuale Umsetzung

Die prozessuale Umsetzung der Pflicht zur Duldung nach § 555d BGB und der Sondermieterhöhung nach § 559 BGB orientiert sich an den allgemeinen Grundsätzen der ZPO. Gegenüber der alten Rechtslage, also gegenüber § 554 Abs. 2 BGB a. F. und § 559 BGB, hat sich die prozessrechtliche Betrachtung nicht verändert, da die Rechtsfolgen gleich geblieben sind. In Bezug auf die Duldung ist der Anspruch weiterhin auf ein passives Stillhalten in Kenntnis der Vermietermaßnahmen gerichtet.[743] Passiv verhält sich der Mieter dann, wenn er gegenüber dem Vermieter weder mündlich noch schriftlich widerspricht oder diesen durch Verweigerung des Zutritts hindert.[744] Erfüllt der Mieter seine Pflicht nicht, muss der Vermieter den Duldungsanspruch im Klagewege[745] vor dem Amtsgericht, welches unabhängig vom Streitwert bei Streitigkeiten aus einem Mietverhältnis nach § 23 Nr. 2 a GVG zuständig ist, durchsetzen. Der Streitwert richtet sich dabei nach der möglichen Mieterhöhung und nicht nach den Kosten der Maßnahme.[746] Abzustellen ist dabei nach Einführung von § 41 Abs. 5 GKG auf den einfachen Jahresbetrag, sodass sich der Streit, worauf abzustellen ist, erledigt hat.[747] Werden gegenseitig Ansprüche geltend gemacht, etwa der Vermieter auf Duldung und der Mieter auf Aufwendungsersatz, sind die Streitwerte zu addieren,[748] soweit es sich nicht um denselben Streitgegenstand handelt. Eine prozessuale Durchsetzung eines Anspruchs auf Duldung der Erhaltungs- (§ 555 a BGB) oder Modernisierungsmaßnahme (§ 555 b Nr. 1 bis 7 BGB) ist in der Regel nur geboten, wenn der Vermieter auf die Mitwirkung des Mieters angewiesen ist. Soweit es sich um Arbeiten an den Außenanlagen (z. B. Anbringung einer Wärmedämmung am Außenmauerwerk) handelt, ist ein Prozess oftmals nicht erforderlich und zudem auch nicht möglich, da es dem Kläger an einem erforderlichen Rechtsschutzbedürfnis fehlt.[749]

743 LG Berlin, WuM 1996, 143 = NJW-RR 1996, 1163.
744 Schmidt-Futterer/*Eisenschmid*, § 554 Rn. 308; AG Dortmund, DWW 2009, 65.
745 Vgl. Kinne/Schach/*Kinne*, § 554 Rn. 162ff. m. w. N. zum Klageverfahren.
746 Emmerich/Sonnenschein/*Emmerich*, § 554 Rn. 41.
747 Herrlein/Kandelhard/*Both*, § 554 Rn. 131; Emmerich/Sonnenschein/*Emmerich*, § 554 Rn. 41.
748 Herrlein/Kandelhard/*Both*, § 554 Rn. 133.
749 LG Berlin, WuM 1996, 407, a. A. Blank/Börstinghaus/*Blank*, § 554 Rn. 66.

Im Einzelfall ist die Durchsetzung eines Duldungsanspruchs auch im Wege des einstweiligen Rechtsschutzes möglich.[750] Hieran sind aber strenge Voraussetzungen geknüpft, da es zu einer Vorwegnahme des Hauptsacheverfahrens kommen kann, wenn der Mieter im Rahmen einer einstweiligen Verfügung zur Duldung verpflichtet wird.[751] Dagegen kann der Mieter eine bevorstehende Modernisierung durchaus auch mit einer einstweiligen Verfügung stoppen.[752] Die Darlegungs- und Beweislast für die Voraussetzungen des Duldungsanspruchs trägt der Vermieter.[753] Neben der Modernisierungsmaßnahme selbst zählen hierzu sämtliche Angaben, die in einer Modernisierungsankündigung i. S. des § 555 c BGB zu machen sind, da diese Voraussetzung des Duldungsanspruches ist. Bemerkenswert ist dabei, dass die Anforderungen in Bezug auf die Modernisierungsmaßnahme nach § 555 b Nr. 1 und 2 BGB recht niedrig sind, da der Vermieter hinsichtlich der energetischen Qualität von Bauteilen auf allgemein anerkannte Pauschalwerte Bezug nehmen kann. Insoweit ist es für den Vermieter recht einfach, in schlüssiger Weise die Tatbestandsvoraussetzungen darzulegen. Ähnliches gilt in Bezug auf die Art und den Umfang der beabsichtigten Modernisierung, da eine Angabe in wesentlichen Zügen ausreichend ist. Soweit es um die weiteren Voraussetzungen wie etwa die berechtigten Interessen des Vermieters und der weiteren Mieter geht, ist der Vermieter beweispflichtig. Die Beweislast trifft ihn damit auch in Bezug auf die Belange der Energieeinsparung und des Klimaschutzes, die in § 555 d Abs. 2 BGB als neue Kriterien eingeführt wurden. Es ist aber davon auszugehen, dass sich der Vermieter nur in den wenigsten Fällen auf den Klimaschutz berufen wird. Der Mieter trägt hingegen die Beweislast für die Härtegründe, die einem Duldungsanspruch entgegenstehen,[754] da er die entscheidenden Gesichtspunkte besser kennt als der Vermieter.[755] Die Abwägung selbst erfolgt von Amts wegen.[756]

In Bezug auf die geänderte Miete nach Modernisierung trägt der Vermieter die Darlegungs- und Beweislast für die Anspruchsvoraussetzungen, wenn der Mieter die vom Vermieter neu festgelegte Miete nicht zahlen will und der Vermieter gerichtliche Hilfe in Anspruch nimmt. Hat der Vermieter die Modernisierung nach § 555 c BGB ordnungsgemäß angekündigt, sollte er auch insoweit von den Erleichterungen profitieren, die für die Darlegung der Pflicht zur Duldung gelten.

750 LG Köln, WuM 1984, 199.
751 Schmidt-Futterer/*Eisenschmid*, § 554 Rn. 357 f. m. w. N.
752 Schmid, § 554 Rn. 65.
753 LG Essen, ZMR 1983, 131, 132; Emmerich/Sonnenschein/*Emmerich*, § 554 Rn. 40.
754 BGH NJW 2008, 1218 Rn. 16.
755 Gramlich, § 554.
756 Schmidt-Futterer/*Eisenschmid*, § 554 Rn. 364.

Der Mieter ist hingegen beweispflichtig für seine wirtschaftlichen Härtegründe, die nicht nur einer Pflicht zur Duldung, sondern auch einer Sondermieterhöhung entgegenstehen könnten. Zudem trifft den Mieter eine erhöhte Darlegungslast hinsichtlich des Erhaltungsbedarfs, sofern er den vom Vermieter nach § 559 Abs. 2 BGB in Abzug gebrachten Erhaltungsanteil bestreitet. Er muss substantiiert vortragen inwieweit Mängel vorhanden waren, die durch die Modernisierung beseitigt wurden.[757]

Die Vollstreckung des Anspruchs des Vermieters auf Duldung der Modernisierungs- oder Erhaltungsmaßnahme erfolgt nach den allgemeinen Regeln des Zwangsvollstreckungsrechts der ZPO. Die Vollstreckung eines entsprechenden Duldungstitels richtet sich nach § 890 ZPO und § 892 ZPO. Die Pflicht des Mieter, störende Maßnahmen gegen die Baumaßnahmen zu unterlassen, wird nach § 890 ZPO, also durch Ordnungshaft oder Ordnungsgeld, vollstreckt. Soweit ein Zutritt zu den Mieträumen des Schuldners erforderlich ist und dieser den Zutritt nicht gewährt, ist eine Hinzuziehung des Gerichtsvollziehers nach § 892 ZPO erforderlich.[758] Dabei ist beispielsweise das Öffnen der Tür nicht als vertretbare Handlung nach § 887 ZPO zu vollstrecken, sondern bereits Bestandteil der Vollstreckung nach §§ 890, 892 ZPO zu verstehen. Die Zwangsvollstreckung würde nach Auffassung des BGH unzumutbar erschwert, wenn der Gläubiger darauf verwiesen werden müsste, jeweils einzelne Handlungstitel zu erwirken, da Art und Umfang erforderlich werdender Handlungen in der Regel nicht hinreichend voraussehbar sind. Der Schuldner wird demgegenüber nicht über Gebühr belastet, wenn insoweit auf einen ausdrücklichen Urteilsausspruch verzichtet wird.[759]

757 Ausführlich zur prozessualen Durchsetzung der Sondermieterhöhung und der Rechte des Mietes, Hinz, DMT 2013, 34-47.

758 Lehmann-Richter, WuM 2010, 729, 730.

759 BGH, NJW-RR 2007, 863-864.

11. Kapitel – Weitere Bestandteile des Mietrechtsänderungsgesetzes im Hinblick auf die energetische Modernisierung

Neben der Neuordnung der Regelungsbereiche zur Duldungspflicht und zur Umlagefähigkeit von Kosten der energetischen Modernisierung enthält das Gesetz in diesem Zusammenhang weitere Neuregelungen, die dem Zweck dienen, die Energieeffizienz im Mietwohnungsbestand zu erhöhen. Einerseits wird dabei zum Teil lediglich Rechtsprechung modifizierend umgesetzt, andererseits werden ganz neue Instrumente geschaffen, so wie der Mietminderungsausschluss, der die Praxis mit neuen Rechtsfragen konfrontieren wird.[760]

A. Der Mietminderungsausschluss – § 536 Abs. 1 a BGB

Eine energetische Gebäudesanierung führt i. d. R. nicht nur zu einer finanziellen Mehrbelastung des Mieters, sondern auch zu einer Beeinträchtigung des Gebrauchs der Mietsache für den Mieter. Derartige Beeinträchtigungen wie beispielsweise Baulärm, Schmutz, Heizungs- und Warmwasserausfall haben zur Folge, dass sich die Miete für die Dauer der Beeinträchtigung nach § 536 BGB mindert. Erbringt also der Vermieter die geschuldete Leistung, zu der er verpflichtet ist, nicht oder nicht vereinbarungsgemäß, mindert sich die Leistungspflicht des Mieters kraft Gesetzes. Grundsätzlich erfolgt die Herabsetzung der Miete proportional zur Tauglichkeitsminderung[761] durch die Schätzung eines Prozentwertes.[762] Im Zusammenhang mit der Modernisierung und Sanierung haben Gerichte gelegentlich Minderungsquoten von bis zu 50 % zuerkannt. Im Einzelfall wurde sogar auf Quoten von 60 %[763] oder gar von 100 %[764] erkannt. Der mit dem Mietrechtsänderungsgesetz eingeführte § 536 Abs. 1 a BGB regelt neu, dass Beeinträchtigungen des Mietgebrauchs während einer Dauer von drei Monaten nicht zu einer Minderung führen, soweit diese aufgrund einer Maßnahme eintritt, die einer energetischen Modernisierung nach § 555 b Nr. 1 BGB dient, also ausschließlich einer Maßnahme, durch die in Bezug auf die Mietsache Endenergie nachhaltig eingespart wird. Bei einer vollständigen Aufhebung der

760 Hinz, DMT 2013, 5.
761 Kraemer, WuM 2000, 515.
762 Palandt/*Weidenkaff*, § 536 Rn. 33; kritisch Börstinghaus, NZM 2000, 583, 584.
763 AG Hamburg, WM 1987, 272 (Lärm wegen Bau- und Sanierungsarbeiten).
764 LG Hamburg, WuM 1976, 10 (Mietminderung bei Heizungsausfall von September bis Februar).

Tauglichkeit kommt der Mietminderungsausschluss nicht in Betracht.[765] Es wird auch die Auffassung vertreten, dass schon bei einer Minderung der Tauglichkeit von über 50 % eine Anwendung von § 536 Abs. 1 a BGB nicht mehr in Betracht kommt.[766] Richtigerweise wird allerdings erst dann kein Raum für eine Anwendung des Mietminderungsausschlusses sein, wenn die Wohnung nicht mehr bewohnbar und auch ein Ausweichen auf andere Räume innerhalb der gemieteten Räume nicht möglich ist. Beträgt die Reduzierung der Gebrauchstauglichkeit etwa 90 %, so hat der Mieter die volle Höhe der Miete zu entrichten.[767] Der Mietminderungsausschluss kommt also nur dann nicht in Betracht, wenn die Gebrauchsmöglichkeit vollständig aufgehoben ist. Dabei ist es erforderlich, dass die vollständige Aufhebung von einer gewissen Dauer sein muss. Es würde dem Zweck des Gesetzes zuwiderlaufen, wenn bereits kurze Zeiträume von etwa wenigen Stunden zu einer Unanwendbarkeit des Ausschlusses führen können.

I. Entstehung der Norm

Bereits nach dem Koalitionsvertrag zwischen Union und FDP[768] und dem Referentenentwurf sollte der Mieter während einer energetischen Modernisierung sein Minderungsrecht verlieren, um Modernisierungen für den Vermieter attraktiver zu gestalten. Zu Beginn der Diskussion war vorgesehen, dass der Mietminderungsanspruch zeitlich unbegrenzt und so lange nicht bestehen sollte, wie die Modernisierungsmaßnahme andauert.[769] Später entschloss man sich, von einem vollständigen Mietminderungsausschluss abzuweichen, indem der Ausschluss zeitlich begrenzt wurde.

Zwar gibt es bereits seit 1964 einen kodifizierten Mietminderungsausschluss[770] in § 536 Abs. 1 S. 3 BGB bei geringfügigen Beeinträchtigungen, dieser ist aber nicht mit dem aktuellen Ausschluss vergleichbar. In diesem Fall kann der Mieter zwar nicht mindern aber durchaus die Beseitigung unerheblicher Mängel verlangen. Bei der Neuregelung verhält es sich anders, da der Mieter gerade nicht die Beseitigung verlangen kann, er also keinen Erfüllungsanspruch hat, wenn er zur Duldung verpflichtet ist. Aufgrund des fehlenden Erfüllungsanspruchs wurde der Mietminderungsausschluss bereits während des Gesetzge-

765 BT-Drs. 17/10485, S. 17.
766 Zehelein, WuM 2013, 133, 133.
767 Vgl. Hinz DMT 2013, 20.
768 Koalitionsvertrag zwischen Union und FDP vom 26. Oktober 2009: Energetische „Baumaßnahmen […] sollen nicht zur Mietminderung berechtigen."
769 Vgl. § 536 Abs. 1 Nr. 2 BGB-E i. d. F. d. Initiatorentwurfs von Oktober 2010.
770 Eingeführt durch das „Zweite Gesetz zur Änderung mietrechtlicher Vorschriften", BGBl. I. 1964, 457.

bungsverfahrens zur Recht stark kritisiert. Die Neuregelung stellt einen Verstoß gegen das das Schuldrecht prägende Äquivalenzprinzip dar.[771] Dieses Prinzip hat die Aufgabe, die Gleichwertigkeit der beiderseitigen Leistungen sicherzustellen.[772]

II. Interpretation

1. Energetische Modernisierung – § 555 b Nr. 1 BGB

Der Mietminderungsausschluss setzt eine Maßnahme voraus, „die einer energetischen Modernisierung nach § 555 b Nr. 1 BGB dient". Dies bedeutet, dass es in Bezug auf die Mietsache zu einer Endenergieeinsparung kommen muss.[773]

Im Zusammenhang mit der Modernisierungsmaßnahme ist fraglich, ob der Vermieter diese nach den Vorgaben des § 555 c BGB ankündigen muss, um einen Mietminderungsausschluss zu begründen. Gegen ein Ankündigungsverfahren spricht zunächst, dass bei der Umstellung auf das Wärmelieferungs-Contracting nach § 556 c BGB, welches ebenfalls an eine Endenergieeinsparung anknüpft, nach dem Wortlaut ebenfalls kein Ankündigungsverfahren erforderlich ist. Auch für die Sondermieterhöhung nach § 559 BGB ist eine Ankündigung im Vorfeld der Modernisierung nicht zwingend erforderlich (vgl. § 559 b Abs. 2 S. 2 BGB). Ein Ankündigungsverfahren ist nach dieser Auffassung mithin nicht durchzuführen.[774] Für ein ordnungsgemäßes Ankündigungsverfahren und somit auch für einen Duldungsanspruch nach § 555 d BGB spricht jedoch, dass die Folgen des Ausschlusses aufgrund des Eingriffs des Äquivalenzverhältnisses sehr massiv sind. Eine ordnungsgemäße Ankündigung und damit eine restriktive Auslegung des § 536 Abs. 1 a BGB ist deshalb erforderlich. Einer engen Auslegung steht auch nicht die Intention des Gesetzgebers entgegen, wonach dem Vermieter für die Dauer von drei Monaten Planungssicherheit gewährt werden soll, da es dem Vermieter durchaus zuzumuten ist, zunächst einen Duldungsanspruch zu begründen. Ein Minderungsausschluss ohne eine Duldungspflicht und damit auch ohne ein ordnungsgemäßes Ankündigungsverfahren nach § 555 c BGB wäre ein beliebiges Recht des Vermieters, das mit dem Schutzanspruch des

771 Dietrich, ZMR 2012, 242, 244; Börstinghaus, NZM 2012, 697, 700; Hinz, ZMR 2012, 153, 156.

772 BGH, NZM 2008, 609, 610; BGH, NZM 2005, 455; Emmerich/ Sonnenschein/*Sonnenschein*, § 536 Rn. 30; LG Hamburg NZM 2004, 948.

773 Zum Begriff der energetischen Modernisierung i. S. des § 555 B Nr. 1 BGB, vgl. Kapitel 8, B, II, 1.

774 Vgl. Hinz, DMT 2013, 12.

Mieters nicht vereinbar wäre. Muss der Mieter bereits einen Minderungsausschluss hinnehmen, hat er auch ein Recht auf ein ordnungsgemäßes Verfahren, welches zu Begründung eines Duldungsanspruches auch erforderlich ist, also auch die Möglichkeit, Härtegründe vorzubringen. Die Duldungspflicht ist im Ergebnis Voraussetzung für den Mietminderungsausschluss nach § 536 Abs. 1 a BGB.

2. Abgrenzung zu anderen Maßnahmen

Nach dem Wortlaut ist ein Minderungsausschluss nur dann gegeben, soweit die Maßnahme der energetischen Modernisierung „dient". Dies bedeutet auch, dass Maßnahmen, die einer energetischen Modernisierung nicht dienen, weiterhin zu einer Mietminderung berechtigen.

Soweit sich die geplante Maßnahme lediglich auf eine energetische Modernisierung beschränkt, ist die Rechtslage durchaus einfach. Etwa wenn eine funktionstüchtige Ölheizung gegen ein hybrides Versorgungssystem, bestehend aus effizienten Gasheizung mit Brennwerttechnologie und einer unterstützende Solarthermieanlage, ersetzt wird, ist die Mietminderung ausgeschlossen. In der Praxis werden energetische Modernisierungsmaßnahmen nicht alleine durchgeführt, sondern aus wirtschaftlichen Gründen in einem Maßnahmenverbund mit anderen Modernisierungsmaßnahmen und gleichzeitig Erhaltungsmaßnahmen. Geht es nur um die Abgrenzung der energetischen Modernisierung nach § 555 b Nr. 1 BGB, sind bereits sieben denkbare Abgrenzungskonstellationen möglich (§§ 555 a, 555 b Nr. 2 bis 7 BGB).

Die Verwendung des Begriffs des „Dienens" lässt möglicherweise den Schluss zu, dass auch solche Maßnahmen erfasst werden, die selbst nicht zu einer Endenergieeinsparung führen, aber mit ihr in einem Zusammenhang stehen. Dieser Zusammenhang könnte soweit verstanden werden, dass der Mietminderungsausschluss auf die Maßnahmen ausgedehnt wird, die mit der energetischen Modernisierung in der Weise verbunden sind, dass sie zeitlich zusammenfallen.[775] Ein derartiger Ansatz mag zwar aus Sicht des Vermieters sinnvoll sein, ist allerdings abzulehnen, da er nicht von der gesetzlichen Regelung in der dieser Weite gedeckt ist. Nach der Gesetzesbegründung kommt es für die Reichweite des Ausschlusses bei verbundenen Maßnahmen darauf an, „welche Beeinträchtigungen auf die jeweilige Maßnahme entfallen".[776] Darüber hinaus besteht umso mehr die Missbrauchsmöglichkeit, unter dem „Deckmantel" von einer vielleicht

775 Herlitz, ZMR 2012, 762, 763; Stellungnahme des Zentralen Immobilien Ausschusses zum Referentenentwurf eines Mietrechtsänderungsgesetzes vom 17. Januar 2012.

776 BT-Drs. 17/10485, S. 18.

sogar recht unbedeutenden Modernisierungsmaßnahme tatsächlich nur Erhaltungs- und andere Modernisierungsmaßnahmen durchzuführen, um auf diese Weise eine Mietminderung zu vermeiden.[777]

Ein uneingeschränkter Minderungsausschluss könnte dagegen angenommen werden, wenn sich Erhaltung- und Modernisierungskomponente kaum voneinander trennen lassen. Dies soll beispielsweise dann der Fall sein, wenn alte, mangelhafte Fenster durch solche ersetzt werden, die eine bessere energetische Qualität aufweisen.[778] Der Austausch der alten Fenster soll in dieser Konstellation lediglich ein notwendiges Durchgangsstadium der energetischen Modernisierung sein. Für diesen Ansatz spricht, dass die einheitliche Maßnahme auch der energetischen Modernisierung dient. Problematisch ist jedoch, dass es auch einheitliche Maßnahmen gibt, die einen sehr kleinen energetischen Anteil haben, sich überwiegend aber als Erhaltungsmaßnahmen darstellen.[779] Gegen diese Argumentation spricht, dass es nicht gerechtfertigt erscheint, warum dem Vermieter der Mietminderungsausschluss bei Maßnahmen zugutekommen soll, die er aufgrund seiner Instandsetzungspflicht ohnehin tätigen muss.[780]

Der Fall des Fenstertausches ist durchaus mit der Konstellation der Sondermieterhöhung vergleichbar, da es dort auch um die Abgrenzung des Erhaltungsanteils von der Modernisierung geht. Nach § 559 Abs. 2 BGB gehören die Kosten, die für Erhaltungsmaßnahmen erforderlich gewesen wären nicht zu den umlagefähigen Kosten. Überträgt man diese Wertung auf den Minderungsausschluss, wären die Gebrauchsbeeinträchtigungen, die ohnehin entstanden wären, also solche, die auf der Mangelbeseitigung beruhen, vom Mietminderungsausschluss unberührt. Erfasst wären nur die Beeinträchtigungen, die über den Einbau von zeitgemäßen Fenstern (ohne Modernisierungsanteil) hinausgehen.[781] Der Übertragung dieser Wertung steht aber nach derselben Auffassung entgegen, dass der Gesetzgeber die ausdrückliche Ausgrenzung der Instandsetzungsanteile in § 559 BGB geregelt hat, in § 536 Abs. 1 a BGB von einer vergleichbaren Regelung bezüglich Maßnahmen, die ohnehin vorzunehmen wären, aber abgesehen hat. Für diesen Fall bedeutet dies, dass eine Trennung nicht möglich ist, da einerseits der Modernisierungsanteil dem Vermieter nicht so weit zugutekommen soll, dass der Instandsetzungsanteil der Beeinträchtigung hinter diesem zurücktreten muss. Anderseits kann die Wertung des § 559 BGB mangels entsprechender Regelung in § 536 Abs. 1 a BGB nicht auf diese übertragen werden. Selbst wenn man diese Wertung heranziehen würde, so wäre sie in der Praxis kaum

777 Vgl. auch BR-Drs. 313/12.

778 Artz, Stellungnahme zum Regierungsentwurf, S. 4.

779 Ebd.

780 Hinz, DMT 2013, 15.

781 Hinz, DMT 2013, 16.

verwendbar, da es in Bezug auf die Beeinträchtigungen keinen Unterschied machen dürfte, wenn das einzubauende Fenster energetisch höherwertiger ist.

Einfacher hingegen sind die Fälle zu lösen, bei denen beispielsweise ein Baugerüst gleichzeitig für eine energetische Modernisierung und für eine Instandsetzung verwendet wird. Exemplarisch kann der Fall sein, bei dem eine Fassadendämmung als energetische Modernisierung und ein Dachrinnenaustausch als Erhaltungsmaßnahme vorgenommen werden. In diesem Fall ist anzunehmen, dass das Anbringen des Wärmeverbundsystems deutlich mehr Zeit in Anspruch nimmt und somit zu einer intensiveren Beeinträchtigung führt als die Dachrinnenerneuerung. Hierbei wird vorgeschlagen, dass die jeweiligen Arbeiten in Bezug auf ihre Dauer in ein Verhältnis gesetzt werden, sodass eine entsprechende Minderungsquote ermittelt werden kann.[782] Bedenkt man, dass die Dachrinnenarbeiten oder auch vereinzelte Instandsetzungen des Putzes auch mit einem Hubwagen hätten ausgeführt werden können, ist die Beeinträchtigung durch das Gerüst dabei vollständig der energetischen Modernisierung zuzuordnen. Die Erneuerung des Putzes ist dann bei der Ermittlung der Quote entsprechend zu berücksichtigen. Die Quotenbildung entspricht der Formulierung des Gesetzes.

Die Bildung eine Quote lässt sich auf zahlreiche weitere Konstellationen übertragen, bei denen die einzelnen Maßnahmenanteile durch unterschiedliche Arbeitsschritte vorgenommen werden. Schwieriger zu beurteilen sind die einheitlichen Maßnahmen. Im Gegensatz zur Bestimmung eines kostenmäßigen Instandsetzungsanteils i. S. des § 559 Abs. 2 BGB, lässt sich eine Gebrauchsbeeinträchtigung, die auf einen bestimmten Anteil entfällt, im Zweifel nicht bestimmen, sodass einheitliche Maßnahmen i. d. R. nicht zu einem Mietminderungsausschluss führen. So kann auch die Erneuerung des Putzes als einheitliche Maßnahme zu bestimmen sein, wenn der Putz überwiegend schadhaft und eine Beseitigung mithilfe eines Hubwagens wirtschaftlich nicht sinnvoll war.

Im Ergebnis ist damit zu rechnen, dass es in der Praxis zu erheblichen Abgrenzungsproblemen mit anderen Baumaßnahmen kommen wird.[783] Diese Abgrenzungsschwierigkeiten sind geeignet, die Praxis im Streitfall zu belasten, da nicht zweifelsfrei festgestellt werden kann, auf welche Maßnahme die Belastung zurückzuführen ist. Zwar kann das Gericht nach § 287 ZPO die jeweiligen Anteile schätzen[784] und eine entsprechende Quote bilden. Dies geht aber nur, wenn dem Gericht hinreichende Anhaltspunkte für eine Schätzung vorliegen.[785] Beweispflichtig dafür, dass ein Minderungsausschluss vorliegt, ist der Vermieter.

782 Hinz, DMT 2013, 15.

783 BR-Drs. 313/12; Börstinghaus, NZM 2012, 697, 700; Artz, NZM-info, NZM 2012, Heft 20, VI; Herlitz, ZMR 2012, 762, 763; Hinz, ZMR 2012, 153, 158.

784 BT-Drs. 17/10485, S. 18.

785 BGH, NJW-RR 2004, 1023; 1988, 410.

Er muss also beweisen, dass die Minderung auf die energetische Modernisierung und nicht auf andere Modernisierungs- oder Erhaltungsmaßnahmen zurückzuführen ist. Derartige Fragen lassen sich oftmals nur durch ein Sachverständigengutachten klären.[786]

3. Beginn des Mietminderungsausschlusses

Neben den Abgrenzungsproblemen, die sich auf die einzelnen Maßnahmen beziehen, tritt beim Mietminderungsausschluss eine zeitliche Komponente dazu. Es ist mithin nicht nur fraglich, wie viel Kosten die Maßnahme verursacht hat, sondern auch wie lange der vertragsgemäße Gebrauch eingeschränkt war.[787] Nach § 536 Abs. 1 a BGB ist der Mietminderungsschluss für eine Dauer von drei Monaten vorgesehen. Dabei ist aber unklar, wann der Ausschluss beginnt. Sowohl Gesetz wie auch Gesetzesbegründung treffen hierzu keine Aussage, sodass auf die allgemeinen Regelungen Bezug zu nehmen ist. Maßgeblich ist damit der Zeitpunkt, zu dem dem Mieter erstmals ein Minderungsrecht nach § 536 Abs. 1 BGB zugestanden hätte, welches durch die Neuregelung ausgeschlossen ist.[788] Die Frist beginnt demnach mit der ersten Tauglichkeitsminderung und muss somit nicht deckungsgleich mit dem im Ankündigungsschreiben nach § 555 c BGB mitgeteilten Termin sein. Dabei ist davon auszugehen, dass die Frist durchgängig läuft, ohne dass es zu Unterbrechungen in der Länge kommt, in der die Tauglichkeit nicht gemindert ist. Eine andere Lösung wäre nicht praxistauglich. Dies entspricht auch den Gesetzesmaterialien, die von einer „zusammenhängenden Dauer von drei Monaten" ausgehen. Es ist dem Vermieter zumutbar, sich auf eine rasche Beendigung der Maßnahmen zu konzentrieren. Störungsfreie Zeiten etwa durch unvorhergesehene Bauverzögerungen führen nicht zu einer Hemmung oder Verlängerung der Dreimonatsfrist, da die Bauausführung ausschließlich in der Risikosphäre des Vermieters liegt.[789] Der Mieter muss sich nach Ablauf der Frist darauf einstellen können, dass er von einer uneingeschränkten Minderungsberechtigung ausgehen kann.

Unabhängig vom Beginn der Frist ist der Vermieter dem Einwand ausgesetzt, dass die Maßnahme zu lange gedauert hat, also die Beeinträchtigung auch früher hätte enden können, etwa weil der Vermieter die Maßnahme in seiner Freizeit selbst ausgeführt hat und sie deshalb sehr schleppend verlaufen ist. In diesem Fall könnte der Mieter die Freistellung von den Wirkungen des

786 Hinz, ZMR 2012, 153, 158; BR-Drs. 313/12.
787 Dietrich, ZMR 2012, 241, 245.
788 Zehelein, WuM 2013, 133, 133.
789 Hinz, DMT 2013, 23.

§ 536 Abs. 1 a BGB über die Grundsätze von Treu und Glauben nach § 242 BGB verlangen, wenn sich das Verhalten insoweit als rechtsmissbräuchlich darstellen würde.[790] In der Praxis dürfte es dem Mieter aber sehr schwer fallen, ein rechtsmissbräuchliches Verhalten zu beweisen. Zudem steht dem Vermieter hinsichtlich der Ausführung der Modernisierung ein Ermessen zu. Er ist weder verpflichtet, die kostengünstigste noch die zügigste Variante der Ausführung zu wählen. Seine Verpflichtung richtet sich danach, so zu handeln, wie man es von einem „vernünftigen Vermieter oder einem ordentlichen Kaufmann der Wohnungswirtschaft" verlangen kann. Dabei kann zurückgegriffen werden auf die Grundsätze zur Wahrung des Wirtschaftlichkeitsgebotes, welches in §§ 556 Abs. 1, 569 Abs. 5 BGB normiert ist. Es würde der Zweckrichtung des Gesetzes, wonach energetische Modernisierungen erleichtert werden,[791] zuwiderlaufen, wenn man dabei zu hohe Anforderungen an den Vermieter stellen würde, zumal die Durchführung einer energetischen Modernisierung gerade bei weniger professionellen Vermietern eine erhebliche Herausforderung darstellt.

4. Verfassungsrechtliche Aspekte

Der mit dem Mietminderungsausschluss eingeführte Systembruch[792] ist verfassungsrechtlich kaum zu beanstanden,[793] da der Gesetzgeber trotz systematischer Bedenken eine solche Regelung, abgeleitet aus dem übergeordneten Umweltschutzziel nach Art. 20 a GG treffen kann.[794] Aus der Staatszielbestimmung des Art. 20 a GG ist der Gesetzgeber verpflichtet, Maßnahmen zur Erhaltung der Umwelt im umfassenden Sinne zu treffen.[795] Allerdings bedürfen diese der Rechtfertigung. So müsste zumindest belegt werden, dass Vermieter von energetischen Modernisierungsmaßnahmen Abstand nehmen würden, wenn es den normierten Mietminderungsausschluss nicht gäbe, sich also die kraft Gesetzes eintretende Minderung als Investitionshemmnis darstellt. Untersuchungen, die dies belegen, gibt es nicht.[796] Zudem sind in der Praxis Mietminderungen wegen energetischer Modernisierungen bisher selten.[797]

790 Ausführlich zu möglichen Gegenansprüchen des Mieters, Hinz, DMT 2013, 24 ff.

791 BT-Drs. 17/10485, S. 17.

792 Stellungnahme Bundesrat, BR-Drs. 313/12.

793 Artz, NZM-info, NZM 2012, Heft 20, VI = Artz, Stellungnahme zum Regierungsentwurf, S. 3.

794 Dietrich, ZMR 2012, 242, 244; Hinz, DMT 2013, 7.

795 Dreier/*Schulze-Fielitz*, Art. 20a Rn. 52.

796 Artz, NZM-info, NZM 2012, Heft 20, V = Artz, Stellungnahme zum Regierungsentwurf, S. 3.

797 Börstinghaus, NZM 2012, 697, 700.

In der Urteilssammlung von *C. Börstinghaus*[798], die etwa 1.200 Entscheidungen zur Mietminderung enthält, sind gerade einmal zwei Urteile enthalten, die auf den Regelungssachverhalt passen. Auch nach den Branchenverbänden GdW und ZIA sowie dem DMB spielt die mögliche Mietminderung bei der Entscheidung zur energetischen Sanierung für den Eigentümer der Immobilie wirtschaftlich keine Rolle, da den zu tätigenden Investitionen von mehreren 10.000 € lediglich Mietausfälle von wenigen 100 € gegenüberstehen. Eine Rechtfertigung ist damit aus praktischer Sicht für einen derart weiten Eingriff in das Äquivalenzprinzip nicht gegeben. Die Annahme, dass dem Mietminderungsausschluss eine Anreizwirkung zukommt, stellt lediglich eine Behauptung dar.[799] Dies könnte allenfalls für sog. Klein- und Amateurvermieter beachtlich sein, da die Mindereinnahmen aufgrund der geringeren Anzahl der vermieteten Einheiten wirtschaftlich stärker zu gewichten sind.[800] Eine Verhältnismäßigkeit des Grundrechtseingriffs scheint daher zweifelhaft. Wenn überhaupt ist diese nur darin zu erkennen, dass es zumindest nicht unwahrscheinlich ist, dass der Mietminderungsausschluss nach der Prognose des Gesetzgebers die Sanierungsrate erhöht und der Gesetzgeber den Ausschluss auf eine Dauer von drei Monaten begrenzt hat.[801]

5. Fazit

Der Mietminderungsausschluss ist aufgrund seiner Zweckrichtung sehr ambitioniert, gleichzeitig stößt er aufgrund des massiven Eingriffs in das Äquivalenzverhältnis auf verfassungsrechtliche Bedenken. Insgesamt sind die Parteien gut beraten, wenn sie sich vor Beginn einer Beeinträchtigung darauf verständigen, ab welcher Bauphase eine Minderung zeitlich ausgeschlossen ist, da die Abgrenzungsschwierigkeiten erheblich sind. Eine entsprechende Vereinbarung kann nach § 555 f BGB getroffen werden. Zumindest sollte der Vermieter im Vorfeld der Maßnahme einen Versuch unternehmen, den Mieter so weit wie möglich, unabhängig von den Anforderungen des § 555 c BGB, die hier einzuhalten sind, über den zeitlichen Ablauf der einzelnen Maßnahmen informieren. Dies liegt im beiderseitigen Interesse. Der Vermieter muss über einen Zeitraum von drei Monaten nicht mit einer Mietminderung rechnen und der Mieter geht nicht das Risiko ein, wegen einer rückständigen Miete die Wohnung zu verlie-

798 Cathrin Börstinghaus, Mietminderungstabelle, 2. Auflage 2010.

799 A. A. Herlitz, ZMR 2012, 762, 763.

800 So die Bundesregierung in Ihrer Gegenäußerung zur Stellungnahme des Bundesrates, BT-Drs. 17/10485, S. 44.

801 Hinz, DMT 2013, 8.

ren. Einigen sich die Parteien nicht auf die Modalitäten einer Mietminderung, ist bei Maßnahmenbündeln eine Quote in Bezug auf die jeweiligen Beeinträchtigungen zu bilden.

B. Die Modernisierungsvereinbarung – § 555 f BGB

Bereits nach der alten Rechtslage sind Modernisierungsvereinbarungen zulässig gewesen. Vor allem professionelle Vermieter nutzen diese Möglichkeit schon seit längerem. Diese Praxis soll nach der Gesetzesbegründung mit der gesetzlichen Klarstellung gestärkt werden, da von einer sachgerechten Vereinbarung sowohl Mieter als auch Vermieter profitieren können. Die gesetzliche Regelung dient vor allem dazu, unerfahrene Vermieter darüber aufzuklären, dass es neben dem oftmals aufwendigen Verfahren, welches eine Begründung einer Duldungspflicht voraussetzt um danach gegebenenfalls die Miete zu erhöhen, auch die Möglichkeit gibt, all dies nach Abschluss des Mietvertrages im Einzelfall „anlassbezogen" einvernehmlich zu regeln. Die Parteien können sich aus Anlass einer bestimmten Maßnahme, beispielsweise über die durchzuführenden Arbeiten, den Ablauf des Bauvorhabens und die anschließend zu zahlende Miete einigen. Zudem können Vereinbarungen über eine Minderung der Miete oder ihren Ausschluss getroffen werden. Gleichzeitig werden hierdurch mögliche Konflikte vermieden.[802] Generelle Vereinbarungen, die zum Nachteil des Mieters führen, gemessen an den §§ 555 a ff. und §§ 559 ff. BGB, sind wie nach der alten Rechtslage unzulässig.[803] Insgesamt ist die gesetzliche Klarstellung zu befürworten, da sie den Parteien Leitlinien aufzeigt, wie eine Modernisierung losgelöst von den recht starren Regelungen zur Duldungspflicht und zur Sondermieterhöhung zum Erfolg gebracht werden kann.

C. Kosten der Wärmelieferung als Betriebskosten – § 556 c BGB

Die in § 556 c BGB neu geschaffene Vorschrift regelt die Möglichkeit, in laufenden Mietverhältnissen von einer Wärmeversorgung durch den Vermieter auf eine Wärmelieferung durch einen Dritten umzustellen. Bisher hat das BGB keine Regelung enthalten, die eine Umstellung ohne Zustimmung des Mieters gestattet hat. Nach der Neuregelung, die ihrer Systematik nach dem Regelungsbereich der Betriebskosten zuzuordnen ist, sind die Kosten für die Wärmelieferung als

802 BT-Drs. 17/10485, S. 22.

803 Kossmann, in Handbuch der Wohnraummiete, § 144 Rn. 3; Sternel, VII. Rn. 183; vgl. auch Hinz, ZMR 2012, 153, 157.

solche auf den Mieter umzulegen, obwohl es keine entsprechende Vereinbarung gibt.

I. Anwendungsbereich

Unter Contracting versteht man zunächst allgemein, dass der Vermieter den Betrieb von bestimmten Einrichtungen des vermieteten Gebäudes an einen Dritten vergibt. Dies kann damit auch die gewerbliche Wärmelieferung für das Gebäude bedeuten. Technisch geht es bei vermieteten Wohnungen darum, dass der Contractor im Auftrag des Vermieters für den Betrieb der Heizungs- oder Warmwasseranlage verantwortlich ist. Der Vermieter muss sich somit nicht mehr um die Beheizung kümmern, was für den Vermieter eine Motivation für Contracting-Lösungen darstellen kann. In der Praxis gibt es unterschiedliche Geschäftsmodelle des Contractings. Bei dem praktisch wichtigsten Modell, das als Wärmelieferungs- oder Energieliefer-Contracting bekannt ist, finanziert der Contractor den Austausch der oftmals veralteten Heizkessel gegen eine moderne Anlage mit besserer Energieeffizienz. Er übernimmt außerdem die Brennstoffbeschaffung und die laufende Wartung Grundsätzlich unabhängig von der Effizienz zahlt der Contracting-Nehmer einen festvereinbarten Preis für die gelieferte Energie. Beim Betriebsführungs-Contracting beschränkt sich der Contractor darauf, den Wirkungsgrad der vorhandenen Anlage durch Wartung und Steuerung zu optimieren; auch hier übernimmt er den Einkauf des Brennstoffs.[804] Die gewerbliche Wärmelieferung durch einen Dritten und das Betriebsführungs-Contracting sind in Deutschland bereits seit vielen Jahren gängige Praxis. Schätzungsweise gibt es rund 250 Anbieter, die entsprechende Leistungen anbieten.[805] Wichtigste Abnehmer sind die Industrie und die Wohnungswirtschaft.

Sowohl das Wärmelieferungs- als auch das Betriebsführungscontracting werden von der neuen Vorschrift des § 556 c Abs. 1 BGB erfasst, da es dem Wortlaut nach um die Lieferung von Energie und nicht lediglich um die Optimierung einer alten Anlage geht. Ausgeschlossen sind damit minimalinvestive Maßnahmen, mit denen durchaus ebenfalls hohe Effizienzgewinne erreicht werden können (z. B. hydraulischer Abgleich), die oftmals nur über spezialisierte Unternehmen geleistet werden können. Von der Regelung ebenso nicht betroffen sind neue Mietverhältnisse bei Gebäuden, die bereits von einem Contrator versorgt

804 BT-Drs. 17/10485, S. 14.

805 Bundesamt für Wirtschaft und Ausfuhrkontrolle, Contracting-Dienstleistungen, http://www.bfee-online.de/bfee/marktentwicklung/contracting_dienstleistungen/index.html, Abrufdatum: 27. März 2013.

werden. Im Bereich des preisgebundenen Wohnraums ist die Vorschrift nach den Materialien gleichfalls nicht anwendbar, da insoweit die speziellere Vorschrift des § 5 NMV [806] gilt (§§ 8 ff. des Wohnungsbindungsgesetzes[807] in Verbindung mit § 1 NMV).[808] § 556 c Abs. 1 BGB ist damit nur dann anwendbar, wenn ein laufender Mietvertrag vorliegt, bei dem die Kosten für Wärme oder Warmwasser von dem Mieter zu tragen sind.

II. Kostenneutralität als maßgebliche Voraussetzung

Eine Umstellung in laufenden Mietverhältnissen und damit eine Umlage der Wärmelieferungskosten als Betriebskosten ist nur möglich, wenn die Umstellung zu einer Verbesserung der Energieeffizienz führt (§ 556 c Abs.1 S. 1 Nr. 1 BGB). Dies gilt für zentrale wie für dezentrale Lösungen wie etwa die Fernwärme gleichermaßen. Eine Umstellung auf Nahwärmenetze oder Quartierslösungen ist ebenfalls möglich. Zudem darf sich der Contractor auch auf die Verbesserung der Betriebsführung der Bestandsanlage beschränken, sofern die bisherige Anlage vor der Umstellung noch einen Jahresnutzungsgrad von mindestens 80 % aufgewiesen hat (§ 556 c Abs. 1 S. 2 BGB).

Für beide Modelle gilt wohl als wichtigste Voraussetzung, dass die Umstellung für den Mieter nicht mit Mehrkosten verbunden sein darf. Die technischen Einzelheiten zum Kostenvergleich werden in einer Rechtsverordnung festgelegt (§ 556 c Abs. 3 BGB). Gegenüber der alten Rechtslage stellt diese Maßgabe aus Sicht des Vermieters eine Verschlechterung dar. Nach einer neueren BGH-Entscheidung war eine Umstellung auf Contracting in laufenden Mietverträgen bereits ohne Kostenneutralität möglich, wenn im Mietvertrag hinsichtlich der Betriebskosten die Anlage 3 zu § 27 der II. BetrKV einbezogen wurde.[809] Die in Anlage 3 enthaltenen Nr. 4 c und 5 b sehen eine Umlagemöglichkeit der Kosten für Wärme- und Warmwasserlieferung ausdrücklich vor. Entsprechendes wird für eine Verweisung auf § 2 Nr. 4 c, 5 b und 6 b BetrKV zu gelten haben. Die meisten Mietverträge dürften eine entsprechende Verweisung beinhalten, sodass sich die Umstellung auf Wärmelieferungscontracting bereits nach der alten

806 Neubaumietenverordnung 1970 in der Fassung der Bekanntmachung vom 12. Oktober 1990 (BGBl. I S. 2204), die zuletzt durch Artikel 4 der Verordnung vom 25. November 2003 (BGBl. I S. 2346) geändert worden ist.

807 Gesetz zur Sicherung der Zweckbestimmung von Sozialwohnungen (Wohnungsbindungsgesetz - WoBindG), neugefasst am 13. September 2001 BGBl. I S. 2404; zuletzt geändert durch Artikel 2 G. v. 09. November 2012 BGBl. I S. 2291.

808 BT-Drs. 17/10485, S. 23.

809 BGH, Urteil vom 27. Juni 2007 – VIII ZR 202/06 = ZMR 2008, 851.

Rechtslage als unproblematisch erwiesen hat.[810] Lediglich bei Verträgen, die vor dem 1. März 1989 geschlossen wurden, konnte die BGH-Entscheidung nicht herangezogen werden, da vorher nur eine Umstellung auf Fernwärme zulässig war; die Versorgung mit Nahwärme war dagegen nicht erfasst. In der Praxis dürfte es allerdings nur wenige Mietverträge geben, die vor 1989 abgeschlossen wurden. Vor allem in den neuen Bundesländern dürfte es derartige Verträge kaum noch geben, da mit der Wiedervereinigung auf BGB-Mietrecht umgestellt wurde und die neuen Verträge einen entsprechenden Hinweis enthielten.[811] Ohne eine entsprechende Verweisung war eine Umstellung bzw. eine Belastung des Mieters mit Mehrkosten nur möglich, wenn der Mieter zugestimmt hat.[812] Im Regelfall wird der Mieter die Zustimmung verweigert haben, sodass nur für diese Fälle ein gesetzgeberischer Handlungsbedarf gegeben war.

Insgesamt ist davon auszugehen, dass die Einführung der Regelung allein auf politische Beweggründe zurückzuführen ist. Hierfür spricht auch, dass die Gesetzesbegründung die BGH-Rechtsprechung unerwähnt lässt, obwohl mehrere Stellungnahmen seitens der richterlichen Praxis[813] und Immobilienwirtschaft[814] bereits zum Referentenentwurf vom 25. Oktober 2011 hierauf hingewiesen haben.

III. Umstellungsankündigung und Verhältnis zur Modernisierung

Die Umstellung auf Contracting ist nach § 556 c Abs. 2 BGB drei Monate vorher in Textform gegenüber dem Mieter anzukündigen. Die in dieser Vorschrift legaldefinierte Umstellungsankündigung dient im Unterschied zu § 555 c BGB nicht der Information des Mieters in Bezug auf die auszuführenden Maßnahmen, sondern ausschließlich hinsichtlich der wirtschaftlichen Folgen der Umstellung. So muss diese vor allem einen Kostenvergleich enthalten, bei dem die Betriebskosten der bisherigen Versorgung mit Wärme oder Warmwasser ermittelt und den finanziellen Aufwendungen der Wärmelieferung für die Bereitstellung derselben Wärmemenge im Wege des Contracting gegenübergestellt werden.[815] Die

810 Hinz, ZMR 2012, 153, 159.

811 Von Cölln, Stellungnahme zum Regierungsentwurf, S. 4.

812 BGH, Urteil vom 6. April 2004 – VIII ZR 54/04 = ZMR 2005, 606.

813 Stellungnahme aus Januar 2012 des Schleswig-Holsteinischen Richterverbands zum Referentenentwurf vom 25. Oktober 2011, S. 20.

814 Stellungnahme vom 13. Januar 2012 der Bundesvereinigung Spitzenverbände der Immobilienwirtschaft zum Referentenentwurf vom 25. Oktober 2011, S. 4; Stellungnahme vom 17. Januar 2012 des Zentralen Immobilien Ausschusses zum Referentenentwurf vom 25. Oktober 2011, S. 6.

815 BT-Drs. 17/10485, S. 17.

Ankündigung ist keine höchstpersönliche Pflicht des Vermieters und kann daher direkt vom Contrator übernommen werden, was in Ansehung der Komplexität der Berechnungen in der Praxis der Regelfall sein dürfte. Im Unterschied zu § 555 c BGB führen Fehler bei der Ankündigung nach § 556 c Abs. 2 BGB nicht zur Unzulässigkeit der Umstellung und damit der Umlage als Betriebskosten, da diese nicht materielle Tatbestandsvoraussetzung ist.[816]

Kommt es dagegen zu Beeinträchtigungen des Mieters in seinem Mietgebrauch, weil etwa eine in den Räumen des Mieters vorhandene Gasetagenheizung entfernt und damit eine Mitwirkung des Mieters erforderlich wird, so ist die Begründung einer Pflicht zur Duldung der Maßnahme erforderlich. Ohnehin erfordert die Installation neuer Versorgungssysteme oftmals sehr komplexe bauliche Veränderungen, die eine Mitwirkung des Mieters erfordern. Dies gilt vor allem dann, wenn der Contractor hybride Lösungen verwendet, um eine optimale Effizienz des Gesamtkonzepts zu erzielen. Der Hinweis des Gesetzgebers, dass „nur Arbeiten im Keller des Gebäudes von kurzer Dauer“[817] erforderlich sind, wirkt bagatellisierend. Zwar ist es durchaus denkbar, dass es nur zu wenigen Beeinträchtigungen des Mieters kommt oder eine Mitwirkung gar nicht erforderlich ist. In den übrigen Fällen bedarf es aber einer entsprechenden Regelung. Dabei verweisen die Materialien grundsätzlich zu treffenderweise auf die Vorschriften für Erhaltungs- und Modernisierungsmaßnahmen, um eine Duldungspflicht gegenüber dem Mieter zu begründen.[818] Dies ist auch konsequent, da die Tatsache, dass im Unterschied zum Eigenbetrieb die Anlage von einem Contractor betrieben wird, nicht dazu führen kann, dass die Maßnahme in Bezug auf die Duldungspflicht anders zu beurteilen ist. Diese richtet sich nach §§ 555 d, 555 b Nr. 1 oder 2 BGB.[819] In der Konsequenz könnte dies allerdings auch bedeuten, dass in den Fällen umfassender Arbeiten der Mieter einen personalen Härtegrund vortragen kann, der in einer Interessenabwägung zu berücksichtigen ist. Wirtschaftliche Gründe können dagegen auf keinen Fall vorgetragen werden, da diese ausschließlich das Zahlungsverfahren nach § 559 BGB betreffen, welches durch die Spezialnorm des § 556 c BGB ausgeschlossen ist. Zur Begründung einer Pflicht zur Duldung ist grundsätzlich auch Voraussetzung, dass ein ordnungsgemäßes Ankündigungsverfahren nach § 555 c BGB durchgeführt wurde.

Gegen ein Ankündigungserfordernis spricht der Umkehrschluss des § 559 b Abs. 2 S. 2 Nr. 1 BGB, der zur Begründung einer Mieterhöhung nach Modernisierung auf ein Ankündigungsverfahren verzichtet, obwohl bauliche

816 Ebd., S. 23.
817 BT-Drs. 17/10485, S. 22.
818 Ebd.
819 Siehe Kapitel 8, B, II, 2, d), bb).

Veränderungen vorgenommen wurden.[820] Diese Begründung ist auf die Umstellung auf Contracting grundsätzlich nicht übertragbar, da der Zweck von § 559 b Abs. 2 S. 2 BGB darin besteht, dass der Mieter nicht von den Vorzügen einer Modernisierung profitieren soll, ohne dafür zu bezahlen. Die Umstellung auf Contracting regelt dagegen die Umstellung der Betriebskosten.

Ist für den Vermieter erkennbar, dass die vorzunehmenden Arbeiten zu Beeinträchtigungen des Mietgebrauchs führen können, ist er verpflichtet, den Mieter hierüber im Wege einer Ankündigung nach den Grundsätzen des § 555 c BGB zu informieren. Diese Pflicht kommt lediglich dann nicht in Betracht, wenn die Beeinträchtigung nur von kurzer Dauer ist, etwa weil für einige Stunden die Heizung und Warmwasserversorgung unterbrochen ist. Dies entspricht auch § 555 c Abs. 4 BGB, der im Fall einer nur unerheblichen Einwirkung auf die Mietsache von einem Ankündigungserfordernis absieht. Über kurze Unterbrechungen hat der Vermieter ohne Einhaltung einer Frist allerdings ebenfalls zu informieren, damit sich der Mieter hierauf einstellen kann. Die Pflicht hierzu ergibt sich bereits aus dem Mietvertrag selbst. Ist eine Ankündigung umfangreicherer Umstellungsmaßnahmen erforderlich, genügt es aber, wenn die Ankündigung Angaben zur Art und zum voraussichtlichen Umfang in wesentlichen Zügen sowie zum voraussichtlichen Beginn und zur voraussichtlichen Dauer enthält (vgl. § 555 c Abs. 1 S. 2 Nr. 1 und 2 BGB). Angaben zur Miete sind entbehrlich, da diese nach der Umstellung unverändert bleibt. Angaben zur künftigen Betriebskostenzahlung ergeben sich aus der Umstellungsankündigung nach § 556 c Abs. 2 BGB, auf die in der Ankündigung der baulichen Maßnahme Bezug genommen werden kann. Da eine Umstellung nach § 556 c Abs. 1 S. 1 Nr. 1 BGB von einer Verbesserung der Energieeffizienz abhängig und diese in der Umstellungsankündigung darzulegen ist, kann insoweit gleichfalls auf diese Bezug genommen werden. Aufgrund der verlangten Effizienzsteigerung liegen zumindest die Voraussetzungen des § 555 b Nr. 2 BGB vor. Entsprechend §§ 555 c, 556 c Abs. 2 BGB haben die Ankündigungen spätestens drei Monate vor der Beeinträchtigung und Umstellung zu erfolgen. Eine Härtefallabwägung findet grundsätzlich nach den allgemeinen Regeln ebenfalls statt. Es wäre unbillig, wenn beispielsweise der schwer kranke Mieter einen Heizungsausaustausch hinnehmen müsste, ohne dass er sich gegen die Umrüstung wehren kann. Liegen sonstige personale Gründe i. S. des § 555 d Abs. 2 BGB vor, sind diese entsprechend § 555 d Abs. 3 BGB bis zum Ablauf des Monats, der auf den Zugang der Maßnahmenankündigung folgt, mitzuteilen. Die Duldungspflicht folgt in diesem Fall aus § 555 d BGB selbst. Kommt der Vermieter im Fall einer Beeinträchtigung des Mietgebrauchs seinem Ankündigungserfordernis nicht nach, so entfällt eine Pflicht zur

820 Hinz, Stellungnahme zum Regierungsentwurf, S. 8.

Duldung in Bezug auf die baulichen Veränderungen, die in den Räumen des Mieters vorzunehmen sind. Insgesamt sollte der Vermieter damit stets die Umstellung in Bezug auf ihre baulichen Folgen ankündigen. Im Ergebnis ist die Umstellung, die zu einer nicht nur unerheblichen Beeinträchtigung des Mitgebrauchs führen kann, genauso wie die Durchführung einer Modernisierung zu behandeln. Dies ist auch konsequent, da es insoweit keinen Unterschied machen kann, ob der Vermieter die Anlage betreibt oder ein Dritter. Die Umstellung auf Contracting ist lediglich eine Umstellung der Abrechungsmodalität. Stellt sich die Umstellung aus Sicht der Parteien aber wie eine Modernisierungsmaßnahme dar, dann ist sie auch wie eine zu behandeln.

IV. Folge einer Umstellung auf Contracting nach § 556 c BGB

Liegen die Voraussetzungen des § 556 c Abs. 1 BGB vor, so werden die Kosten unter Berücksichtigung der Kostenneutralität in Bezug auf das jeweilige Mietverhältnis als Betriebskosten umgelegt. Werden die Voraussetzungen des § 556 c Abs. 1 BGB nicht erfüllt, könnte dies dazu führen, dass der Mieter keine Kosten für die Versorgung tragen müsste. Ein Ergebnis, welches einen kostenfreien Wärmeenergiebezug zur Folge hat, ist allerdings nicht gerechtfertigt.[821] Aus diesem Grund hat der Mieter nach der Gesetzesbegründung die Kosten zu tragen, die beim Fortbetrieb der alten Anlage angefallen wären, also Kosten für Wartung und Brennstoff. In der fiktiven Berechnung unberücksichtigt bleiben dagegen sonstige Kosten für den Wärmelieferanten.[822]

Wirtschaftlich betrachtet wirken sich die fehlenden Voraussetzungen des § 556 c Abs. 1 BGB nicht auf den Mieter aus, solange die fiktive Berechnung auf Basis der Altanlage nicht dazu führt, dass der fiktive Fortbetrieb höhere Kosten verursacht, als die tatsächlich entstandenen Kosten für die gewerbliche Wärmelieferung. In diesem Fall wäre der Mieter benachteiligt, wenn er die höheren fiktiven Kosten zu tragen hätte. Der Vermieter hingegen würde einen Vorteil erlangen, da er nur einen geringeren Preis an den Contractor zahlen müsste. Der Vermieter kann nicht für die Nichteinhaltung der Voraussetzungen des § 556 c Abs. 1 BGB belohnt werden, sodass die fiktive Berechnung einzuschränken ist. Die Abrechnung auf einem fiktiven Kostenniveau kann nur dann erfolgen, wenn das Contracting zu höheren Kosten führt. Liegen die Wärme- und Warmwasserkosten unterhalb des fiktiven Abrechnungsniveaus, kann der Vermieter nur die geringeren tatsächlichen Kosten verlangen.

821 Hinz, ZMR 2012, 153, 159.
822 BT-Drs. 17/10485, S. 23.

In § 558 Abs. 2 S. 1 BGB wurde die energetische Ausstattung und Beschaffenheit als wohnwertbestimmendes Merkmal zur Bestimmung der ortsüblichen Vergleichsmiete ergänzt. Grundsätzlich handelt es sich bei der Ergänzung lediglich um eine Klarstellung, da nach der alten Rechtslage die wärmetechnische Beschaffenheit als Wohnwertmerkmal bereits mittelbar über die Merkmale „Ausstattung" und „Beschaffenheit" im Mietspiegel berücksichtigt wurden.[823] Bereits im Regierungsentwurf eines Mietrechtsreformgesetzes vom 9. November 2000 wurde die Berücksichtigung auf jeden Fall als wünschenswert erachtet.[824] In einigen Gemeinden (so z. B. Berlin, Bochum, Darmstadt, Heidelberg) wird dies auch praktiziert. Die gesetzliche Grundlage für die Berücksichtigung des energetischen Zustands war somit bereits vorhanden. Problematisch ist nicht die Klarstellung, sondern vielmehr die Ausgestaltung im Einzelnen insbesondere die Methodik, wie die energetische Ausstattung und Beschaffenheit einheitlich bestimmt wird. Es ist grundsätzlich Aufgabe der Praxis einheitliche und objektive Standards zu entwickeln, da bezweifelt wird, dass die Kommunen in der Lage sein werden, die Belange von Klimaschutz, Mieter und Vermieter in Einklang zu bringen.[825] Das Bundesministerium für Verkehr, Bau und Stadtentwicklung hat „Hinweise zur Erstellung von Mietspiegeln" erarbeitet.[826] Diese Hinweise berücksichtigen bereits die energetische Beschaffenheit eines Hauses, ohne dabei aber konkrete Abgrenzungs- oder Einordnungskriterien vorzugeben. Diese könnten anknüpfend an § 555 c Abs. 3 BGB mithilfe anerkannter Pauschalwerte von bestimmten energetischen Bauteilen und Anlagen ermittelt werden und in den Hinweisen des BMVBS ergänzt werden, um eine Auslegungshilfe für § 558 Abs. 2 BGB zu schaffen.

Problematisch ist allerdings, dass es immer noch zahlreiche Gemeinden gibt, die selbst keinen Mietspiegel haben, sodass dort die Regelung nur zur Anwendung kommen kann, wenn die Nachbargemeinde ein Referenzwerk hat, auf das zurückgegriffen werden kann.[827] Damit wird vor allem in ländlichen Gebieten der Nachteil gegenüber der Modernisierungsumlage sichtbar. Zudem bietet die Mieterhöhung bis zur ortsüblichen Vergleichsmiete für den Vermieter eine schlechtere Planbarkeit, da sich die Mieterhöhung an der tatsächlichen Energieeffizienz und nicht an der Investition orientiert.[828] Aus Sicht des Vermieters ist

823 Schmidt-Futterer/*Börstinghaus*, § 558 Rn. 81.
824 BT-Drs. 14/4553, S. 54.
825 Herlitz, ZMR 2012, 762, 764.
826 Hinweise zur Erstellung von Mietspiegeln, Herausgeber Bundesministerium für Verkehr, Bau und Stadtentwicklung, Hinweise zur Erstellung von Mietspiegeln, 2002.
827 BGH, Urteil vom 16. Juni 2010 – VIII ZR 99/09 = NZM 2010, 665-666.
828 Dietrich, ZMR 241, 244.

die Modernisierungsumlage damit vorteilhafter, da er bereits vor Durchführung der Maßnahme ausrechnen vermag, wie viel er umlegen kann. Könnte der Vermieter nicht auf die Sondermieterhöhung zurückgreifen, steht zudem zu befürchten, dass die Modernisierungsbereitschaft abnimmt. Tatsächlich sind in der Modernisierungsumlage auch Nachteile zu erblicken, die den Belangen des Klimaschutzes und den Interessen des Mieters zuwiderlaufen. Das gesamte Mietniveau wird durch Mieten nach Modernisierung angehoben, die Modernisierungsumlage somit die ortsübliche Vergleichsmiete beinflusst. Vermieter, die nicht saniert haben, profitieren davon, da sie die Miete bis zu diesem neuen Niveau anheben können. Letztlich könnte so die Nichtmodernisierung für Vermieter wirtschaftlicher sein als die Verbesserung der Energieeffizienz. Aus der Perspektive des Mieters mag damit auf den ersten Blick die Abschaffung des § 559 BGB wünschenswert sein. Grundsätzlich ist auch der Mieterbund für eine Abschaffung der Sondermieterhöhung, da der Mieter durch diese i. d. R. hohen Preissprünge stark belastet und dadurch, dass der Vermieter Maßnahmen umlegen kann, die nur eine geringe Energieeinsparung bewirken, weiter beeinträchtigt wird.[829] Bedingt dadurch, dass der Vermieter ausweislich § 558 Abs. 3 S. 1 BGB nach einer Erhöhung bis zur ortsüblichen Vergleichsmiete zudem eine Modernisierungsumlage nach erfolgter Modernisierung geltend machen kann, verschärft sich die Situation für den Mieter. Umgekehrt ist eine Erhöhung bis zur ortsüblichen Vergleichsmiete nach erfolgter Sondermieterhöhung nach § 559 BGB im Regelfall nicht möglich, da das Mietniveau durch die Modernisierungsumlage bereits sehr hoch sein kann, sodass wenig oder gar kein Spielraum für eine Erhöhung nach § 558 BGB bestehen dürfte. Eine Abschaffung der Sondermieterhöhung würde diese Konstellation entschärfen. Durch eine ausschließliche Berücksichtigung in der energetischen Beschaffenheit bei der ortsüblichen Vergleichsmiete wäre der Vermieter zudem gezwungen, besonders effiziente Maßnahmen umzusetzen und von aufwändigen weniger effizienten Maßnahmen Abstand zu nehmen. Es ist allerdings höchst unklar, ob diese Rechnung tatsächlich aufgehen würde, da ein ausschließlicher Verweis auf die ortsübliche Vergleichsmiete nicht aufgrund der schlechteren Planbarkeit für den Vermieter negative Auswirkungen auf das Sanierungsverhalten entfalten kann, sodass an dem Instrument der Modernisierungsumlage festzuhalten ist.

Insgesamt ist die Ergänzung zu befürworten, da die wärmetechnische Beschaffenheit in Ansehung der hohen Energiepreise eine preisbildende Rolle spielt und ihr in den Regionen, die einen entsprechenden Mietspiegel haben, eine zunehmende Bedeutung zukommen wird. Die Mieterhöhung bis zur ortsüblichen Vergleichsmiete ist aber trotz der Aufnahme der energetischen Beschaffenheit

829 Siebenkotten, Stellungnahme zum Regierungsentwurf, S. 21.

als wohnwertbestimmendes Merkmal nicht geeignet, die Modernisierungsumlage nach § 559 BGB zu ersetzen, da über dieses Instrument gezielter Maßnahmen unter Berücksichtigung der jeweiligen wirtschaftlichen Lage der Parteien ergriffen werden können. Es wird daher befürwortet, an dem Nebenher von Sondermieterhöhung, ortsüblicher Vergleichsmiete unter Berücksichtigung der Energieeffizienz und der nun kodifizierten Modernisierungsvereinbarung festzuhalten.

12. Kapitel – Ansprüche des Mieters auf eine verbesserte energetische Beschaffenheit der Mietsache

Gestiegene Energiekosten belasten den Mieter zunehmend. Der Mieter hat damit bereits aus wirtschaftlichen Gründen ein hohes Interesse daran, möglichst wenig Energie beim Wohnen einzusetzen. Grundsätzlich hat auch der Vermieter ein Interesse daran, eine möglichst hohe Energieeffizienz seiner Immobilie zu erreichen, um vor allem die Vermietbarkeit zu sichern. Aus diesem Grund dürfte sich die Frage nach einem Anspruch des Mieters auf eine optimale energetische Beschaffenheit der Mietsache gar nicht stellen. Obwohl die entsprechende Technik zur Verfügung steht, sind der Wohnungsbestand und damit auch der Mietwohnungsbestand aus wirtschaftlichen Gründen nicht in einem energetisch bestmöglichen Zustand.

A. Mieteransprüche auf eine verbesserte energetische Beschaffenheit auch im Hinblick auf die EnEV

I. Anspruch des Mieters auf bestimmte energetische Eigenschaften allgemein

Gemäß § 535 Abs. 1 S. 2 BGB hat der Vermieter die Sache dem Mieter in einem zum vertragsgemäßen Gebrauch geeigneten Zustand zu überlassen und sie während der Mietzeit in diesem Zustand zu erhalten. Erfüllt er diese Verpflichtungen nicht, stehen dem Mieter nach dessen Wahl der Anspruch auf Erfüllung oder Gewährleistung gem. §§ 536, 536a BGB zu. Insbesondere gilt das für den Fall des nach Auffassung des Mieters nicht akzeptablen Zustandes der Wohnung.

Maßgeblich für die Bestimmung des geschuldeten Zustands ist zunächst die Abrede der Parteien. Der mietrechtliche Mangelbegriff knüpft nicht an die objektive Beschaffenheit als solche, sondern an die Gebrauchstauglichkeit an, deren Beeinträchtigung maßgeblich ist. Entscheidend ist dabei nicht ein irgendwie gearteter objektiver Standard, sondern die konkrete (subjektive) Vereinbarung der Parteien. Insofern spricht man auch von einem subjektiven Mangelbegriff.[830]

830 BGH, NZM 2006, 582; Blank/Börstinghaus /*Blank*, § 536 Rn. 4; Staudinger/*Emmerich*, § 536 Rn. 5.

Welche Vereinbarungen die Vertragsparteien im Zusammenhang mit dem Zustand der Wohnung treffen, unterliegt der Vertragsfreiheit der Parteien. Vereinbaren die Parteien beispielsweise, dass die Mietsache in einem nicht renovierten Zustand übergeben wird, so ist dieser Zustand vertragsgemäß.[831] Ihre Grenze findet die insoweit bestehende Vertragsfreiheit lediglich in der Zweckbestimmung der Räume. Wird ein Wohnzweck vereinbart, welcher dauerhaft aber nicht erreicht werden kann, wäre die Vereinbarung nicht mehr mit dem Vertragszweck in Einklang zu bringen.[832]

Soweit keine konkreten Vereinbarungen hinsichtlich des Zustands der Heizungsanlage vorliegen, haben sich die Parteien lediglich über die Beheizbarkeit der Wohnung geeinigt.[833] Ist eine Beheizbarkeit gesichert, kommt es grundsätzlich nicht auf die Effizienz der Anlage an. Maßgeblich ist, dass der Mieter die Wohnung überhaupt ohne jegliche Beeinträchtigung nutzen kann. Dies ist grundsätzlich auch dann der Fall, wenn es sich um energieintensive Nachteile handelt wie etwa bei alten Heizungsanlagen, die keine Brennwerttechnologie vorweisen, oder nicht gedämmten Heizungsrohren im Keller.

1. Gebot der Wirtschaftlichkeit

Allerdings stellt sich die Frage, ob sich aus dem Gebot der Wirtschaftlichkeit, welches durch die Mietrechtsreform des Jahres 2001 in § 556 Abs. 1 S. 1 HS. 2 BGB für die Betriebskostenumlage und in § 560 Abs. 5 BGB für die Veränderung von Betriebskosten kodifiziert wurde, darüber hinaus aber das gesamte Mietrecht durchzieht,[834] eine andere Beurteilung ergibt. Demnach könnte ein Mangel auch dann vorliegen, wenn eine Wohnung zwar warm wird, gleichzeitig aber unverhältnismäßig hohe Kosten verursacht werden. Bejaht wird dies von Teilen der Rechtsprechung und Literatur[835] in Fällen, bei denen die Heizungsanlage unter-[836] oder überdimensioniert[837] ist. Eine Überdimensionierung liegt vor, wenn eine Heizungsanlage im Hinblick auf die Anforderungen an die Wohnung zu groß ausgelegt ist. Eine Mangel begründende Unwirtschaftlichkeit liegt hiernach beispielsweise dann vor, wenn die Anlage mit einem Energieverlust von

831 Blank, PiG 92 (2012), 1, 2.
832 LG Mannhein, ZMR 1990, 220.
833 Börstinghaus, WuM 2010, 539, 545.
834 Siehe ausführlich zum Gebot der Wirtschaftlichkeit Kapitel 7, D.
835 Für Mangelhaftung, Artz, WuM 2008, 259.
836 AG Kerpen, WuM, 1990, 62; AG Münster, WuM 1987, 382.
837 OLG Düsseldorf, WuM, 1984, 54; LG Waldshut-Tiengen, NJW-RR 1991, 592; LG Berlin, WuM 1996, 156.

60 % operiert.[838] Gleichfalls ist ein Mangel denkbar, wenn die zum vertragsgemäßen Gebrauch erforderliche Temperatur gar nicht[839] oder nur mit einem weit überdurchschnittlichen Energieverbrauch zu erreichen ist.[840] Demnach folgt aus der Pflicht des Vermieters zur Gewährung des Gebrauchs auch die Verpflichtung, eine wirtschaftliche Heizungsanlage bereitzustellen. Unwirtschaftliche Heizungen beeinflussen nach dieser Auffassung die Brauchbarkeit und „Wertschätzung von Räumlichkeiten“.[841]

Eine solche Betrachtungsweise vermag nicht zu überzeugen, da maßgeblich ist, was die Parteien vereinbart haben. Der Wertschätzung kommt für den mietrechtlichen Mangelbegriff keine Bedeutung zu. Die Parteien vereinbaren als Soll-Beschaffenheit im Mietrecht eben keine Beschaffenheit im Allgemeinen, sondern nur eine Beschaffenheit in Bezug auf die vorgesehene Gebrauchstauglichkeit.[842] Die erhöhten Betriebskosten beeinträchtigen nicht die Tauglichkeit zum vertragsgemäßen Gebrauch,[843] sondern machen ihn nur teurer. Bietet der Vermieter dem Mieter die Gebrauchsmöglichkeiten, die er ihm aus § 535 Abs. 1 S. 2 BGB schuldet, kann nicht aufgrund der Heizkosten ein Mangel angenommen werden.[844] Die Parteien einigen sich auf die Beheizbarkeit der Wohnung, etwaige entstehende Kosten sind regelmäßig nicht Bestandteil der Vereinbarung. In der Praxis wird meistens lediglich die Beheizungsart wie etwa eine Zentralheizung, eine Fernwärmeversorgung oder eine Gasetagenheizung vereinbart. Ob die Versorgung mit Raumwärme unter Berücksichtigung des Wirtschaftlichkeitsgrundsatzes erfolgt, lässt sich zudem überhaupt nur schwer beurteilen, da etwa im Fall einer Fernwärmwärmeversorgung den Parteien der nötige Einblick fehlt. Der fehlenden Wirtschaftlichkeit kann der Mieter damit nur mit der Beendigung des Mietverhältnisses begegnen.[845]

2. Zusicherung einer Eigenschaft

Ein Anspruch des Mieters auf eine optimale energetische Beschaffenheit liegt dann vor, wenn der Mietsache insoweit eine zugesicherte Eigenschaft fehlt. In diesem Fall kann der Mieter beispielsweise nach § 536 BGB die Miete mindern oder gegebenenfalls Schadensersatzansprüche aus § 536 a Abs. 1 BGB geltend

838 OLG Düsseldorf, WuM 1984, 54.
839 Sternel, IV. 329.
840 MünchKomm/*Häublein*, § 536 Rn. 8.
841 OLG Düsseldorf, WuM, 1984, 54, 55.
842 Flatow, NZM 2008, 792, 793.
843 Börstinghaus, WuM 2010, 539, 545.
844 KG Berlin, ZMR 2012, 858-859.
845 Flatow, NZM 2008, 792, 795.

machen, wenn der Fehler nicht unerheblich ist, eine Beeinträchtigung seines Mietgebrauchs vorliegt und der Vermieter für das Fehlen erkennbar einstehen will.[846] Problematisch ist jedoch, dass der Energieverbrauch im Regelfall keine Eigenschaft der Mietsache und damit nicht zusicherungsfähig ist, da es sich nicht um ein Merkmal handelt, das der Mietsache auf Dauer anhaftet, sondern im Normalfall abhängig ist von Nutzer und Wetter.[847] Etwas anderes könnte sich aber daraus ergeben, wenn die Parteien die in einem Bedarfsausweis nach § 18 EnEV enthaltenen Werte zum Inhalt des Vertrages gemacht haben.[848] Das wäre jedoch nur dann der Fall, wenn aus der Erklärung des Vermieters hervorgeht, dass dieser für die Einhaltung der Werte und für die Folgen einer Überschreitung einstehen will. Eine derartige konkludente Zusicherung anzunehmen wäre jedoch lebensfremd. Eine Haftung kommt allenfalls dann in Betracht, wenn der Vermieter schuldhaft von einem fehlerhaften Energieausweis Gebrauch macht und über die Energieeffizienz getäuscht hat.[849] Keinesfalls ergibt sich eine Zusicherung bereits aus der öffentlich-rechtlich vorgeschriebenen Vorlage eines Energieausweises. Der Mieter kann damit aufgrund der Vorlage nicht automatisch annehmen, dass der Vermieter für die Richtigkeit der Werte einstehen will, wenn der Bedarfsausweis dem Mietvertrag beigefügt wird.[850]

3. Einhaltung allgemeiner Standards

Eine mit dem Vertragsweck nicht korrelierende Beschaffenheit einer ineffizienten Heizungsanlage könnte jedoch dann gegeben sein, wenn der Vermieter einen Standard schuldet, den der Mieter in vergleichbaren Objekten erwarten kann. In diese Richtung hatte der BGH[851] 2010 entschieden. In der konkreten Entscheidung ging es zwar um eine Mietminderung aufgrund eines unzureichenden Trittschallschutzes, dennoch ist die Entscheidung für den Gesamtbereich von Anpassung und Modernisierung erheblich.[852] Nach Auffassung des VIII. Senats kann der Mieter nach der allgemeinen Verkehrsanschauung von einem bei vergleichbaren Wohnungen üblichen Wohnstandard ausgehen. Zu berücksichtigen sind dabei vor allem Alter, Ausstattung und Art des Gebäudes, aber auch die Höhe der Miete und eine eventuelle Ortssitte.[853] Sofern zu bestimmten Anforderungen

846 MünchKomm/*Häublein*, § 536 Rn. 22.
847 MünchKomm/*Häublein*, § 536 Rn. 23.
848 Schmidt-Futterer/*Eisenschmid*, § 536 Rn. 81c.
849 Blank/Börstinghaus/*Blank*, § 536 Rn. 25.
850 Stangl, ZMR 2008, 14, 20; Schmidt-Futterer/*Eisenschmid*, § 536 Rn. 81c.
851 BGH, Urteil vom 7. Juli 2010 – VIII ZR 85/09 = BGH, NZM 2010, 618.
852 Derleder, NZM 2012, 487, 489.
853 Ebd.; BGH, NZM 2009, 855 = NJW 2010, 1133.

an den Wohnstandard technische Normen vorhanden sind, so ist nach der Rechtsprechung des Senats deren Einhaltung vom Vermieter geschuldet. Nach der Verkehrsanschauung ist dabei grundsätzlich der bei Errichtung des Gebäudes geltende Maßstab anzulegen.[854]

Zunächst lässt sich feststellen, dass eine Unterteilung des Wohnungsbestandes entsprechend § 558 Abs. 2 BGB nach Art, Größe, Ausstattung, Beschaffenheit und Lage sowie unter Zugrundelegung des Mietrechtsänderungsgesetzes auch nach der energetischen Ausstattung und Beschaffenheit möglich ist. Im konkreten Fall stellt der BGH vor allem auf die DIN 4109, die den Schallschutz betrifft, als Beurteilungsmaßstab ab, die Höhe der Miete und die Ortssitte bleiben unberücksichtigt.[855] Ob die DIN-Norm überhaupt ein geeignetes Abgrenzungskriterium darstellt, ist nicht nur für die vorliegende BGH-Entscheidung[856] sondern auch im Übrigen für den Wärmeschutz im Hochbau fraglich, der in der DIN 4108 behandelt wird.[857] Dadurch, dass es sich bei DIN-Vorschriften oder vergleichbaren Regelungen lediglich um private, jederzeit änderbare technische Regelungen und nicht um Rechtsnormen handelt, kommt ihnen nach gefestigter Rechtsprechung nur ein Empfehlungscharakter zu.[858] Folglich können sie aufgrund des fehlenden Gesetzescharakters aus sich heraus keine verbindliche Soll-Beschaffenheit begründen, die durch ein Abweichen nach unten Mietminderungsrechte begründen.[859] Eine Berücksichtigung von DIN-Normen ist zudem deshalb zweifelhaft, da sie naturgemäß statisch sind und daher veralten können, während die Regeln der Technik einem ständigen Wandel unterliegen.[860] Die DIN 4109 entspricht jedenfalls nicht den anerkannten Regeln der Technik, da sie lediglich vor unzumutbaren Belästigungen schützen soll, übliche Komfort- oder Qualitätsstandards werden durch sie hingegen nicht gewährleistet.[861] Erhöhter Schallschutz, der diesen Anforderungen gerecht wird, wird durch die Einhaltung der Werte des Beiblatts 2 zur DIN 4109 ermöglicht. Das Beiblatt zur DIN 4109 ist demnach grundsätzlich Ausdruck der Regeln der Technik. Während sich der VIII. Senat mit dem einfachen Schallschutz gemäß DIN 4109 als Mindeststandard begnügt, stellt der für Bausachen zuständige VII. Senat in seiner Grundsatzentscheidung[862] auf den erhöhten Schallschutz ab. Dass der Wohnraummieter gegenüber

854 BGH, WuM 2004, 715; Sternel, VIII. Rn. 63.
855 Kritisch hierzu, Derleder, NZM 2012, 487, 489; Gsell, WuM 2011, 491, 494.
856 Blank, PiG 92 (2012), 1, 10.
857 Dafür, Staudinger/*Emmerich*, § 536 Rn. 5.
858 BGHZ 139, 16 = NJW 1998, 2814; BGH, NZM 2010, 618.
859 Horst, NZM 2010, 761, 764.
860 Blank, PiG 92 (2012), 1, 9.
861 Ebd., 1, 10.
862 BGH, Urteil vom 14. Juni 2007 – VII ZR 45/06 = BGHZ 172, 346-360 = NZM 2007, 651-654.

dem Bauherren schlechter gestellt werden kann, begründet der VIII. Senat mit der Unvergleichbarkeit von Miet- und Werkvertrag. Seiner Auffassung nach gibt es beim Mietvertrag regelmäßig keine Parteivereinbarung über die Bauweise des Mietobjekts. Vor allem liegen dem Mietverhältnis in aller Regel keine Baubeschreibung oder vergleichbare Beschaffenheitsvereinbarung zugrunde, aus der sich gegenüber dem Mindeststandard der DIN 4109 erhöhte Anforderungen an den Schallschutz ergeben könnten. Im Mietverhältnis sind nach diesem Senat in erster Linie die konkreten vertraglichen Vereinbarungen der Parteien über die Sollbeschaffenheit der Wohnung maßgeblich, die vom Vermieter bei Übergabe einzuhalten und über die ganze Mietzeit aufrechtzuerhalten sind, und nicht die Einhaltung bestimmter technischer Normen bei Übergabe wie bei einem Bauwerk.[863] Diese Schlechterstellung ist nicht ohne Kritik geblieben. So wird vertreten, dass auch der Mieter mit üblichen Komfort- und Qualitätsansprüchen einen erhöhten Schallschutz verlangen kann.[864] Es sei nicht nachvollziehbar, warum der Erwerber die Realisierung des technischen Fortschritts verlangen kann, der Mieter sich aber mit der Einhaltung rückständiger Grenzwerte begnügen muss.[865] Befürwortet wird hingegen, dass der BGH im Ausgangspunkt eigenständig bei den Voraussetzungen des mietrechtlichen Mangels ansetzt und die Voraussetzungen des werkvertraglichen Mangels nicht ohne weiteres in das Mietrecht überträgt.[866] Zu beachten ist bei der Entscheidung allerdings, dass eine dynamische Anpassung an neue Standards Nachinvestitionspflichten des Vermieters gegenüber dem Mieter auslösen könnte, wenn sich der Vermieter mit der Einhaltung des Minimalstandards begnügt hat.[867] Eine Vermietung ohne Mängeleinwendung und Instandsetzungsansprüche wäre nicht sichergestellt. Eine Nachrüstungspflicht wäre damit die Folge jeder Veränderung des Bauens. Sicherheit und Kontinuität des Rechtsverkehrs wären massiv beeinträchtigt, wenn hierdurch ein mietvertraglicher Mangel begründet werden könnte. So könnte dies nicht nur Auswirkungen auf das konkrete Mietverhältnis entfalten, sondern gegebenenfalls auch auf Verträge zwischen Vermieter und finanzierender Bank. Dadurch, dass das Gebäude mit einem Schlag mangelhaft wird, könnte sich auch der Beleihungswert der Immobilie ändern, was zu einer Nachbesicherung der Immobilie führen könnte. Der Vermieter könnte zudem versuchen, die höheren Finanzierungskosten auf den Mieter umzulegen.

863 BGH, NZM 2010, 618, Rn. 16.
864 Blank, PiG 92 (2012), 1, 10; Gsell, WuM 2011, 491, 494.
865 Derleder, NZM 2012, 487, 489.
866 Gsell, WuM 2011, 491, 494.
867 Derleder, NZM 2012, 487, 490.

Maßgeblich für die Beurteilung eines Mindeststandards im Mietverhältnis ist damit der Errichtungszeitpunkt des Gebäudes und der Heizungsanlage.[868] Der BGH knüpft damit in ständigerer Rechtsprechung[869] an seine Entscheidung von 2004[870] an. Nur wenn der energetische Zustand unterhalb dieser Schwelle liegt, kann der Mieter einen Erfüllungs- oder Mangelbeseitigungsanspruch geltend machen.

4. Vorgaben der EnEV

Die EnEV[871] formuliert zahlreiche energetische Standards, die vom Eigentümer beim Neubau oder im Bestand zu beachten sind. Im Hinblick auf neu zu errichtende Wohngebäude sieht § 3 Abs. 1 EnEV vor, dass ein bestimmter Jahres-Primärenergiebedarf für Heizung, Warmwasser, Lüftung und Kühlung nicht überschritten werden darf. Nach Abs. 2 der Vorschrift werden die Transmissionswärmeverluste begrenzt. Eine korrespondierende Regelung für Nichtwohngebäude ist in § 4 EnEV enthalten. Für bestehende Mietverhältnisse ergeben sich hieraus grundsätzlich keine Rechte des Mieters, da die Mietsache nicht neu hergestellt wird.

In Bezug auf Bestandsgebäude sind insbesondere die §§ 9 bis 11 EnEV maßgeblich. Gemäß § 9 Abs. 1 EnEV hat der Eigentümer bei Änderungen, Erweiterungen oder dem Ausbau des Gebäudes bestimmte Anforderungen hinsichtlich der energetischen Qualität der Bauteile einzuhalten. Die Entscheidung, ob eine Veränderung vorgenommen wird, liegt dabei bei dem Eigentümer oder einem sonstigen Verfügungsberechtigten. Deswegen wird § 9 Abs. 1 EnEV auch als „bedingte“ Nachrüstungspflicht bezeichnet, so dass die Bedingung also dann eintritt, wenn es eine freiwillige Entscheidung zur Änderung, Erweiterung oder zum Ausbau gibt. § 9 Abs. 1 EnEV regelt die Ausführung der Maßnahme. Grundsätzlich ist in diesen Fällen die Möglichkeit eröffnet, eine Sondermieterhöhung geltend zu machen, soweit es zu einer Einsparung von Endenergie kommt. Diese Option entfaltet einen Anreiz zur Vornahme der Maßnahmen.[872]

Daneben gelten für Bestandsbauten aber auch Nachrüstungspflichten, die auch dann greifen, wenn gar keine Bauarbeiten seitens des Vermieters geplant sind. Sie werden daher als „unbedingte” Nachrüstungsanforderungen bezeichnet. Die

868 Staudinger/*Emmerich*, § 536 Rn. 15.
869 Siehe auch BGH, NJW 2010, 1133, 1134 (zur Geräuschbelästigung in einem Lichthof); BGH NJW 2009, 2441, 2442 (zum Trittschall).
870 BGH, NJW 2005, 218.
871 Ausführlich zur EnEV, vgl. Kapitel 4, C, I, 3.
872 Derleder, NZM 2012, 487, 493.

„unbedingten“ Nachrüstungsanforderungen umfassen beispielsweise die Pflichten, mit Öl oder Gas befeuerte Heizkessel aus der Zeit vor dem 1. Oktober 1978 außer Betrieb zu nehmen (§ 10 Abs. 1 EnEV), ungedämmte zugängliche Wärmeverteilungsleitungen und Warmwasserleitungen, wenn sie sich nicht in beheizten Räumen befinden (z. B. im Keller), zu dämmen (§ 10 Abs. 2 EnEV) und nicht begehbare, aber zugängliche Geschossdecken sowie begehbare Geschossdecken der obersten beheizten Räume zu dämmen (§ 10 Abs. 3, 4 EnEV). Eigentümer von Gebäuden mit nicht mehr als zwei Wohnungen, von denen eine Wohnung am 1. Februar 2002 selbst genutzt wurde, können Erleichterungen für sich beanspruchen. Die Nachrüstungspflicht ist erst nach einem Eigentümerwechsel innerhalb eines Zeitraums von zwei Jahren zu erfüllen.

Zudem sieht § 10 a EnEV eine Stilllegung von Nachtstromheizungen vor. In Wohngebäuden mit mehr als fünf Wohneinheiten und in Nichtwohngebäuden mit mehr als 500 m^2 Nutzfläche sind elektrische Speicherheizsysteme, die älter als 30 Jahre sind, außer Betrieb zu nehmen. Die Pflicht erfolgt stufenweise und wird zum 1. Januar 2020 einsetzen. Geräte, die nach 1990 eingebaut wurden, müssen erst 30 Jahre nach Einbau ausgetauscht werden.

Dem Anreizsystem des § 559 BGB könnte der Mangelbeseitigungsanspruch des Mieters nach § 535 Abs. 1 S. BGB gegenüberstehen, wenn die Nichtvornahme von „unbedingten“ Nachrüstungspflichten einen solchen Beseitigungsanspruch begründet. Aus Sicht des Vermieters würde sich die Geltendmachung von Gewährleistungsansprüchen als Malussystem darstellen.[873]

Fraglich ist daher, ob die Mietsache infolge eines Verstoßes gegen zwingende Vorgaben der EnEV mangelhaft wird und ob der Mieter einen individuellen Anspruch auf Vornahme der durch die EnEV gebotenen Maßnahmen gegen den Vermieter hat, also ob der Mieter Ansprüche aus der Nichteinhaltung energetischer Standards ableiten kann.

Eine Begrenzung der Vertragsfreiheit der Parteien könnte sich durch die Einflussnahme der EnEV als Bestandteil öffentlichen Rechts ergeben, wenn diese Vorschriften unmittelbar Auswirkungen auf das Mietverhältnis entfalten können. Anders als die HeizKV hat die EnEV grundsätzlich keine unmittelbaren Auswirkungen auf das Mietverhältnis. Weder ordnen ihre Vorschriften eine direkte Geltung an, noch dienen sie dem Schutz des Mieters.[874] Allenfalls könnten sie als Rechtsreflex Auswirkungen auf den Mietvertrag entfalten, wenn sich infolge der Arbeiten der Mietgegenstand ändert.

873 Derleder, NZM 2012, 487, 493.

874 Blank, PiG 92 (2012), 1, 4; Horst, NZM 2010, 177, 183; Staudinger/*Emmerich*, § 536 Rn. 12 a.

Abweichend hiervon wird vertreten, dass den Vorgaben der EnEV gegenüber den Mietvertragsparteien eine Bindungswirkung zukommt. Der Vermieter schuldet die Einhaltung dieser technischen Standards. Dies ist zugleich der „Wohnstandard"[875] oder der „energetische Mindeststandard"[876]. Hieraus wird teilweise abgeleitet, dass die Nichterfüllung „unbedingter" Nachrüstungspflichten zugleich zu einem Mangel der Mietsache führt, weil der vertragsgemäße Gebrauch durch die gesetzlichen Vorgaben gesetzlich „geprägt" wird.[877] Zumindest ist der Vermieter verpflichtet, die zum Zeitpunkt der Neuvermietung bestehenden Nachrüstungspflichten einzuhalten.[878]

Nach anderer Auffassung schuldet der Vermieter auch in Ansehung der Verpflichtungen aus der EnEV lediglich den zur Zeit der Herstellung der Heizungsanlage üblichen Standard.[879] Knüpft man an die Grundsatzentscheidung des BGH zum Schallschutz[880] an, die auf den zum Zeitpunkt der Errichtung geltenden Mindeststandard abstellt, dann ist nicht automatisch ein Mangel anzunehmen, wenn der Vermieter seine Verpflichtungen aus der EnEV nicht nachkommt.[881] Dass dabei eine Entscheidung zum Schallschutz herangezogen wird, ist unerheblich. In Bezug auf die Einhaltung der Vorgaben der EnEV gibt es derzeit keine höchstrichterliche Rechtsprechung. In einer anderen Entscheidung des BGH[882] hat der VIII. Senat es zudem ausdrücklich offengelassen, ob aus einer gesetzlichen Verpflichtung des Vermieters zur Stilllegung bzw. zur Modernisierung einer veralteten Heizungsanlage auch ein privatrechtlicher Anspruch des Mieters auf eine entsprechende Sanierung folgen kann.

Nach der hier vertretenen Auffassung liegt in der Nichterfüllung unbedingter Nachrüstungspflichten, also bei solchen, die eine Nachrüstung vorschreiben, ohne dass es dem freiwilligen Sanierungsentschluss bedarf, grundsätzlich kein Mangel vor. Anders ist dies es allerdings in Bezug auf § 10 Abs. 1 EnEV zu beurteilen, wonach ein mit Öl oder Gas beschickter Heizkessel, der vor dem 1. Oktober 1978 aufgestellt oder eingebaut wurde, stillzulegen ist. Entsprechendes gilt, soweit gegen die Verpflichtung des § 10 a EnEV verstoßen wird. Der technische Fortschritt bei Heizungsanlagen ist seither enorm, sodass der Gesetzgeber derart veraltete Anlagen auch für den Altbaubestand ausgeschlossen hat. Dieser sehr restriktive Ausschluss wirkt sich nicht nur auf die Eigentumsposition

875 Friers, WuM 2008, 255, 257.
876 Artz, WuM 2008, 259, 262; Eckardt/Schemderlein, WuM 2008, 179, 182; Schwintowski, WuM 2006, 115, 118.
877 Artz, WuM 2008, 259, 263.
878 Börstinghaus, NZM 2005, 561, 565.
879 Blank, PiG 92 (2012), 1, 4; so auch Sternel, PiG 85 (2009), 19, 26.
880 BGH, NZM 2010, 618.
881 Derleder, NZM 2012, 487, 494.
882 BGH, Urteil vom 31. Oktober 2007 – VIII ZR 261/06 = NZM 2008, 35.

des Vermieters aus, sondern auch auf das Mietverhältnis. Es ist in der heutigen Zeit, die von einer erheblichen Relevanz der Energiekosten und Energieeffizienz in allen Lebensbereichen geprägt ist, keinem Bestandsmieter zuzumuten einen Heizkessel hinzunehmen, der bereits rund 35 Jahre in Betrieb ist oder soweit es bestimmte elektrische Speichersysteme betrifft, solche zu akzeptieren, die älter als 30 Jahre sind. Gleiches gilt in der Folge einer Neuinstallation neuer Heizkessel zwangsläufig für die Vorgaben nach § 10 Abs. 2 EnEV, wonach bei heizungstechnischen Anlagen bisher ungedämmte, zugängliche Wärmeverteilungs- und Warmwasserleitungen sowie Armaturen, die sich nicht in beheizten Räumen befinden, zu dämmen sind. Die Einhaltung dieser Pflicht zur Dämmung ist vor allem notwendig, um den Effizienzgewinn einer neuen Heizungsanlage nicht einzubüßen. Insoweit ist jedenfalls bei einem Mietvertragsabschluss nach Einführung der §§ 10 und 10 a EnEV von einem Mangel auszugehen. Verfassungsrechtlich ist die Inanspruchnahme des Vermieters und der damit verbundene Eingriff in die grundrechtlich geschützte Eigentumsposition des Vermieters unter Berücksichtigung von Art. 14 Abs. 2 GG und Art. 20 a GG nicht zu beanstanden, da die Belange des Klimaschutzes und der Energieeffizienz als öffentliche Interessen dem Individualinteresse des Vermieters überwiegen. Es ist dem Vermieter durchaus vertraglich zuzumuten einen Zustand zu beseitigen, den er aufgrund öffentlich-rechtlicher Verpflichtung durch Stilllegung veralteter Technik ohnehin beenden muss.

Wird der Vertragsgegenstand aufgrund einer freiwilligen Maßnahme des Vermieters geändert und das Ergebnis weicht von der Vorgaben des § 9 EnEV (Änderung, Erweiterung oder Ausbau des Gebäudes) ab, so stellt dies stets einen Mangel dar, zumal § 9 Abs. 3 EnEV auf eine gewisse Erheblichkeit der Maßnahme abstellt. Kommt es also zu solchen erheblichen Umbaumaßnahmen, kann ein Mangel begründet werden, wenn technische Standards nicht berücksichtigt werden.[883] Es wäre nicht konsequent, wenn der Mieter gegenüber dem Vermieter einen Anspruch auf Herstellung eines Zustandes hat, der den §§ 10 und 10 a EnEV entspricht, der Vermieter bei erheblichen Eingriffen in die Bausubstanz nicht die Interessen des Mieters wahren muss, die auf eine EnEV-konforme Ausführung gerichtet sind.[884]

Dieses Ergebnis steht auch nicht im Widerspruch zur der maßgeblichen Entscheidung des BGH.[885] In einer weiteren Entscheidung des BGH zum Trittschall[886] hat das Gericht im Fall eines Ausbaus des Dachbodens zu einer

883 Schmidt-Futterer/*Eisenschmid*, § 536 Rn. 28; MünchKomm/*Artz*, § 535 Rn. 8.

884 In Betracht kommt daher auch ein Nebenleistungsanspruch aus § 241 Abs. 2 BGB, siehe Kapitel 12, A, III.

885 BGH, NZM 2010, 618.

886 BGH, NJW 2005, 218 = NZM 2005, 60.

Dachgeschosswohnung die Auffassung vertreten, dass der Trittschall dem aktuellen Standard entsprechen muss. Der BGH bejahte einen Mangel, obwohl er den bei Errichtung des Gebäudes geltenden Maßstab für entscheidend erklärte. Das Gericht wollte aber nicht den Schallschutz auf die Maßstäbe des Jahres 1918 beschränken. Der Vermieter hat nach Auffassung des BGH zwar keine Pflicht zur Modernisierung. Nimmt er jedoch selbst bauliche Veränderungen vor, die zu Lärmemissionen führen könnten, kann der Mieter erwarten, dass Lärmschutzbestimmungen eingehalten werden, die den Anforderungen der zur Zeit des Umbaus geltenden DIN-Normen genügen. Das Ergebnis lässt sich erst recht auf die Anforderungen von § 9 Abs. 1 EnEV übertragen, der seinerseits den aktuellen Stand der Technik in Bezug auf energetische Modernisierungsmaßnahmen prägt.

5. Zwischenergebnis

Die öffentlich-rechtlichen Bestimmungen für ein Gebäude spielen mietrechtlich grundsätzlich keine Rolle, soweit sie auf die Gebrauchstauglichkeit zum vertraglichen Zweck, wie beispielsweise das Wohnen, keinen Einfluss haben.[887] Eine Wohnung ist generell nur dann mangelhaft, wenn sie die zum Zeitpunkt der Erbauung geltenden technischen Anforderungen etwa an die Wärmeisolierung nicht erfüllt. Die Nichterfüllung einer unbedingten Nachrüstungspflicht der EnEV führt nicht automatisch zu einem Mangel. Im Fall der unbedingten Nachrüstungspflicht, die eine Stilllegung einer Heizung, die mittlerweile älter als 35 Jahre ist, ist dies anders zu beurteilen (§ 10 Abs. 1 EnEV), da eine derart alte Heizung dem Mieter nicht mehr zumutbar ist. Ein Mangel ergibt sich dagegen stets, wenn die Ausführung einer freiwilligen Maßnahme nicht der EnEV entspricht. Die EnEV kann somit unmittelbare Auswirkungen auf das Mietverhältnis entfalten.

II. Abzug eines Teils der Heizkosten – § 556 Abs. 3 S. 1 BGB

Darüber hinaus kommt in Betracht, dass der Mieter den Teil der Heizkosten bei der Betriebskostenabrechnung kürzen darf, der auf der öffentlich-rechtlich als mangelhaft beurteilten energetischen Beschaffenheit beruht. Da sich der Grundsatz der Wirtschaftlichkeit nach § 556 Abs. 3 S. 1 BGB auf den Ist-Zustand von Gebäude und Heizung bezieht, wird ein solcher Anspruch grundsätzlich verneint.[888]

887 Flatow, NZM 2008, 792, 795.
888 Horst, NZM 2008, 145, 147; Stangl, ZMR 2008, 14, 24.

Aus dem Nebenkostenrecht heraus kann keine eigenständige Pflicht abgeleitet werden, wirtschaftlichere Anlagen erst anzuschaffen.[889] Der BGH[890] hat es wie bereits erläutert ausdrücklich offengelassen, ob er einen Verstoß gegen das Wirtschaftlichkeitsgebot bejahen würde, wenn das Gebäude nicht einmal die bei Errichtung geltenden Baustandards einhält oder wenn gesetzliche Nachrüstungspflichten bestehen. Von einem Kürzungsrecht, welches 2009 durch die Novellierung der HeizKV in § 12 eingeführt werden sollte, wonach der Mieter die Heizkosten kürzen darf, wenn der Vermieter seiner Verpflichtung zum Austausch veralteter Heizungsanlagen nicht nachkommt,[891] hat der Verordnungsgeber Abstand genommen. Die seit dem 1. Januar 2009 geltende HeizKV[892] enthält kein entsprechendes Kürzungsrecht. Ein zivilrechtlicher Anspruch würde diesem Ergebnis widersprechen. Der Mieter kann die Heizkosten somit nicht einseitig kürzen.

III. Nebenleistungspflichten des Vermieters aufgrund der EnEV

Der Mietvertrag ist zunächst geprägt von Hauptleistungspflichten. Daneben gibt es auch Nebenleistungspflichten nach § 241 Abs. 2 BGB, die gleichermaßen gelten. Hiernach hat der Vermieter die Pflicht auf die Rechtsgüter und Interessen des Mieters Rücksicht zu nehmen.[893] Ein unmittelbares Eigeninteresse des Mieters an der Einhaltung der EnEV ist darin zu erkennen, dass seine Wohnung durch die Vornahme der Nachrüstungspflicht unmittelbar oder mittelbar über die Betriebskosten betroffen ist.[894] Dieses Interesse wird durch die ansteigenden Energiekosten verstärkt. Aufgrund ihres großen Anteils im Vergleich zur Nettokaltmiete werden die Energiekosten auch als zweite Miete bezeichnet. Eine entsprechende Reaktionsmöglichkeit des Mieters, die nicht darin begründet ist, beispielsweise das Mietverhältnis zu kündigen, erscheint damit geboten. Zum einen kann der Mieter sich etwa gegen den drohenden Einbau eines ungeeigneten Heizkessels zur Vermeidung übermäßiger Energiekosten wehren, zum anderen ist aber auch ein direkter Anspruch auf Ausführung einer energetischen Maßnahme im Sinne einer Nachrüstungspflicht nach der EnEV gegeben. In Ansehung des technischen Fortschritts bei der Anlagentechnik kann das Interesse an

889 Friers, WuM 2008, 255, 257.
890 BGH, NZM 2008, 35.
891 Friers, WuM 2008, 255, 256.
892 HeizKV in der Fassung der Bekanntmachung vom 5. Oktober 2009 (BGBl. I S. 3250)
893 Blank, WuM 2004, 243, 243f.
894 Derleder, NZM 2012, 487, 494.

einer Vermeidung von unnötigen Heizkosten zusätzlich steigen, wenn die vorhandene Heizungsanlage weiterhin auf dem alten Stand bleibt und hohe Betriebskosten verursacht. Insgesamt ist dem Mieter die Möglichkeit zu geben, sich im Rahmen von Nebenleistungspflichten, die sich an der EnEV orientieren können, eine Vornahme von energetischen Maßnahmen oder ein Unterlassen von etwa ungeeigneten Heizkesseln zu verlangen. In Betracht kommt eine Nebenleistungspflicht vor allem aber auch in den Fällen, in denen der Vermieter seine Sanierungsentscheidung autonom trifft und sich den Vorgaben von § 9 EnEV bei der Ausführung einer erheblichen Sanierung unterwirft. Der Mieter kann insoweit erwarten, dass der Vermieter diese Vorgaben erfüllt, da diese auch im Interesse des einzelnen Mieters stehen. Dabei geht es aber generell nicht um die Beseitigung eines Mangels, die hiervon unberührt erfolgen kann, sondern um die Erfüllung von Nebenleistungspflichten, die den Handlungspflichten der EnEV inhaltlich folgt.[895]

Dieses Ergebnis steht vor dem Hintergrund der gesamtgesellschaftlichen Aufgabe des Klimaschutzes und der Ressourcenschonung nicht im Widerspruch zum Gewährleistungsrecht, sondern ist Ausdruck von § 242 BGB, der als Regulativ eine Handhabe des Mieters zur Bewältigung dieser Herausforderungen erfordert.

Unbenommen bleibt es dem Mieter unabhängig von einem Gewährleistungs- oder Nebenleistungsanspruch vorbehalten, um eine Verbesserung der Wohnraumverhältnisse, die sich auch auf den energetischen Zustand beziehen können zu erlangen, sich weiterer öffentlich-rechtlicher Vorgaben zu bedienen. In einigen Bundesländern wurden Landesgesetze zur Beseitigung von Missständen in Wohngebäuden geschaffen.[896] Über diese Gesetze ist der Vermieter öffentlich-rechtlich verpflichtet, bestimmte Mindeststandards einzuhalten. Zwar hat der Mieter hieraus noch keinen Anspruch auf die Erfüllung der Pflichten, er hat jedoch die Möglichkeit, gegen seinen Vermieter bei der zuständigen Behörde Anzeige zu erstatten. Die Nichteinhaltung der EnEV im Zusammenhang mit den aktuellen Nachrüstungspflichten stellt nach § 27 Abs. 1 Nr. 3 EnEV nur bei § 9 Abs. 1 EnEV eine Ordnungswidrigkeit dar.

895 Derleder, NZM 2012, 487, 494.

896 Hamburg: Gesetz über den Schutz und die Erhaltung von Wohnraum (Hamburgisches Wohnraumschutzgesetz – HmbWoSchG) vom 8. März 1982, Berlin: Gesetz zur Beseitigung von Wohnungsmissständen in Berlin (Wohnungsaufsichtsgesetz – WoAufG Bln), Hessen: Hessisches Wohnungsaufsichtsgesetz (HwoAufG), Nordrhein-Westfalen: Wohnraumförderungsgesetz NRW, soweit es kein Landesgesetz gibt, gilt das allgemeine Polizei- und Ordnungsrecht.

IV. Fazit

Der Mieter kann sich nur auf Erfüllung oder Gewährleistungsrecht berufen, wenn ein Mangel vorliegt. Die Nichteinhaltung eines energetischen Standards stellt nur einen Mangel dar, wenn dieser bereits bei Errichtung des Gebäudes nicht eingehalten wurde. Damit folgt der Soll-Zustand dem Ist-Zustand des Gebäudes, sofern im Errichtungszeitpunkt die geltenden Mindeststandards eingehalten wurden.[897] Müsste sich der Gebäudebestand den dynamischen Entwicklungen der technischen Standards anpassen, könnte mit dem Inkrafttreten einer neuen gesetzlichen Änderung auch in Bezug auf alle denkbaren Nachrüstungspflichten der EnEV ein Teil des Mietwohnungsbestandes mit einem Schlag mangelhaft werden. Ein erhebliches Aufkommen von Mangelbeseitigungsansprüchen wäre die Folge. Dennoch ist die Annahme eines Mangels im Fall einer Verletzung der unbedingten Nacherfüllungspflichten aus §§ 10 und 10 a EnEV gerechtfertigt. Darüber hinaus ist eine flächendeckende Umsetzung der EnEV aus energiepolitischen Gründen wünschenswert. Eine Überwachung durch die staatlichen Organe erscheint aber nicht ausreichend gewährleistet. Da auch der Mieter dadurch ein unmittelbares Eigeninteresse hat, dass er zumindest mittelbar über die Betriebskosten betroffen ist, steht ihm ein Nebenleistungsanspruch auf Vornahme einer Nachrüstungsmaßnahme oder auf Einhaltung von § 9 EnEV aus § 241 Abs. 2 BGB zu.

B. Pflicht zur Vorlage des Energieausweises

Der Energieausweis gibt grundsätzlich Auskunft über den energetischen Zustand eines Gebäudes. Fraglich ist, ob der Mieter einen Anspruch auf Vorlage des Energieausweises des Gebäudes hat. Anhand des Ausweises könnte der Mieter entscheiden, ob er eine andere (energetisch bessere) Wohnung beziehen will oder ob er durch sein Heizverhalten unter Zuhilfenahme eines Energieberaters die Heizkosten reduzieren kann.

Eine wesentliche Pflicht, welche bereits 2007 mit der EnEV in den §§ 16 ff. EnEV begründet wurde, ist die Regelung für Energieausweise im Bestand. Mit dem Energieausweis soll der Energiebedarf oder -verbrauch eines Gebäudes transparent dargestellt werden, um der Energieeffizienz als Entscheidungskriterium bei der Wohnungsnachfrage einen höheren Stellenwert zu verleihen.

897 Derleder, NZM 2012, 487, 494.

Bei vermieteten Immobilien ist der Vermieter gemäß § 16 Abs. 2 EnEV öffentlich-rechtlich verpflichtet, dem potenziellen Mieter den Energieausweis zugänglich machen, wobei nicht alle Interessenten, die etwa an einer Besichtigung teilnehmen potenzielle Mieter sind.[898] Hinzukommen muss immer die Bereitschaft des späteren Vermieters, mit gerade diesem Mieter konkret zu verhandeln. Durch die bloße Wohnungsbesichtigung, die in einem sehr frühen Stadium stattfindet, ist dies noch nicht gegeben.[899]

Es stellt sich daher die Frage, ob der Vermieter öffentlich-rechtlich verpflichtet ist, auch seinen Bestandsmietern auf deren Verlangen hin den Energieausweis zugänglich zu machen. Eine solche Verpflichtung widerspricht allerdings nicht nur dem Wortlaut des § 16 Abs. 2 EnEV, sondern auch der Zielsetzung der Regelung. Die Pflicht, den Energieausweis zugänglich zu machen, dient der Information des potentiellen Mieters, der vor Vertragsabschluss Informationen über die Energieeffizienz erhalten soll, um seine Entscheidung zu fassen, ob er die Wohnung anmieten möchte.[900]

Fraglich ist, ob der Bestandsmieter gegen den Vermieter möglicherweise einen zivilrechtlichen Anspruch auf Vorlage des Energiepasses geltend machen kann. Die Annahme einer zivilrechtlichen Regelung würde aber nicht dem Umstand gerecht, dass die EnEV in ihrer Gesamtheit als öffentlich-rechtliche Regelung angelegt ist.[901] Allenfalls zu erwägen wäre eine vertragliche Nebenpflicht aus dem besonderen Treueverhältnis zwischen Mieter und Vermieter. Dagegen spricht jedoch, dass der Bestandsmieter seine Verbrauchsdaten bereits kennt und beispielsweise Heizkosten mit denjenigen anderer Wohnungen vergleichen kann. Ein berechtigtes unmittelbares Eigeninteresse ist somit nicht erkennbar. Darüber hinaus hat er auch den Mietvertrag bereits abgeschlossen, sodass im Ergebnis ein schutzwürdiges Interesse des Mieters, den Energieausweis zu kennen, fehlt. Zur Durchsetzung eines Anspruches auf Vornahme einer Nachrüstungspflicht (§§ 10 und 10 a EnEV) würde der Energieausweis dem Mieter nicht nützen, da der Ausweis grundsätzlich keine Angaben über das Alter der Heizungsanlage enthält. Diese Angaben sind für die Verfolgung aber essentiell, da die unbedingten Nachrüstungspflichten in Bezug auf die Stilllegung bestimmter Heizungsanlagen oder -bestandteile an das Alter anknüpfen.

Im Ergebnis hat nur der potenzielle Mieter einen öffentlich-rechtlichen Anspruch auf Vorlage des Energieausweises. Bestandsmieter haben keinen Anspruch, weder aus dem öffentlichen Recht noch aus dem Zivilrecht.

898 Friers, WuM 2008, 255, 256.
899 Flatow, NJW 2008, 2886, 2888.
900 Hertel, DNotZ 2007, 486, 492.
901 Schubmehl, GPR 2008, 75, 76.

13. Kapitel – Zusammenfassung der Ergebnisse

1. Die Potenziale zur Einsparung von Energie sind im Mietwohnungsbestand enorm. Die Datenlage zur Bestimmung der Potenziale hat sich verbessert, obwohl der Gebäudebestand und seine Eigentümerstruktur sehr heterogen sind.
2. Die technischen Möglichkeiten zur Herstellung einer optimalen energetischen Beschaffenheit des Mietwohnungsbestandes sind vorhanden. Die Geschwindigkeit des technischen Fortschritts im Bereich der Anlagentechnik und zur Verbesserung der Gebäudehülle ist vor allem seit der Ölkrise in den 1970er Jahren rasant gestiegen.
3. Eine Energieeinsparung dient gleichermaßen dem Klimaschutz und der Schonung bestehender Ressourcen. Die energierechtlichen Vorschriften, die diesen Zwecken dienen, konzentrieren sich als Bestandteil des Baunebenrechts im Gebäudebereich vor allem auf den Neubau. Sowohl das EEWärmeG als auch die EnEV enthalten in ihren aktuellen Fassungen vor allem Regelungen, die auf den Neubau fokussiert sind. Erhebliche Einsparpotenziale im Mietwohnungsbestand bleiben damit unberührt.
4. Ein Sanierungszwang ist in Ansehung des Wirtschaftlichkeitsgebotes gemäß § 5 Abs. 1 S. 2 EnEG, nach dem sich die erforderlichen Aufwendungen innerhalb der üblichen Nutzungsdauer durch die eintretenden Einsparungen erwirtschaften lassen müssen, nicht angemessen. Es sind primär andere Wege zu finden, um die Sanierungsaktivität im Mietwohnungsbestand zu erhöhen. Geeignete Förderprogramme wie die der KfW und das Marktanreizprogramm (MAP) sowie zahlreiche weitere Programme auf Landes- und Kommunalebene dienen diesem Zweck. Insgesamt steht die Wohnungswirtschaft durch die laufenden Anpassungen der rechtlichen Rahmenbedingungen vor großen Herausforderungen. Für kleinere Vermieter, die immerhin rund 60 % der Wohnungen zur Verfügung stellen, gilt dies umso mehr. Aufgrund einer sehr heterogenen Eigentümerstruktur sind möglichst unterschiedliche und einfache Förderinstrumente erforderlich, um dem hohen Anteil an Klein- und Amateurvermietern Rechnung zu tragen.
5. Selbstnutzende Eigentümer, die insgesamt den größten Anteil der beheizbaren Wohnfläche innehaben, profitieren von den Förderprogrammen gleichermaßen. Für diese Gruppe gibt es zudem verschiedene Modelle der Bausparkassen, die den Eigentümer bei der energetischen Sanierung unterstützen.
6. Im Steuerrecht gibt es keine besonderen Regelungen, die eine energetische

Modernisierung gezielt unterstützen. Ausgaben der Vermieters für energetische Sanierungsmaßnahmen an Wohngebäuden können in dem Jahr, in dem sie entstanden sind, bei Einkünften aus Vermietung und Verpachtung (§§ 2 Abs. 1 Nr. 6, 21 EStG) grundsätzlich lediglich als Werbungskosten (§ 9 EStG) berücksichtigt werden. Treten besondere Umstände und Sonderleistungen hinzu, die über die bloße Nutzungsüberlassung hinausgehen und die der Betätigung des Vermieters als Ganzes gesehen das Gepräge einer selbständigen, nachhaltigen und vom Gewinnstreben getragenen Beteiligung am allgemeinen Wirtschaftsverkehr verleihen, liegt eine gewerbliche Vermietung i. S. des § 15 Abs. 2 EStG vor. Entsprechende Ausgaben sind dann nicht als Werbungskosten, sondern als Betriebsausgaben nach § 4 Abs. 4 EStG zu berücksichtigen. Werden sehr umfangreiche Modernisierungsarbeiten vorgenommen und damit die Schwelle der nachträglichen Herstellungskosten überschritten, sind die Kosten grundsätzlich über die Restnutzungsdauer des Gebäudes abzuschreiben. Zur Erhöhung der Sanierungsrate wäre eine Ausnahme für energetische Baumaßnahmen vor allem bei den sog. anschaffungsnahen Herstellungskosten erforderlich (§ 6 Abs. 1 Nr. 1 a EStG).

7. Ob das Wohnraummietrecht geeignete Sanierungsanreize setzen kann, ist empirisch nicht belegt. Bedingt dadurch, dass von den mietrechtlichen Ansprüchen beispielsweise auf Duldung von energetischen Modernisierungen in der Praxis häufig Gebrauch gemacht wird, ist regelmäßig eine Anpassung des Mietrechts an die Rechtsprechung, die klimapolitischen Ziele und den technischen Fortschritt in periodischen Abständen erforderlich, damit alle Beteiligten einen verlässlichen Rechtsrahmen vorfinden, in dem entsprechende Maßnahmen durchgeführt werden können. Dem entspricht grundsätzlich das zum 1. Mai 2013 in Kraft getretene Mietrechtsänderungsgesetz.
8. Der Begriff der Endenergieeinsparung in Bezug auf die Mietsache i. S. des § 555 b Nr. 1 BGB ist weit auszulegen. Eine Einsparung liegt, ohne dass dies im Wortlaut der Norm zwingend verankert ist, vor, wenn weniger „zu bezahlende" fossile Energieträger benötigt werden. Hierdurch wird vor allem der Einsatz erneuerbarer Energien begünstigt, da durch die Ersetzung eines fossilen Energieträgers besonders viel nicht erneuerbare Endenergie eingespart werden kann.
9. Eine derartige weite Auslegung des Begriffs der Endenergieeinsparung entspricht nicht nur dem Gesetzeszweck, sondern auch einer historischen Interpretation der neuen Legaldefinition der energetischen Modernisierung nach § 555 b Nr. 1 BGB. Bereits der alte Begriff der Energieeinsparung, der für eine Sondermieterhöhung nach § 559 Abs. 1 BGB a. F. und eine Duldungspflicht nach § 554 Abs. 2 BGB a. F. gleichermaßen maßgeblich war, erfasste die Einsparung von fossilen Brennstoffen, aber auch von Primärenergie.
10. Aufgrund einer teleologischen Erweiterung des Anwendungsbereiches von

§ 555 b Nr. 1 BGB verkleinert sich derjenige des § 555 b Nr. 2 BGB auf diejenigen Maßnahmen, die nicht von § 555 b Nr. 1 BGB erfasst werden. Eine ausschließliche Einsparung nicht erneuerbarer Primärenergie i. S. des § 555 b Nr. 2 BGB wird vor allem durch die Installation von Fotovoltaikanlagen und die Umstellung auf Holzpelletheizung oder Fernwärme ermöglicht, da es hierbei nicht bereits zu einer Einsparung von Endenergie kommt. Grundsätzlich gibt es nur dann einen eigenständigen Anwendungsbereich dieser Modernisierungsvariante, wenn bei gleichbleibendem Endenergiebedarf unterschiedliche Primärenergiefaktoren zur Anwendung kommen, also die Einsparung ausschließlich darin begründet ist, dass es beispielsweise weniger Transport- oder Umwandlungsverluste bei der Bereitstellung der Energie gibt.

11. Dies gilt nach der EnEV und den sich hiernach anzuwendenden Berechnungsmethoden auch dann, wenn beispielsweise eine vorhandene Gasheizung durch eine Solaranlage unterstützt wird, der Endenergiebedarf aber gleich bleibt. Derartige hybride Maßnahmen werden nach dem Willen des Gesetzgebers aber entgegen den energierechtlichen Grundsätzen der Endenergieeinsparung nach § 555 b Nr. 1 BGB zugeordnet. Dies wird aus klimapolitischen Erwägungen befürwortet, denn so kann effektiv fossiler Brennstoff eingespart werden, da eine Maßnahme nach § 555 b Nr. 1 BGB gleichzeitig nach § 559 Abs. 1 BGB die Möglichkeit zur Mieterhöhung eröffnet und für den Vermieter ein entsprechender Anreiz gesetzt wird.
12. Der Modernisierungsbegriff nach § 555 b Nr. 2 BGB, der Maßnahmen aufgreift, die ausschließlich zu einer Duldungspflicht nach § 555 d Abs. 1 BGB führen, regelt zwei völlig unterschiedliche Alternativen. Hier geht es um die Maßnahmen, die keinen näheren Bezug auf die Mietsache und damit zum Mieter aufweisen. Einerseits soll die Installation vor allem von Fotovoltaikanlagen ebenfalls eine Pflicht zur Duldung begründen, da der Gesetzgeber diese Maßnahmen befürwortet. Vor dem Hintergrund der Einspeisung des Stroms in das öffentliche Netz ist der Bezug auf die Mietsache zu verneinen. Eine Primärenergieeinsparung oder Einsparung fossiler Energien ist insoweit lediglich bei globaler Betrachtung anzunehmen. Vor allem weil der Eigentümer für den in diesen Anlagen produzierten Strom eine durch das EEG staatlich garantierte Rendite erzielt, ist es offensichtlich, dass die Installation nicht zu einer Mieterhöhung führen kann. Eine Sondermieterhöhung nach § 559 Abs. 1 BGB kommt nur dann in Betracht, wenn der erzeugte Strom direkt in den Hausanschluss gespeist wird und zur Versorgung der Mieter dient und so weniger zu bezahlende Endenergie aus fossilen Brennstoffen benötigt wird. Sofern es in diesem Fall zu einer Subventionierung aus öffentlichen Haushalten durch das EEG kommt, ist dieser Vorteil des Vermieters nach den Grundsätzen des § 559 a BGB zu berücksichtigen.

13. Sonstige klimaschützende Maßnahmen nach § 555 b Nr. 2 Var. 2 BGB wie etwa der Wechsel von einem fossilen Brennstoff zu einem anderen fossilen Energieträger, ohne dass es zu einer Energieeinsparung kommt, führen zu einer Duldungspflicht nach §§ 555 d, 555 b Nr. 2 BGB, weil hierdurch CO_2-Emissionen verringert werden können. Eine Sondermieterhöhung schließt das Gesetz in § 559 Abs. 1 BGB jedoch insoweit aus.
14. Bereits mit dem Mietrechtsreformgesetz 2001 wurden die Anforderungen an die Ankündigung einer Modernisierungsmaßnahme reduziert. Hieran anknüpfend wurden die Anforderungen der neueren BGH-Rechtsprechung entsprechend nochmals gesenkt. Der Vermieter muss nach § 555 c BGB Angaben zur geplanten Modernisierung machen, die für den Mieter relevant sind, damit er sich auf die Maßnahme auch in finanzieller Hinsicht einstellen kann.
15. Zur Darlegung insbesondere einer Energieeinsparung in einer Modernisierungsankündigung kann der Vermieter nach § 555 c Abs. 3 BGB hinsichtlich der energetischen Qualität auf „anerkannte Pauschalwerte" Bezug nehmen, die beispielsweise vom Bundesministerium für Verkehr, Bau und Stadtentwicklung erarbeitet wurden und die Wärmedurchgangskoeffizienten der Bauteile betreffen. Wärmebedarfsberechnungen sind damit auf keinen Fall mehr erforderlich, was zu einer Erleichterung für den Vermieter führt.
16. Weiterhin kann der Mieter persönliche Härtegründe gegen die geplante Modernisierung vorbringen, nachdem ihm die Ankündigung zugegangen ist. Liegt ein solcher Grund vor, kommt es zu einer Interessenabwägung. Überwiegen allerdings die Belange des Klimaschutzes und der Energieeffizienz gemäß § 555 d Abs. 2 BGB, so muss der Mieter die Maßnahme dulden. Die ausdrückliche Berücksichtigung öffentlicher Interessen ist sachgerecht. Bereits nach der alten Rechtslage waren öffentliche Interessen zu berücksichtigen.
17. Wirtschaftliche Interessen des Mieters finden nach der neuen Rechtslage nur noch bei der Modernisierungsmieterhöhung in einer von § 555 d BGB getrennten, auf die Mieterhöhung bezogenen Härtefallprüfung nach § 559 Abs. 4 S. 1 BGB Berücksichtigung. Hierdurch kommt es zu einer Entkopplung der Duldungspflicht von der Sondermieterhöhung. Entgegen der bisherigen Rechtslage ist damit gleichzeitig zu erwarten, dass sich der Schwerpunkt der gerichtlichen Auseinandersetzung nicht mehr bei den Klagen auf Duldung, sondern bei den Sondermieterhöhungen findet.
18. Tatsachen, die gegen eine Pflicht zur Duldung der angekündigten Maßnahme und eine Mieterhöhung sprechen, sind nach § 555 d Abs. 3 BGB fristgemäß in Textform mitzuteilen. Vorgesehen ist eine Frist bis zum Ablauf des Monats, der auf den Zugang der Modernisierungsankündigung folgt. Hat der Vermieter den Mieter nicht entsprechend § 555 c Abs. 2 BGB auf die

Form und die Frist hingewiesen, ist der Mieter mit seinem Härteeinwand entsprechend § 555 d Abs. 5 S. 1 BGB nicht an die Form und Frist gebunden. Zwar ist die Ausschlussfrist aufgrund der Einschränkung von Mieterrechten kritisch zu sehen, vor dem Hintergrund der wirtschaftlichen Folgen eines Baustopps aber noch zu rechtfertigen, zumal Gründe wie schwere Krankheit ohne die Einhaltung einer Frist vorgetragen werden können (§ 555 d Abs. 4 BGB).

19. Nicht gerechtfertigt ist dagegen, dass wirtschaftliche Gründe nur bis zum Beginn der Maßnahme vorgebracht werden können (absolute Ausschlussfrist). Verzichtet der Vermieter auf eine Ankündigung der wirtschaftlichen Folgen durch Ausklammerung der Mieterhöhung, kann der Mieter in Unkenntnis bevorstehender Modernisierungsmaßnahmen keine wirtschaftlichen Härten vortragen. Dies verstößt gegen die Grundsätze von Treu und Glauben, wenn sich der Vermieter die absolute Ausschlussfrist systematisch zu Nutze macht.
20. Die Inanspruchnahme des Mieters aufgrund einer Duldungspflicht stellt einen Eingriff in das dem Eigentumsrecht nach Art. 14 GG gleichgestellten Besitzrecht dar, dessen Rechtfertigung eine Abwägung voraussetzt. Eine Duldungspflicht ohne Abwägung der Grundrechte im Sinne der Herstellung einer praktischen Konkordanz kommt daher nicht in Betracht. Die Abwägung ergibt, dass sich der Vermieter, der seine Obliegenheit zur Ankündigung nicht erfüllt, auch nicht auf den Ablauf der Ausschlussfrist für Härteeinwände berufen kann. Etwas anderes gilt lediglich für Eingriffe, die nur zu geringen Beeinträchtigungen führen.
21. Nach § 555 a BGB sind grundsätzlich auch Erhaltungsmaßnahmen gegenüber dem Mieter anzukündigen. Eine Ankündigung ist aber nur dann erforderlich, wenn es zu einer Beeinträchtigung im Mietgebrauch kommen kann oder eine Mitwirkung des Mieters erforderlich ist. Die Anforderungen an die Ankündigung des Vermieters richten sich dabei nach den Umständen des Einzelfalls, der Dringlichkeit und dem Umfang der Maßnahme. Ein Rückgriff auf die Ankündigungsfristen, die für die Modernisierung gelten, ist nicht geboten. Starre Fristen sind nicht erforderlich.
22. Bei der Berechnung der umlagefähigen Modernisierungskosten bleiben fällige Erhaltungskosten außer Betracht (vgl. § 559 Abs. 2 BGB). Fiktive Erhaltungskostenanteile können von dem Vermieter durch Schätzung ermittelt werden, soweit konkrete Berechnungen nicht möglich sind.
23. Erfolgt eine Schätzung der Erhaltungskostenanteile, kann nach teleologischer Interpretation des § 559 Abs. 2 BGB eine entsprechende Quote gebildet werden.
24. Die Beibehaltung der 11-%-Grenze in § 559 BGB hat der Gesetzgeber als erforderlich angesehen, um ausreichende Investitionen in den Mietwoh-

nungsbestand zu gewährleisten. Weiterhin handelt es sich um eine Obergrenze, die innerhalb eines pauschalen Umlageverfahrens zur Anwendung kommen kann. Abhängig von dem jeweiligen Teilmarkt ist ein Ausschöpfen der Grenze weiterhin nicht immer möglich.

25. Soweit die Mieterhöhung ein Drittel des dem Mieter zur Verfügung stehenden Nettoeinkommens übersteigt, ist dieser Teil dem Mieter grundsätzlich nicht zumutbar. In Ballungszentren kann hiervon zugunsten einer Modernisierung ausnahmsweise abgewichen werden, da sich das Mietausgangsniveau oftmals bereits auf einem hohen Niveau befindet.

26. Verzichtet der Vermieter darauf, die Modernisierung nach § 555 c BGB gegenüber dem Mieter anzukündigen, so verschiebt sich die Fälligkeit der Mieterhöhung um sechs Monate. Die Frist des § 555 d Abs. 3 S. 1 BGB, nach der der Mieter dem Vermieter die Umstände, die eine Härte im Hinblick auf die Duldung oder die Mieterhöhung begründen, bis zum Ablauf des Monats in Textform mitzuteilen hat, der auf den Zugang der Modernisierungsankündigung folgt, kann jedoch nicht uneingeschränkt gelten. Nach Ablauf der Frist sind gem. § 555 d Abs. 4 S. 1 BGB Umstände, die eine Härte im Hinblick auf die Duldung oder die Mieterhöhung begründen, dem Wortlaut nach nur noch zu berücksichtigen, wenn der Mieter ohne Verschulden an der Einhaltung der Frist gehindert war und er dem Vermieter die Umstände sowie die Gründe der Verzögerung unverzüglich in Textform mitteilt. Umstände, die eine Härte im Hinblick auf die Mieterhöhung begründen, sollen nach § 555 d Abs. 4 S. 2 BGB lediglich dann berücksichtigt werden, wenn sie spätestens bis zum Beginn der Modernisierungsmaßnahme mitgeteilt werden. Aus der verfassungsrechtlich geschützten Position des Mieters folgt, dass der Mieter jedoch unabhängig von der Ausschlussfrist nach § 555 d Abs. 4 S. 2 BGB wirtschaftliche Einwände gegen die Mieterhöhung bis zu sechs Monate nach Erhalt des Mieterhöhungsverlangens vortragen kann, wenn der Vermieter seine Obliegenheit zur Modernisierungsankündigung hinsichtlich der wirtschaftlichen Folgen nicht erfüllt hat. Insoweit ergibt die Abwägung der Grundrechte eine andere Anknüpfung für den Lauf der Frist für die Härteeinwände. Soweit ein Härtegrund gegen den Duldungsanspruch nach § 555 d BGB vorliegt, kann dieser bereits nach § 555 d Abs. 3 S. 2 BGB auch bis Ende der Baumaßnahmen vorgebracht werden, da die Ausschlussfrist erst gar nicht erst begonnen hat.

27. Der dreimonatige Mietminderungsausschluss nach § 536 Abs. 1 a BGB stellt einen erheblichen Eingriff in das Äquivalenzverhältnis dar, ohne dass eine Rechtfertigung auszumachen ist.

28. Voraussetzung für den Mietminderungsausschluss nach § 536 Abs. 1 a BGB ist die Pflicht des Mieters zur Duldung der energetischen Modernisierung nach §§ 555 d, 555 b Nr. 1 BGB. Ein Minderungsausschluss ohne eine

solche Duldungspflicht und damit auch ohne ein ordnungsgemäßes Ankündigungsverfahren nach § 555 c BGB wäre ein beliebiges Recht des Vermieters, das mit dem Schutzanspruch des Mieters nicht vereinbar wäre.

29. Der Mietminderungsausschluss gilt nur für solche Maßnahmen, die einer energetischen Modernisierung nach § 555 b Nr. 1 BGB dienen. Die Abgrenzung der energetischen Modernisierung zu anderen Maßnahmen (Erhaltungs- oder Modernisierungsmaßnahmen i. S. der §§ 555 b Nr. 2 bis 7 BGB), die zu einem Minderungsausschluss führen, ist problematisch. Erfolgen diese in einem Maßnahmenbündel, ist eine Quote in Bezug auf die jeweiligen Beeinträchtigungen zu bilden. Bei einheitlichen Maßnahmen ist der Unterschied der Beeinträchtigungen kaum messbar, sodass zuungunsten des Mietminderungsausschlusses zu entscheiden ist.
30. Die gesetzliche Regelung zum Contracting bietet ein zusätzliches Instrument zur Steigerung der Energieeffizienz im Mietwohnungsbestand. Kommt es bei der Umstellung auf Contracting zu einer Beeinträchtigung des Mietgebrauchs, so ist diese Maßnahme einer Modernisierung unter Berücksichtigung sämtlicher Vorgaben vor allem in Bezug auf Ankündigung und Härtefallabwägung grundsätzlich gleichzusetzen. Insoweit macht es für den Mieter keinen Unterschied, ob die Heizungsanlage vom Vermieter oder einem Dritten betrieben wird.
31. Die Norm des § 556 c BGB zum Contracting regelt ausschließlich das Zahlungsverfahren hinsichtlich der Betriebskosten. Stellt sich die Umstellung wie eine Modernisierung dar, so ist sie insoweit wie eine Modernisierung zu behandeln.
32. In § 558 Abs. 2 S. 1 BGB wurde die energetische Ausstattung und Beschaffenheit als wohnwertbestimmendes Merkmal zur Bestimmung der ortsüblichen Vergleichsmiete ergänzt. Grundsätzlich handelt es sich bei der Ergänzung lediglich um eine Klarstellung, da nach der alten Rechtslage die wärmetechnische Beschaffenheit als Wohnwertmerkmal bereits mittelbar über die Merkmale „Ausstattung“ und „Beschaffenheit“ im Mietspiegel berücksichtigt wurde. Obschon die Klarstellung zu befürworten ist, kann die Mieterhöhung bis zur ortsüblichen Vergleichsmiete die Modernisierungsmieterhöhung nach § 559 BGB nicht ersetzen, da sie sich an den konkreten Modernisierungskosten orientiert und somit aus Sicht des Vermieters aufgrund der direkten Umlagemöglichkeit einen höheren Modernisierungsanreiz bietet.
33. Entspricht die Mietsache nicht dem aktuellen Standard der EnEV, stellt dies grundsätzlich keinen Sachmangel nach § 536 Abs. 1 BGB dar. Mängelbeseitigungsansprüche und Gewährleistungsrechte kommen nur in Betracht, wenn der zum Zeitpunkt der Errichtung übliche Mindeststandard nicht eingehalten wurde. Dies kann auch der EnEV-Standard sein, obwohl dieser

Standard in Abgrenzung zum Mietvertrag durch gesetzliche Verpflichtung gegenüber dem Staat zu gewährleisten ist.

34. Anders ist dies in Bezug auf die Vorgaben der EnEV zu beurteilen, nach denen eine Heizungsanlage, die vor dem 1. Oktober 1978 aufgestellt oder eingebaut wurde, stillzulegen ist (§ 10 Abs. 1 EnEV). Entsprechendes gilt für Maßnahmen nach § 10 a EnEV. Da die technischen Fortschritte bei Heizungsanlagen seither enorm sind, hat der Gesetzgeber derart veraltete Anlagen auch für den Altbaubestand ausgeschlossen. Insoweit ist jedenfalls bei einem Mietvertragsabschluss nach Einführung der §§ 10 und 10 a EnEV von einem Mangel auszugehen.

35. Darüber hinaus bedürfen das Gewährleistungsrecht und das Modernisierungsrecht einer Koordinierung auch mit Rücksicht auf § 555 b Nr. 6 BGB, der vom Vermieter nicht zu vertretende bauliche Maßnahmen als Modernisierungen definiert. Soweit der Vermieter sich autonom für eine Maßnahme entscheidet, an deren Durchführung die EnEV besondere Maßstäbe anlegt, kommt auch eine vom Mieter einklagbare Nebenleistungspflicht des Vermieters in Betracht, die inhaltlich den Vorgaben der EnEV folgt.

36. Der Bestandsmieter hat keinen Anspruch auf Vorlage eines Energieausweises nach § 16 EnEV. Dieser dient ausschließlich zur Information des potenziellen Mieters.

Literaturverzeichnis

Artz, Markus: Stellungnahme zu dem Gesetzentwurf der Bundesregierung Entwurf eines Gesetzes über die energetische Modernisierung von vermietetem Wohnraum und über die vereinfachte Durchsetzung von Räumungstiteln (Mietrechtsänderungsgesetz – MietRÄndG; BT-Drucks. 17/10485) sowie den Anträgen der Fraktionen der SPD (BT-Drucks. 17/9559), Die Linke (BT-Drucks. 17/4837) und Bündnis ´90/Die Grünen (BT-Drucks. 17/10120).

Artz, Markus: Ökologische Modernisierung des Wohnungsbestandes, WuM 2008, 259-264.

Artz, Markus: Änderung des Mietvertrags durch konkludentes Verhalten, NZM 2005, 367-372.

Bärmann, Johannes/Pick, Eckhart: Wohnungseigentumsgesetz, 19. Auflage 2010.

Bamberger, Heinz Georg/Roth, Herbert: Kommentar zum Bürgerlichen Gesetzbuch Band 1: §§ 1-610, CISG, 2. Auflage 2007.

Beyer, Dietrich: Aktuelle Aspekte des Grundsatzes der Wirtschaftlichkeit im Wohnraummietrecht, NZM 2007, 1-6.

Bigalke, Uwe/Discher, Henning/Lukas, Henri/Zeng, Yang/Bensmann, Katharina/Stolte, Christian: Der dena-Gebäudereport 2012, Statistiken und Analysen zur Energieeffizienz im Gebäudebestand, 2012.

Blank, Hubert: Die geschuldete Beschaffenheit des Mietraums, Partner im Gespräch, Band 92, Vertragsgerechte Qualität von Wohn- und Gewerberaum, 2012, 1-12.

Blank, Hubert: Der vertragsgemäße Zustand der Mietsache, MDR 2009, 181-183.

Blank, Hubert: Mietrecht und Energieeffizienz, WuM 2008, 311-319.

Blank, Hubert: Das Gebot der Rücksichtnahme nach § 241 Abs. 2 BGB im Mietrecht, WuM 2004, 243-248.

Blank, Hubert/Börstinghaus, Ulf P.: Miete, Kommentar, 3. Auflage 2008.

Börstinghaus, Ulf P.: Das Mietrechtsreformgesetz – eine erste Stellungnahme aus der gerichtlichen Praxis, NZM 2000, 583-595.

Börstinghaus, Ulf P.: Vereinbarungen im Koalitionsvertrag zwischen CDU, CSU und FDP mit Auswirkungen auf das Mietrecht – eine erste vorläufige Beurteilung aus amtsrichterlicher Sicht, WuM 2009, 637-641.

Börstinghaus, Ulf P.: Stellungnahme aus amtsrichterlicher Sicht zum Entwurf eines Gesetzes über die energetische Modernisierung von vermietetem Wohnraum und über die vereinfachte Durchsetzung von Räumungstiteln (Mietrechtsänderungsgesetz - MietRÄndG) BT-Drs 17/10485.

Börstinghaus, Ulf P.: Stellungnahme aus amtsrichterlicher Sicht zum Entwurf eines Mietrechtsänderungsgesetzes, NZM 2012, 697-707.

Börstinghaus, Ulf P.: Anpassung der Wohnung an übliche Wohnstandards bei Neuabschluss und im Bestand - Auswirkungen der Entscheidung BGH, NZM 2004, 736, auf die Vermietungspraxis, NZM 2005, 561-567.

Both, Dirk: Duldung und Mieterhöhung bei großflächiger Sanierung von Wohnungsbeständen, NZM 2001, 78-85.

Bundesministerium der Justiz: Initiatorentwurf eines Mietrechtsänderungsgesetzes, Oktober 2010.

Bundesministerium der Justiz: Referentenentwurf eines Mietrechtsänderungsgesetzes, 11. Mai 2011, abgedruckt in der NZM.

Bundesministerium der Justiz: Referentenentwurf eines Mietrechtsänderungsgesetzes, 25. Oktober 2011.

Collins, William: Die Wissenschaft hinter dem Klimawandel, in ZS Spektrum Dossier, Die fiebernde Erde, 4/2009, S. 7 ff.

Derleder, Peter: Die Energiewende und die Modernisierungsregelungen des WEG, ZWE 2013, 1-6.

Derleder, Peter: Anpassungspflichten des Vermieters von Wohn- und Gewerberaum, NZM 2012, 487-495.

Derleder, Peter: Die energetische Modernisierung von Wohnungseigentumsanlagen, ZWE 2012, 65-70.

Derleder, Peter: Sozialstaatsdebatte und das Wohnungsrecht, ZMR 2011, 96-103.

Derleder, Peter: Die Umstellung auf erneuerbare Energien bei der Mietrechtsreform, KJ 2011, 158-169.

Derleder, Peter: Die Duldung energetischer Modernisierung in laufenden Mietverhältnissen, WuM 2010, 331-336.

Derleder, Peter: Die Reform des Mietrechts – Aufgaben, Chancen und Kritik, ZRP 2000, 243-251.

Derleder, Peter: Das System des sozialen Mietrechts und seine Grundprobleme, JA 1977, 436-441.

Deutscher Anwaltverein e. V.: Deutscher Anwalt Verein zur Mietrechtsänderung 2012 zum RefE für ein Mietrechtsänderungsgesetz, NZM 2012, 105-109.

Deutscher Anwaltverein e. V.: Stellungnahme des Deutschen Anwaltvereins durch den Ausschuss Miet- und Wohnrecht zum Referentenentwurf für ein Gesetz über die energetische Modernisierung von vermietetem Wohnraum und über die vereinfachte Durchsetzung von Räumungstiteln (Mietrechtsänderungsgesetz – MietRÄndG).

Deutscher Mietgerichtstag: Deutscher Mietgerichtstag (DMT) zur Mietrechtsänderung 2012, NZM 2012, 75-79.

Diefenbach, Nikolaus/Loga, Tobias/Cischinsky, Holger/Clausnitzer, Klaus-Dieter: Datenbasis Gebäudebestand – Datenerhebung zur energetischen Qualität und zu den Modernisierungstrends im deutschen Wohngebäudebestand, Institut Wohnen und Umwelt und Bremer Energie Institut, Grundlagen für die Entwicklung von Klimaschutzmaßnahmen im Gebäudebestand – Untersuchung über die bautechnische Struktur und den Ist-Zustand des Gebäudebestandes in Deutschland, Juli 2007.

Dietrich, Ralf: Das Mietrechtsänderungsgesetz – Überblick zum Referentenentwurf vom 25.10.2011, ZMR 2012, 241-246.

Discher, Henning/Hinz, Eberhard/Enseling, Andreas, Deutsche Energieagentur (Hrsg.): Dena-Sanierungsstudie. Teil 1: Wirtschaftlichkeit energetischer Modernisierung im Mietwohnungsbestand, Berlin, Dezember 2010.

Dreier, Horst (Hrsg.): Grundgesetz. Kommentar. Band 2: Art.20-82: Bd. 2, 2006.

Eisenschmid, Norbert/Rips, Franz-Georg/Wall, Dietmar: Betriebskostenkommentar, 3. Auflage 2010.

Eisenschmid, Norbert: Die Energieeinsparung im Sinne der §§ 554, 559 BGB, WuM 2006, 119-122.

Eisenschmid, Norbert: Energetische Renovierung im Bestand, WuM 2009, 624-629.

Ekardt, Felix/Schenderlein, Kristin: Nachhaltigkeit und Klimaschutz im Wohnbereich als Rechtsproblem, WuM 2008, 179-185.

Emmerich, Volker/Sonnenschein, Jürgen: Miete, Handkommentar, §§ 535 bis 580a des Bürgerlichen Gesetzbuches, 10. Auflage 2011.

Erman/Westermann – Westerman, Harm Peter (Hrsg.)/Grunewald, Barbara/Maier-Reimer, Georg: Bürgerliches Gesetzbuch, Handkommentar, Band I, 13. Auflage 2011.

Faulenbach, Bernd: Die Vertreibung der Deutschen aus den Gebieten jenseits von Oder und Neiße. Zur wissenschaftlichen und öffentlichen Diskussion in Deutschland, Aus Politik und Zeitgeschichte (B 51-52/2002) vom 23. Dezember 2002, S. 44–54.

Feindl, Hubert: Das geplante Mietrechtsreformgesetz – Ein Überblick über die wesentlichen Änderungen, NZM 2012, 57-67.

Flatow, Beate: Die energetischen Anforderungen an das Wohnen heute und morgen Eine umfassende Darstellung der zivilrechtlichen Folgen, NZM 2008, 785-795.

Flatow, Beate: Auswirkungen der EnEV 2007/2009 auf Miet-, Kauf- und Werkverträge, NJW 2008, 2886-2891.

Flatow, Beate: Betriebskosten und energetische Modernisierung, DWW 2007, 193-195.

Flasbarth, Jochen: Klimaschutz und Energieversorgung, Rede auf dem 13. Deutschen Mietgerichtstag, am 8. April 2011 in Dortmund, WuM 2011, 263-267.

Gramlich, Bernhard: Mietrecht, Kommentar, 11. Auflage 2010.

Gsell, Beate: Die Bedeutung technischer Normen, des Stands der Technik und des verkehrsüblichen Zustands bei der Vermietung von Wohn- und Geschäftsräumen, WuM 2011, 491-499.

Hacke, Ulrike/Lohmann, Günter: Akzeptanz energetischer Maßnahmen im Rahmen der nachhaltigen Modernisierung des Wohnungsbestandes, Institut Wohnen und Umwelt, 2006.

Hanke, Andreas: Regelungen zur Modernisierung, NZM 2001, 74-77.

Hannemann, Thomas/Wiek, Karl Friedrich/Emmert, Thomas (Hrsg.): Handbuch des Mietrechts, 3. Auflage, 2006.

Herlitz, Carsten: Mietrechtsreform muss interessengerechten Ausgleich schaffen, ZMR 2012, 762-764.

Herrlein, Jürgen/Kandelhard, Ronald (Hrsg.): Mietrecht, Kommentar, 4. Auflage 2010.

Hinz, Werner: Auswirkungen der Mietrechtsänderungen auf Minderungsausschluss und Mieterhöhung, dem Beitrag liegt ein Vortrag, gehalten auf dem 15. Mietgerichtstag 2013 zu Grunde.

Hinz, Werner: Mietrechtsänderung im Rechtsausschuss, NZM 2012, 777-797.

Hinz, Werner: Referentenentwurf eines Mietrechtsänderungsgesetzes/Eine (erste) Stellungnahme aus Sicht der gerichtlichen Praxis, ZMR 2012, 153-166.

Hinz, Werner: Stellungnahme zu dem Gesetzentwurf der Bundesregierung – Entwurf eines Gesetzes über die energetische Modernisierung von vermietetem Wohnraum und über die vereinfachte Durchsetzung von Räumungstiteln (Mietrechtsänderungsgesetz – MietRÄndG) und zu den Anträgen der Fraktion der SPD, der Fraktion: Bündnis `90/Die Grünen und der Fraktion: Die Linke.

Horst, Hans Reinold: Mit Haken: Strom und Wärme aus der Sonne, Das Grundeigentum Nr. 11/2010, 739-740.

Horst, Hans Reinold: Das mietrechtliche Verständnis neuer Technologien zur energetischen Instandsetzung und Modernisierung von Wohnraum - Zugleich zum Energiekonzept der Bundesregierung vom 6. September 2010, NZM 2010, 761-769.

Horst, Hans Reinold: Der Umgang mit Standards zur Bewertung eines Mietmangels, NZM 2010, 177-186.

Horst, Hans Reinold: Wohnungs- und nachbarrechtliche Folgefragen des Energiepasses, NZM 2008, 145-152.

Kaczmarczyk, Christel/Kuhr, Harald/Strupp, Petra/Schmidt, Jürgen/Schmidt, Arn: Bautechnik für Bauzeichner: Zeichnen – Rechnen – Fachwissen, 2010.

Kinne, Harald: „Mietrechtliche Konsequenzen der Energieeinsparverordnung", in ZMR 2004, 397-401.

Kinne, Harald/Schach, Klaus/Bieber, Hans-Jürgen: Miet- und Mietprozessrecht, 5. Auflage 2008.

Klinski, Stefan: Schnittstellen zwischen Mietrecht und Energierecht vor dem Hintergrund der anstehenden energiebezogenen Mietrechtsreform, WuM 2012, 354-362.

Klinski, Stefan: Energetische Gebäudesanierung und Mietrecht – Hemmnisse und Reformüberlegungen, ZUR 2010, 283-291.

Kloepfer, Michael: Umweltschutz als Aufgabe des Zivilrechts – aus öffentlicher Sicht, NuR 1990, 337-349.

Kossmann, Ralph: Handbuch der Wohnraummiete, 6. Auflage 2003.

Kraemer, Hans-Jörg: Zur Gewährleistung im Mietrecht, WuM 2000, 515-523.

Künzel, Helmut: Bauphysik, Geschichte und Geschichten, 2002.

Kunze, Catharina/Tietzsch, Rainer: Miethöhe und Mieterhöhung, 2006.

Lammel, Siegbert: Wohnraummietrecht, 2. Auflage 2001.

Lammel, Siegbert: Heizkostenverordnung, Verordnung über die verbrauchsabhängige Abrechnung der Heiz- und Warmwasserkosten (Verordnung über Heizkostenabrechnung - HeizkostenV).

Lehmann-Richter, Arnold: Änderung des Mietvertrags durch Erhaltungs- und Modernisierungsmaßnahmen und die Rechtsfolgen von Verstößen gegen Ankündigungspflichten, NZM 2011, 572-577.

Lehmann-Richter, Arnold: Die Vollstreckung des Duldungsanspruchs aus § 554 BGB, WuM 2010, 729-731.

Lorbek, Maja: Einblicke in die Geschichte der Wärmedämmung, Artikel aus der österreichischen Zeitschrift „Konstruktiv", Nr. 265, 2008, 20-21.

Meier, Klaus: Ökologische Aspekte des Schuldvertragsrechts, 1995.

Meyer, Mirja: Ökologische Zielsetzungen des Mietrechts, 1. Auflage 2009.

Meyer-Harport, Dirk: Fernwärme statt Gasetagenheizung – Zum Modernisierungsbegriff in § 554 II BGB (Theorie der Endenergieeinsparung), NZM 2006, 524-527.

Münchener Kommentar zum BGB – Rauscher, Thomas/Wax, Peter/Wenzel, Joachim (Hrsg.): Münchener Kommentar zum BGB, Bd. 3 Schuldrecht Besonderer Teil I §§ 433-610, 6. Auflage 2012.

Münchener Kommentar zum BGB, Band 3, Schuldrecht Besonderer Teil, MHG, 3. Auflage 1995.

Oerzen, Jörn: Die energetische Gebäudesanierung im Bestand – Wirtschaftlichkeit und Maßnahmen am Beispiel eines Mehrfamilienhauses, 2008.

Palandt, Otto: Bürgerliches Gesetzbuch, Kommentar, 72. Auflage 2013.

Pielow, Johann-Christian: Effektives Recht der Energieeffizienz? Herausforderungen an Rechtsetzung und -anwendung, ZUR 2010, 115-123.

Pistohl, Wolfram: Handbuch der Gebäudetechnik, Band 2, 5. Auflage, 2005.

Prütting, Hanns/Wegen, Gerhard/Weinreich, Gerd: BGB Kommentar, 7. Auflage 2012.

Ringel, Christina: Der Einsatz Erneuerbarer Energien zur Wärmegewinnung als Modernisierungsmaßnahme im Sinne der §§ 554, 559 BGB, WuM 2009, 71-76.

Rips, Franz-Georg: Europäische Vorgaben für das deutsche Mietrecht, WuM 2004, 175-180.

Sautter, Leopold: Wärmeschutz- und Feuchtigkeitsschutz im Hochbau, 1948.

Schmidt, Ludwig/Drenseck, Walter (Hrsg.): EStG – Einkommensteuergesetz, Kommentar, 30. Auflage 2011.

Schmid, Michael J.: Fachanwaltskommentar Mietrecht, 2. Auflage 2009.

Schmidt-Futterer – Blank, Hubert (Hrsg.): Mietrecht, Groß-Kommentar des Wohn- und Gewerberaummietrechts, 10. Auflage 2011.

Schubmehl, Silvan: Energieausweis: Auswirkungen der Richtlinie über die Gesamtenergieeffizienz von Gebäuden auf das Miet- und Kaufrecht, GPR 2008, 75.

Shell Deutschland: Shell Hauswärme-Studie, Nachhaltige Wärmeerzeugung für Wohngebäude – Fakten, Trends und Perspektiven, 2011.

Simons, Harald: Energetische Sanierung von Ein- und Zweifamilienhäusern Energetischer Zustand, Sanierungsfortschritte und politische Instrumente", empirica, Berlin, 2012.

Siebenkotten, Lukas: Stellungnahme des Deutschen Mieterbundes e. V. zum Gesetzentwurf eines Mietrechtsänderungsgesetzes anlässlich der Anhörung im Rechtsausschuss des Deutschen Bundestages am 15. Oktober 2012.

Soergel, Theodor/Heintzmann, Walther: Bürgerliches Gesetzbuch mit Einführungsgesetz und Nebengesetzen: BGB, Band 8: Schuldrecht 6 §§ 535 - 610 BGB, 2007.

Söfker, Wilhelm: Energieeinsparverordnung, 2. Auflage 2011.

Spindler, Wolfgang: Zur Abgrenzung von Anschaffungskosten, Herstellungskosten und Erhaltungsaufwendungen bei grundlegenden Instandsetzungs- und Modernisierungsmaßnahmen an Gebäuden, insbesondere auch bei sog. anschaffungsnahen Aufwendungen, BB 2002, 2041-2049.

Stangl, Andreas: Der Energieausweis nach EnEV 2007 - mietrechtliche Aspekte, ZMR 2008, 14-20.

Staudinger, Julius von: Kommentar zum Bürgerlichen Gesetzbuch, Buch 2: Recht der Schuldverhältnisse §§ 535-562d; HeizkostenV; BetrKV (Mietrecht 1), neubearbeitet 2011.

Sternel, Friedemann: Mietrecht aktuell, 4. Auflage 2009.

Sternel, Friedemann: Modernisierung und Mieterhöhung zum Zwecke der Energieeinsparung, Partner im Gespräch, Band 85, Stagnierende Mieten – steigende Kosten, 2009, 19-43.

Sternel, Friedemann: Wohnraummodernisierung nach der Mietrechtsreform, NZM 2001,1058-1069.

Tücks, Wolfgang: Der Einbau von Solaranlagen als bauliche Modernisierungsmaßnahme gemäß § 554 Abs. 2 BGB, ZMR 2003, 806-808.

Warnecke, Kai H.: Anmerkungen zum Gesetzentwurf für ein Gesetz über die energetische Modernisierung von vermietetem Wohnraum und über die vereinfachte Durchsetzung von Räumungstiteln (Mietrechtsänderungsgesetz – MietRÄndG) – BT-Drs. 17/10485 sowie zu den Anträgen der Bundestagsfraktionen von BÜNDNIS '90/DIE GRÜNEN, SPD und DIE LINKE – BT-Drs. 17/4837, 17/9559, 17/10120.

Warnecke, Kai H.: Die Notwendigkeit der Modernisierung des Mietrechts am Beispiel energetischer Sanierungen, DWW 2007, 282-285.

Weber-Grellet, Heinrich: Lenkungssteuern im Rechtssystem, NJW 2001, 3657-3664.

Wilcken, Alexander: Fernwärme statt Gasetagenheizung – Zum Modernisierungsbegriff in § 554 II BGB (Theorie der Primärenergieeinsparung), NZM 2006, 521-525.

Wüstefeld, Hermann-Josef: Die Investitionszulage als Modernisierungszuschuss, WuM 2000, 283-284.

Ziehm, Cornelia: Vollzugsdefizite im Bereich des Klimaschutzrechts, ZUR 2010, 411-418.

Ziehm, Cornelia: Stellungnahme zum Entwurf der Bundesregierung für ein Gesetz über die energetische Modernisierung von vermietetem Wohnraum und über die vereinfachte Durchsetzung von Räumungstiteln (Mietrechtsänderungsgesetz – MietRÄndG), BT-Drs. 17/10485.

Zehelein, Kai: Das Mietrechtsänderungsgesetz in der gerichtlichen Praxis - Prozessuale und dogmatische Aspekte der Mietrechtsreform, WuM 2013, 133-144.

Stichwortverzeichnis